1995年，作者应台湾大学之邀赴台北参加华人心理学家学术研讨会。

作者在联合国总部办公大楼前留影。

“读万卷书，行万里路”是作者与家人不懈追求的境界。

2003年暑期，作者与教育在线网站的志愿者在云南省安宁县义务支教。

诺贝尔物理学奖获得者李政道先生原籍苏州，近年来多次回家乡讲学。图为作者与他的合影。

作者与挚友袁振国教授求学期间在黄浦江畔合影。

朱永新教育文集

卷八

校园守望者

——教育心理学论稿

朱永新　著

人民教育出版社

·北京·

图书在版编目（CIP）数据

校园守望者：教育心理学论稿/朱永新著．—北京：人民教育出版社，2004.8（2016.7重印）
（朱永新教育文集）
ISBN 978-7-107-17429-2

Ⅰ．①校… Ⅱ．①朱… Ⅲ．①教育心理学一文集 Ⅳ．①G44-53

中国版本图书馆CIP数据核字（2016）第181837号

人民教育出版社 出版发行
网址：http://www.pep.com.cn
山东德州新华印务有限责任公司印装　全国新华书店经销
2004年8月第1版　2016年7月第6次印刷
开本：890毫米×1 240毫米　1/32　印张：15　插页：2
字数：380千字　印数：12 001～14 000册
定价：30.00元

联系地址：北京市海淀区中关村南大街17号院1号楼　邮编：100081
电话：010-58759215　电子邮箱：yzzlfk@pep.com.cn

出版说明

根据“服务教育，繁荣学术，积累文化”的宗旨，我社策划编辑出版了多卷本《蔡元培年谱长编》《叶圣陶教育文集》《吴伯箫文集》《刘征文集》《梁衡文集》等一批重点图书，在社会上产生了深远的影响，其中不少图书多次荣获国家图书奖、中国图书奖和部委级优秀奖等。在此基础上，我们又策划了一批重点图书，作为“十五”出版规划重点项目。《朱永新教育文集》即是其中之一。

朱永新先生曾任苏州大学教务处长、教育科学部主任，中国心理学会常务理事兼理论心理学及心理学史专业委员会副主任，台湾《本土心理学研究》杂志学术顾问，以及日本上智大学研究员等职务。现任全国政协常委，民进中央常委，苏州市人民政府副市长，苏州大学教授、博士研究生导师，北京师范大学等校兼职教授、博士研究生导师，教育部教师教育专家委员会委员、高等学校心理学教学指导委员会委员。朱永新先生在教育政策、中国教育史、中国心理学史、日本教育等领域有比较深入的研究，他主持的新教育实验已经在全国数百所中小学展开。在繁忙的工作之余，他笔耕不辍，撰著了《中华教育思想研究》《困境与超越——当代中国教育述评》《心灵的轨迹——中国本土心理学论稿》《我的教育理想》和《新教育之梦》等一批有影响的著作，主编《当代日本教育丛书》等三十余种，并主持《新世纪教育文库》《教育科学精品教材译丛》的编选和出版工作，在国内外学术刊物上发表论文三百余篇。曾多次主持联合国教科文组织委托研究项目、国家自然科学基金项目、国家社会科学基金项目及一批省部级研究项目。其著作曾经荣获国家图书奖提名奖、中国图书奖、中国优秀通俗政治理论读物一等奖、江苏省和山西省“五个一”工程奖、国家自然科学基金项目优秀成果奖等。

《朱永新教育文集》由十卷组成。

1. 卷一为总论，是作者关于教育的宏观思考和对于理想之教育的蓝图描绘。

2. 卷二、三、四是作者关于中国教育思想的研究，系统论述了从远古到当代中国教育科学的成就与贡献。

3. 卷五、六是作者关于中外教育问题的分析与评论，其中包括教育政策研究与建议。

4. 卷七、八是作者关于中国本土心理学和教育心理学的研究成果。

5. 卷九、十是作者的教育随笔和在全国各地回答教师、新闻记者和网友提问的精彩记录等。

人民教育出版社

2004 年 1 月

总　序

许嘉璐

朱永新教授的文集出版在即，他要我写一篇序，大概是因为他看到我对教育也很关注，又不时地发表点看法吧，或者因为他和我都是马叙伦、周建人、叶圣陶、雷洁琼等民进前辈的后来人——我们是中国民主促进会的成员。不管他是怎么想的，我出于对他学术成就的敬佩，也出于对年轻学者的喜爱和对教育的兴趣，便答应了，尽管我不是这个领域的专家。不过这样也好，以一个时时关心业内情况的外行人眼光说说对这套文集和作者的看法，或许能更冷静些，更客观些。

我曾经说过，中国的教育人人可得而道之。因为教育问题太复杂，中国的教育问题尤甚。且不说中国以一个发展中国家的微弱实力在办着世界上最大的教育，单是中国处于转型期，城乡、东西部间严重的不平衡和几个时代思想观念的相互摩擦、激荡，就可以说是当今世界绝无仅有的了。随着教育普及率的提高，对教育发表评论的人当然也越来越多，多到几乎家家户户都会时常议论。这样就给有关教育的研究提出了许多也许在别的国家并不突出的问题。我认为其中有两个问题最为要紧：一个是教育的事牵一发而动全身，既不能就教育论教育，更不能只论教育的某一部分而不顾及其他，以区别于人们日常的谈论；另一个是教育学如何走出狭小的教育理论界圈子，让更多的人理解、评论、实践，也在更大范围内检验自己的理论是否能为群众所接受，以免专家和社会难以搭界。朱永新教授的这套文集，恰好在这两个问题上都给了我很大的欣慰。

在这套文集中，他从国际国内、政治经济、文化社会、古往今来的广阔视野，考察、思索中国的教育问题；他的论述几乎遍及受教育者所经历的整个教育过程；大到教育的理念、原则，小到课程的改革、课外的活动，他都认真思考、系统调查、认真实验，随时提升到理论层面；与教育学密切关联的心理学，需要和在研究中国教育同时开展的对国外教育的认识和分析，也是他涉及的范围。

朱永新教授并不是一位“纯”学者，虽然教育理论研究永远是他进行多头工作时在脑子里盘旋的核心。他集教师、官员和研究者三种角色于一身，随着孩子的降生，他又多了一个家长的身份。这就使他不可能只观察研究教育体系中的某一段或某一方面，必须做全方位、多角度、分层次的研究。我见过他极度疲劳时的状况，心里曾经想过，这是天将降大任于斯人的考验，还是他“命”当如此，不得不然？其实，这正是给他提供了他人很难得到的绝好的研究环境和条件：时时转换角色，就需要时时转换思维的角度和方法，宏观与微观自然而然地结合，积以时日，于是造就了他独特的研究方法和风格。

我们对任何事物的研究，如果只有理性的驱动，而没有基于对事物深刻认识所生发出来的极大热情，换言之，没有最博大的挚爱，是难以创造性地把事情做得出色的。朱永新教授对教育进行研究的特点之一就是全身心地投入。身，有那三种角色和一种身份，自然占据了他所有的时间和精力；心，是不可见的，但贯穿在他所有工作、表现在他所有论著中的鲜明爱心，则是最好的证明。

他说“教育是一首诗”。他把文集第十卷命名为《诗意与理性》。他用诗一般的语言讴歌教育，表达他的教育思想：

教育是一首诗
诗的名字叫热爱
在每个孩子的瞳孔里
有一颗母亲的心

教育是一首诗
诗的名字叫未来
在传承文明的长河里
有一条破浪的船

如果是纯理性的，没有充沛的、不可抑制的感情，怎么能迸发出诗的情思？但他不是浪漫派。他本来已经够忙的了，却又率先自费开通了教育在线网站，成了四面八方奋斗在教育改革前沿的众多网民的朋友。每天，当他拖着疲乏的脚步回到家后，还要逐篇浏览网站上的帖子和来信，并且要一一回应。这是自找苦吃。但他认为，这是“诗性伴理想同行”，是“享受与幸福”。他工作生活在被颂为“人间天堂”的苏州，那里早已普及了十二年教育，现在正朝着普及大学教育的目标前进，但这位主持全市文教工作的副市长，却心系西部，为如何缩小东西部教育的差距苦苦思索，不断地呼吁……他何以能够长期如此？我想，最大的动力就是那伟大的爱。

情与理的无缝衔接，正是和把从事教育工作及理论研究单纯当做职业的最大区别，而且是成功的要素。

教育是人类社会得以延续发展的根本保障。人之所以为人，区别于其他动物，从某种意义上讲，就是因为通过不同渠道，接受了不同程度和内容的教育的结果。就一个国家而言，教育则是保障发展、壮大的基础性工程。这些，都已经成为人们的共识。但是，教育又是极其复杂庞大的体系，需要大批教育理论专家、管理专家。身在其中者固然自得其乐，但是，在局外人看来，教育理论的研究是枯燥的、艰难的，有过多的教育学著作也确实强化了人的这种感觉；管理工作给人的印象则是繁杂的、细碎的。这种感觉和印象往往是理论工作者、管理工作者和广大的教育参与者（包括家长、学生和旁观者）隔膜的原因之一。社会需要集理论研究和管理于一身，而且能把自己对教育的挚爱传达给社会的学者，与人们一起共享徜徉在教育海洋里的愉快和幸福；但是，现在这样的著作和学者太少了。是我们对像教育理论这样的人文社会科学的所谓“学问”误解了，以为只有用特定的行业语言，包括成堆成堆的术语和需要读者反复琢磨才能弄清楚的句子才是学术？还是善于用最明了的语言表达复杂事物的人还不多？抑或是教育理论的确深奥难测，必须用“超越”社会习惯的语言才能说得清楚？而我是坚信真理总是十分朴实、十分简单这样一个道理的。真正的“大家”应该有能力把深刻的思考、复杂的规律用浅显生动的语言表述出来，历史上不乏其例。

朱永新教授，作为一名年轻的教育理论家，正在朝这一目标努力着，而且开始形成了自己的风格：论述、抒情、问答并举，逻辑严密的理性语言、老百姓习惯于说和听的大白话、思维跳跃富于激情的诗句兼有，依思之所至、情之所在、文之所需而施之。有的文章读时需正襟危坐，有的则不禁击节而赏，有的还需反复品味。可贵的是，这些并非他刻意为之，而是本性如此，自然流露。这本性，就是他对教育事业的爱，归根结底是对人民的爱。

在某一种风格已经弥漫于社会，许多人已经习惯甚至渗透到潜意识里的时候，有另外一种风格出现，开始总是要被视为“异类”（我姑且不用“异端”一词）。我不知道朱永新教授是不是也有过这样的经验。我倒是极为希望他能坚持下去，即使被认为“这不是论文”也不为所动，因为学术生命的强弱最后是要由人民来判断，而不是仅仅由小小的学术圈子认定的。我还希望他在这方面不断提高锤炼，让这股教育理论界的清风连续地吹下去。

教育，和一切与人民生活紧密相联的事物一样，都要敏感地紧跟时代的步伐，紧贴人民的需求，依时而变，因地制宜。朱永新教授的文集主要收录了他从踏入教育学领域直至2003年的论著。这从一个侧面反映了我国改革开放以来教育领域理论研究与实践的过程。“战斗正未有穷期”。在从基本小康走向全面小康的二十年里，还有层出不穷的教育问题涌现，需要解决，因而需要不停顿地观察、思考、研究。我们的教育学，就将在这个过程中发展成长，有中国特色的教育学也许就将在这一时期内形成。朱永新教授正富于春秋，“永新”自当永远常新，一定会抓住这百年难逢的机遇，深化、拓展自己的研究，为中国教育事业、为中国的教育理论多奉献自己的才干和智慧，再写出更多更好的篇章。

我们期待着。

兹忝为序。

2003年12月14日

于日读一卷书屋

目　录

第二辑　学生心理通讯

校园里的守望者

（代自序）

“有那么一群小孩子在一大块麦田里做游戏。几千几万个小孩子，附近没有一个人——没有一个大人，我是说——除了我。我呢，就站在那混账的悬崖边。我的职务是在那儿守望，要是有哪个孩子往悬崖边奔过来，我就把他捉住——我是说孩子们都在狂奔，也不知道自己是在往哪儿跑，我得从什么地方出来，把他们捉住。我整天就干这样的事。我只想当个麦田里的守望者。”——这就是塞林格（J. D. Salinger）借主人公霍尔顿·考尔菲德之口所说的“麦田里的守望者”的含义，也是16岁的霍尔顿海市蜃楼般的人生理想。而我，一个教育工作者，仍然、也只想当一个“校园里的守望者”。

——题记

我愿意做一个校园里的守望者
我守望孩子的心灵
我要让他们浸润春的甘霖、收获秋的黄金
在抑恶扬善中具有冬的冷酷、夏的热情

我愿意做一个校园里的守望者
我守望孩子的智慧
我要让他们善于阅读、长于发问、精于思考
在与人类崇高精神的对话中升华自己的意境

我愿意做一个校园里的守望者
我守望孩子的情感
我要让他们珍惜自然、热爱生活、善待生命
在追求理想、超越自我中张扬个性、释放激情

我愿意做一个校园里的守望者
我守望孩子的意志
我要让他们抵制诱惑、坚忍不拔、尝胆卧薪
在困难、挫折与挑战面前微笑地前行

我愿意做一个校园里的守望者
我守望孩子的交际
我要让他们学会尊重、懂得换位、拥有温馨
在竞争与合作的大潮中搏击风浪、高歌猛进

我愿意做一个校园里的守望者
我要像考尔菲德一样
站在那万丈深渊的悬崖的附近
为了那些可爱的孩子，随时准备献出自己的生命

第一辑

学校心理咨询

第一章　什么是学校心理咨询

一、从《中国青年》杂志的讨论说起

1983年第8期《中国青年》曾经发表了聂攀同学的信——《当我发现自己被列入"另册"时》，诉说了一个中学生在被老师判为"无希望者"后的苦闷心情。《中国青年》杂志就此展开了讨论，在短短的两个月内，收到了中学生、大学生、教师、家长等社会各界的来信来稿一千多件。

笔者也以《让每个学生扬起希望的风帆》一文参加了讨论。始料未及，拙文发表后竟先后收到若干中学生的来信。如新疆的一个学生来信说：

> 我是一个即将毕业的文科学生，在短短几个月内，怎样订一份切合实际的复习计划呢？麻烦您指教。

来自河南的几个已经中途退学的学生联名写信说：

> 当我们在《中国青年》上看到您所写的文章后，对您的敬意油然而生。因为您知道学生的心理，理解学生的难处——最怕伤自尊心。您懂得教育工作者对受教育

者应持的态度——不能只凭学生的考试分数决定一个学生有无希望，而且要全面地以学生的兴趣、情感、意志、性格、品德、体质衡量一个学生。我们多么盼望像您这样的老师啊！

上海的两个大学生信中说：

我们在新的生活中遇到了许多难以处理的矛盾和问题，这些难以摆脱的矛盾和问题死死地缠住了我们，使我们无法专心学习，故我们不得不向您——我们信任的并寄予很大希望的先生请教。

作为一个教育工作者，我自然不敢怠慢，都及时地给来信的学生回信解答，但我又不能不考虑这样一个问题：这么多的学生从祖国的四面八方伸出“求教”之手，如果在他们的周围有一些懂得教育学、心理学的教师给他们悉心指导，效果一定会好得多！而且，其中的一些来信由于疏忽未写地址等，又要求不要在报刊上答复，也无法具体回答了。如何解决在校学生的各种心理问题，使他们健康地成长？国内外一些成功的经验表明，除了任职教师的耐心帮助和指导，学校心理咨询不失为一条有效的途径。

二十多年后的今天，我欣喜地感到我当年的期望变成了现实：我国学校心理咨询事业从无到有，蓬蓬勃勃地发展起来。无论是高等院校还是中小学校，都活跃着一批随时为学生提供心理帮助的心理学专业教师，社会的发展又对所有教师提出了“具备对学生进行心理教育的理论知识与能力”的职业要求。

心理教育方兴未艾，学校心理咨询工作也不再神秘、不再朦胧，有越来越多的人在学习、在探索。我发现很多人对“心理咨询”概念的理解有些偏激，对心理咨询的作用有些怀疑，这里重新回顾心理咨询的发展历史，对其概念给予界定，仍是非常重要的工作。

二、心理咨询的含义与由来

心理咨询（psychological counseling）是指受过专门训练的咨询人员运用心理学的理论、方法和技巧，通过言语、文字或其他信息传递方式，给咨询对象以帮助、启发和教育的工作过程。通过心理咨询，可以帮助咨询对象找出心理问题产生的原因，探讨摆脱困境的对策，避免或消除不良的心理——社会因素的影响，使其认识、情感和态度有所变化，解决其在学习、工作和生活等方面出现的疑难问题，从而缓解心理冲突，恢复心理平衡，提高环境适应能力，促进人格健康成长。

一般而言，心理咨询是一种短期的人际相互作用状态，通过几个明确的阶段，帮助个体解决适应与发展问题的过程。美国心理学会对心理咨询进行了详细的定义，认为心理咨询人员应有成熟、热情的人格品质；心理咨询所关心的问题涉及个人、社会、职业和教育；心理咨询的对象是“正常状态”的人，具有调整、适应和发展的需要，其所需解决的问题只需进行短期的干预或治疗；心理咨询以特定的理论和方法为基础，有固定的工作场所；心理咨询中双方是平等关系，咨询人员注重咨询对象所希望达到的目标，通过咨询使咨询对象掌握进行决策的方法，形成新的思维、情感和行为表达方式；心理咨询所涉及内容极广，包括学校咨询、婚姻和家庭咨询、心理健康咨询、康复咨询、职业咨询等领域，每一领域都对咨询人员有独特的专业和经验要求。

简而言之，心理咨询有以下几个特点：

（1）解决咨询对象心理方面存在的问题，而不是帮助他们处理生活中的具体问题；

（2）不是一般的助人行为，而是运用心理学的理论、方法为咨询对象提供帮助的活动，咨询人员必须是经过专业训练的职业人员；

（3）强调良好的人际关系氛围，咨询双方必须相互理解和信任；

（4）是一种学习和成长的过程；

（5）寻求心理咨询是基于咨询对象心理需要的自愿行为；

（6）心理咨询是为“正常状态”的心理障碍者提供调整和帮助，而心理治疗则是以心理疾病患者为对象，按照精神医学和治疗计划进行治疗，二者有着质的区别。

心理咨询与心理辅导、心理治疗等助人活动的关系，我们可以从下面的图中看出：在助人的功能与方式上，教育、辅导、咨询、治疗各自以一个连续体的不同区段作为自己的重心，各不相同又相互包含。

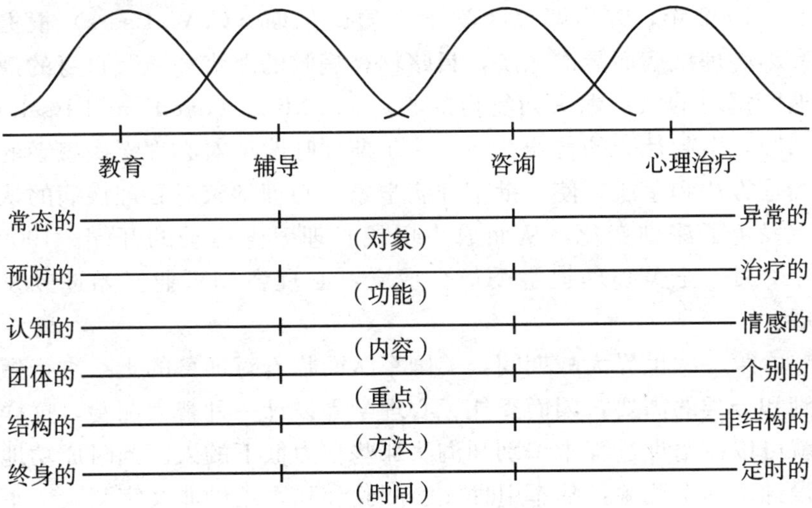

图 1-1　几种助人活动的关系

虽然现代心理咨询发展至今已有近百年的历史，但心理咨询的萌芽可以追溯到古希腊时期。那时，人们常常从古希腊哲人、圣经的旧约全书中的预言以及巫医那里寻找忠告或帮助。伴随着20世纪初职业指导、测量技术和心理治疗的兴起，心理咨询作为一门新兴学科——咨询心理学而开始形成。1908年，弗兰克·帕森斯（F. Parsons）创立了波士顿职业局，并于次年出版《选择职业》（Choosing a Vocation）一书，提出了帮助个人选择职业的方法学，揭开了职业指导运动的序幕，奠定了现代心理咨询的基石。他认为，一个人的职业必须与兴趣、能力和个人性格相符合，为了得到理想的职业，不仅要对环境进行正确的评估，也要对自我的心理特点有正确的认识。这就提出了对于测量兴趣、态度、能力的诊断技术的要求。1913年，美国国家职业指导协会（National Vocational Guidance Association，简称NVGA）成立，并于两年后开始出版专业刊物。心理咨询进一步得到社会的认可。

1908年，曾为耶鲁大学学生的比尔斯（C. W. Beers）根据其因心理疾病而数次入院，目睹精神病院的恶劣环境及自身的遭遇所撰写的《一颗失而复得的心》（A Mind That Found Itself）出版，引起社会的普遍关注。比尔斯呼吁改革对心理疾病患者的治疗方法和手段，使一批精神病学家、心理学家对心理疾病的认识发生了深刻变化，从而成为现代心理卫生运动的开端。1909年2月，全美心理卫生委员会成立，心理咨询事业开始蓬勃发展。

第一次世界大战期间，美国军队面临着对征募的士兵进行甄别和分类的需要，因而委托了心理学界设计一种智力测验，这样就可以在培训过程中识别和淘汰那些智力低下的人。当时成功地设计了两个测验：陆军甲种文字测验和陆军乙种非文字测验。军队使用的各种测验在战后迅速转为民用，并且设计了适用于各种情况的新测验。这些测验技术为职业指导提供了科学手段，也为心理咨询提供了依据。1928 年，爱德华·斯特朗（Edward Strong）发表的著名的“斯特朗职业兴趣问卷”（Strong Vocational Interest Inventory，简称 SVII）成为职业指导向科学化方向迈进的重要标志。从 1930 年开始，以整个人格为对象的咨询发展起来，包括对职业、学业、社会、情感、人格、家庭、健康等方面的问题都展开了咨询，在很多学校尤其是大学设立了专门的心理咨询机构。1930 年以前，处于支配地位的是以心理测量为基础的临床咨询，对这个体系进行尝试并奠定咨询的科学研究基础的是威廉逊（E. G. Williamson）的名著《如何对学生进行咨询》（1930）一书。威廉逊所提出的“以咨询者为中心”的咨询模式在此后 20 年时间里一直占据着统治地位。

20 世纪 30 年代末至 40 年代初，以心理测量为基础的指导性的临床咨询模式开始为心理治疗的模式所取代。卡尔·罗杰斯（C. Rogers）的《咨询与心理治疗》（1942）是这个时期的重要代表作。罗杰斯的咨询模式强调相对独立于社会的个人的情绪问题，要求心理咨询人员与咨询对象之间建立起良好的治疗关系，并避免指令式的影响，从而发挥咨询对象的主观能动性。

40 年代以后，咨询心理学的发展日益迅速。以美国为例，从组织机构方面来看，除美国人事与指导协会（American Personnel and Guidance Association，简称 APGA）有心理咨询机构外，1946 年美国心理学会成立了咨询心理学部，1952 年又更名为咨询心理学分会（Division Counseling Psychology，简称 DCP），被编为第 17 分会。到 1976 年已拥有正式会员 2 800 多人。在中小学、大学、职业介绍所、社会福利机构、产业界等也都纷纷设立心理咨询机构。从人才培养方面来看，咨询心理学是很受重视的专业，攻读咨询心理学学位的人数逐年增加。据统计，1973 年美国有 1 365 人获硕士学位，325 人获博士学位。从学派方面看，除指示性咨询、无指示性咨询的模式外，又产生了许多新的咨询模式，如行为咨询、合理情绪治疗、精神分析定向咨询、格式塔治疗以及人际关系理论等模式。从出版刊物方面来看，1954 年以俄亥俄大学为中心创办了《咨询心理学杂志》，这是以应用性为主的季刊（现已为双月刊），另一季刊《咨询心理学家》则以理论性文章为主。在欧洲的其他一些国家，以及日本、苏联等国，心理咨询也受到重视，在机构组织、理论研究和实际应用方面发展很快。

我国的心理咨询事业开始得较迟，但近年来北京、广东、上海、江苏、四川、福建、河南等地的一些高等院校和医疗部门已建立起心理咨询中心或心理咨询门诊，一些报刊也开设了心理咨询的专栏，取得了一定成效。但心理咨询的普及程度，心理咨询在中小学等部门的应用几乎还是空白。

三、学校心理咨询与中小学教育

学校心理咨询是心理咨询的一支重要生力军。从 1930 年威廉逊的名著《如何对学生进行咨询》发表以来，学校心理咨询取得了长足的发展。在许多国家，大学中设有心理咨询中心，中小学设有专职的心理咨询人员。苏格兰早在 1946 年颁布的教育法中，就明确教育机构必须在全国范围内建立儿童指导服务机构，并规定该机构的职能为：开展对学习困难、发育迟滞和障碍儿童的研究；向家长和教师提出合适的教育和训练方法的建议；必要时，在儿童指导诊所提供专门的教育治疗。1968 年苏格兰颁布的社会工作法进一步规定，每个需要接受特殊教育的儿童不仅要有一张健康检查表，而且要有一张心理评定表，这一评定必须由儿童指导服务机构提供。据 1979 年统计，美国的学校咨询人员与中小学学生的比例为1∶2 000～1∶4 000。据1982年有关报告估计，全世界有4万名学校心理学家，主要集中在城市，农村几乎没有。对于专门从事学校心理咨询的学校心理学家，联合国教科文组织在1956年的一份报告中指出，他们必须获得教师证书，至少有5年的教学经验，接受过高质量的专业教育。联合国教科文组织有关报告建议，对每6 000～7 500名儿童要配备不少于一名学校心理学家，但很多国家和地区远远达不到这个要求。各国各地区的差距较大，从1∶1 400（丹麦）到1∶33 300（爱尔兰）不等。心理学家奥克兰德等（Oakland & Saigh，1987）认为，预计在今后三四十年里，学校心理学家的人数还要增加。但在机构建立较完善且人口出生率相对平稳的国家，学校心理学家人数的增长将趋于缓慢，而在人口众多的三个国家：中国、印度和俄罗斯则其有相当大的发展潜力。在这三个国家共有4.6亿名4～15岁的儿童，几乎占全世界儿童人数的一半，如果要达到联合国教科文组织所提出的1∶6 000比例标准，这三个国家应共拥有76 833名学校心理学家。①

学校心理咨询对于中小学校教育具有非常重要的意义。首先，学校心理咨询是学生成长发展的需要，有利于青少年健康成长，健康地走向社会。学校心理咨询与医学心理咨询是不同的。学校心理咨询面对的咨询对象是青少年，他们中大部分只是由于特殊年龄阶段和学习任务造成的阶段性、发展性心理问题或轻度心理障碍，只有个别的是有心理疾病。学校心理咨询人员不是心理医生而是心理教师，他们并不懂得医学知识和心理疾病的治疗方法，所具备的是一些心理学知识及教育、教学方法和经验。因此学校心理咨询有着自身独特的特点。

---

①　参见李晓文：《学校心理学服务发展概况》，《心理科学通讯》，1988年第5期。

例如，美国大学的心理咨询内容一般分为三块：心理健康咨询、学习咨询和职业咨询。心理健康咨询是针对学生的精神压力、心理冲突和情绪问题，进行心理咨询与辅导；学习咨询旨在帮助学生提高对所学专业的认识和兴趣，培养学习技能并解决学习中的困难；职业咨询辅导学生根据自己的兴趣、爱好、性格特点和能力结构确定职业发展方向。

从某种意义上说，每个学生在其成长的全过程中都需要咨询，需要引导、示范、催化、矫正与疏导，以帮助学生顺利度过发展的各个阶段，以健康的人格适应社会。

另外，学校心理咨询也是架起学校与家庭之间的桥梁。为了更有效地指导学生，学校心理咨询还可以将学校与学生家庭联系起来，帮助家长了解学生，了解学校，了解教师指导学生的目的和方法，对家长的教养方式提供指导，从而使家、校形成教育合力，更好地完成对学生的指导。

其次，学校心理咨询有助于提高教师自身心理健康水平，有助于教师提高教学水平和工作能力。教师的心理健康水平，是直接影响学生心理健康的因素，也会直接影响其教学水平与工作能力。学校心理咨询要从根本上解决学生的心理问题，就不能只在学生身上做文章，要从更加广阔的视野上看待学生，从教育过程中主客体的双向作用来分析问题。学校心理咨询人员不仅可以向教师提供学生心理状况、学生类型分析等资料，还可以为教师从事教育心理研究（如实验方法、要求、步骤、历史与现状等）提供服务，为教师自我心理成长提供专业帮助。

再次，学校心理咨询还可以为学校领导者服务，帮助他们解决管理方面的心理问题，这是侧重于改进学校管理工作的“组织咨询”。在这个意义上说，学校心理咨询人员不仅是学生的良师、教师的参谋，也是管理者的智囊。鉴于学校心理咨询工作在我国还刚刚起步，本书仍以介绍学生心理咨询为主。

第二章　学校心理咨询的准备

学校心理咨询是一项专业性、技术性较强的工作，也是一项复杂、艰巨的脑力劳动。它不仅对咨询人员的职业道德、业务修养、专业咨询技能、知识结构、心理品质有较高的要求，而且对咨询的环境、设备以及形式等也有一定的要求。因此，学校心理咨询工作一般要经过精心的准备，方可正式开始。

一、人员的选择

什么样的人可以从事学校心理咨询的工作？从国外的情况来看，一般都有比较严格的条件规定。许多国家为了保证心理咨询人员的质量，都采取了相应的措施如制定法律或法规，发放证书或许可证、执照等。如美国的亚拉巴马州、阿肯色州、弗吉尼亚州等二十多个州，相继给心理咨询人员发放证书或许可证，那些经考核不合格的人就没有权利从事咨询工作，否则要负法律责任。

在美国，为了取得从事心理咨询的许可证或其他证书，一般需要大学毕业后再接受两年左右的培训，经考核具有人格结构及其发展方面的知识、对社会环境的认识、个人评价的理论与实际、咨询的理论与实际、调查和统计的方法、职业道德方面的教育等素养方可开业。

我国的学校心理咨询事业才刚刚起步，从事专职学校心理咨询人员的比例很小，且多为心理学专业的大学刚毕业的学生或其他专业转行学习心理学的人员。所以，在目前要求全部由专业的专职的人员从事学校心理咨询工作，是不切合实际的，只能采取兼职的方法或请专家定期来校服务。但是，这并不意味着可以降低对于咨询人员的素质要求。那么，什么样的人可以从事学校心理咨询工作呢？从事这项工作的人员应具备怎样的条件呢？我认为以下三方面是必不可少的。

（一）高尚的职业道德

有高尚的职业道德是学校心理咨询人员必须首先具备的条件。这是由于心理咨询工作的特殊性决定的。从工作对象看，心理咨询针对的是天真、纯洁、真诚的学生群体，他们是被保护的、要接受教育和培养的一代，是关系到我们国民素质的关键；从工作性质看，心理咨询是面对学生的心灵，为他们心理健康服务的，这项工作不允许有半点儿差错；从工作内容看，心理咨询涉及学生人格完善、社会适应、潜能开发等问题，比其他教师的工作更加特殊、道德要求更高；从工作特殊性看，心理咨询可能面对的是教师、家长和学生的隐私问题，必须为当事人严守秘密，又必须处理危机问题，不允许发生差错。我们认为心理咨询人员的职业道德应表现为：热爱当事人；热爱心理咨询事业；遵守心理道德规范。美国全美学校心理学家制定了学校心理咨询服务的职业道德原则，可以作为参考。

（二）全面的知识结构

学校心理咨询人员的知识结构应该比较全面，一般应包括哲学知识、社会学知识、教育学知识、心理学知识、精神医学知识，及品德教育、学校管理、学科教学等知识。教育学、心理学和医学知识尤显重要。教育学知识的重要性不仅在于教育学的各项原则和方法对学校心理咨询具有直接的指导意义，还在于学校心理咨询本身是学校教育工作的重要组成部分，前者是后者的必要补充。心理学知识是学校心理咨询人员知识结构的核心。对于学校心理咨询人员来说，咨询心理学、青少年心理学、心理测量学是必不可少的心理学基础知识。医学知识也是学校心理咨询人员必须了解的，以便咨询人员对咨询对象的身心问题准确判断并根据需要迅速转介到有关部门。

（三）优秀的心理品质

优秀的心理品质不仅使咨询者具有强烈的人格感染力，也是使他们积极投身于自己事业的内在源泉。主要包括：（1）敏锐的观察力，通过咨询对象的口语和非口语信息来洞察他们的内心世界；（2）良好的记忆力，不用录音设备或笔记而能大致记住咨询对象的谈话内容；（3）丰富的想像力，能根据咨询对象的心理特点和临床表现，预料他们的发展动向，并调节自己的劝导措施，以获得最佳效果；（4）创造性思维，善于在咨询过程中探索新途径，研究新方法，闯出新路子；（5）流畅的言语，语言要简洁扼要、符合逻辑，要亲切自然、富有幽默感，要适合咨询对象的理解水平，使咨询对象感到可亲、可近、可信；（6）深挚的情感，能够准确、真实地表达自己的情感，切勿面若冰霜、愁眉苦脸，用轻松、愉快、自信的表情给咨询对象以积极的心理暗示；（7）坚强的意志，表现为对工作充满信心，有旺盛的工作精力、锲而不舍的追求精神，及时地采取决断。

（四）健全的人格

对健全的人格和自我完善的追求，使心理咨询人员在自我不断提升和成长的基础上，具有明确的自我认识。悦纳自己，能够觉察到自我偏见可能对来访者的影响，有清醒的自察力，主动接受专家督导的个人成长能力，这是心理咨询“助人先助己”的功能，也是咨询人员与当事人共同成长的基础。

总而言之，咨询人员必须事业心强，心理素质好，专业过硬，必须经过专门的培训后，才能从事学校心理咨询工作。对咨询人员的慎重选择与任用是直接关系到学校心理咨询工作质量的先决条件，一定要把好关，并要注重对咨询人员的专业督导和评估。我们认为，咨询人员宁缺勿滥。

二、环境的布置

学校心理咨询对于环境也有一定的要求，这里主要从地点的选择和室内的布置两方面作些介绍。

先看地点的选择。一般来说，心理咨询的很多内容涉及个人隐私，目前来进行咨询的学生在不同程度上存在着心理冲突，所以心理咨询室一般不宜设在学校的喧闹、嘈杂的地带，而应设在比较安静而又方便的地点。再者，中小学生往往好奇心强，有事无事总想进咨询室探个究竟，这往往会影响咨询工作的正常进行，设在比较安静的地点就可以避免干扰；对于中学生来说，随着年龄的增长，对于自我越来越关注，更想了解自我，完善自我，但他们往往怕别人知道自己的“隐私”，僻静的地点可以满足他们的心理需要。

如果有条件的话，学校心理咨询的地点最好符合美的要求，花园式的氛围、整洁典雅的环境往往使人产生亲切感，心情舒畅。

再看室内的布置。学校心理咨询用房一般以内外两室一套为宜，外室用于接待，内室用于咨询。咨询室整体氛围要宁静，采光、通风条件要好，给人以明朗的感觉，咨询室可适当以鲜花、图画装饰环境。外室的光线要求明亮而柔和，四周墙壁可以张贴学校心理咨询人员的工作守则，使学生产生信任感和期望感，也可以张贴一些解释和说明心理咨询、心理健康与心理卫生知识的内容。在笔者曾主持的苏州大学心理咨询中心的接待室里，墙壁张贴的内容主要由四部分组成，现照录于此，仅供参考。

心理咨询工作的基本原则

一、保密原则　在没有得到来访者同意的情况下，不得将在咨询场合来访者的言行随意泄漏给他人或组织。

二、时间限定原则　心理咨询必须遵守时间限制，一般规定每次为五十分钟左右，初次受理时，咨询时间可以适当延长，原则上不能随意延长或间隔。

三、“来者不拒、去者不追”原则　到心理咨询中心来的人必须出于完全自愿，这是确立咨询关系的先决条件。没有咨询愿望和要求的人，咨询人员不得去主动找他来咨询。

四、情感限定原则　咨询关系的确立和咨询工作的顺利展开的关键，是咨询人员和来访者心理的沟通和接近。但这也是有限度的，来自来访者的劝诱和要求，即便是好意的，在终止咨询之前也应该予以拒绝。

五、重大决定延期原则　心理咨询期间，由于来访者情绪过于不稳定和动摇，原则上应劝其不要轻易作出重大决定，如跳槽、退学、离婚、退休等。

六、伦理原则　心理咨询活动的开展必须以一定伦理规范为约束，主要是心理咨询人员必须遵循社会道德准则和伦理规范。

苏州大学心理咨询中心咨询人员守则

1. 努力保持自身的身心健康并承担作为社会成员的道义责任，不断钻研咨询业务，努力提高咨询业务水平。

2. 把尊重来访者的权利放在第一位，不得抱有个人的、组织的、经济的、政治的或宗教的目的。注意不得有任何形式的强制。

3. 来访者的任何资料、案例只在本中心存档，不得泄漏于他人。必须承担保守来访者秘密的责任。

4. 咨询业务只能在职业范围内进行，和来访者及相关人员不得有个人关系。不得接受和索取额外报酬或礼物，不得满足来访者超越咨询范围的要求。

5. 尊重其他咨询人员的权利和技术，注意相互协作，不得妨碍其他同行的业务。

6. 使用心理检查和测量时须经来访者本人同意，不得强制，不得滥用检查结果。

7. 应做好咨询记录并定期进行案例讨论和咨询总结。案例研究不得损害来访者权益。

8. 在公开说明咨询知识和专业意见时不得夸张，特别是在商业性宣传和广告时，应对产生的社会影响负责任。

9. 咨询工作原则上必须限定在咨询室内进行。

10. 咨询人员必须充分理解本守则，不得违反。

什么是心理健康和心理卫生

世界卫生组织（WHO）把“健康”定义为，不但没有身体的缺陷和疾病，还要有完整的生理、心理状态和社会适应能力。这表明，只注意生理卫生是不够的，还必须讲究心理卫生。只有这样才能增强身心适应能力。

心理卫生就是保障心理健康的原则、方法、措施和各种活动的总和。包括研究心理特征，预防精神病、神经症及其他各种身心疾病和病态人格，普及心理科学知识等等。心理健康与身体健康、社会环境密切相关。人在幼儿期、儿童期、少年期、青年期、成年期和老年期，生理状态和心理状态各有特点，所处的社会环境大不相同，要针对各个年龄阶段生理、心理特点及社会环境特点，结合教育、家庭、医学等方面来搞好心理卫生。

搞好心理卫生，对于保障人类身心健康，促进社会成员全面发展，提高学习和工作效率等都具有重要意义，对于预防青少年由于心理不健康而引起的犯罪也有很大作用。

什么是心理测量与心理咨询

心理测量是心理学研究的基本方法之一，通过考试、测验等了解受测者的智力水平及个性特点等。测量方式主要有二，一是使用文字或图形，一是使用器械和实物。测量类型多种多样，涉及人的心理的各个方面。

心理测量强调客观化，反对主观臆测；强调规范化，保证高信度、高效度；强调数量化，使得受测者的某项心理指标与某个人群的该项心理指标具有可比性。

心理咨询就是指心理学工作者或医生解答人们提出的现实生活中的各种心理学问题。心理健康咨询就是在测量、交谈、接触的过程中，给来访者以心理科学和心理健康知识的指导和帮助，进行心理卫生教育，从而提高来访者的适应能力，缓解心理紧张和心理冲突，同时对心理异常起到预防或治疗的作用。

如果接待室较大，还可以张贴一些介绍各种心理测量工具以及各种心理障碍的症状与克服方法的文字，为咨询对象的自知、自助，从而也为整个心理咨询过程打下良好的基础。

内室一般用于咨询和测量，如果条件允许，可以隔为三至四个小单元，可供同时咨询又不互相干扰。内室的陈设一般比较简洁，可以安放一些心理诊断与治疗的仪器设备（如生物反馈仪、双手谐调仪、注意仪、动作反应仪等），但最好不要安装录音设备。在整个咨询过程中，要征得来访者同意，方可把咨询的谈话内容加以录音或笔记，以减轻来访者的心理压力。

总而言之，心理咨询室的布置，应向来访者充分传达放松、安全、祥和、舒适、充满生机的感觉。

在咨询室，前来咨询的学生的位置应避开门窗方向，以免学生与突然来访的外人照面而产生不安。学生的个人资料应放在咨询教师便于拿到的地方，以减少咨询过程中教师过多的活动而分散注意力。另外心理咨询室的保密设施要符合标准。

三、形式的确定

学校心理咨询有种种不同的形式。从咨询对象的人数来划分，主要有个别咨询和团体咨询；从咨询对象的性质来划分，主要有学生咨询（低年级学生可由家长陪同）、教师咨询和管理咨询；从咨询的途径来看，主要有门诊咨询、书信咨询、电话咨询、网络咨询、宣传咨询等。从与咨询对象接触方式的不同来划分，可以分为直接咨询和间接咨询。现分别加以介绍，在实际运用时可根据需要确定具体的形式。

（一）个别咨询

由咨询对象单独向咨询机构提出咨询要求，一般也由单个咨询人员接待并给予帮助。其优点是咨询对象思想顾虑轻，可以基本无保留地倾吐自己的内心秘密；也有利于咨询人员耐心、深入地进行帮助。

（二）团体咨询

由咨询机构根据咨询对象所提出的心理问题，将他们分成课题小组进行商讨、引导，解决他们共同的心理困扰的一种形式。如考试前很多学生产生焦虑心理，可以在征得他们同意的前提下进行团体咨询。

团体咨询一般以十人左右为宜，主要步骤：首先由心理咨询人员根据咨询对象的问题，以及年龄、性别、因素进行筛选、分组；其次，由心理咨询人员根据团体咨询的程序和方法，有计划地通过团体的互动和多种方法，使问题得到解决。团体咨询的优点是感染力较强、效率较高，适宜解决具有相同困扰的问题，不适于对个体较深厚问题的解决。

（三）直接咨询

直接咨询指由咨询人员对咨询对象直接进行面对面的咨询。直接咨询的特点是通过咨询人员与咨询对象的直接交往使问题得以解决。这种咨询有利于咨询人员对咨询对象的准确了解和有针对性的帮助。

（四）间接咨询

间接咨询指由咨询人员向当事人周围的同学、教师、家人、朋友了解其心理问题，并通过他们实施指导。间接咨询的特点是当事人的问题靠中间人向咨询人员介绍，咨询人员对当事人的指导意见也由中间人权衡后付诸实施。这种咨询的效果取决于如何正确处理好咨询人员与中间人的关系，使咨询人员的意见为中间人接受并合理实施。

（五）学生咨询

由学生主动提出咨询要求，或由教师或家长建议并陪同前来咨询的一种形式。一般来说，小学生的心理问题主要有三。(1) 学习适应问题。从学龄前以游戏为主一下子过渡到入学后以学习为主，有些小学生不能适应这一变化，把学习作为负担，把玩与学对立起来，甚至以说谎、逃学或拒绝上学来对付教师和家长。(2) 自制力差。小学生往往好奇、好动，不会调节自己的情绪与行为，需要反复提醒才能遵守纪律。(3) 注意力涣散。小学生一般不善于把注意力集中在事物的主要的、本质的方面，而常常分散到一些次要的、非本质的方面去，从而影响学习成绩。中学生的心理问题也主要有三。(1) 性问题。由于中学生处于青春期，出现了性意识的萌动，由于没有得到正确的指导，往往用不正当的途径满足性的好奇心而走入歧途。(2) 学习负担重问题。由于升学率以及中学生自身对前途考虑的双重影响，中学生的学习负担往往过重，一些成绩中等或较差的学生心理压力较大，甚至产生悲观厌世的心理。(3) 代沟问题。中学生渴望独立的心情日益强烈，不喜欢成人过多地干涉，“管制”与“反管制”的矛盾日趋突出，往往形成了互不理解的隔阂。大学生的心理问题仍主要有三。(1) 学习不适应。大学的学习与中学的学习不同，要求学生具备较强的自学能力、独立思考能力和解决问题的能力。学习不适应在大学新生身上出现较为普遍。(2) 人际关系不协调。大学同学来自四面八方，大家生活方式、生活习惯、个性特点差别很大，往往会因人际关系处理欠妥产生各种心理问题。(3) 职业选择问题。对即将毕业的大学生来说，他们缺乏走上工作岗位的心理准备，因而在职业选择过程中会出现众多心理冲突。

（六）教师咨询

教师在自己的生活和工作中遇到困扰以后，他们也会走进学校的心理咨询室寻求帮助。教师的心理问题主要有三。(1) 个人的身体与睡眠问题。由于有较强的压力，教师往往有失眠、睡眠质量差、神经性头痛等心身症状，急需调整，以保证正常的生活秩序。（2）个人的家庭、孩子、人生规划、情绪困扰等问题。（3）工作中的人际困扰，后进学生的提高问题等。

（七）管理咨询

学校管理者也会遇到不少心理问题，如怎样调动教师的积极性，怎样正确地评估教师的实际水平，怎样协调学校各部门的关系，怎样形成良好的校风等。

（八）门诊咨询

通过学校心理咨询机构的门诊接待进行咨询的一种形式。这是最常见的学校心理咨询形式，通常是由咨询对象填写登记单，由接待人员分类交咨询人员，心理咨询人员根据登记单及咨询对象的自诉，可决定是否根据有关的咨询理论和技术进行指导和帮助。由于它是咨询人员与咨询对象面对面的接触，因而对咨询人员各方面的要求很高，否则难以取得良好的咨询效果。

（九）书信咨询

针对咨询对象来信陈述的情况和提出的问题，咨询人员以通信方式解疑答难、疏导教育的一种形式。有条件的学校可以设点安放心理咨询信箱，及时采集学生的心理问题并加以解决。其优点是简单易行，运用方便，缺点是不易深入，对于一些问题较严重的咨询对象难以奏效。

（十）电话咨询

利用电话的通话方式给咨询对象以劝告和安慰的一种咨询形式。电话咨询最初是用来解决自杀等心理危机的干预问题，现在已不限于此，国内外的一些学校心理咨询机构也逐步开始采用。

（十一）宣传咨询

通过报纸、黑板报、刊物、广播、电视等大众媒介，对读者、听众或观众提出的典型心理问题进行解答的一种形式。在学校心理咨询中，它的主要功能是普及心理卫生知识与心理咨询知识，增进学生和教师的心理健康水平。必要时，学校心理咨询人员也可以到家庭、班级等现场，与家长、教师一起进行心理教育会诊，解决各种各样的心理问题。

（十二）网络咨询

利用互联网的现代信息交流方式进行心理咨询。与传统方式相比，网上咨询具有便捷、高效、经济的优点，而且能够为咨询者保密。但目前的网络咨询形式比较简单，咨询范围受到一定的限制。由于资金和技术等方面的原因，也因为无法当面交流，会使咨询难以深入进行，当事人提供信息的真伪也难以准确分辨。

第三章　学校心理咨询的实施

在准备工作就绪后，学校心理咨询活动就可以开张了。当学生、教师等咨询对象来到咨询室时，作为学校心理咨询人员，怎样具体地实施咨询过程呢？国外心理学界对于心理咨询过程的认识形成了一些不同的观点。如咨询心理学的重要代表人物威廉逊教授等认为心理咨询过程可分为以下六个阶段。

（1）分析。这是收集关于咨询对象的有关资料的阶段。

（2）综合。这是综合、概括上述资料中最重要的有意义的部分的阶段。

（3）诊断。这是弄清楚咨询对象的心理问题产生原因的阶段。

（4）预测。这是估计咨询对象的将来发展和咨询结果如何的阶段。

（5）劝导或治疗。这是由咨询人员与咨询对象合作，帮助咨询对象解决心理问题的阶段。

（6）追踪。这是检查和确定咨询效果的阶段。

另有一些心理学家则主张利用杜威（J. Dewey）关于解决问题的理论模式。如厄贝恩（Urban）、福特（Ford）、佩特（R. H. Pate）等都认为心理咨询实际上也是一种解决问题的过程，因此他们认为各种咨询理论和方法都是用不同的方式来解决心理咨询问题。如佩特认为，咨询对象的目的就是为了解决生活中碰到的问题，咨询过程无疑也是解决问题的过程。他把心理咨询过程分为确定问题、提出假设、检查假设、采取决定、参与行动、评价六个阶段。

为了使阶段划分更为明确，我们提出以下四个阶段作为实施心理咨询过程的基本程序。

一、收集信息——建立关系阶段

在咨询对象来访时，咨询人员应表示欢迎，同时可以向他们简要介绍心理咨询的性质和原则，特别要阐明尊重隐私的保密原则，以消除其紧张情绪，在比较自然放松的状况下进行咨询。

建立关系是心理咨询的开端。心理咨询实际上是咨询人员与咨询对象的一种人际互动过程。心理咨询开始就建立良好关系非常重要，能够获取真实、全面的信息，为进入下阶段打下了基础。

首先咨询人员要无条件地接纳每一位咨询对象，因为不管他们有怎样的行为与认识，“问题本身不是问题，如何解决问题才是问题”。

其次，要热忱接待。

再次要正确运用聆听技术，收集信息，了解咨询对象的基本情况以及与咨询对象有关的社会背景。

聆听是建立良好咨询关系的先决条件，它不仅可以使咨询人员了解信息，也有助于咨询对象澄清和阐明问题。它还可以使咨询人员有机会表现自己的同情心和对咨询对象的尊重，从而感到你可亲、可敬、可信，向你敞开心扉，对你的劝导和帮助也言听计从。对于学校管理人员、教师和高年级学生尤其如此。

咨询对象的基本情况如年龄、性别、年级、家庭成员、健康状况等，可以通过填表来了解。一般来说，可由咨询对象在正式谈话前填写，也可以由咨询人员提问后填入表内（尤其是低年级学生）。基本情况表可按表 3-1 的格式设计。

表 3-1　心理咨询登记表

Ⅰ、个人面貌

姓名________　地址____________________

年龄____　性别____　民族____　职业______

年级____

工作时间________　婚否____　电话号码__________

Ⅱ、现状——工作情况、个人情况、文化程度

Ⅲ、咨询的目标与目的

Ⅳ、对咨询的效力和信任情况

Ⅴ、需要何种咨询（请在选择的项目后打钩）

个别咨询　　团体咨询　　其他形式咨询

在各种不同的心理咨询机构或各种类型的咨询内容方面，可以对上表进行适当增删，以加强针对性。如上海市举办的“中学生之友”心理咨询活动，就是按表 3-2 设计登记表的。

表 3-2　“中学生之友”心理咨询记录卡

日期：　　　　班级：　　　　编号：

<table>
<tr><td>姓名</td><td></td><td>性别</td><td></td><td>年龄</td><td></td><td>籍贯</td><td></td><td>居住区域</td><td></td></tr>
<tr><td rowspan="3">每周学习时间</td><td colspan="2">超过 50 小时</td><td rowspan="3">每天睡眠时间</td><td colspan="2">超过 10 小时</td><td rowspan="3" colspan="2">健康状况</td><td colspan="2">强健</td></tr>
<tr><td colspan="2">35～50 小时</td><td colspan="2">8～10 小时</td><td colspan="2">体弱多病</td></tr>
<tr><td colspan="2">少于 30 小时</td><td colspan="2">少于 8 小时</td><td colspan="2">曾有慢性病</td></tr>
<tr><td rowspan="3">家庭成员</td><td rowspan="3" colspan="2"></td><td rowspan="3">个性自我估价</td><td colspan="2">活泼开朗</td><td rowspan="3">稳定性</td><td>情绪稳定</td><td rowspan="3">兴趣爱好</td><td rowspan="3"></td></tr>
<tr><td colspan="2">抑郁内向</td><td>尚稳定</td></tr>
<tr><td colspan="2">平和</td><td>脆弱</td></tr>
<tr><td>生活事件（6个月内发生）</td><td colspan="3">（1）与父母有矛盾
（2）学习困难，成绩下降
（3）考试紧张
（4）受学校处分
（5）与老师或同学有矛盾
（6）家庭成员患病或死亡</td><td colspan="3">（7）外伤或疾病
（8）交友、恋爱问题
（9）消费紧张
（10）性问题
（11）升学或就业
（12）其他（请写明）</td><td>咨询要求</td><td colspan="2">（1）问学习方法
（2）问交友、恋爱
（3）问人际关系
（4）问前途选择
（5）代人咨询
（6）其他（请写明）</td></tr>
<tr><td colspan="10">（以上各项请自填后交咨询员）</td></tr>
<tr><td>备注</td><td colspan="9">咨询员意见：</td></tr>
</table>

（记录卡请收回留档！）　　　　咨询员：

除了与咨询对象本人谈话外，还可以通过与其同事或同学谈话，查阅学生档案等途径来进行。

在这个阶段，确定咨询对象的心理问题十分重要。有人认为确定咨询对象的心理问题并不困难，因为根据咨询对象的主诉症状和咨询人员的补充发问，大致可以弄清其心理问题，其实不然，这是件很复杂的事情。首先，学校心理咨询的对象主要是学生，中小学生的概括能力、表达能力以及自我认识能力不成熟，往往使他们无法清晰地说明自己的心理问题；其次，咨询对象的心理问题往往经历的时间较长，他虽然一直被苦恼所缠绕而不能解脱，但并不一定能准确说出其心理问题产生的真正原因，而只是不停地诉述目前的痛苦；再次，有些心理问题的表现较为复杂，这些复杂问题的评定指标往往是综合的、多方面的，这也给确定其心理问题带来了一定困难。因此，对于学校咨询人员来说，要弄清楚咨询对象心理问题的症结所在和为什么来咨询等问题，除了耐心倾听外，还要积极而自然地利用反馈，引导谈话的方向按一定的轨道运行。

二、测量思考——诊断分析阶段

这个阶段的主要任务是在收集信息的基础上，进行系统思考、认真分析，从而把握咨询对象存在问题的实质。

在上一阶段，咨询人员已形成了关于咨询对象的第一印象，取得了大量感性材料，对其存在的心理问题也有了初步认识。为了进一步检查这些第一印象和初步认识，对咨询对象的心理问题得出明确结论，一方面可以通过心理测量与心理诊断掌握有关方面的内容，另一方面可以对第一阶段的材料进行整理，必要时还可以向咨询对象及其家人、同事、同学进一步询问详情。

在这里特别要指出的是，心理测验是心理咨询中分析咨询对象心理的一个重要工具，而不是一个必不可少的环节。我们应该根据具体情况来决定是否采用。我国心理学家潘菽曾说过，心理测验是可信的，但不能全信，是有用的，但不能完全依靠它。有时过多地使用心理测验反而会影响咨询的效果。

填表、谈话和心理测量之后，就可以着手对咨询对象的心理状况进行比较全面的诊断分析了。要对此获得的资料进行综合分析，诊断心理问题是什么，及其产生的原因和严重程度。为了使诊断分析的思路更加清晰，从整体联系的角度把握咨询对象的心理问题，可以利用诊断分析提纲作为辅助。我们根据美国的“咨询过程中的诊断分析提纲”改编了一个“学校心理咨询诊断分析提纲”（见表3-3），仅供参考。

表3-3　学校心理咨询诊断分析提纲

姓名：　　编号：

Ⅰ、发展状况

A、年龄、教育水平以及本人提出的问题

B、分析与咨询对象的年龄组有关的任务、角色和问题

C、目前的家庭生活条件和社会文化环境

D、智力或个性测量结果分析

Ⅱ、心理状况

A、一般情况

1. 人生观

2. 需求观

3. 成熟水平

4. 生活中不利因素的情况

5. 生活方式

B、自我认识

续表

1. 对于自我的看法
2. 认为别人怎样看待自己
3. 理想的自我
4. 对于成就的看法——学术上的、工作上的，如学习成绩的自我评估等

C、独立性

1. 应付现实的能力
2. 作出决定的能力
3. 自我控制的程度与方法
4. 应付生活变化和变迁的能力

Ⅲ、工作与学习

A、咨询对象是干什么的，工作的种类是什么（如果是学生，准备选择什么职业）

B、对待工作学习的情感和态度

C、工作学习中的人际关系情况——上司、下属、师生和同事（同学）等

D、工作学习本身的优缺点，学习成绩

E、未来的打算

F、业余活动

Ⅳ、人际关系

A、与家庭成员（如配偶、子女）的关系（对教师等言）

B、与父母、兄妹的关系

C、对配偶、父母的描述

D、对于家庭的一般感觉

E、问题与冲突

F、解决冲突的方式

G、其他方面的重要关系

Ⅴ、健康状况

A、咨询对象对于其健康状况的总看法

B、健康状况对于咨询对象的生活的影响

C、健康习惯

D、过去或现在接受过心理治疗的情况

在全面、准确地分析了咨询对象存在问题的实质后，首先要判断是否属于自己的咨询范围。如属于自己的咨询范围则就要为下一步咨询作准备；如不属于自己咨询范围，就要考虑转介的问题。转介给谁，如何转介，怎样做咨询对象的工作，都要作详细的考虑。如属于自己咨询范围，则需要对咨询的目标加以明确。咨询目标的制订过程中需要咨询双方的共同配合，咨询目标的确立，一定要尊重咨询对象的个人意愿。要明确咨询对象希望有哪些改变，最急需哪些方面的帮助。所以咨询人员要与咨询对象充分讨论，制订具体的可行的咨询目标，绝不能由咨询人员按照个人的主观判断强行制订目标。在此基础上，再对解决其问题的办法进行探讨，找出可能的解决途径。这个阶段一般提倡发散思维，尽可能多地提出解决咨询对象心理问题的方法。

在寻找可行的解决办法时，也必须充分发挥咨询对象的主观能动性。因为大多数咨询对象在来到咨询机构求助之前，就已对自己的问题产生过种种设想，探讨过许多解决方法。特别是中小学教师，对于那些所谓“顽童”一般已使用过“十八般武艺”，只是屡试不爽或效果不明显。这时，由于在咨询人员面前而不好意思讲出这些设想和方法，因此，咨询人员必须鼓励他们提出自己的想法并加以肯定的强化，要避免过多的评价，可以记录下所有的可能解决问题的途径，留待逐一分析。把咨询对象的自我分析作为咨询过程中诊断分析的起点。咨询人员从这些设想和方法中会受到很多启发，再结合自己的诊断和分析，从而提出一些可供选择的解决方案。

如遇到了难以诊断的个案，不要轻易下结论，可以约他下次再来，以便自己有时间思考或与同行、督导教师研讨。诊断正确与否是心理咨询能否成功的关键，如医生治病，诊断错误则会贻误病情，甚至产生严重后果，因此，诊断力求准确。

拟订好咨询方案后，还要制订具体教育干预的方式、方法，以便更好地实施方案。

对于不属于咨询范围的个案，要认真做好转介工作。既不能把自己力所能及的咨询对象推出去，也不能把自己无把握的对象硬拉在身边进行咨询，以免失去最佳心理治疗时机，造成恶果。正确对待转介，是心理咨询人员的一项基本职业道德。

三、咨询干预——实施帮助阶段

在提出了一些可供选择的方案后，咨询人员就必须会同咨询对象一起研究这些方案，进行最优化筛选，从而确定解决问题的方法。

在研究这些可能的方案时，不是简单地从方案目录中选出一个就了事，而是有甄别与决定的技巧的。一般可从两方面来研究每个可能的方案：一是成功的可能性；二是付出的代价——体力或经济的。例如，同学之间的矛盾可以通过斗争、逃避或“投降”等方法来解决，也可以通过协商、谦让、体谅等方法来解决。这些方法都会给咨询对象的生活产生不同程度的影响，比较妥当的办法是寻求冲突最小的途径。

咨询人员要积极地向咨询对象说明每条途径可能会产生的结果。这时可以运用一种有效的技术——表象法（imagery），让咨询对象想像自己已经选择并实施了某种途径，体验可能会产生的情绪和结果。这是心理学家拉赞罗斯（Lazarus）于 1977 年提出的，临床运用有一定效果。

在教育干预中，有些问题的解决还需得到家长与学校的配合，要明确告诉咨询对象，并取得他的同意，启发他利用这些教育资源。但必须尊重咨询对象的意愿，千万不要背着他，如果咨询对象不同意这样做，就不能勉强，可耐心等待。

干预之后，要不断反馈效果，评估干预措施，根据需要调整干预计划，重新评估干预目标及实施过程，直到让咨询对象感觉有效为止。

按照咨询计划，实现了咨询目标，当事人的心理问题得到解决以后，心理咨询即告一个段落。心理咨询人员要把这个结论明白地告诉当事人，还应对咨询对象没有想到但又很重要的其他方面作提示，鼓励咨询对象及时而充分地应用收获，同时欢迎他有问题再来。

四、追踪强化——检查巩固阶段

过一段时间可追踪了解巩固情况，可通过建立随访制度、写备忘录、召集有关人员座谈或走访等方式进行追踪研究。通过追踪研究，可以评价所进行的诊断、分析正确与否，帮助指导措施是否成功。

一是写备忘录。咨询人员在帮助阶段后，可将备忘录交给咨询对象，并嘱其按要求坚持续写。备忘录除包括姓名、年龄、性别等身份标志外，主要有原有心理问题的表现、劝导帮助后生活中发生的重要事件、自己的主观感受、别人对自己的评价等。咨询人员可以定期收回备忘录进行研究。学校心理咨询的备忘录一般可以按表 3-4 的格式设计。

二是随访咨询对象，以检查咨询的效果。

三是召开有关座谈会，约请咨询对象的家人、同事、同学、教师、领导等，对咨询对象的各方面表现发表意见，从而取得对于咨询效果的客观评价。同时，召开座谈会也有利于咨询人员争取社会各方面的积极配合，从而扩大和巩固咨询的成果。但是这种方式容易因过多人参与而产生干扰，咨询对象的隐私易被公开

表 3-4 心理咨询备忘录

<table>
<tr><td>姓名</td><td></td><td>性别</td><td></td><td>年龄</td><td></td><td>班级</td><td></td></tr>
<tr><td colspan="2">家庭地址</td><td colspan="3"></td><td colspan="2">首次咨询日期</td><td></td></tr>
<tr><td colspan="2">首次咨询的主要问题</td><td colspan="6"></td></tr>
<tr><td colspan="2" rowspan="2">生活中发生的重大事件（请在空格内打“√”或“×”，如打“√”请注明日期）</td><td>学习困难</td><td>考试紧张</td><td>同学矛盾</td><td>师生对立</td><td>挨父母打骂</td><td>恋爱与性问题</td></tr>
<tr><td>父母离异</td><td>亲人患病或死亡</td><td>疾病</td><td>留级</td><td>受处分挨批评</td><td>其他（请写明）</td></tr>
<tr><td colspan="2">自我感觉（要求同上）</td><td>一切正常心情愉快</td><td>基本正常偶有不悦</td><td>时好时坏难以言表</td><td colspan="3">其他</td></tr>
<tr><td colspan="2">您对首次咨询是否满意？有何建议？</td><td colspan="6"></td></tr>
<tr><td colspan="2">您是否愿意进一步咨询？（如愿意，请写上日期预约）</td><td colspan="6"></td></tr>
<tr><td colspan="2">注意事项</td><td colspan="6">（1）请将备忘录 1 个月后、2 个月后、6 个月后各寄（或送）一张到本咨询中心。
（2）6 个月后持本备忘录可免费咨询一次或获赠纪念品。</td></tr>
</table>

化，对其改变和成长不利，所以要慎用这种方式。

通过追踪研究，一般会有三种情况。一是帮助和干预取得了圆满成功，咨询对象的适应能力明显改善，对咨询过程比较满意。这时不妨再作一次系统谈话，肯定和强化咨询对象的成功，巩固咨询效果。二是初步解决了咨询对象原有的心理问题，但又产生了一些新的问题。这时，应认真分析新的心理问题与原有心理问题之间的关系，提出新的咨询目标，进入新的咨询过程。三是基本上没有成效。没有成效又有两种情况：一是咨询人员在咨询过程中分析问题有偏颇，治疗或劝导方法不得力；二是咨询对象主观不努力，未按咨询人员的要求去做，回到原来的情景中又依然如故。如果是前一种情况，咨询人员就要对咨询过程再作一次回顾与反思，从而找出自己存在的问题，制订新的咨询方案；如果是后一种情况，咨询人员就必须对咨询原则再作说明，使咨询对象明确自己在咨询中的主导作用，明确自己的主动配合是咨询成功的根本条件，使其心悦诚服，从而按照咨询人员提出的要求去做。

有时，当咨询员发现自身经验与能力不能满足某项咨询工作的要求时，应及时终止咨询关系，并在咨询对象同意的情况下，可将其介绍给其他咨询员或咨询机构。

学校心理咨询的实施程序也不是机械不变的，可以根据具体情况灵活地加以运用。

第四章　学校心理咨询的内容（一）

——学习心理咨询

《科学与生活》心理门诊专栏收到了一个中学生的来信，诉说了他的苦恼：

> 我学习上总是丢三落四，经常出错。做作业时不是写字缺笔，就是造句漏字；不是错用公式，就是遗漏数据。考试时，更是紧张出错，甚至很简单的问题，我也会算错。在家干活也是这样，粗手粗脚，摔盆碎碗。由于我粗心的毛病，大家都叫我“马大哈”。我很苦恼，总想快点改掉，但又改不掉。

据我所知，《中国青年》、《青年报》、《中国青年报》、《中学生》、《中学生时代》等许多报纸杂志都经常收到类似的信件，遗憾的是由于人员、时间、版面等条件的限制，他们往往不能给予满意的、及时的解答。而诸如此类的问题，正是学校教育必须包含的工作任务，也是学校心理咨询的重要内容。

那么，学校心理咨询一般包括哪些内容呢？根据学生面临的实际心理问题和国外学校心理咨询的情况，主要有学习中的心理问题、职业选择的心理问题、社会生活的心理问题和心理健康的问题。

上述心理问题通过专业咨询人员的诊断，提出改进性建议，无论是对学生了解自己、自我教育，还是对家长、教师了解子女、学生并采取科学的教育措施，都有重要意义。

在这一章中，我们首先讨论学习中的心理问题。

学习作为学生的主要任务，会直接影响学生的心理状况，也成为学校心理咨询中的主要问题。对学生学习的咨询与辅导，主要包括两个方面的含义：一是解决学生在学习过程中出现的心理困惑，比如学习方法和学习策略的改进，解决会不会学的问题；另一是帮助、引导学生开发自己的学习潜能，确立合适的学习目标，激励学习动机，解决学生愿不愿学的问题。影响学生学习成绩的因素很多，如家庭环境（诸如父母受教育程度、经济收入、家庭生活气氛、该子女受重视的程度等）、朋友交往、教学质量、学习条件等。影响学生学习的主要是智力因素、非智力因素、创造力三个方面。

一、智力因素咨询

帮助学生以科学的态度认识智力的实质、能力发展的制约因素、智力与学习成绩的关系，正确了解自己的学习潜能，对于提高学习成效，维护学生心理健康具有重要意义。学习潜能是指个体在学习活动之前，对于学习某领域的知识技能所具有的潜在能力，包括智力和特殊能力倾向。

智力正常是一个人取得良好学习成绩的必要条件。所谓智力，是人们在认识客观事物的过程中所形成的认识方面的稳定的心理特点的综合。一般认为，智力包括观察力、记忆力、想像力、思维能力和注意力五个基本因素，但智力不是这五种基本因素的机械相加，而是它们的有机结合。

智力品质的高低，综合起来有这样四个主要方面：（1）批判性，是指对某事物或现象提出肯定或否定理由的能力；（2）灵活性，是指随着复杂情况、解决问题的方法及陌生环境等具体条件的变化灵活机动地对问题作出正确处理的能力；（3）广泛性，是指全面地掌握问题的各方面情况而不忽略某一部分的整体把握问题的能力；（4）敏捷性，是指迅速、准确地解决问题的能力。这四种特征在不同的人身上会存在明显差异，在一个人身上也往往会有畸轻畸重的不平衡现象。由于不同的人或同一个人在不同方面存在好坏优劣之分，会明显影响一个人在不同学科或不同活动中取得不同的成绩，所以通过这方面的咨询了解，对于一个人扬长避短，是很有益处的。

对智力的构成因素（观察力、记忆力、想像力、思维能力、注意力）的咨询，那就有更多的工作要做了。

就观察力而言，主要是看一个人的观察是否仔细、没遗漏，具有全面性；是否由上到下、由左到右、由外及里，具有系统性；是否善于把握重点、特征，具有深刻性；是否排除干扰，包括情绪的干扰，真实地反映所观察的事物，具有客观性。观察力是中小学生成功地完成学习任务的前提条件，通过观察，可以使学生获得大量的感性材料，激发学生的学习兴趣，并为思维的发展打下良好的基础。对于观察力较差的学生，可以从以下几个方面着手：一是让学生学会独立地提出观察目的，对自己提出“定向观察”的要求；二是教给学生必要的观察方法和技能，如“顺序法”、“比较法”、“特征举例法”等；三是使学生养成良好的观察习惯，经常布置一些观察内容，要求他们记观察日记。这些都有助于培养学生的观察力。

良好的记忆力体现在识记的敏捷性、保持的持久性、记忆的精确性。

就个人记忆力而言，主要是看一个人是偏重于形象记忆、逻辑记忆、情绪记忆还是运动记忆，也就是说在画面、概念、体验、动作四方面擅长记忆哪一类，在机械的无意义内容和有意义内容方面更容易记住哪一类，在记忆的时间长短、回忆再现的清晰性、准确性方面如何等等。良好的记忆力也是中小学生完成学习任务的基本条件，如果没有记忆对于信息的储存，大脑“白茫茫一片真干净”，就谈不上任何智力操作活动。所以记忆力的强弱，直接影响着学习成绩的好坏。记忆力可以通过临床记忆量表进行测量（参见第九章），也可以通过简单的方法进行自我评定（参见自测 4-1）。记忆力差的原因可以分为两大类：病理性和非病理性原因。大脑退化、损伤及神经衰弱是造成记忆力差的病理原因。而记忆动机不强、记忆方法不当、过度疲劳、过分焦虑等都是造成记忆力下降的非病理原因。一般来说，可进行心理咨询的记忆力问题属于非病理性的。培养记忆力的方法：一是要求学生凝神贯注，在识记学习材料时高度集中注意力；二是要求学生目的明确，给自己提出明确、具体的记忆目的；三是要求学生尝试背诵，不要一口气看几遍，而要看一遍，尝试记一遍；四是要求学生避免干扰，最好利用早晨起床后和晚上临睡前的时间进行，对材料的中间部分要多复习几次；五是要求学生趁热打铁，在遗忘还没有开始时就加强复习，及时巩固记忆大厦；六是要求学生科学、合理地用脑，做到劳逸结合，充分利用人脑的记忆高潮——起床后、上午 8～10 时、下午 6～8 时、睡前一小时。另外，可以向学生推荐一些诸如《记忆与学习》的读物，让他们自觉地掌握记忆规律，灵活运用各种有效记忆术辅助记忆，如形象记忆法、联想记忆法、谐音记忆法等。

就想像力而言，主要看一个人能否对他所描述的形象，摆脱生活的局限去补充它，使它更具体、更生动，即是否具有丰富性；能否为别人描绘的形象所激动，结合自己的喜、怒、哀、乐，使得想像更为可感、流畅，即是否具有情感性；能否脱离自己或别人的已有形象，使想像呈现出新颖、独特的特征，即是否具有创造性。想像力也与学习有密切关系，它不仅能够增强学习的主动性，赋予学习生动性，还能提高学习的创造性。想像力差的学生，往往只能死记硬背现成的结论，使各种知识“平面”地储存在“仓库”里，很少创见，对于阅读、写作等尤感困难。对于缺乏想像力的学生，可以让他们丰富生活阅历，广泛接触自然和社会，广泛阅读文学作品和科普读物，不断丰富头脑中的各种表象；也可以让他们通过参加文学素描、科技小制作、小发明以及编讲故事等创造性活动，来培养良好的想像力。

就思维能力而言，主要是看一个人思维是否深刻，具有较高的抽象和概括能力，是否善于举一反三，是否严密清晰，有说服力，是否活泼、积极不受拘束，是否新颖大胆、富有独创等良好品质；在形象思维和抽象思维方面，哪一种更为擅长。思维能力是整个智力活动也是学习的核心。国外心理学家把学习分为三种水平，即记忆的学习水平、理解的学习水平和思考的学习水平，后者无疑是最高层次的学习水平，因为它是以解决问题为中心的主动探索过程。思维能力的测量除用韦氏智力量表外，还可以用瑞文标准推理测验、中小学团体智力测验等（详见第九章有关介绍）。对于思维能力较差的学生，关键的一点是让他们经常处于问题情境之中，使他们面临各种亟待解决的难题，从而开动脑筋、尝试解决；另外，有意识地使他们掌握分析、综合、比较、归类、抽象、概括、系统化、具体化、归纳、演绎等具体的思维方法，也有助于培养他们的思维能力。

就注意力而言，主要是看一个人的注意力是否稳定持久，不受干扰，是否广泛，能够注意比较大范围的事物，并辨别具体的事物，能否同时注意几个对象，能否根据需要将自己的注意灵活地转移到新的对象上。注意力是人的智力活动的组织者和维持者，是影响学习效率的重要心理条件。在学习过程中，如果注意力涣散、心猿意马，往往收效甚微，甚至做无用功。一般来说，小学生由于自制力不强，注意力也较容易分散，对于那些在听课、看书时经常“走神”的学生（参见自测 4-2），在咨询中，可以通过以下方法提高学生的注意力：一是让学生以高度的责任心约束自己，在学习中给自己规定明确的任务，制定详细的学习计划，同时激发自己的兴趣、强化动机；二是创造一个安静整洁的环境，排除外界的干扰；三是防止过度的身心疲劳，保持充足的睡眠，做到劳逸结合；四是养成集中注意的习惯，学习一开始就全神贯注，遇到困难也要集中精力。

作为学习活动的主体，学生正确认识自己的学习潜能，了解自己能力发展水平和能力结构上的特点，了解自己学习方法上的独特之处和有待改进之处，客观地看待自己的优点、缺点、长处、短处，认识自己最感兴趣的发展领域和发展上的限制，对于有效地监控自己的学习过程、调整学习方向和策略、提高学习活动成效是极为重要的。

二、非智力因素咨询

良好学习成绩的取得必须有正常的智力，但有了正常的智力水平，并不意味着就能取得良好的成绩，这里还有个非智力因素的问题。所谓非智力因素，广义地讲，就是除智力以外的一切心理因素，包括一个人的思想境界，对学习意义的认识等；狭义地讲，主要包括动机、兴趣、情感、意志、性格五种因素。近几年来，非智力因素与学习的关系在我国受到了特别的重视，研究也取得了长足的进展。事实表明，在大多数学生智力水平比较接近的情况下，学习成绩的分数主要是由非智力因素造成的，通过对优差生的调查发现，优生和差生的区别，表面上是学习成绩、学习能力的差别，实质根源是学习动机强不强、学习兴趣浓不浓、学习热情高不高的区别，是学习的坚持性、自信心、独立性、勤奋刻苦精神的区别。这些非智力因素对学习的支持、保证作用，不仅中国长期未予以充分重视，国外的研究也很薄弱。

目前，学校心理咨询工作除对学生的动机、兴趣、情感、意志、性格、需要作一般的了解外，以下一些因素可能与学习成绩的关系更为密切，应当率先予以重视和培养。

一是探究心。好奇是人的本性，由于好奇就会自觉地关心和注意某些事物，因为不了解这些事物，就产生了学习欲望。这是学习的原发动机，是学习的内在动力，一切诱发的外在的学习动机（如物质奖励、精神奖励、威信的获得）都会因为诱因的消失而减退，而探究心却不会，不同的人有不同的学习欲望。怎样激发探究心，无疑是非智力因素咨询的重要内容。

二是愉悦感。就是通过学习，掌握了某一知识，形成了某一技能，发展了某一能力，产生了一种其他成果所不能取代的愉快、喜悦的情感。一个人在学习中是否经常获得愉悦感，这种体验的强度和时间长短以及怎样促使愉悦感的产生，理应成为咨询的内容。

三是坚持性。学习并不都是愉快的活动，在学习中有许多困难，有许多单调枯燥的练习，有繁复的推演，没有坚强的毅力往往就不能坚持到底。测量一个人的坚持性并给予有针对性的建议，也成了咨询的内容。

四是细心、冷静的态度。与此相反的态度是粗心、急躁。本章开头所引之例就是存在着这方面的问题。不少学生不是因为智力水平低，而是因为粗心大意，缺乏耐心，而导致了无数失误。细心冷静的态度与自我控制的能力有很大关系，这需要连带考虑。

五是自信心。自信心是对取得良好成绩的乐观态度和对自己能力的肯定。它是取得成绩的最重要的心理因素之一，可能也是后进生转变的突破口之一。自信心是可以测量的，自信心的形成与教育者的关系又特别密切，所以自信心无疑被列为咨询的重点。

六是独立性。独立性是保证一个人独立地而不是盲从地学习并完成学习任务，这无论是对有批判地吸收知识还是形成学习能力都是必要的保证。独立性也是可以测量的，但独立性的培养可能要花更大的力气。

对于中小学生来说，上述六个因素大致可以通过“卡特尔16种人格测验”进行测量（详见第九章有关内容），上海师大教科所还专门设计了非智力因素的问卷，实际运用有一定效果。在学校心理咨询中，对于各种智力水平的学生都要注意非智力因素的诊断与培养，尤其要重视培养女生的非智力因素。

具体来说，探究心的培养，关键是热情回答并鼓励学生提出的各种问题，切忌冷嘲热讽，讥笑学生。愉悦感的培养，关键是有意识地爱护和强化学生的惊讶感、怀疑感和确信感，在学生取得进步时及时地加以奖励。坚持性的培养，关键是从按时起床、每天写日记、早锻炼等小事入手，培养学生的恒心，并使学生形成正确的“困难观”，同各种困难作不懈的斗争。细心冷静态度的培养，关键是要求学生认真对待每一件事，不要态度马虎、标准不高、粗枝大叶；同时要求学生学会良好的观察方法，善于对一个事物从正反、前后、上下，从不同的角度、不同的方位来全面地、立体地考察；学会找出事物的同中之异与异中之同，反复地比较琢磨。自信心的培养，关键是让学生有成功的体验，确保首次努力的成功，建立符合自己实际情况的“抱负水平”；同时，不要臆想自己的种种不足，夸大自己的缺陷，教师的鼓励和表扬尤显重要。独立性的培养，关键是增强主见，克服轻信、盲从，养成以我为主、独立思考的习惯，遇事不要急于表态、评价，而要先自己认真地分析研究一番。读者如有兴趣，可以参看笔者参加编写的另一本小册子《非智力因素与学习》（苏州大学出版社2000年版）。

三、创造力咨询

创造力是智力因素和非智力因素的结合而形成的心理特征。创造力不仅是一种能力，而且是一种意识和性格，它的两大特征是新颖性和有效性。创造力保证一个人在学习中进行发散思维，独辟蹊径，是取得学习成就的条件。美国心理学家在20世纪60年代曾研究人的创造力与学习能力的相关问题，西奥多（L. S. Theodore）对大约三百名八年级学生进行测验，发现在学习能力与创造性思维能力之间有一个异常高的相关（相关系数为0.56）。创造力高的人不一定有高的智力，其行为特征也可能有些与众不同，所以怎样鉴别学生的创造力并对那些有创造力的人提供特殊的学习条件，就自然成了学校心理咨询关心的问题。

创造力的测量可以通过南加利福尼亚创造性思维测验、托兰斯创造力测验（参见第九章）等来了解学生的创造力发展水平，也可以通过简单的方法进行自我评定（见自测4-3）。创造力的培养主要可以从下列几个方面着手：一是激发求知欲，培养敏锐的观察力和丰富的想像力，特别是创造性想像，以及培养善于进行变革和发现新问题或新关系的能力；二是重视思维的流畅性、变通性和独特性的培养；三是培养求同思维和求异思维，开展有关训练；四是利用头脑风暴法（也叫急骤性联想）来培养学生的创造力。对于创造性较弱的学生，首先要使他们形成强烈的创新意识和创造欲望，保护他们的好奇心和探索精神，鼓励他们大胆地想像；其次，要注意开发右脑，要重视音乐、美术、体育等课程的教学，开展丰富多彩的课外活动，使学生的大脑两半球并用，健康和谐地发展。另外，有意识地进行针对性较强的创造技能训练，也是行之有效的方法。

学习心理咨询可根据学生的不同需要采取不同的方式，如个别咨询重在帮助学生解决其学习中的具体困难与障碍；团体咨询重在以学生的讨论、互动等方式开展有主题的（如学习方法、学习能力、考试心理、学习环境等）预防性、发展性团体活动，以帮助全体学生进一步改善学习适应性，提高学习效果。很多学校开设的考前减压、学习互助小组等，就是既有针对性又有效的团体心理咨询。

案例 4-1　考试焦虑症咨询

考试焦虑，是学生中非常普遍存在的一种学习问题，也是学校心理咨询中学习咨询的重要内容。关于考试焦虑的咨询旨在帮助学生提高应考的能力，学会调控自己的焦虑情绪，提高应试技巧。这方面的咨询需要引导学生调整对考试的不良认知，教给学生放松的方法、应试技巧，从而提高学生的学习热情，并且提高其心理素质。

女性，17 岁，应届高中毕业生。在临近高考前来校心理测量与咨询中心。自诉被一种莫名的恐惧纠缠着，担心高考中竞争不过别人，万一落榜，怎有脸去见老师和同学？更愧对在大学任教的父母了。因此，近一个多月上课常走神，不知老师讲到了哪里，老师提问也常答非所问。捧着书就觉得头发晕、发木，看不下去；到了晚间，又胡思乱想，毫无睡意，整天浑身无力。

咨询人员先用测验焦虑调查表（TAI）对她进行测试，发现她的焦虑测验总分高达 70 分（最高为 80 分）。这表明该生已有明显的考试焦虑症状。根据分析，咨询人员首先告诉她，考试焦虑是一个带有普遍性的问题，大约有 75%以上的同学，临考前会有不同程度的紧张、焦虑与恐惧，甚至连平时学习成绩很好的同学也会有这样的感觉。所以，必须放下包袱，不要过于紧张，要将情绪放松下来。其次，咨询人员要求她正确对待考试，力求排除那种落榜“耻辱”、“没前途”等错误认识的干扰。要她把落榜的最“坏”结局想像出来，逐条写在纸上并找出其荒唐之处，这样就会发现，那些“结局”大都是杞人忧天，即使存在也没有什么可怕。再次，咨询人员要求她在考试来临时如预感到自己要怯场，可在进考场前抱紧胳膊，或握紧双拳，蹲马步作出防卫姿势，或自言自语地说：“我早就准备好了，就等这一天，我喜欢考试，喜欢同陌生的伙伴较量。”以稳定情绪。拿到卷子时，不妨先玩玩钢笔、橡皮、小刀之类的东西，待心情稳定一下再去做题。如果焦虑怯场的现象已开始出现，就干脆停止做题，嘴里念念有词，描述自己此刻的窘态：“我现在太紧张了，心扑通扑通地跳，手脚发麻、头脑发涨、神摇目眩……”这样反复几次，就会不可思议地驱除紧张，使自己逐渐平静下来。咨询人员还告诉了她一些复习与应试的方法，在临考前半个月，咨询人员约她进行了催眠治疗，帮助她树立了自信心，并消除了她最担心的思想负担——“两个大学老师培养不出一个大学生，会给爸妈丢脸”。这样，她终于比较轻松地参加了高考，并以优异成绩被复旦大学录取。

自测 4-1　记忆力的自我评定

你想知道自己的记忆力如何吗？下面几种简易可行的记忆力测验方法，你如果有兴趣，不妨试一试。

1. 自测题

（1）机械记忆力的测试

下面列出 3 行数字，每行 12 个。你可任选一行，在 1 分钟内读完（平均每 5 秒钟读一个数），然后把记住的数写出来（可以颠倒位置）。根据记住的多少，测试你的记忆力。

73	49	64	83	41	27	62	29	38	93	74	97
57	29	32	47	94	86	14	67	75	28	79	24
36	45	73	29	87	28	43	62	75	59	93	67

(2) 集中注意力的记忆程度的测试

下面编排了100个数，请你在这些数中按顺序找出15个数来，例如2～16，或61～75等，根据你找到这15个连续数所需要的时间，可以测试你在集中注意力时的记忆程度究竟如何。

12	33	40	97	94	57	22	19	49	60
27	98	79	8	70	13	61	6	80	99
5	41	95	14	76	81	59	48	93	28
20	96	34	62	50	3	68	16	78	39
86	7	42	11	82	85	38	87	24	47
63	32	77	51	71	21	52	4	9	69
35	58	18	43	26	75	30	67	46	88
17	64	53	1	72	15	54	10	37	23
83	73	84	90	44	89	66	91	74	92
25	36	55	65	31	0	45	29	56	2

(3) 方位记忆力的测试

下面有10个不同的几何图形，让你用5秒钟的时间观察各图的相互位置（即谁挨着谁），再给你分别画有这10个图形的硬纸片（硬纸片的前后顺序必须打乱），请你按观察时所记住的图形位置来排列，根据你排列的正误记分。

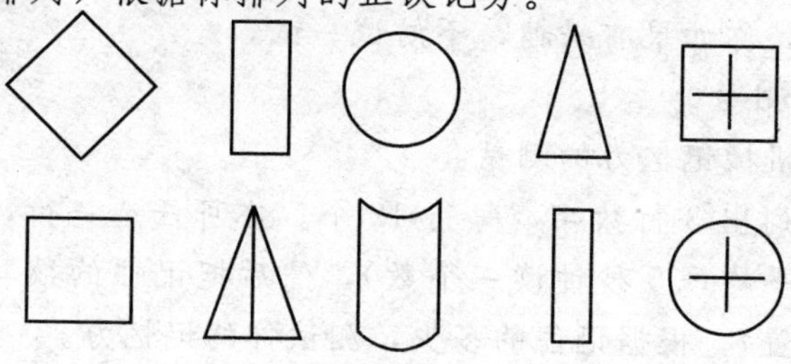

2. 评价方法

(1) 机械记忆力的测试

如果你把所选的一行中的12个数字都正确地记下来了，那你的记忆力就可说是惊人的、少有的了；如果你能写下8～9个数字，可以得优；如果只记住4～7个数字，那只算一般；若你连4个都没有记下来，你的记忆力就很不理想，需要寻找一下原因，并需好好锻炼锻炼。

(2) 集中注意力的记忆程度的测试

如果你能在30～40秒内找到，那就属于优等了，大约只有5%的人有这样的能力；如果你用了40～90秒的时间，那就只能算“一般”；如果你用了2～3分钟才找到，那你就应该说是个注意力不集中的人了。

(3) 方位记忆力的测试

摆对一个位置得1分，相邻的图形摆对一个得0.5分，摆错的为0分。能得10分的具有极好的方位记忆力；得6～8分算“优秀”；得3～5分属“一般”。

自测4-2　注意力的自我评定

大脑集中力的程度如何，是大脑是否健康的标准之一。我们首先来自我鉴定一下大脑的集中力，对下面的问题符合自己情况的在括号内画个“○”，反之打“×”。

(1) 听别人说话时，常常心不在焉。　（　）

(2) 学习时，往往急于想干另外一项工作。　（　）

(3) 一有担心的事，便终日萦绕在心。　（　）

(4) 学习时，常常想起毫无关联的事情。　（　）

(5) 学习时，总觉得时间过得太慢。　（　）

(6) 被别人指责时的情景始终不会忘记。　（　）

(7) 有时忙这忙那什么都想干似的度过一天。　（　）

(8) 想干的事情很多，却不能专心于一件事情。 ( )

(9) 听课时常常呵欠不断。 ( )

(10) 说话时，有时会无意识地说起其他的事情。 ( )

(11) 在等人时，感到时间长得难熬。 ( )

(12) 对刚看完的（笔记）会重新阅读好几遍。 ( )

(13) 读书不能坚持两小时以上。 ( )

(14) 一件事做得时间太长后，就会急躁地希望早点结束。

(15) 学习时，对周围人的说话声听得很清楚。 ( )

每个打“×”的题记 1 分，把分数相加。0～3 分者注意力差；4～7 分者注意力稍差；8～11 分者注意力一般；12～13 分者注意力好；14～15 分者注意力很好。

自测 4-3 创造力的自我评定

1. 自测题

下面的每一个问题，如果符合你的情况，请在括号内打上“√”，不符合的则打“×”。

(1) 在做事、观察事物和听人说话时，我能专心一致。( )

(2) 我说话、作文时经常用类比的方法。 ( )

(3) 能全神贯注地读书、书写和绘画。 ( )

(4) 完成了老师布置的作业后，我总有一种兴奋感。 ( )

(5) 我不大迷信权威，常向他们提出挑战。 ( )

(6) 我很喜欢（或习惯）寻找事物的各种原因。 ( )

(7) 观察事物时，我向来很精细。 ( )

(8) 我常从别人的谈话中发现问题。 ( )

(9) 在进行带有创造性的工作时，我经常忘记时间。 ( )

(10) 我总能主动地发现一些问题，并能发现和问题有关的各种关系。 ( )

(11) 除了日常生活，我平时差不多都在研究学问。 ( )

（12）我总对周围的事物保持着好奇心。　（　）

（13）对某一些问题有新发现时，我精神上总能感到异常兴奋。　（　）

（14）通常，我对事物能预测其结果，并能正确地验证这一结果。　（　）

（15）即使遇到困难和挫折，我也不会气馁。　（　）

（16）我经常思考事物的新答案和新结果。　（　）

（17）我有很敏锐的观察能力和提出问题的能力。　（　）

（18）在学习中，我有自己选定的课题，并能采取自己独有的发现方法和研究方法。　（　）

（19）遇到问题，我常能从多方面来探索它的可能性，而不是固定在一种思路上或局限在某一方面。　（　）

（20）我总有些新的设想在脑子里涌现，即使在游玩时也常能产生新的设想。　（　）

2. 评分办法

这里列出的20道题是一个高创造性型学生所具有的个性心理特征。如果你的情况符合上述的条件越多（即打"√"的题目越多），则你的创造心理特征越好，也就标志着你的创造力可能很高。如你打"√"的数目占总数（20题）的90%以上，说明你的创造心理特征很好；如在80%左右（打"√"的14～17题左右）则属良好；在50%左右（打"√"的10～13题左右）属于一般性；30%以下则比较差些。

第五章　学校心理咨询的内容（二）

——职业选择咨询

职业咨询始于20世纪初美国咨询心理学家帕森斯所指导的职业指导运动。帕森斯认为，选择一种职业要远远好于盲目的就业。选择一种职业不仅仅意味着对谋生方式的选择，更是对人生的一种选择，因为对每个人来说，其从事的工作必然会影响到他生活的各个方面，包括社会地位、人际网络、兴趣爱好、经济状况、生活质量、生存环境等，所以正确把握好自己的职业定位，选择适合自己同时自己也愿意从事的工作，对任何一个即将踏上工作岗位的学生来说都是一件意义重大的事。

职业咨询在学校心理咨询体系中确切地说属于生涯咨询。职业咨询定义多种多样，咨询目标和侧重点也各有不同。美国国家职业发展学会将职业咨询定义为：咨询者与来访者通过一对一的或者一对一组的关系，帮助来访者了解自己、了解外部环境，使两者协调一致，并作出最恰当的择业决策和完成职业调整的过程。广义的职业咨询应包括选择职业、谋取职业、准备就业、职业适应、职业变换等方面的内容。在中学阶段则主要涉及择业的问题——职业选择咨询。

“大门走对了，小门却走错了。”无论是升入高等学校学习的学生，还是毕业后进入工作单位的学生，普遍都有这样的怨言。一次大规模的调查显示，如果重新选择职业，决定不选现在专业的人，大学生占 38.2%，中专生占 46.6%，技校生占 18.6%。华东师范大学教科所张伟远等同志曾对上海市部分大学生、中专生和技校生的专业适应情况做了调查。调查结果发现，在被调查的 207 名学生中，有 86.5%的学生在选择志愿时对专业很少了解，有 54.9%的学生感到所学的专业与自己的生理特点（身体状况）与心理特点（包括素质、能力、兴趣、愿望、性格、气质等特点）不一致，有 39.6%的学生对选报的专业感到后悔。这些被调查的学生在一两年后即将踏上工作岗位，但在他们中只有 51.5%的学生希望今后的工作与专业对口，而有 25.5%的学生希望有机会寻找其他专业的工作，部分大学生试图通过报考研究生来进入其他专业学习。究其原因，与我们缺少职业选择的指导，忽视职业选择的心理状况，比如职业兴趣倾向、职业能力、职业气质等，是密不可分的。

职业选择是一个过程，即根据社会的就业状况和个人的心理特性，从成千上万的职业中选择适合自己职业的过程。相对于“人员安置”的说法来看，现在常用的“职业选择”一词则强调了选择过程中人的主动性，强调了择业的主体性，比较人性化，可具体为对当事人职业兴趣、职业能力、职业气质等方面的咨询。

职业咨询为学生在职业定向、升学考试及自我能力、兴趣的了解与测试上提供信息咨询与服务，旨在帮助学生在择业与升学过程中增强对自我的了解，减少其中的盲目性与片面性，以求最大限度的人职完美匹配与自我完善。在美英等西方发达国家，职业咨询与辅导是大、中学生咨询辅导的重要项目。

一、职业兴趣咨询

所谓职业兴趣，就是对某种职业的倾向性和指向性。如果一个人对某种工作产生了兴趣，他在工作中就会精力集中、富有创造性地去从事所做的工作。一般说来，兴趣是在后天的生活实践中形成的，但兴趣有相对的稳定性，它与一个人的个性有着内在的联系。兴趣是人格结构中的动力系统，对工作或专业成就有极大的间接影响。美国学者霍兰德（Holland）等人根据几十年的研究，把人的兴趣大致可以归纳为六种类型：现实型、调查型、艺术型、社会型、企业型和传统型。

现实型的人擅长技能性职业（如金工、电工、钳工、机器操作等）、技术性职业（如摄影师、修理工、制图员等）。平时对维修、驾驶、手工操作感兴趣。

调查型的兴趣特征是喜欢智力的、抽象的、分析的、推理的、独立的定向任务。这类人往往缺乏领导能力。他们擅长从事科学方面的职业和技术方面的职业，前者如数学、物理学、化学、生物学等科学研究工作，后者如图书馆管理员、计算机程序编制者、电子学工作者。平时对阅读自然科学书刊、实验室工作、解析难题等感兴趣。

艺术型的兴趣特征是喜欢通过艺术作品来表达自己的情感和思想，爱想像，感情丰富，不顺从，有创造性，习惯于内省。这类人往往缺乏办事员的能力。艺术型的人擅长艺术、文学方面的工作，如雕刻、设计、音乐、舞蹈、乐队指挥、作家、评论家、文学编辑等。平时对听音乐、绘画、阅读小说和剧本、弹奏、写作、家具和房屋设计等感兴趣。

社会型的兴趣特征是喜欢社会交往，出入社交场合，关心社会问题，愿为团体活动工作，对教育活动感兴趣。这类人往往缺乏机械操作能力。社会型的人擅长教育工作，如教师、教育行政人员，及社会福利工作，如社会工作者、社会学家、咨询人员，专职护士等。平时对与朋友通信、参加社交活动、帮助别人解决困难、教育宣传活动、出席各种会议感兴趣。

企业型的兴趣特征是爱冒险活动，喜欢担任领导角色，具有支配、劝说、使用语言技能的工作定向。这些人往往性格外向，缺乏耐心，缺乏科学研究能力。企业型的人擅长管理、销售等工作，如经理、商业主任、外交人员、推销员、销售服务工作等。平时对议论政治、参加会谈、找人谈话，及管理人、财、物感兴趣，喜欢以自己的意志影响别人。

传统型的兴趣特征是喜欢系统的有条有理的工作，具有实际的、安分守己的、友善的和服从的特点。传统型的人适宜从事办公室办事员、文件档案管理员、出纳、会计、秘书、接待员、打字员等工作。他们平时喜欢保持房间、书桌的整洁，书写认真，办事少有差错。

某一学生的职业兴趣属于哪种类型，可以通过职业兴趣量表测量（参见自测 5-1）。需要说明的是，人们很少单纯属于某一种兴趣类型，往往是有一种主要兴趣，同时又兼带第二类、第三类的兴趣特征。但这些兴趣类型也不会无规则地混杂在一起，比如现实型与社会型、传统型与艺术型就不可能集于一身，集于一身的往往是相近似的兴趣特征，比如现实型与调查型、企业型与社会型等。我们了解了这些兴趣类型的特征及其与职业的关系后，指导学生进行职业和专业的选择，就可以有的放矢了。

二、职业能力咨询

能力是直接影响活动的效率，使活动顺利完成的个性心理特征。能力是基础，是决定在职业中取得成就的基本条件。从事任何职业都需要一定的能力，而人的能力是有差异的，不同的职业有不同的能力要求，所以在指导学生选择职业时，帮助学生了解自己的能力倾向及其与职业的关系，十分重要。

人的职业能力倾向通常分为九种：一般学习能力、言语能力、算术能力、空间判断能力、形态知觉能力、职员能力、眼—手运动协调能力、手指灵活性、手的灵巧性。

一般学习能力又称智力，是指认识、理解客观事物并运用知识、经验解决问题的能力。它包括记忆力、观察力、注意力、想像力、思维能力，其中思维能力是核心。一般学习能力比较强的学生，平时容易学会新内容，能迅速正确地解答数学题，对课文的中心和隐含的意义能较快地理解，并能记住它们。一般学习能力是所有脑力劳动必备的能力，在现代社会，也是一切职业的必备条件。通过各种智力测验可对一般学习能力作出较正确的评价。

言语能力是指对语词及其含义的理解和使用能力。言语能力较强的学生除了阅读迅速、善于抓住中心，善于把深奥难懂的概念以通俗浅显的词语进行解释，除语文成绩优良外，往往还善于表达自己的观点。教师、播音员、记者、服务人员等要求有较高的言语能力。

算术能力是指迅速准确地进行数学演算的能力。这一能力强的学生一般数学成绩优良，心算、笔算能力都比较强，测量物体的长、宽、高也比较精确。测量员、统计人员、会计等要求有较强的算术能力。

空间判断能力是指看懂几何图形、对空间关系的理解力。在这方面能力较强的学生能够较好地解决立体几何方面的习题，画三维的立体图形，想像三维的物体。司机、医生、建筑师、绘图员等要求有较高的空间判断能力。

形态知觉能力是指对物体或图形的有关细节具有正确的知觉能力，对图形的明暗和形状、线的宽度和长度能作出细微的区别。形态知觉能力强的人善于发现物体和图形的细微差异，注意到为多数人忽视的细节部分。画家、生物学家、建筑师、测绘员、农技员、医生、理发员等需要有较强的形态知觉能力。

职员能力是指对言语或表格的材料具有精细知觉的能力。具有这一能力的学生能够迅速而准确地抄写资料、发现错别字、发现计算错误，在图书馆很快地查找编码卡片以及有较好的耐心。经济学家、统计师、办公室秘书、打字员、记账员、出纳员等必须具备这种能力。

眼—手运动协调能力是指眼手迅速、准确和协调地作出精确的动作与运动反应。比如玩电子游戏，打篮球、乒乓球、羽毛球，打算盘，打字等的好坏，都与这一能力有关。所以，驾驶员、飞行员、运动员、舞蹈演员等都必须具备这种能力。有专门的仪器可以对这种能力进行测量。

手指灵活性是指手指迅速而准确地活动和操作小的物体，如是否善于使用很小的工具、穿针眼、编织、弹琴、雕刻等。纺织工、打字员、裁缝、外科医生、五官科医生、雕刻家、乐师等都需要有较强的手指灵活性。

手的灵巧性是指手灵巧而迅速地活动的能力，是否善于将物体的大小分类、很快地削水果、灵活地使用手工工具、绘画、写字等，均与这一能力有关。

成百上千的职业都分别与上述的某一种或某几种能力有关。

职业能力也可以通过一定的方法加以评定和测量，本章后面介绍了职业能力的自我评定方法，第九章将介绍的个性测量方法也可作为参考。咨询人员的任务之一就是使学生了解自己的能力倾向，从而判断什么工作对他适宜，推断他的发展的可能性。

三、职业气质咨询

气质是与人的神经类型相联系的稳定的心理特点。人们的气质各有不同，气质与职业又有密切的关系。当一种气质与它适宜的工作结合在一起时，就会轻松自如、干劲倍增；否则，则会疲惫不堪、消极不快。气质具有四种基本类型：胆汁型、多血质、黏液质、抑郁质。一般测定气质类型的内容包括感受性、耐受性、反应的敏捷性、可塑性、情绪的兴奋性和向性。

胆汁质的人表现为感受性低而耐受性高，不随意的反应性强，反应的不随意性占优势，外倾性明显，情绪兴奋性高，抑制能力差，反应速度快而不灵活。他们精力充沛，态度直率，能以极大的热情投入工作，但易暴躁，在精力殆尽时便失去信心。他们喜欢不断有新活动新高潮出现，喜欢热闹。对他们来说，工作不断变换、环境不断转移不成为压力。所以，他们可以成为出色的导游、推销员、节目主持人、演讲者、外事接待人员、演员、监督员等。他们适应于喧闹、繁杂的工作环境，而对于需要长期安稳、细心检查的工作则很难胜任。

相反，抑郁质的人表现为感受性高而耐受性低，不随意反应性低，严重内倾，情绪兴奋性高而体验深，反应速度慢，具有刻板性和不灵活性的特点。他们工作的耐受能力差，容易感到疲劳，容易产生惊慌失措的情绪，但情感比较细腻，做事审慎小心，观察力敏锐，善于察觉到别人不易察觉的细小事物。校对、打字、排版、检查员、登录员、化验员、雕刻、刺绣、保管员、机要秘书等都是他们的理想工作。

多血质的特征是感受性低而耐受性高，不随意的反应强，具有较大的可塑性和外倾性，情绪兴奋性高且外部表现明显，反应速度快且灵活。他们情绪丰富，工作能力较强，容易适应新的环境，但注意力不稳定，兴趣容易转移。对他们来说，适宜的工作面更为广大，如外交工作、管理工作、驾驶员、纺织工人、服务人员、医生、律师、运动员、冒险家、新闻记者、演员、检票员、军官、士兵、侦探员、警察等，但他们不适宜做过细的工作，单调机械的工作他们也难以胜任。

黏液质的人工作范围也是比较广泛的。这种气质类型的人表现为感受性低而耐受性高，不随意的反应性和情绪兴奋性均低，内倾性明显，外部表现少，反应速度慢，但具有稳定性特点。他们容易养成自制、镇静、安静、不急躁的品质，但也容易对周围事物冷淡，不够灵活。外科医生、法官、管理人员、出纳员、保育员、话务员、会计、播音员、调解员等是他们适应的工作。变化快需要灵活转动的工作会使他们感到压力。

世界上的职业有成百上千种，有些职业对气质有比较高的要求，如飞行员、登山运动员对抑郁质比较忌讳，绘图、校对就不欢迎胆汁质、多血质的人。一个人如果恰恰从事了与自己的气质不相符的职业，对他个人来说不啻是一种痛苦，对工作来说也是一种损失。但有许多职业对气质就没有要求，不同气质的人都可以作出成绩，比如作家就是这样的职业。《欧根·奥涅金》的作者，大诗人普希金，明显有胆汁质的特征；以小说的政治色彩浓厚而著称的赫尔岑，明显有多血质的特征；寓言小说大师克雷洛夫有明显黏液质的特征；喜剧小说家果戈理则明显有抑郁质的特征。根据史料分析，我国的李白、郭沫若、茅盾、杜甫分别具有胆汁质、多血质、黏液质、抑郁质的明显特征。但他们都是我国的文学巨匠。所以气质本身是无所谓好坏的，它们各自有其长短。这就要求我们“量质为用”。不过有两点需要说明：一是并非每个人都具有某一种典型的气质特征，事实上许多人属于介于两种气质之间的中间型或三种以上特征的混合型，所以这为选择职业创造了更为广阔的途径；二是气质虽然是相对稳定，主要来自于先天的，但这不等于说气质就丝毫不能改变。这要我们依靠自己的意志努力，经过长期的磨炼，气质中的许多弱点是可以或多或少地得到克服，许多好的品质也是可以或多或少地获得的。

职业咨询与辅导在现代学校中通常包括择业与升学中的咨询、报考咨询、能力测试、求职训练等，是直接影响着一个人对自我的了解及其个人事业发展的规划。有效的职业咨询将有助于改变学生的厌学情绪、学习自卑感及对个人事业发展的盲目性，成为现代学校管理的重要标志。

案例 5-1　职业心理偏向咨询

男性，18 岁，高二学生。由其母亲陪伴来校心理测量与咨询中心。母亲称该生聪慧，小学、初中时曾是三好学生，获市、省朗读、演讲比赛一等奖。但近两年成绩直线下降，尤其是数、理、化成绩屡开“红灯”。母亲介绍后即离开咨询中心，该生表示对母亲的介绍无异议。经谈话，发现该生成绩下降是伴随着初二获演讲一等奖后产生的，主要是他认为自己这方面有着不同寻常的能力，把大部分业余时间用于电台的播音、参加演出，从而导致了数、理、化等功课的下降，良性与恶性循环交替进行，久而久之也对自己失去了信心，在家庭和学校中挨批评的次数也愈来愈多。

咨询人员通过观察与分析，发现该生主要是过强的职业心理偏向，兴趣的过于狭窄而导致学习成绩下降。咨询人员给他做了瑞文标准推理测验的检查，发现他的智力水平优秀，百分等级为

95；明尼苏达多项人格测验也较正常，主要是过于固执。因此，咨询人员给他提出了下述建议。（1）要建立自信心。既然智力水平比一般同学要高得多，就说明只要认真学习、打好基础是可以提高学习水平的。心理学家发现瑞文标准推理测验与高考语文、数学和总分的相关系数分别为 0.29（$P<0.02$）、0.54 和 0.45（后两项 $P<0.01$），这说明他的数、理、化成绩还有很大的潜力。（2）要学会自我控制。他的志愿是考广播学院或戏剧、电影表演学院，这无疑是很好的。但任何职业都需要广阔的知识背景，如果其他课程学得不好，不要说不可能考取他理想的学校（因为高考有总分和各科学分的具体要求），即使考取了以后也难以成为一个杰出的演播人员或表演艺术家。因此，必须合理地安排各科学习时间，尤其是把丢掉、落后的课程补上去。不要任凭自己的兴趣从事单一的活动。（3）要克服固执的毛病。咨询人员告诉他，固执心理往往使人拒绝一切有益的忠告，从消极的意义上理解家长或教师的好心，甚至造成心理上的对立。因此，要虚心接受别人的意见，不断地完善自己。咨询人员还同该生一起商量了补课的学习计划并制订了一个比较合理的作息时间表。一年以后，该生终于以较好的成绩考取某广播学院。

自测 5-1　职业兴趣自我评定量表

1. 自测题

下面是一系列的问题，请你根据自己的真实情况，一一如实回答。如果你请教师、家长、朋友共同来帮助你评定每一问题，则效果更好。

第一组　　是　否

（1）你喜欢把一件事情做完后再做另一件事吗？（　）（　）

（2）你喜欢在做事情前，对此事作出细致的安排吗？
（　）（　）

(3) 你喜欢修理家具吗? ( )( )
(4) 你喜欢抛头露面、引人注目吗? ( )( )
(5) 你喜欢用锤子、榔头一类的工具吗? ( )( )
总计次数 ( )( )

第二组 是 否
(1) 你喜欢解决数学难题吗? ( )( )
(2) 你认为自己更多地是属于思考型而不是情感型的人吗? ( )( )
(3) 你具有研究自然科学的能力吗? ( )( )
(4) 你喜欢对难题进行深入的研究和探讨吗? ( )( )
(5) 你喜欢独自做实验吗? ( )( )
总计次数 ( )( )

第三组 是 否
(1) 你喜欢做实际工作吗? ( )( )
(2) 你的动手能力强吗? ( )( )
(3) 你常常怕难为情吗? ( )( )
(4) 你喜欢修理电器和做罐头食品一类的事吗? ( )( )
(5) 你喜欢修理自行车、电视机、收音机吗? ( )( )
总计次数 ( )( )

第四组 是 否
(1) 你喜欢照顾别人吗? ( )( )
(2) 你爱交际吗? ( )( )
(3) 你责任心强吗? ( )( )
(4) 你对教育工作感兴趣吗? ( )( )
(5) 你对咨询工作感兴趣吗? ( )( )

总计次数　（　）（　）

第五组　是　否

（1）你具有冒险精神吗？　（　）（　）

（2）你喜欢售货吗？　（　）（　）

（3）你善于为自己的观点辩护吗？　（　）（　）

（4）你喜欢组织各种活动吗？　（　）（　）

（5）你喜欢当经理吗？　（　）（　）

总计次数　（　）（　）

第六组　是　否

（1）你喜欢写诗或小说吗？　（　）（　）

（2）你喜欢绘画吗？　（　）（　）

（3）你具有音乐、艺术和戏剧方面的才能吗？　（　）（　）

（4）你喜欢记者工作吗？　（　）（　）

（5）你具有唱歌、跳舞方面的特长吗？　（　）（　）

总计次数　（　）（　）

第七组　是　否

（1）你喜欢有条不紊的工作吗？　（　）（　）

（2）你喜欢遵照上级的指示做细致的工作吗？　（　）（　）

（3）你做一项工作既仔细又有效吗？　（　）（　）

（4）你喜欢办公室的统计工作吗？　（　）（　）

（5）你喜欢做分类工作（诸如书刊、邮件分类）吗？

（　）（　）

总计次数　（　）（　）

第八组　是　否

(1) 你喜欢独立工作吗? ( )( )
(2) 你喜欢生物课程吗? ( )( )
(3) 你喜欢自然科学研究方面的工作吗? ( )( )
(4) 你喜欢阅读自然科学方面的书籍和杂志吗? ( )( )
(5) 你喜欢物理课程吗? ( )( )
总计次数 ( )( )

第九组 是 否
(1) 你喜欢社会活动吗? ( )( )
(2) 你喜欢与人协作吗? ( )( )
(3) 你的口才好吗? ( )( )
(4) 你能帮助后进的甚至是犯错误的同学吗? ( )( )
(5) 你喜欢结交朋友吗? ( )( )
总计次数 ( )( )

第十组 是 否
(1) 你喜欢行政工作吗? ( )( )
(2) 你喜欢在许多人面前发表言论吗? ( )( )
(3) 你喜欢推销商品吗? ( )( )
(4) 你喜欢参加会谈吗? ( )( )
(5) 你善于做别人的思想工作吗? ( )( )
总计次数 ( )( )

第十一组 是 否
(1) 你是一个沉静而不易动感情的人吗? ( )( )
(2) 你善于整理书籍、报纸、杂志吗? ( )( )
(3) 你喜欢打字工作吗? ( )( )
(4) 你喜欢记账工作吗? ( )( )

（5）你喜欢收款工作吗？　（　）（　）

总计次数　（　）（　）

第十二组　是　否

（1）你喜欢写作文吗？　（　）（　）

（2）你具有丰富的想像力吗？　（　）（　）

（3）你是一个感情丰富的人吗？　（　）（　）

（4）当你接受一项新任务，你喜欢以自己独特的方法去完成吗？　（　）（　）

（5）你能创作故事、图画、诗歌等吗？　（　）（　）

总计次数　（　）（　）

2. 统计方法

把每组问题回答“是”的总次数填入下表。

组	回答“是”的总次数	相应的个性类型（代号）
第一组加第三组	（　）	现实型（R）
第二组加第八组	（　）	调查型（I）
第四组加第九组	（　）	社会型（S）
第五组加第十组	（　）	企业型（E）
第六组加第十二组	（　）	艺术型（A）
第七组加第十一组	（　）	传统型（C）

列出总次数最高、次高、再次高的三个相应类型代号。

一个人的职业兴趣类型往往不是单一的，而是兼有几种职业兴趣类型的特点。而许多职业往往介于几种基本类型的职业之间。

如果你的职业类型代号是R、I、A，则称为现实/调查/艺术型，如果你的职业类型代号是 E、S、A，则称为企业/社会/艺术型，以此类推。

在确定了你三个代号的职业兴趣类型后，你可以在下面的“职业索引”中查找与你职业兴趣类型一致的职业。

3. 职业索引——职业兴趣代号与其相应的职业对照表

首先根据你的职业兴趣代号，在下面找出相应的职业，然后再寻找与你职业兴趣代号相近的职业，如你的职业兴趣代号是 RIA，那你可寻找凡包含 RIA 编号所相应的职业，诸如 IRA、IAR、RAI、ARI 等编号所相应的职业，这些职业也较适合你的兴趣。

RIA 牙科技术员、陶工、建筑设计员、模型工、细木工、制作链条人员。

RIS 厨师、林务员、跳水员、潜水员、染色工、电器修理、眼镜制作、电工、纺织机器装配工、报务员、装玻璃工人、发电厂操作工人、焊接工。

RIE 建筑和桥梁工程、环境工程、航空工程、公路工程、电力工程、海洋工程、交通工程技术人员、制图员、家政管理人员、打捞员、计量员、农民、农场工人、农业机械操作、清洁工、无线电修理、汽车修理、手表修理、管子工、线路维修、盖（修）房工、机械师、工具仓库管理员。

RIC 船上工作人员、接待员、杂志保管员、牙科医生的助手、制帽工、磨坊工、石匠、机器制造、机车（火车头）制造、农业机器装配、汽车装配工、缝纫机装配工、钟表装配和检验、电动器具装配、鞋匠、锁匠、货物检验员、电梯机修工、托儿所所长、钢琴调音工、装配工、印刷工、建筑、钢铁工人、卡车司机。

RAI 手工雕刻、玻璃雕刻、制作模型人员、家具木工、制作皮革品、手工绣花、手工钩针编织、排字工人、印刷拼版工人、图画雕刻、装订工。

RSE 消防员、交通巡警、警官、门卫、理发师、房间清洁工、屠夫、锻工、开凿工人、管道安装工、出租汽车驾驶员、仓库管理员。

RSC 汽车驾驶员、货物搬运工、送报员、勘探员、娱乐场所的服务员、起卸机操作工、灭害虫者、电梯操作工、厨房助手。

RSI 纺织工、编织工、农业学校的教师、某些职业课程教师（诸如艺术、商业、技术、工艺课程）、雨衣上胶工人。

REC 抄水表员、保姆、实验室动物饲养员、动物管理员。

REI 轮船船长、航海领航员、大副、试管实验员。

RES 旅馆服务员、家畜饲养员、渔民、渔网修补工、水手长、收割机操作工、搬行李工人、公园服务员、救生员、登山导游、火车工程技术员、建筑工人、铺轨工人。

RCI 测量员、勘测员、仪器操作者、农业工程技师、化学工程技师、民用工程技师、石油工程技师、资料室管理员、探矿工、煅烧工、烧窑工、矿工、保养工、磨床工、取样员、样品检验员、纺纱工、炮手、绕筒子工、漂洗工、电焊工、锯木工、刨床工、制帽工、手工缝纫、油漆工、染色工、按摩师、木匠、农民、建筑工人、电影放映员、勘测员助手。

RCS 公共汽车驾驶员、一等水手、游泳池服务员、裁缝、建筑工人、石匠、水磨石工、泥水匠、车工、烟囱修建工、混凝土工、电话修理工、爆炸手、邮递员、矿工、裱糊工人、纺纱工。

RCE 打井工、吊车驾驶员、农场工人、邮件分类员、铲车司机、拖拉机司机。

IAS 普通经济学家、农业经济学家、财政经济学家、国际贸易经济学家、实验心理学家、工程心理学家、心理学家、哲学家、内科医生、数学家。

IAR 人类学家、天文学家、化学家、物理学家、医学病理学家、动物标本剥制者、化石修复者、艺术品管理员。

ISE 营养学家、饮食顾问、火灾检查员、邮政服务检查员。

ISC 侦察员、电视播音室修理工、电视修理服务员、验尸室人员、编目员、医学实验室技师、调查研究者。

ISR 水生生物学者、昆虫学家、微生物学家、配镜师、矫正视力者、细菌学家、牙科医生、骨科医生。

ISA 实验心理学家、普通心理学家、发展心理学家、教育心理学家、社会心理学家、临床心理学家、目录学家、皮肤病学家、神精病学家、妇产科医生、眼科医生、五官科医生、医学实验室技术专家、民航医务人员、护士。

IES 细菌学家、生理学家、化学专家、地质专家、地理物理学专家、纺织技术专家、医院药剂师、工业药剂师、药房营业员。

IEC 档案保管员、保险统计员。

ICR 质量检验技术员、地质学技师、工程师、法官、图书馆技术辅导员、计算机操作者、医院听诊员、家禽检查员。

IRA 地理学家、地质学家、水文学家、矿物学家、古生物学家、石油地质学家、地震学者、声学物理学家、原子和分子物理学家、电学和磁学物理学家、气象学家、设计核审员、人口统计学家、数学统计学家、外科医生、城市规划家、气象员。

IRS 流体物理学家、物理海洋学家、等离子物理学家、农业科学家、动物学家、食品科学家、园艺学家、植物学家、细菌学家、解剖学家、动物病理学家、作物病理学家、药物学家、生物化学家、生物物理学家、细胞生物学家、临床化学家、遗传学家、分子生物学家、质量控制工程师、地理学家、兽医、放射治疗技师。

IRE　化验员、化学工程师、纺织工程师、食品技师、渔业技术专家、材料和测试工程师、电气工程师、土木工程师、航空工程师、行政官员、冶金专家、原子核工程师、陶瓷工程师、地质工程师、电力工程师、口腔科医生、牙科医生。

IRC　飞机领航员、飞行员、物理实验室技师、文献检查员、农业技术专家、动植物技术专家、生物技师、油管检查员、工商业规划者、矿藏安全检查员、纺织品检验员、照相机修理工、工程技术员、编计算机程序者、工具设计者、仪器维修工。

CRI　簿记员、会计、记时员、铸造机操作工、打字员、按键操作工、复印机操作工。

CRS　仓库保管员、档案管理员、缝纫工、收款人。

CRE　标价员、实验室工作者、广告管理员、自动打字操作员、电动机装配工、缝纫机操作工。

CIS　记账员、顾客服务员、报刊发行员、土地测量员、保险公司职员、会计师、估价员、邮政检查员、外贸检验员。

CRE　打字员、统计员、支票记录员、订货员、校对员、办公室工作人员。

CIR　校对员、工程职员、海底电报员、检修计划员、发报员。

CSE　接待员、通讯员、电话接线员、卖票员、旅馆服务员、私人职员、商学教师、旅游办事员。

CSR　运货代理商、铁路职员、交通检查员、办公室通信员。

CSI　簿记员、出纳员、银行财务职员。

CSA　秘书、图书管理员、办公室办事员。

CER　邮递员、数据处理员、航空邮件检查员。

CEI　推销员、经济分析家。

CES　银行会计、记账员、法人秘书、速记员、法院报告人。

ECI 银行行长、审记员、信用管理员、地产管理员、商业管理员。

ECS 信用办事员、保险人员、各类进货员、海关服务经理、售货员、购买员、会计。

ERI 建筑物管理员、工业工程师、农场管理员、护士长、农业经营管理人员。

ERS 仓库管理员、房管员、货栈监督人。

ERC 邮政局长、渔船船长、机械操作领班、木工领班、瓦工领班、驾驶员领班。

EIR 科学、技术和有关出版物的管理员。

EIC 专利代理人、鉴定人、运输服务检查员、安全检查员、废品收购人员。

EIS 警官、侦察员、交通检查员、安全咨询者、合同管理者、商人。

EAS 法官、律师、公证人。

EAR 展览室管理员、舞台管理员、播音员、训兽员。

ESC 理发师、裁判员、政府行政管理员、财政管理员、工程管理员、职业病管理、售货员、商业经理、办公室主任、人事负责人、调度员。

ESR 家具售货员、书店售货员、公共汽车的驾驶员、日用商品的售货员、护士长、自然科学和工程的行政领导。

ESI 博物馆管理员、图书馆管理员、古迹管理员、饮食业经理、地区安全服务管理员、技术服务咨询者、超级市场管理员、零售商品店店员、批发商、出租汽车服务站调度。

ESA 博物馆馆长、报刊管理员、音乐器材售货员、广告商、售画营业员、导游、（轮船或班机）事务长、飞机上的服务员、船员、法官、律师。

ASE 戏剧导演、舞蹈教师、广告撰稿人、报刊专栏作者、记者、演员、英语教师、外语翻译。

ASI　音乐教师、乐器教师、美术教师、管弦乐指挥、合唱队指挥、歌星、演奏家、哲学家、作家、广告经理、时装模特儿。

AER　新闻摄影师、电视摄像师、艺术指导、录音指导、丑角演员、魔术师、木偶戏演员、骑士、跳水员。

AEI　音乐指挥、舞台指导、电影导演。

AES　流行歌手、舞蹈演员、电影导演、广播节目主持人、舞蹈教师、口技表演者、喜剧演员、模特儿。

AIS　画家、剧作家、编辑、评论家、时装艺术师、家具设计师、包装设计师、布景设计师、服装设计师、新闻摄影师、男演员、文学作者。

AIE　花匠、皮衣设计师、工业产品设计师、剪影艺术师、复制雕刻品大师。

AIR　建筑师、画家、摄影师、绘图员、环境美化工、雕刻家、包装设计师、陶器设计师、绣花工、漫画家。

SEC　社会活动家、退伍军人服务官员、工商会事务代表、教育咨询者、宿舍管理员、旅馆经理、饮食服务管理员。

SER　体育教师、游泳指导。

SEI　大学校长、学院院长、医院行政管理员、历史学家、家政经济学家、职业学校教师、资料员。

SEA　娱乐活动管理员、国外服务办事员、社会服务助理、一般咨询者、宗教教育工作者。

SCE　部长助理、福利机构职员、生产协调人、环境卫生管理人员、戏院经理、餐馆经理、售票员。

SRI　外科医生助手、医院服务员。

SRE　体育教师、职业病治疗者、体育教练、专业运动员、房管员、儿童家庭教师、警察、引座员、传达员、保姆。

SRC　护理员、护理助手、医院勤杂工、理发师、学校儿童服务人员。

SIA 社会学家、心理咨询者、学校心理学家、政治科学家、大学或学院的系主任、大学或学院的教育学教师、大学农业教师、大学工程和建筑工程的教师、大学法律教师、大学数学、医学、物理、社会科学和生命科学的教师、研究生助教、成人教育教师。

SIE 营养学家、饮食学家、海关检查员、安全检查员、税务稽查员、校长。

SIC 描图员、兽医助手、诊所助理、体检检查员、监督缓刑犯的工作者、娱乐指导者、咨询人员、社会科学教师。

SIR 理疗员、救护队工作人员、手足病医生、职业病治疗助手。

SAC 理发师、指甲修剪师、包装艺术家、美容师、整容专家、发式设计师。

SAE 听觉病治疗者、演讲矫正者。

SAZ 图书馆管理员、小学教师、幼儿园教师、学前儿童教师、中学教师、师范学院的教师、盲人教师、智力障碍人的教师、聋哑人的教师、学校护士、牙科助理、飞行指挥员。

自测5-2 职业能力自我评定量表

1. 自测题

现请你根据自己的实际情况，对下面的每一活动作出自我评价（在符合你实际情况的一项中作“√”记号）。

第一组	强	较强	一般	较弱	弱
	1	2	3	4	5
(1) 快而容易地学习新的内容	( )	( )	( )	( )	( )
(2) 快而正确地解决数学题目	( )	( )	( )	( )	( )
(3) 你的学习成绩总的来说处于	( )	( )	( )	( )	( )

(4) 对课文的字、词、段落和篇章的理解、分析和综合的能力	( )	( )	( )	( )	( )
(5) 对学习过的材料的记忆能力	( )	( )	( )	( )	( )
各等级次数累计	( )	( )	( )	( )	( )
	×1	×2	×3	×4	×5

总计＝( )＋( )＋( )＋( )＋( )

＝( )

总计次数（ ）÷5＝自评等级（ ）

第二组	强	较强	一般	较弱	弱
	1	2	3	4	5
(1) 善于表达自己的缺点	( )	( )	( )	( )	( )
(2) 阅读速度快，并能抓住中心内容	( )	( )	( )	( )	( )
(3) 掌握词汇量的程度	( )	( )	( )	( )	( )
(4) 向别人解释难懂的概念	( )	( )	( )	( )	( )
(5) 你的语文成绩	( )	( )	( )	( )	( )
各等级次数累计	( )	( )	( )	( )	( )
	×1	×2	×3	×4	×5

总计＝( )＋( )＋( )＋( )＋( )

＝( )

总计次数（ ）÷5＝自我评定等级（ ）

第三组	强	较强	一般	较弱	弱
	1	2	3	4	5
(1) 作出精确的测量（如测长、宽、高等）	( )	( )	( )	( )	( )
(2) 笔算能力	( )	( )	( )	( )	( )
(3) 心算能力	( )	( )	( )	( )	( )
(4) 打算盘	( )	( )	( )	( )	( )
(5) 你的数学成绩	( )	( )	( )	( )	( )
各等级次数累计	( )	( )	( )	( )	( )
	×1	×2	×3	×4	×5

总计＝( )＋( )＋( )＋( )＋( )

＝( )

总计次数（ ）÷5＝自评等级（ ）

第四组	强	较强	一般	较弱	弱
	1	2	3	4	5
(1) 解决立体几何方面的习题	( )	( )	( )	( )	( )
(2) 画三维的立体图形	( )	( )	( )	( )	( )
(3) 看几何图形的立体感	( )	( )	( )	( )	( )
(4) 想像盒子展开后的平面形状	( )	( )	( )	( )	( )
(5) 想像三维和三维的物体	( )	( )	( )	( )	( )
各等级次数累计	( )	( )	( )	( )	( )
	×1	×2	×3	×4	×5

总计=(　)+(　)+(　)+(　)+(　)

=(　)

总计次数（　）÷5=自评等级（　）

第五组	强	较强	一般	较弱	弱
	1	2	3	4	5
(1) 发现相似图形中的细微差异	( )	( )	( )	( )	( )
(2) 识别物体的形状差异	( )	( )	( )	( )	( )
(3) 注意到多数人所忽视的物体的细节部分	( )	( )	( )	( )	( )
(4) 检查物体的细节	( )	( )	( )	( )	( )
(5) 观察图案是否正确	( )	( )	( )	( )	( )
各等级次数累计	( )	( )	( )	( )	( )
	×1	×2	×3	×4	×5

总计=(　)+(　)+(　)+(　)+(　)

=(　)

总计次数（　）÷5=自评等级（　）

第六组	强 1	较强 2	一般 3	较弱 4	弱 5
(1) 快而准确地抄写资料（诸如姓名、日期、电话号码等）	（ ）	（ ）	（ ）	（ ）	（ ）
(2) 发现错别字	（ ）	（ ）	（ ）	（ ）	（ ）
(3) 发现计算错误	（ ）	（ ）	（ ）	（ ）	（ ）
(4) 在图书馆很快地查找编码卡片	（ ）	（ ）	（ ）	（ ）	（ ）
(5) 自我控制能力（如较长时间地进行抄写资料）	（ ）	（ ）	（ ）	（ ）	（ ）
各等级次数累计	（ ）	（ ）	（ ）	（ ）	（ ）
	×1	×2	×3	×4	×5

总计＝（ ）＋（ ）＋（ ）＋（ ）＋（ ）

＝（ ）

总计次数（ ）÷5＝自评等级（ ）

第七组	强 1	较强 2	一般 3	较弱 4	弱 5
(1) 玩电子游戏	（ ）	（ ）	（ ）	（ ）	（ ）
(2) 打篮球或打排球一类的活动	（ ）	（ ）	（ ）	（ ）	（ ）
(3) 打乒乓球或打羽毛球	（ ）	（ ）	（ ）	（ ）	（ ）
(4) 打算盘	（ ）	（ ）	（ ）	（ ）	（ ）
(5) 打字	（ ）	（ ）	（ ）	（ ）	（ ）
各等级次数累计	（ ）	（ ）	（ ）	（ ）	（ ）
	×1	×2	×3	×4	×5

总计＝（ ）＋（ ）＋（ ）＋（ ）＋（ ）

＝（ ）

总计次数（ ）÷5＝自评等级（ ）

第八组	强 1	较强 2	一般 3	较弱 4	弱 5
(1) 灵巧地使用很小的工具（如镊子等）	( )	( )	( )	( )	( )
(2) 穿针眼、编织等使用手指的活动	( )	( )	( )	( )	( )
(3) 用手指做一件小手工品	( )	( )	( )	( )	( )
(4) 使用计算器	( )	( )	( )	( )	( )
(5) 弹琴	( )	( )	( )	( )	( )
各等级次数累计	( )	( )	( )	( )	( )
	×1	×2	×3	×4	×5

总计=( )+( )+( )+( )+( )

=( )

总计次数（ ）÷5=自评等级（ ）

第九组	强 1	较强 2	一般 3	较弱 4	弱 5
(1) 用手把东西分类（如把一大堆苹果分为大、中、小三类）	( )	( )	( )	( )	( )
(2) 用手推、拉东西时手的灵活度	( )	( )	( )	( )	( )
(3) 很快地削水果（如苹果、梨）	( )	( )	( )	( )	( )
(4) 灵活地使用手工工具（如榔头、锤子等）	( )	( )	( )	( )	( )
(5) 在绘画、雕刻等手工活动中手的灵活性	( )	( )	( )	( )	( )
各等级次数累计	( )	( )	( )	( )	( )
	×1	×2	×3	×4	×5

总计=( )+( )+( )+( )+( )

=( )

总计次数（ ）÷5=自评等级（ ）

2. 统计方法

把每一组的自评等级填入下表：

组	自 评 等 级	相应的职业能力名称
第一组	（　）	一般学习能力（简称 G）
第二组	（　）	言语能力（简称 V）
第三组	（　）	算术能力（简称 N）
第四组	（　）	空间判断能力（简称 S）
第五组	（　）	形态知觉能力（简称 P）
第六组	（　）	职员能力（简称 Q）
第七组	（　）	眼—手运动协调（简称 K）
第八组	（　）	手指灵活性（简称 F）
第九组	（　）	手的灵巧性（简称 M）

3. 职业与其所要求的职业能力的基本标准①

职业名称	九种能力的等级结构
生物学家	$\underline{1}\ \underline{1}\ \underline{1}\ \underline{2}\ 2\ 3\ 3\ 2\ 3$
建筑师	$\underline{1}\ \underline{1}\ \underline{1}\ \underline{1}\ \underline{2}\ 3\ \underline{3}\ \underline{3}\ 3$
测量员	$\underline{2}\ 2\ \underline{2}\ \underline{2}\ \underline{2}\ 3\ \underline{3}\ \underline{3}\ 3$
测量辅导员	$4\ 4\ 4\ 4\ 4\ 4\ \underline{3}\ 4\ \underline{3}$
制图员	$\underline{2}\ 3\ \underline{2}\ \underline{2}\ \underline{2}\ \underline{3}\ 2\ \underline{2}\ 3$
建筑和工程技术专家	$\underline{2}\ \underline{2}\ \underline{2}\ \underline{2}\ \underline{2}\ 3\ 3\ 3\ 3$
建筑和工程技术员	$\underline{2}\ \underline{3}\ \underline{3}\ \underline{3}\ \underline{3}\ 3\ 3\ \underline{3}\ \underline{3}$
物理科学技术专家	$\underline{2}\ \underline{2}\ \underline{2}\ \underline{2}\ \underline{3}\ 3\ 3\ \underline{3}\ 3$
物理科学技术员	$\underline{2}\ \underline{3}\ \underline{3}\ 3\ \underline{2}\ 3\ 3\ \underline{3}\ 3$

① 在等级数字下画有“—”线的能力倾向，表明为此职业必备的职业能力。

农业、生物、动物、植物学的技术专家	222423323
农业、生物、动物、植物学的技术员	233423333
数学家和统计学家	111332444
系统分析和计算机程序编制者	222233444
经济学家	111442444
社会学家、人类学者	113223444
心理学家	112223444
历史学家	113443444
哲学家	114333444
政治学家	113443444
政治经济学家	222333333
社会工作者	223443444
社会服务助理人员	333443444
法官	113433444
律师	113443444
公证人	223443444
图书馆管理学专家	223342344
图书馆、博物馆和档案管理员	333224323
职业指导者	223443444
大学教师	113323444
中学教师	223433444
小学和幼儿园教师	223333333
职业学校教师（职业课）	222333333
职业学校教师（普通课）	223433444
内、外、牙科医生	112123222
兽医学家	112123222
护士管理	223333444
护士	223333333

护士助手	3 4 4 4 4 3 3 3 3
工业药剂师	1 1 1 3 2 3 3 3 3
医院药剂师	2 2 2 4 2 3 3 3 3
营养学家	2 2 2 3 3 3 4 4 4
配镜师（医）	2 2 2 2 2 3 3 3 3
眼镜店工作人员	3 3 3 3 3 4 3 2 3
放射科技术人员	3 3 3 3 3 3 3 3 3
药物实验室技术专家	2 2 2 3 2 3 3 3 3
药物实验室技术员	2 3 3 3 3 3 3 3 3
画家、雕刻家及有关艺术家	2 3 4 2 2 5 2 1 2
产品设计和内部装饰者	2 2 3 2 2 4 2 2 3
舞蹈家	2 3 3 2 3 4 2 3 3
演员	2 2 4 3 4 4 4 4 4
电台播音员	2 2 3 4 4 3 4 4 4
作家和编辑	2 1 3 3 3 3 4 4 4
翻译人员	2 1 4 4 4 3 4 4 4
体育教练	2 2 2 4 4 3 4 4 4
体育运动员	3 3 4 2 3 4 2 2 2
秘书	3 3 3 4 3 2 3 3 3
打字员	3 3 4 4 4 3 3 3 3
记账员	3 3 3 4 4 2 3 3 4
出纳员	3 3 3 4 4 2 3 3 4
统计员	3 3 2 4 3 2 3 3 4
电话接线员	3 3 4 4 4 3 3 3 3
一般办公室职员	3 4 3 4 4 3 3 4 4
商业经营管理	2 2 3 4 4 3 4 4 4
售货员	3 3 3 4 4 3 4 4 4
警察	3 3 3 4 3 3 3 4 3

门卫	4 4 5 4 4 4 4 4 4
厨师	4 4 4 4 3 4 3 3 3
侍者（招待员）	3 3 4 4 4 4 3 4 3
理发员	3 3 4 4 2 4 3 3 3
导游	3 3 4 4 4 4 3 4 3
驾驶员	3 3 4 3 3 5 3 3 3
农民	3 3 3 3 3 3 3 4 3
饲养动物者	3 4 4 4 4 4 4 4 4
渔民	4 4 4 4 4 5 3 4 3
矿工和采石工人	3 4 4 3 4 5 3 4 3
纺织工人	4 4 4 4 3 5 3 3 3
机床操作工	3 4 4 3 3 4 3 4 3
锻工	3 4 4 4 3 4 3 4 3
无线电修理工	3 3 3 3 2 4 3 3 3
细木工	3 3 3 3 3 4 3 4 4
家具木工	3 3 3 3 3 4 3 4 4
其他一般木工	3 4 4 3 4 4 3 4 3
电工	3 3 3 3 3 4 3 3 3
裁缝	3 3 4 3 3 4 3 2 3

第六章　学校心理咨询的内容（三）

——社会心理咨询

学校也是一个社会。学生在学校不仅接受知识、发展理性，而且要和教师、同学、领导打交道，他们会有成功和失败，会有进步和挫折；不同的学习气氛、团体压力、教师的教育态度和方式，都会使学生产生情感问题，并影响到他们的学习和人格。但以往我们对此是不够重视的，我们对于学生的社会心理问题的关心，远不及对身体问题的关心。1991 年万圣节，美国某著名学府一个刚获博士学位的中国留学生卢刚，因竞争压力和人际关系紧张，造成精神崩溃，开枪打死多名师生，并结束了自己年轻的生命。近几年来，发生在校园里的教师施虐案屡见不鲜。教师的体罚——心理惩罚已被越来越多的有识之士所重视，创建有和谐心理成长环境的优良班集体，对于学生心理健康成长有着至关重要的作用。

学校心理咨询要站在学校系统的和环境的角度，去看待学生中的个别行为心理问题、人际交往问题，这也正是学校里的社会心理咨询的主要内容。正如一位美国心理学家的看法，如果一个儿童伤风感冒，则会被即刻送往医院，然而对于一个学生内心受了挫折，忧郁不快，则不会有人注意。其实，生理问题的治疗是比较容易的，而心理问题若不及时发现，不注意防患于未然，就会带来很多麻烦，甚至影响一个人的一生。

一、“学校病”咨询

关于学生的社会心理问题表现，有两种偏向：一种是外向攻击的反应，经常表现为品德上的问题行为，如违反学校规则和规定，情绪易于冲动，言辞激烈、无礼，有说谎、偷窃、主动威胁别人等行为表现；一种是内向退缩的行为，这种类型的学生往往不违背学校规则，不破坏公共秩序，而是表现为性格上的弱点。有人认为退缩行为更难矫正。

后来美国心理学家发现，除了攻击性行为和退缩性性格外，社会生活心理方面存在的第三方面问题主要是情绪问题和社交不成熟。他们证明，这三者彼此是相互独立的，但也可能有共同性，比如，这三者都有分心的特点。

苏联教育家苏霍姆林斯基（B. A. Сухомлинский）把这类问题称为“学校病”，他认为这些问题主要是由于教育不当造成的学生的心理创伤。他把“学校病”归纳为如下六种。

1. 过度激动症

这种现象最为常见，是儿童受到不公正的待遇后，极度痛苦而产生的心理病态。表现为：极易激动，举止冲撞，待人态度生硬，好发脾气，有时变为歇斯底里的笑闹，不听劝告，睡眠不稳，想让别人知道自己的厉害而又想不出适当的发泄手段等。

2. 儿童激怒症

儿童受到失败的激怒之后，对学习与进步丧失信心，感到毫无希望与忧愁；想学好与进步，但教师不予理睬，受到的尽是责骂。于是，由最初的痛心变成麻木。

假装满不在乎，是激怒症的反面。坏分数也好，批评也好，请家长来学校也好，一切都装成无所谓，以此来掩饰自己内心的激动和出于自尊心受辱而感到的痛苦。

3. 受委曲与受迫害的多疑症

儿童在受到委曲而深感痛心之后，就认为一切都是不公正的。他疑心教师总在监视他，向家长告发他，处处跟他为难，甚至把这种多疑转到家长身上。这种病越发展，儿童的意志就越薄弱，他寻找多种借口逃学，于是出现了说谎。他因欺骗了教师或家长而高兴，把说谎当成了真理。

4. 精神恐惧症

不及格的分数困扰学生，心灵受到刺激，一看到评分就恐惧；害怕教师，一看到教师的目光就惊得呆若木鸡，被恐惧心理压抑得不能正常思维。有些学生，教师的大声训斥，甚至对别的学生的训斥，都会抑制他的智力活动。

5. 矫揉造作和故作姿态症

这是儿童在受到粗暴、冷淡的不公正待遇之后，为掩饰内心痛苦而故意装出来的一种意想不到的消极反抗：故意调皮，装小丑，教师越生气批评，他越调皮逗乐。

6. 残酷无情症

缺少同情心，欺虐弱者，虐待动物，或毁损公物。这在少年身上表现较多。这是一种极端的、危害性极大的心理变态反应。

以上种种可看出，国家教育制度、学校的环境、班级的氛围及教师的工作作风及性格特点，都会直接影响儿童的心理成长状况。可以这样说：学校儿童身上的心理问题，表现在学生，根源在教师。儿童年龄越小，教师人格的影响及环境的影响对儿童心理成长的影响就越大，对其干预与咨询也就越必要。

心理咨询人员要深入了解“问题儿童”的所在环境，并根据其面临问题制订对当事人，对其教师、班级环境的综合咨询策略，才能实施真正有效的干预。

美国心理学家普雷斯科特（Prescott）更详细地检讨了由于教师在处理学生过失行为时的不当表现，而造成学生社会生活心理问题的多种情况。他把教师可能造成学生心理问题的表现归纳为下述八种情况。

1. 缺乏心理学知识

教师对学生还处在青少年发展时期、各方面还未成熟这一点，未予以认真重视，或者没有深刻理解。对于不同的学生有不同的心理特征，因而应当采取不同的教育方法，也没有应有的注意，犯了教育成人化和千篇一律的毛病。

2. 混淆事实与讹传

有时讹传与事实相混，教师未能予以分辨，只是无鉴别地接受外界所传关于学生行为问题的信息，而无实际的考察。

3. 轻易作结论

学生有时偶尔发生的一件事，不可以当做定论，可是，教师往往不调查全部情形，不掂量其他相关的情况，便轻而易举地作出了结论。

4. 忽视变化的情境

在发现学生的一次过失之后，便作普遍化的推论，而不进行认真调查，不知道在某种情况下发生的事，而在另一种情况下则不会发生。

5. 盲目肯定假设

对于一种尚未验证的假设，或片面解释，囫囵吞枣地接受，予以肯定，以致蒙蔽心智，而不作出进一步的了解。

6. 以情绪代替理智

如学生的行为或语言激怒了教师，则往往认为过失特别严重，过分地责备学生，使学生诚惶诚恐。

7. 主观臆断

对于学生行为问题的处理，常以自己的主观意见为依据，而不作客观的调查，使学生失去对教师的信任感，造成师生的隔阂。

8. 投射自己的情绪

有时教师的情绪不愉快，便在学生方面寻找机会发泄，无故责骂学生，使学生的心里背上沉重的包袱。

学生是在学校、课堂这样的小社会环境中生活的，因此，纠正学生社会生活方面的心理问题，使他们形成积极的心理品质，首先就是要建立一个友好、和谐的校园、课堂气氛。教室内的气氛，乃是教师与学生、学生与学生间彼此交往，形成特定态度和心理的环境，如欢迎—拒绝、热情—冷淡、宽容—严厉、民主—专制等。教师对心理环境起主导作用。教师如果把持教室内的一切活动，按自己的意愿武断地采取措施，以冷酷的态度要求学生服从、遵守规定，这就会形成教师中心的专制作风，导致学生疏远、冷淡、退缩的心理，并造成少部分学生的专横霸道作风。反之，如果教师鼓励学生主动地参加学习，参与班级的一切活动；教师提出意见，引导学生们进行讨论，共同商量，建立大家共同遵守的纪律，共同制定学习的计划和措施，这便是活泼的民主作风。在这样的气氛下，便可以改善和增进学生的社会心理的积极水平。

要做到这一点，教师自身的心理健康很重要。教师与学生朝夕相处，无时无刻不在以其自身人格力量影响着学生，影响着整个社会的现在和未来。法国心理学家指出，优秀教师应具备这样一些心理和行为特点：

（1）喜欢儿童；

（2）自我调适良好，可为学生心理健康的表率；

（3）具有教育和心理卫生方面的知识；

（4）明了儿童成长与发展的途径，并能应用不同的技术来了解儿童及儿童的需要；

（5）能创设促进心理健康的教学气氛；

（6）能帮助学生满足其基本的需要；

（7）能鉴定有严重问题的学生，并知道如何使他们得到帮助。

我国心理学者从六个方面提出了教师心理健康的指标，是参照心理健康的普遍原则和教师职业的特殊要求拟订的，指标是按作用大小排列的。

表 6-1　教师心理健康的主要指标

编号	指导分类	心理特点列举
1	身份认知	自知身份与潜在优势、劣势
2	教育心理环境	教育观、心理环境的稳定、乐观性
3	教育独创性	独立、受暗示；果断、优柔；进取、退缩
4	教育焦虑	排除干扰，适应的焦虑水平
5	教育关系	心理关系、心理距离、心理气氛
6	适应与改变	应变能力、改造环境

在学校内，教师各方面的行为都是学生的楷模。教师不仅要有精深的学问，而且要有友好的态度、高尚的品德、浓厚的教学兴趣、兢兢业业的教学态度、适当的情绪表现、合理的语言动作等。相反，如果教师的行为不适当，或精神不振，容易迁怒于学生，则会破坏班级的良好的心理气氛，而教师的心理状态与心理水平，又与学校领导者的管理风格、个人素质有关系。所以，班级的友好、和谐的心理气氛是以整个校园的良好心理环境为前提的。

二、人际关系咨询

社会交往中的人际关系状况，对学生的健康成长有着重要的意义。人际交往是个体社会化的过程，是促进个体自我认识与发展的过程。

往往从小学高年级开始，关于人际关系的咨询成为学校心理咨询的主要内容。

学校存在着各种各样的人际关系，这些关系是学校社会心理发展的基础，对于学校成员尤其是学生的心理有重要影响。就学生而言，师生关系、同学关系和家庭关系是三种最重要的人际关系，处理好这些关系，对于提高学生的心理健康水平有着积极的意义。

（一）师生关系

师生关系是学校人际关系的基本内容之一，研究表明，师生关系的好坏对于学生的学习动机、兴趣、学习态度和学习成绩都有明显影响。如有人对 702 名学生做调查，发现其中 490 名学生（近 70％）因喜欢某些老师而喜欢他们所教的课程，对这些课程兴趣浓厚，作业认真，成绩较好；另有 212 名学生（近 30％）因不喜欢某些老师而不喜欢这些老师所教的课程，上课时注意力不集中，缺乏积极性，作业马虎，成绩较差。另一项研究表明，由于教师急躁、师生关系紧张、教学不民主、气氛不活跃，而引起学生智力、情绪下降的占学生总数的 60％～80％。

学校的师生关系大致表现为四种类型。一是专断型。这种类型的师生关系表现为教师中心，教师独断、专横、傲慢、不可接近，学生一切活动都听任其摆布，学生的愿望、要求、情感均受到压抑，主动性和积极性得不到发挥，师生关系十分紧张，严重对立，学生对教师惧而远之。二是警察型。这种类型的师生关系类似于交通警察与司机的关系，教师对学生认真负责、一丝不苟，但对他们的优点视而不见，专门挑剔，找学生的毛病，批评的态度也比较生硬，师生关系一般，学生对教师敬而远之。三是放纵型。这种类型的师生关系表现为教师对学生放任自流，教师缺乏应有的责任感，很少关心学生；学生则感觉不到教师的存在，因而纪律松弛，歪风邪气抬头，无师生关系可言，学生对教师旁若无人。四是民主型。这种类型的师生关系表现为教师关心、尊重学生，遇事与学生商量，学生是班集体的主人，班干部是班集体的核心，学生心情舒畅、自由、活泼、健康，师生关系融洽，学生对教师亲而近之。

一般来说，教师是建立良好师生关系的主导者，也就是说，师生关系的好坏主要取决于教师。所以在咨询过程中，对于师生关系紧张的问题，除了要求学生尊重教师，接受教师教育方式的正面意义与价值，主动加强师生沟通外，更要取得教师的配合，为教师提出改变工作作风与工作方法的建议与策略，帮助教师完成改变过程。

（二）同学关系

同学关系也是学校人际关系的基本内容之一，学生群体（如班级、小组）之间和学生个人之间人际关系的好坏，也会对学生的心理产生重要影响。究其原因，主要是青少年学生非常重视友谊，渴望友情，有着强烈的归属需要。同学关系是学生人际关系的主体，学生的大部分时间是与同伴一起度过的。对于大部分学生来说，同伴、同学的友谊是他们生活中不可缺少的重要部分，大部分学生如果不理睬某个学生，对他来说将是莫大的惩罚。

对学生交往的咨询包括对其社交能力的训练与指导，如运用语言和非语言沟通技能的能力、理解交往情境的能力、把能力情境和交往规则的要求联系起来所运用的策略。学会交往才能学会合作，学会交往才能优化人际环境，获得人际间的心理互动，满足归属与爱的需要。

因为社交行为不足，而影响中小学生同学关系的心理问题很多，这里主要剖析自卑、害羞、自我中心和性别冲突四个方面。

一是自卑。自卑的学生往往觉得自己事事不如别人，害怕别的同学不理自己，担心遭到其他同学的耻笑与拒绝，不敢主动、积极地与其他同学交往。对于自卑感强的学生，关键是引导其学会作纵向的自我成长比较，教给其运用语言、非语言沟通的技能，帮助他们树立交往的信心，使其体验到交往成功的愉快情绪。要让他知道，每个人都有其长处和短处，交往活动正是取别人之长补自己之短的极好机会，要悦纳自己、悦纳别人，不断地增进自己的交往才能。

二是害羞。害羞是大部分人都会有的情绪体验，但如果达到一种不正常的程度，或者与自卑感联系在一起，就将严重妨碍人际交往。害羞的极端表现是社交恐惧症，其症状为对正常社交活动产生极端害怕和焦虑反应。害羞以女生最为常见，主要有三种类型：气质性害羞，即生来性格比较内向，气质沉静，说话低声细语，见到生人就脸红，甚至连问路也不好意思；认识性害羞，即过分注意自我，怕自己的言行有错而被别人耻笑，做事追求完美，要有绝对把握才敢尝试；挫折性害羞，即本来性格比较开朗的人，由于屡遭挫折而变得胆怯怕生、消极被动。对于第一种情况，一般采取系统脱敏的心理疗法（参见第十章），可以得到矫正；第二、三种情况主要是帮助他们改变交往观念，进行沟通和交往技能的训练，去掉“我害羞”的自我标签，创设团体的交往情境，可用想像法进行良好交往情境的想像，也可通过团体的交往小组训练，使之逐渐体验到成功交往的快乐，而逐渐变得大方、自知。

三是自我中心。自我中心以小学生为常见，部分中学生也或多或少有所表现，主要是在交往过程中只想到满足自己的需要，不考虑别人的利益与需要，把个人利益凌驾于诸事之上，结果往往是孤家寡人，失去了同伴的友情。对于这种类型的学生，关键是使他们学会心理换位，善于站在别人的角度来考虑和处理问题，“己所不欲，勿施于人”，奉行理解、尊重的交往准则。心理咨询中常用“换椅子”技术，来帮助自我中心的人能换个角度理解别人、认识别人，不失为一个有效的咨询方法。

四是性别冲突。性别冲突主要见于中学生。小学生往往青梅竹马、两小无猜，男女同学亲密无间；小学高年级以后，随着青春期的出现，最初的性意识的萌动，男女学生往往产生比较强烈的性别冲突——内心盼望得到异性的注意和好感，表面却故意疏远对方。在一些中学，男女学生之间很少有大方、公开的交往活动，男女学生内心都感到非常压抑。对于这种情况，心理咨询人员一般也要争取教师尤其是班主任的配合，给男女学生创造较多的交往机会，形成正常的异性交往气氛。同时对于性别冲突感较强的学生，也要给他们分析青春期两性的生理、心理特征，引导他们正确地、大方地处理与异性同学的关系。可通过青春期性教育课引导学生正确认识自己与异性的性别特点，给予异性间交往的正常辅导，要学生学会欣赏自己与异性同学的成长，学会尊重别人；善于发现学生在异性交往中的典型问题，引导学生自己讨论解决，教给学生对异性说“不”的方法。

随着社会媒体的多样化、网络化，中学生生理发育的提前引发了越来越需重视的异性交往问题。心理咨询人员要善于给成长中的青少年以客观的引导，才能促进其性心理、性道德的发展，也才能形成和谐的异性关系，为将来的生活做准备。

（三）家庭关系

青少年学生的大部分时间是在家庭中度过的。家庭是人生的摇篮，也是一个人出生、发展和成熟的基地，每个人都要从这里走向社会。家庭关系的好坏（主要是亲子关系）对于学生的心理发展也有着非常重要的影响。有人对145名后进生进行过调查，表明棍棒教育、放任溺爱、父母要求不一致等是造成孩子成为后进生的几个突出原因（见表6-2）。

表6-2　145名后进生形成的家庭原因

家庭原因 / 人数及百分比	父母要求不一致	棍棒教育	放任不管	管教过严	溺爱	无人照管	家庭坎坷不幸	家庭经济困难	家庭不和睦	父母性生活混乱
人数/人	38	49	36	10	21	11	7	13	9	3
百分比/%	26.2	33.1	24.8	6.8	14.4	7.6	4.8	8.9	6.2	2.1

因为亲子之间的“代沟”影响，使孩子与父母亲难以进行良好的沟通，而形成的家庭内的人际摩擦，也会影响学生的心理成长发展：不能接受父母的引导与教育，或只会以沉默、躲避或发火等方式与父母交往，因此产生情绪压抑，影响学习。所以教会学生以良好的方式主动与父母沟通，完成“家庭重塑”，非常重要。

对于家庭关系比较紧张的情况，一般也必须从两方面着手。一是争取家长的配合，对家长的教育方式给予指导与训练，让家长给孩子作出良好的榜样，不对孩子期望过高，提出种种不切实际的目标和要求；也不要对孩子失去信心，不闻不问，听之任之。要把对孩子的严格要求与爱、尊重、信任结合起来，让孩子学会自我教育、自我管理。二是对学生进行引导，让他们体会家长的良苦用心，了解家长的处境，更多地学会尊重父母、体贴父母，尽最大的努力学好功课，用尽可能好的成绩向父母汇报。

心理咨询中可进行孩子单方面的咨询，由其主动转变带来父母的转变；也可同时对亲子分别进行咨询，促进双方共同的变化。必要的亲子沟通训练，会有效地带来亲子沟通状况的改善，使家庭的教育功能更好地发挥出来。

案例6-1　社交恐怖症咨询

男性，18岁，高三学生。在老师的陪同下来校心理测量与咨询中心，该生低垂着头，满面羞怯，不敢正视咨询人员，偶尔转头注视别处。讲话木讷，语音低沉，说话时显得十分紧张。在咨询人员的疏导下，他自诉一年来怕见人，特别害怕见陌生人，勉强见了，就会满脸通红，坐立不安，内心慌乱，词不达意。因而时常孤身独处。原在外地就读，一年前随父母工作调动而迁至该校插班读书，刚来不久就赶上了班级组织的赛诗会，由于想给同学们一个良好的“第一印象”，情绪十分紧张，担心自己讲砸锅，果真在朗诵时口吃，极不流畅，引起了哄堂大笑。此后，他仍然觉得同学们在用讥笑的眼光看自己，内心愈加紧张。结果发展到不愿意与人接触，怕见人，尤其是陌生人。

对于这样一例典型的怕见人的社交恐怖症，心理咨询人员采用的是系统脱敏疗法与认知领悟疗法相结合的方法。咨询人员首先告诉他，这是一种社交方面的心理障碍，只要了解这种障碍产生的原因，掌握克服的具体方法，是完全可以消除的。咨询人员接着向他提出两个要求。一是第一周每天至少到人多的地方去1次，去的时候要看着别人的脸，不能低头，每次持续约半小时。最初每天1次，以后增到2～3次。开始时一定会非常恐慌，甚至周身出汗，但一定不能退缩，而要咬牙坚持，可以反复默想暗示自己，“我现在可以做到，我能放松地做好这个训练”，并记录需多长时间才能克服这种恐怖情绪。二是每天朗读一段文章或几首诗词，至少有15分钟，最初可单独进行，读顺后再到人多的地方读，并记录每次在人群中多长时间才能平静自己的情绪，多长时间才能在人前通顺地朗读或背诵文章、诗词。他照这样做了，最初确实异常紧张，浑身打颤，冷汗直出，但咬牙坚持了二十多分钟后也就逐步习惯了。经过四周的咨询与治疗，从第五周起，他就基本消除了见人恐怖现象，在人面前讲话、朗读等也不再口吃了。经过跟踪观察，两个月内未见反复。

自测6-1　人际交往能力的自我评定

在下面的15个问题中，你能迅速地判定你的反应吗？我们把反应的情况分成三个等级，请按照你的实际情况，在三种情况的一种下面打“√”。

	是	不确定	否
(1) 我不喜欢与其他学生一起做游戏和学习。	1	2	3
(2) 我不喜欢说话，有时宁愿用手势表示意愿，也不用语言表达。	1	2	3
(3) 我不愿和任何人的目光接触。	1	2	3
(4) 同学们不喜欢与我一起做游戏和学习。	1	2	3
(5) 同学们不喜欢在我面前讨论各种问题。	1	2	3
(6) 父母总是对我管束严厉，动辄训斥。	1	2	3
(7) 放学后我不愿意回家而喜欢在外面玩。	1	2	3
(8) 我对爸爸妈妈的谈话十分反感。	1	2	3
(9) 我对爸爸妈妈的斗嘴、吵架感到无所谓，习以为常。	1	2	3
(10) 爸爸妈妈从来不过问我的任何事，			

在他们眼里我是可有可无。 1 2 3

(11) 老师对我特别挑剔，专爱与我过不去。 1 2 3

(12) 老师在课堂上从来没有看过我一眼。 1 2 3

(13) 在路上看到老师，我总是设法躲避，或假装没看见。 1 2 3

(14) 老师家访时经常“告状”，向爸爸妈妈讲我的坏话。 1 2 3

(15) 我觉得老师对我太不公平了，真想和他大闹一场。 1 2 3

这个评定大致能反映一个中小学生的人际交往能力。在这个评定中，得分越高，说明你的交往能力越强；得分越低，说明你的交往能力越弱。如果你的总得分在40分以上，说明你的交往能力强，人际关系好；如果你的总得分在20分以下，说明你的交往能力弱，人际关系差。

这个评定又可分为三部分，其中1～5题评定你的同学关系，6～10题评定你的家庭关系，11～15题评定你的师生关系。一般5～7分为关系较差，7～11分为关系一般，12～15分为关系良好。

第七章　学校心理咨询的内容（四）

——心理健康咨询

2002 年 8 月国家教育部颁布的《中小学心理健康教育指导纲要》指出："良好的心理素质是人的全面素质中的重要组成部分。心理健康教育是提高中小学生心理素质的教育，是实施素质教育的重要内容。"人的心理健康水平的形成和发展是一个实践与接受教育的过程，是一个从幼年、成年到老年不断发展和变化的过程。人在成年进入社会之前，主要的时间是在学校度过的，因此学校的教育便成为影响人一生的重要因素和力量。

心理健康问题是当今人们关心的重要问题之一，更是学校关心的问题之一。科学研究证明，心理健康能使一个人具有饱满的热情、乐观的情怀、开朗的性格、友好的交往、旺盛的精力，它可以使一个人经常表现出一种良好的精神风貌。这是心理健康之所以受到重视的一方面原因。另一方面，生理疾病也往往与心理不健康有直接关系。据调查，在医院就医的患者中，由于心理健康有问题而引起或加重生理疾病的人，占患者的 50%以上。所以，当今整个医疗事业也正在由生物—医学模式转向生物—心理—社会模式。

学校中的青少年学生，由于他们心理尚未成熟，心理承受力较低，在行为模仿的过程中辨别能力又不强，加之学生在学业、人际关系、团体压力等诸方面有许多特殊的矛盾，所以学生的心理健康成为学校心理咨询的重要内容。

一、中小学生常见的心理健康问题

儿童心理健康的标准一般包括以下几项。

（1）有正常的智力活动：求知欲强，好奇好问，爱观察，爱学习，爱幻想，有抱负，注意力较稳定、集中，喜欢自己动手做事。

（2）乐于同人交往，能适应学校和家庭生活。

（3）热爱生活，性格开朗活泼，情绪饱满愉快，能控制自己的情绪。

（4）能悦纳自己，比较正确地评价自己，自信心强，有一定独立性。

（5）具有正常的行为方式：行为举止与年龄特点相一致，行为方式与社会角色相一致，反应强度与刺激强度相一致，行为总体上连续一致。

表现在学校中儿童心理健康应具备的特征是：学习积极；智力正常；情绪稳定；个性健全；品行端正；适应良好。

学生的心理健康问题最早源自学生的适应不良现象。教师和家长发现，有些学生或子女，与同龄孩子比起来，有许多不适应、不成熟的方面。美国心理学家 1959 年曾对三年级的儿童进行过一次调查，孩子们的母亲报告孩子们有这样那样心理问题的情况见表 7-1。

表 7-1　学校适应不良的表现

学校适应不良	母亲报告问题的百分比/%
神经质	33
白日梦	21
活动过多	14
语言障碍	9
同别的儿童难以相处	
退缩行为	7
攻击行为	9
破坏性	7
同学校环境无关的适应不良	
吃喝问题	33
发脾气	19
异常的恐惧	18
出汗	14
撒谎	13
哭叫	13
吮拇指	9
胃不舒服	8
难以同成人相处	
退缩行为	1
攻击行为	6
性的困难	2
偷窃	2

从这张问题表中可以看出，有神经质、白日梦等表现的，在所有心理问题中占有很高比例。不过，因为这张表是根据询问记录统计的，所以显得不够系统，也就是说，对学生的心理健康问题包括哪些方面还不能一目了然。目前虽然心理健康问题的分类还有分歧，但大致包括以下几个方面。

（1）轻微脑功能障碍（简称 MBD），如智力偏低。

（2）神经功能障碍，包括：排泄机能障碍——遗尿、不自主排便；言语障碍——口吃；进食障碍——拒食、贪食、厌食、异嗜、反复呕吐；睡眠障碍——梦游、梦魇、夜惊、失眠、经常头痛等。

（3）品行障碍，如经常打骂、逃学、恶作剧、说谎、偷窃等。

（4）不良习惯，如吮拇指、咬指甲、眨眼、皱额、努嘴等。

（5）情意障碍，如害羞、冲动、易怒、自卑等。

1985 年，我国心理学工作者曾对江浙两省的 60 所学校随机抽取的1 095名中小学生进行了调查，其中包括小学一、三、五年级和中学初一、初三、高二的学生，调查的内容主要是心理健康的前四项内容。结果表明，在受调查的1 095名学生中，有 181 名学生有各种各样的心理问题，检出率为 16.53%。其中 554 名城市学生中，有 104 名学生有心理健康问题，检出率为 18.77%；541 名农村中小学生中，有 77 名学生有心理健康问题，检出率为 14.23%（详见表 7-2）。

在这些心理健康的问题中，无论是城市还是农村，占第一位的都是神经功能障碍（城市占 47.22%，农村占 50%），其次分别为不良习惯（城市占 26.39%，农村占 22.60%）、MBD（城市占 13.89%，农村占 19.60%）和品行障碍（城市占 12.50%，农村占 7.80%）。

研究者发现，当前我国中小学生心理健康状况不容乐观。小

表 7-2　1 095 名中小学生的各种心理健康问题的检出率

项目	MBD			神经功能障碍			不良习惯			品行障碍			总计		
	城市	农村	小计	城市	农村	小计	城市	农村	小计	城市	农村	小计	城市	农村	小计
检出人数/人	20	20	40	68	51	119	38	23	61	18	8	26	104	77	181
检出率/%	3.61	3.70	3.69	12.27	9.40	10.87	6.86	4.30	5.58	3.25	1.48	2.37	18.77	14.22	16.53
构成比	13.89	19.60	16.26	47.22	50.00	48.37	26.39	22.60	24.80	12.50	7.80	10.57	1.00	1.00	1.00

学生有心理和行为问题的占总数10%左右，初中生占15%左右，高中生约为19%，并有逐年递增的趋势。这说明学生的心理健康问题已成为越来越普遍的社会问题，提醒我们要予以充分的重视。

据研究，中小学生有这样那样心理问题，会影响到他们的情绪和性格。与正常学生相比，有心理健康问题的学生，在性格上更多地表现出自卑、孤僻、任性、不听话、易急躁、脾气大、易冲动和粗心的特点，在情绪方面更多地表现出不乐观、不稳定、易激动和过分忧虑的特点。

表7-3　中学生心理不健康情况分布表

心理不健康		狭隘	抑郁	怯懦	自卑	孤僻	对立	破坏
有心理健康问题者	人数/人	135	116	145	129	63	62	86
	百分比/%	2.87	2.46	3.08	2.75	1.34	1.32	1.83
有严重心理健康问题者	人数/人	8	9	5	2	5	10	2
	百分比/%	0.17	0.19	0.11	0.04	0.11	0.21	0.04

在学业成绩上，心理健康的学生学习成绩好的比例明显高于有心理健康问题的学生。再进一步发现，品行问题对学业影响最大，MBD次之，不良习惯又次之，神经功能障碍影响最小。

在中小学生中，还有一类心理健康问题不属于上述四种，而是表现为情感、意志、性格方面的不良，我们称它为情意障碍。这类问题的性质比前四项都要严重，对人的心理水平影响更大。这类问题如果得不到认真注意，会影响一个人一生的性格。

日本心理学家成田胜郎等人经过调查、分析、归类，把这种情意障碍分成14种类型。

（1）抑郁性。感情受无止境的消沉感支配，感到一切都无聊，什么都不做，毫无活力地闷坐在家中，孤独，厌世，绝望，独自毫无目的地徘徊，企图自杀。

（2）无力性。经常注意身心变化，并感到烦恼不安，没有魄力，易陷入挫折感中，不能专心工作，易疲乏，对病过于敏感，经常诉苦，失眠，头疼，头沉，没有什么嗜好，有隔离感，不耐高音、血、黑暗。

（3）过敏性。经常出现把一切现象都与自已联系在一起的言行，疑心重，胡乱猜疑，嫉妒，妄想一切与自己有关，有罪恶感，爱编假故事，因而不敢离开学校、工作岗位，回不了家。

（4）强迫性。思想和感情不能摆脱，不敢到人面前去，不敢在人面前讲话，害怕，脸红，怕接触人，常出现强迫性行动、奇特的行动。

（5）自我不信任性。对自己做过的事和要去做的事没信心，反反复复，一事无成。工作还未开始，就又产生新的想法，干事情总不彻底，行动奇特。

（6）内闭性。丝毫不想与他人开诚布公，不想与他人交流，极为孤独，不关心他人，性格孤僻，不爱说话，没有协商性。

（7）黏着性。热衷于一件事，不能做其他事，沉溺，异常絮叨。由于过分专心，因而不遵守时间，或花钱过多。

（8）意志薄弱性。按照外部作用而行动，对所做的事没有自主性和一贯性，易被伙伴拖来拖去，没有主动性，懒惰。

（9）即行性。不加考虑，想起干什么，就突然行动，极为轻率，离奇古怪，行动大胆，想要什么，立即抢到手，乱花钱，偷盗。

（10）不稳定性。身心无休止地活动，一点儿也平静不下来，不冷静，精神不集中，徘徊，杂乱无章，做事有头无尾，不能完成工作。

（11）情绪易变性。情绪极不稳定，经常采取出乎意料的行动，突然失踪，破坏，讲刻薄话，自伤，浪费，酗酒。

（12）自我显示性。根本听不进别人的话，言行自以为是，而且十分夸张，非常主观，骄傲自大，独断的支配欲很强，至死不认输，什么都是别人的过错。受到忽视或压抑头昏脑涨，富于反抗性和攻击性，戏剧性言行，空想性虚谈。

（13）爆发性。出现激烈的态度和行动，兴奋，粗暴，狂乱。

（14）爽快性。乱跳乱闹，言行轻浮，随意恶作剧，不分场合地乱闹，开无聊玩笑，不顾对方如何，随意亲昵。

二、中小学生心理健康问题的原因

心理健康诸种问题的产生，原因是多方面的。有遗传、环境造成的，也有教育的原因。

MBD、神经功能障碍等，可能与先天遗传和生长的内部环境（即怀孕期的条件）有较大的关系。有心理健康问题的学生其母亲在孕期出现健康欠佳、情绪不好和营养不良等情况的百分数，以及在分娩过程中出现早产、难产、窒息等不良情况的百分数，均显著地高于正常学生的母亲。后天的营养条件，与学生心理的顺利成长也有关系。

学生出现心理困扰及心理不健康的原因或诱导因素有三个。

一是“失”。如失去了父母之爱，失去了升重点中学的机会，失去了友谊，失去了尊重，失去了安全，这种失落感破坏了学生的心理平衡，容易产生痛苦、自卑、抑郁等心理困惑。

二是“变”。如由于父母离婚，完整的家庭变成了破碎的家庭；学习成绩由好变坏；由重点中学转到普通中学；由学生干部变成一般群众，对于这种生活学习、环境变化不能适应而产生的困惑。

三是“忘”。对过去悔恨不已，对未来焦虑不安，惟独忘记了现在，不能正视现实。如有过一次考试失败的经历就紧张得很，恐怕以后考试会再失败，不认真总结考试失败的原因，而是一味焦虑不安，导致焦虑出现。

“失”、“变”、“忘”，归根到底是心理适应不良，归根到底是与家长、教师的养育、训导方式有关的适应不良。在孩子很小的时候，孩子的不良习惯和不端品行，能否得到有效的制止和积极的引导，与孩子能否纠正不良习惯和品行（如吮指、撒谎等），形成良好的习惯和品行有很大关系。在孩子长大后，以及孩子进校后，儿童和少年是在一种被动的、严厉的环境中成长，经常受到训斥，还是在主动的、友善的环境中成长，经常受到鼓励，与学生形成敌对、自私、粗暴、自卑、冷漠等特点还是形成友好、公正、热情、自信、稳重等特点关系极大。在某种意义上可以说，学生的情感、性格，是家长和教师的情感、性格的翻版。心理学家曾研究过父母的养育态度与儿童性格之间的关系，其结果如下（见表 7-4）：

表 7-4　父母亲养育的态度与儿童性格之间的关系

父母亲的态度	儿童性格
支配性的	消极、顺从、依赖性、缺乏独立性
溺爱的	任性、骄傲、利己主义、缺乏独立精神、情绪不稳定
过于保护的	缺乏社会性、依赖、被动、胆怯、深思、沉默、亲切的
过于严厉的（经常打骂）	顽固、冷酷、残忍、独立的；或者怯懦、盲从、不诚实、缺乏自信心、自尊心
忽视的	妒忌、情绪不安、创造力差，甚至有厌世轻生情绪
民主的	独立、直爽、协作的、亲切的、社交的、机灵的、安全、快乐、坚持、大胆、有毅力和创造精神
父母意见分歧的	易生气、警惕性高；或有两面讨好、投机取巧、好说谎的作风

此外，对学生来说，有足够的材料说明，学习的压力以及由此带来的紧张和焦虑，对学生的心理健康很不利。过大的压力会严重损害学生的心理健康，甚至导致他们无聊厌世的情绪。据调查，在每天必须花 3 小时完成学校布置的家庭作业的学生中，有心理健康问题的学生所占比例明显高于正常学生；在家长还要额外布置家庭作业的学生中，有心理健康问题的学生所占的百分比还要高。这说明，建立适中的学习压力是十分重要的。

心理健康对青少年学生的健康成长至关重要。维护学生心理健康，对少数有心理困扰或心理障碍的学生给予科学有效的心理咨询和辅导，使他们尽快摆脱障碍，调节自我，提高心理健康水平，增强自我教育能力，是学校心理咨询工作者的重要任务。

三、中小学生的心理健康指导

如上所述，中小学生的心理健康问题是遗传、环境和教育交互影响的结果。在心理健康指导中，就应有针对性地对不同影响源导致的不同心理问题，采取不同的方法。在学校心理咨询中，一般更应强调心理社会因素的作用。具体来说，可以从以下几个方面进行指导。

（一）加强认知方面的指导，提高学生的认知水平

学生的心理健康与他们的认知水平关系密切，影响学生心理健康的消极情感正是通过认知活动的“折射”而产生的。临床实践表明，患有心理障碍的学生在同龄人中，一般认知水平较低，容易在错误判断的前提下对现实作出不适当的反应，如不必要的

怀疑与恐惧，使人经常陷入紧张不安之中。①

在学校心理咨询中，主要应从如下几方面着手：使学生学会运用横向比较、纵向比较、自我比较等方法，正确地认识自己，对自己的智力、能力、兴趣、气质以及自己的优点、缺点有一个客观评价，正确地认识他人，克服光环效应、第一印象、刻板效应等，为形成良好的人际关系奠定基础；使学生具有健全的认知过程，如正常的感知、良好的记忆、灵活的思维、丰富的想像、流畅的语言等；使学生能正确地认识环境，与周围环境保持平衡。

（二）加强情感指导，培养学生的积极情感

据研究中小学生的情感障碍主要有三种类型。② 第一种是由于外部原因引起的，如遭到突如其来的对家庭的打击；受到教师或家长的冤枉、打骂；受到同学的无端猜疑或嘲弄等。这些外部刺激往往是在学生缺乏心理准备情况下发生的，因此反应比较迅速而猛烈。对于这样的学生必须小心从事，应设法使他们正确地对待挫折，学会有效的心理防卫方法。第二种是由于内部和外部原因综合引起的，主要指由于心理准备方向的错误或期望过高而结果却与之相反所引起的心理障碍。如在毫无心理准备的情况下高考落榜，为之奋斗多年的成果得不到社会承认；自己最尊敬、最信任的人的堕落等。在这类情况下，外部因素本来还不足以引起心理障碍，只是由于主体事先在心理准备上的错误，便造成外部压力的相对增大，从而导致心理障碍。对于这样的学生应引导

① 杨文群等编：《学校心理卫生》，福建教育出版社 1988 年版，第145～147 页。

② 参见谢诒范：《试论青少年心理障碍及其疏导》，《中学教育》，1987 年第 2 期。

他们调整对某物某人的心理评价，让他们正视现实。第三种是由于内部因素引起的，指由于自身行为所引起的消极情绪体验，如一个从无偷窃行为的学生，在第一次行窃后往往会产生内疚、后悔、坐立不安等消极的情绪体验；再如有的学生做了一件好事而感到吃亏，也后悔不迭，终日耿耿于怀等。对上述两种情况应区别对待，前一种消极情绪体验包含有积极意义，应强化他们的这种消极体验，从而达到尽快纠正其不良行为和心理障碍的目的；后一种消极情绪体验则具有消极意义，应及时加以指出并纠正。

在对学生进行情绪问题咨询时，我们要提高学生对情绪的认知能力，教会学生准确地感知自己的情绪变化，学会用有效的方式调控自己的情绪状态，如教给学生肌肉放松法、呼吸调整法、想像放松法等情绪调节的行为技术，这是提高学生情绪智能和情绪自我管理能力的有效方法。我们还要教学生准确感知他人情绪状态，学会与他人进行情绪交流的能力。

良好的情绪调控能力是青少年人格完善与发展的重要组成部分，也是培养学生高级社会情感的基础。我们要帮助学生形成饱满热情而非消极迟钝、反应适度而非喜怒无常的情绪，纯洁高尚而非低下猥琐的情操，愉快乐观而非沮丧悲观的主导心境，使学生的情感表现既丰富多样，而又能为社会所接受。必要时可通过合理宣泄来排遣消极情绪。

（三）加强意志方面的指导，塑造学生的坚强意志

学生的心理健康水平与他们的意志有密切关系。没有意志活动，人就会成为本能欲望的奴隶，就会被消极的情况所控制，就会陷进不良生活习惯的泥淖而不能自拔。意志力薄弱的学生，往往表现为惰性十足、呆板固执、刚愎自用、一味蛮干、优柔寡断、随波逐流、人云亦云，或患得患失、虎头蛇尾、仓促行事，在遇到困难和挫折时，往往悲观厌世、怨天尤人，甚至轻生自杀。

在关于意志品质问题的咨询中，我们发现，青少年学生因为心理发展水平的限制，普遍存在人生目标不明确甚至模糊，容易在现实生活中迷失方向而受外界诱惑和吸引，表现为意志薄弱，受挫感强。这是使学生丧失自信心的主要原因。

在咨询中，我们要着重在培养学生明确的目标和人生方向、理想方面给予引导和帮助。明确了自己的人生目标，学会用科学合理的方法规划自己的长期计划、短期安排、每日时间表，才能让学生体会到自我监控的成功感，也才能让学生不断增强意志。

我们还可以从意志的品质上培养学生的意志。第一，要使学生形成意志的目的性，在确定行动的目的时，既能集思广益，虚心听取别人的意见，又不轻信盲从，受他人的暗示和干扰；既能坚持正确的决定，又不固执己见，独断独行。第二，要使学生形成意志的果断性，能明辨是非，通晓利害得失，适时采取决定并执行决定。在需要作出决定时，能毫不犹豫，当机立断；在需要延缓决定时，又能深思熟虑，到条件成熟时才采取相应的措施。第三，要使学生形成意志的坚韧性，即能够持之以恒，把采取的决定坚持到底，既不为形形色色的诱惑所动心，也不为各种各样的困难所吓退；既不为成功而自满，也不为失败而气馁；既不顽固执拗，不知变通，也不见异思迁，朝三暮四。第四，要使学生形成意志的自制性，即能够为了达到既定目的而控制自己的情绪，约束自己的言行，忍辱负重，在所不辞，又能用理智的力量驾驭情感的野马，用远大的目标抑制过度的欲望，用自制的方法聚拢涣散的注意，成为自己意志的主人。

（四）加强人际交往方面的指导，使学生形成良好的人际关系

调查表明，与正常学生相比，有心理健康问题的学生的人际关系往往较差，轻者有焦虑、恐惧、孤独之感，重者则对人有怀疑、敌对、攻击之举。据上海市闸北区教育局刘京海对900名中学生交友活动的调查表明，表现“很好”的占4.2%，“较好”的占20.6%，“较差”的占26.06%，“很差”的占48.7%。可见，中学生对学校的社交活动现状很不满意。因此，人际交往的心理健康问题，成为学校心理咨询的重要内容之一。

研究者认为，人际交往主要有六种功能。

（1）获得信息功能：思想与信息的获取更广泛，渠道更直接，速度更迅速。

（2）自知、知人功能：人的自我意识是以他人为镜，在与别人的比较中，在他人的态度和评价、自己与他人关系中认识自己形象的。知人是与人交往过程中积累和丰富起来的能力。

（3）自我表现功能：交往可以为自我实现提供现实性，为才能发挥提供可能性。

（4）人际协调功能：学会合作，组织协调各种力量，调动各方面智慧，是现代人成功的基础。

（5）社会化的功能：青少年学生在交往中学会平等和竞争，自立于社会，成为一个社会化的人。

（6）身心保健功能：交往会满足归属感、安全感，有利于身心健康发展。

在学校咨询中，人际交往困扰是小学高年级学生主要面临的问题。在咨询中，孤独、社交恐惧、侵犯行为是常见的人际困扰。我们对当事人根据其问题实质及程度，给予认知调整、行为训练、人际交往技术和能力的训练，帮助其提高交往能力，养成良好的行为习惯，改善人际环境。着重从如下几方面着手：首先是鼓励学生积极参加集体活动，主动与人交往，对同学之间、师生之间的交往持积极态度，不要逃避与他人的接触；其次是引导学生处理人际交往的冲突，要使学生认识到冲突的不可避免性，学会容忍别人的短处和过失，用委婉谦让的方式解决冲突，而不要盛气凌人、锱铢必较；再次是要求学生在广泛接触的基础上，结交知心朋友，坦诚相见的朋友对学生的心理健康具有重要的意义。

（五）强化心理方面的指导，使学生获得良好的性教育，正确地处理两性问题，确定良好的性角色认同和性道德规范的认同

中小学生生理变化的最大特点之一是性发育和性成熟，从小学高年级开始，男女学生就出现了第二性征，如男生长出阴毛，产生遗精，喉结显现，声音变低沉、宏亮，腋毛出现，胡须长出等；女生乳头突起，乳房膨大，出现阴毛，月经初潮出现等。生理上的变化使少男少女时刻接受、体验着各种“青春信息”，逐渐产生了性意识。这时，一些学生由于缺乏性知识和正确的引导，往往会产生诸种心理问题。如突然的出血、遗精，使中小学生惊恐不安、害羞难言、不知所措；产生性的冲动，并以手淫等手段满足性的要求，往往产生耻辱感、罪恶感，被恐惧、烦恼所纠缠；发呆，做白日梦，出现早恋等现象。这些心理问题严重影响着中小学生心理健康水平的提高，自然也是心理健康咨询必须解决的问题。

在学校心理咨询中，性心理健康的指导可从如下几方面着手。首先，要重视青春期的性卫生教育，要在女生月经初潮、男生初次遗精之前把性卫生的知识告诉学生，使他们在心理上有充足的准备，让学生了解自己，认识和悦纳自己的成长，平静地迎接“青春信息”的到来。其次，要开展丰富的课外活动，用健康丰富的精神生活吸引学生，满足学生们与异性交往的需要，使男女生能在活动中充分展示自己的才能，分散学生对于性的注意力，在各种有益的活动中，锻炼和培养学生的坦荡胸怀、落落大方的风度和高尚的道德情操。再次，对异性间的交往要给予引导。要学生学会尊重别人；避免站在教育者的立场上单纯作友谊和爱情区分的说教，或对学生交往作简单化的评判；要向学生讲清“自我保护”、“珍惜生命完整性”的重要意义。笔者发现，当教师真正以接受的态度面对学生们的异性交往，引导学生去自我讨论、自我转移和情感升华时，学生能很自然地接受教师的引导，男女生的交往会更加正常化。

“早恋”的提法一直有争议，中学生的异性交往是不是“早恋”？教育者要怎样引导才能帮助学生成长？这其中涉及到教育者的观念更新，有赖于教育者和咨询人员巧妙的工作艺术。

有人提出了处理早恋的“四化”对策①，在实践中有一定的可行性。生理、心理的原因可以“淡化”，即对性意识萌动、性冲动、性欲望的转移，开拓广泛的兴趣渠道，使学生的兴奋点转移到有益于身心正常发展方面；社会的影响可以“优化”，即教师和家长要充分利用社会的有利条件，把社会积极因素“调动”到教育活动中来，使学生受到正面、积极、健康的社会影响；自身的因素可以“转化”，即对思想意识、道德水准较差的学生，对已早恋的学生要转变他们的思想，培养他们健康的道德意识，并能正确地对待早恋行为；“互相”的因素可以“常化”，即让男女同学生活在正常交往的气氛之中，活动自然，举止大方，即使已经发现男女学生间有早恋的苗头，也要在态度和言谈中予以冲淡，不要弄假成真，而要变真为假。

案例 7-1　思维强迫症咨询

女性，13岁，初二学生。两年来一见男性（不论年龄）即产生可能要与他谈恋爱、结婚的想法，虽明知不可能，但脑内反

① 白铭欣：《试析中学生的“早恋”行为》，《教育研究与实验》，1987年第2期。

复思考不已，无法控制自己。这些纷乱无绪的想法使她无法专心学习，导致休学。另外，凡是到商店去或仅仅在商店门口经过，就会产生怕营业员说她少付了钱的想法，明知不会，但也不能自制，以致怕去商店。该生以前个性好静，喜欢读书，成绩较好，因为校中有一男教师（中年）对她较关心，一段时间后渐渐产生了老师是否对自己有意思的想法，整天想入非非，后来又扩大到其他男性。与此同时，她又常常担心别人发现自己的内心秘密，以致使这种幻想异性的心理又扩展到对其他方面的多疑。一次在商店购物时，见同一柜台某顾客少付了钱而营业员未觉察，便觉得营业员在怀疑自己而整天害怕，不敢再去商店。

咨询人员首先对该生进行了体格和神经系统的常规检查，发现她身躯较高大，性发育早熟，状似十七八岁的人，神经系统无异常。根据诊断分析，诊断为强迫性思维的强迫症。于是，咨询人员向该生进行了详细的有关病情的解释，告诉她只要认真配合，就会克服这个心理障碍，重新开始新的学习生活。接着，咨询人员采用了行为疗法中的橡皮圈——厌恶疗法，即预先在左手腕上套一橡皮圈，当见到男性或到商店去时，一旦出现上述心理反应（强迫性思虑），就用力拉弹橡皮圈，使手腕感到疼痛，并集中注意计算拉弹次数，直至那些强迫性思虑消失为止。如果再产生胡思乱想，就再重复上述操作，并每日记录发生强迫性思虑的次数和每次要拉多少次橡皮圈才消失（这种方法意在暗示她积极克制幻想和转移注意力）。结果第 1 周内，每天出现上述强迫性思虑 3～6 次，每次拉弹橡皮圈在最初 3 天是 30～50 次才消失，以后 3 天拉弹 3～5 次即可消失。第 2 周每天出现强迫性思虑 2 次，拉弹橡皮圈 2～5 次消失。第 3～8 周，每天有 1 次强迫性思虑出现，拉弹橡圈 5～10 次即消失。从第 9 周后 3 天开始，强迫性思虑不再出现，橡皮圈也脱掉，偶有轻微关于性或商店的想法，也能很快自动控制而消失。其后追踪观察 3 个月，强迫现象未再复发。后重新回到学校，能参加紧张学习，成绩良好。

自测 7-1　心理健康水平的自我评定

以下是 70 道关于心理健康问题的自我评定量表，请针对自己的实际情况作客观的分析，坦率、准确地回答。凡是符合自己的内容，请在括号中画“○”，不符合的打“×”，毫无关系的画“/”，不清楚的画“△”。

回答没有时间限制，但要尽快回答，不要考虑太多。

(1) 如果周围有喧嚷声，不能马上睡着。 (　)

(2) 常常怒气陡生。 (　)

(3) 梦中所见与平时所想的不谋而合。 (　)

(4) 习惯于与陌生人谈笑自如。 (　)

(5) 经常地精神萎靡。 (　)

(6) 常常希望好好改变一下生活环境。 (　)

(7) 不破除以前的规矩。 (　)

(8) 稍稍等人一会儿就急得不得了。 (　)

(9) 常常感到头有紧箍感。 (　)

(10) 看书时对周围很小的声音也会注意到。 (　)

(11) 不大会有哀伤的心情。 (　)

(12) 常常思考将来的事情并感到不安。 (　)

(13) 一整天孤独一人时常常心烦意乱。 (　)

(14) 自以为从不对人说谎。 (　)

(15) 常常有一着慌便完全失败的事情。 (　)

(16) 经常担心别人对自己的看法。 (　)

(17) 经常以为自己的行动受别人支配。 (　)

(18) 做以自己为主的事情，常常非常活跃，全无倦意。 (　)

(19) 常常担心不要发生地震和火灾等自然灾害。 (　)

(20) 希望过与众不同的生活。 (　)
(21) 自以为从不怨恨他人。 (　)
(22) 失败后，会长时间地保持颓丧的心情。 (　)
(23) 过度兴奋时常常会突然神志昏迷。 (　)
(24) 即使近期发生了什么事故，也往往毫不在乎。 (　)
(25) 常常为一点儿小事而十分激动。 (　)
(26) 很多时候天气虽好却心情不佳。 (　)
(27) 工作时，常常想起什么便突然外出。 (　)
(28) 不希望别人经常提起自己。 (　)
(29) 常常对别人的微词耿耿于怀。 (　)
(30) 常常因为心情不好感到身体的某个部位疼痛。 (　)
(31) 常常会突然忘却以前的打算。 (　)
(32) 尽管睡眠不足或连续工作都毫不在乎。 (　)
(33) 生活没有活力，意志消沉。 (　)
(34) 工作认真，有时却有荒谬的想法。 (　)
(35) 自认为从没有浪费时间。 (　)
(36) 与人约定事情常常犹豫不决。 (　)
(37) 看什么都不顺眼时常常感到头痛。 (　)
(38) 常常听见他人听不见的声音。 (　)
(39) 常常毫无缘由地快活。 (　)
(40) 一紧张就直冒冷汗。 (　)
(41) 比过去更厌恶今天，常常希望最好出些变故。 (　)
(42) 自以为经常对人说真话。 (　)
(43) 往往漠视小事而无所长进。 (　)
(44) 紧张时脸部肌肉常常会抽动。 (　)
(45) 有时认为周围的人与自己截然不同。 (　)
(46) 常常会粗心大意地忘记约会。 (　)
(47) 爱好沉思默想。 (　)

(48) 一听到有人说起仁义道德的话，就怒气冲冲。（ ）
(49) 自以为从没有被父母责骂过。（ ）
(50) 一着急后总是担心时间，频频看表。（ ）
(51) 尽管不是毛病，常感到心脏和胸口发闷。（ ）
(52) 不喜欢与他人一起游玩。（ ）
(53) 常常兴奋得睡不着觉，总想干些什么。（ ）
(54) 尽管是微小的失败，却总是归咎于自己的过失。（ ）
(55) 常常想做别人不愿意做的事情。（ ）
(56) 习惯于亲切和蔼地与别人相处。（ ）
(57) 必须在别人面前做事时，心就会激烈跳动。（ ）
(58) 心情常常随当时的气氛变化很大。（ ）
(59) 即使是自己发生了重大事情，也如别人那样思考。（ ）
(60) 往往因为极小的愉悦而非常感动。（ ）
(61) 心有所虑时常常情绪非常消沉。（ ）
(62) 认为社会腐败，不管多么努力也不会幸福。（ ）
(63) 自以为从没有与人吵过架。（ ）
(64) 失败一次后，再做事情时非常担心。（ ）
(65) 常常有堵住嗓子的感觉。（ ）
(66) 常常视父母兄弟如路人一般。（ ）
(67) 常常与初次相见的人愉快交谈。（ ）
(68) 念念不忘过去的失败。（ ）
(69) 常常因为事情进展不如自己想像的那样而发怒。（ ）
(70) 自认为从没有生过病。（ ）

把你的回答（○、×、/、△）填入心理健康自我评分表中相应的提问号码里，其分值相应为“○”＝2 分，“×”＝0 分，“/”＝1 分，“△”＝0 分。然后把评分的结果横向相加计算得分，填在合计栏里。

计算的办法是，除去第7项虚构症，把第1项到第6项的症状类型标准分相加再乘3的积即为指数。如有人焦躁神经症得分为2，歇斯底里为3，精神分裂症为2，躁郁症为4，抑郁症为2，神经质为2，合计为15，再乘3等于45，此即为心理健康指数45，评语为“稍低”。一般说来，心理健康指数18～32的人，心理健康，无不良征兆，关键是适应各种紧张；33～47的人，心理健康，但可能某一症状较高，如这一症状高于3时，就必须予以注意；48～61的人，心理健康水平一般，要积极找出标准分4以上的症状类型的病因，及时治疗；62～76的人，稍有心理疾病，最好找专科医生诊断；77～90的人，一般已患有某种心理疾病，必须接受专业人员的心理治疗，早日恢复心理健康。

心理健康自我评分表

提问号码										合计	类型
1	8	15	22	29	36	43	50	57	64		焦躁神经症
2	9	16	23	30	37	44	51	58	65		歇斯底里
3	10	17	24	31	38	45	52	59	66		精神分裂症
4	11	18	25	32	39	46	53	60	67		躁郁症
5	12	19	26	33	40	47	54	61	68		抑郁症
6	13	20	27	34	41	48	55	62	69		神经质
7	14	21	28	35	42	49	56	63	70		虚构症

第八章　学校心理咨询的原则

学校心理咨询的原则是指导心理咨询工作的一些基本原理，它既是学校心理咨询工作的规律概括和经验总结，也是学校心理咨询过程中的一般要求，对于学校心理咨询工作具有一定的指导意义。

一、平等原则

所谓平等原则，即学校心理咨询人员要对咨询对象持平等态度，使咨询工作在亲切、自然的气氛中进行。学校心理咨询人员应热情地接待咨询对象，特别是对于那些比较拘谨、性格内向的学生，要尽可能使他们的紧张心理松弛下来，由观望变为信任，产生亲切和愿意交往的心理。

接待人员一般不要单刀直入地提出“你有什么问题需要解决”或“你来干什么”之类的问题，可以从闲聊无关紧要的内容或介绍有关心理咨询的内容入手，适时引入话题。咨询人员应耐心倾听咨询对象的诉说，鼓励对方畅所欲言，可通过肯定的强化如点头、同情的赞许等缩小双方的心理距离。一般不宜粗暴地否定对方的观点、批评对方的做法、打断对方的谈话。心理咨询人员不以教师、长者身份自居，承认在心理咨询中双方有同样的权利，咨询对象有拒绝、接受、反驳甚至批评的权利，也有选择的自由。这是真正主观上的平等。这是平等原则的基本内容，也是学校心理咨询工作成功的先决条件。

二、促进成长的非指示性原则

促进成长的非指示性原则，是指心理咨询应以咨询双方的真诚关系为基础，这不是一种外部指导或灌输的关系，而是一种启发或促进内部成长的关系。因为人有理解自己、不断趋向成熟、产生积极的建设性变化的巨大潜能，而咨询的任务在于启发和鼓励这种潜能的发挥并促进其成熟或成长，而不包办代替地进行解释和指导。

这一原则体现了咨询人员对咨询对象人格的尊重与信任。咨询人员充当参谋帮助咨询对象分析问题，提出建议更符合咨询对象的实际需要。咨询人员在帮助咨询对象缓解消极情绪、恢复心理平衡、改组认知结构、提高分析问题的能力、治疗心理创伤、增强适应环境的能力等方面发挥了重要的启发和教育作用。在心理咨询中坚持非指示性原则比早期的指导性咨询更具科学性。

三、启发性原则

所谓启发性原则，是指咨询人员要鼓励咨询对象吐露真情，启发他们准确地表达所要表达的意思。在咨询过程中，由于咨询对象可能有思想顾虑，不愿和盘托出全部内情；也可能咨询对象并不知道哪些内容对咨询人员有所帮助，而在谈话时“喧宾夺主”；还可能由于咨询对象（尤其是年龄小、表达能力差的学生）

思维较混乱、语无伦次，这都会给咨询人员的分析、判断带来困难。

因此，咨询人员要善于把握谈话的方向，借助于和谐的气氛打消咨询对象的思想顾虑。当谈话的内容符合咨询的需要时，要及时给予肯定和鼓励；当谈话的内容逻辑混乱、颠三倒四时，要善于冷静倾听，察言观色。要特别留意那些出现频率较高的词汇，并把握这些词汇所蕴涵的内容。当吃不准对方的意思时，可以用反问的方法帮助咨询对象抓住主要矛盾，比如问："你的意思是……""这是不是说……""能否再重复一下?"需要说明的是，不能"滥用"启发性原则，把自己的意见强加于咨询对象，甚至"启发"咨询对象说假话、胡编乱造以自圆其说。

四、尊重信任与细心询问相结合的原则

所谓尊重信任与细心询问相结合的原则，即学校心理咨询人员必须尊重咨询对象的人格，对所有咨询对象一视同仁，相信他们的诚意和谈话内容，但又要认真调查、细心询问，准确把握咨询对象的心理特点与问题所在。

学校心理咨询与一般的咨询有一个显著的区别，即一般的心理咨询主要是成人对成人的咨询模式，学校心理咨询则是成人对青少年或儿童的咨询模式，学生是主要的咨询对象。咨询人员自觉不自觉地要以长者、咨询者、教育者自居，这往往会削弱心理咨询的效果。因此，学校心理咨询人员要认真倾听，集中注意力，以关注的态度给予及时的应答与反馈，如首肯、简要的重复或适当的简短插话都是必要的。认真倾听与细心询问相结合，才能尽快澄清问题，把握问题实质。

为了清楚地把握咨询对象的心理问题，咨询人员要细心地询

问，但这种询问仍需以尊重信任为前提，切忌以盘问的口吻出现，使咨询对象产生抵触情绪。尤其对于青少年学生，如果咨询人员动辄教训，对一些细节问题穷追不舍，就会引起学生的反感，而无法真正弄清他们的心理底蕴，解决他们的心理问题。

五、明确与委婉相结合的原则

所谓明确与委婉相结合的原则，即学校心理咨询人员回答问题要意思清楚、语词明确，而不是迁就搪塞、语词模糊，同时又要注意分寸，使咨询对象容易接受。

学校心理咨询人员在弄清楚咨询对象的心理问题后，一般应该明确表明自己的态度，提出咨询的具体目标，而不应该模棱两可，含混不清，用诸如“这个问题比较复杂”、“这个问题谁也说不清楚”之类的语言进行搪塞。这样往往无助于问题的解决，相反只能增加咨询对象的心理负担。当然，明确并不意味着不讲委婉，不讲策略，不讲语言艺术，不讲咨询技巧。相反，为了使咨询对象愉快地接受建议或治疗，委婉地提出意见是很重要的。例如，一般不应当面给咨询对象加上什么“症”、“狂”、“癖”之类的定性称呼，应说明在什么方面还有些问题，需要进一步帮助和治疗，否则就会引起不必要的误会和负面影响。尤其是对于那些性格含蓄、态度固执的人来说，可以换个方式提出问题，作出暗示，如漫不经心地说“顺便说一下，你在这方面的某某缺点也应该注意克服”等，这样会引起咨询对象的思考，主动地克服存在的问题。

六、整体性原则

所谓整体性原则，即指学校心理咨询人员在咨询过程中，要运用系统论的观点指导工作，注意心理活动的有机联系；注重个体心理与家庭、学校、社会环境的内在联系；同时要善于抓住主要矛盾，使对问题的判断更加迅速、准确，咨询更加有效。

按照整体性原则，学校心理咨询人员必须注意收集咨询对象的全部信息。根据问题决定是否要了解他的目前状况、他过去的生活经历，甚至要追溯其儿童时代的生活经验；不仅要了解学校环境对他的影响，也要分析家庭、社会环境可能给予的影响。总之，不能满足于简单的就事论事，而应有一个通盘的了解。当然，整体性原则并非事无巨细、平均着力，也不是咨询人员走出咨询室去改造社会环境。事实上，把握主要矛盾和矛盾的主要方面本身就是整体观的一个要求。在全盘了解的基础上才能把握导致心理问题的主要矛盾，这样才能为心理治疗提供依据，以便对症下药。

七、渐进性原则

所谓渐进性原则，即指学校心理咨询人员在咨询过程中，不要操之过急，而应循序渐进，逐步提高。人的心理品质的形成与发展是渐进的过程，同样，不良心理品质的克服与消除也是渐进的过程，不可能一蹴而就。尤其是中小学生，心理的反复性更强。

因此，学校心理咨询人员必须具有细心与耐心的品质，克服急躁情绪，不要一下子提出过高的要求，使咨询对象感到高不可攀、无从下手、失去信心，而应由浅入深、从简单到复杂逐步实现。特别是对于染上了吸烟、酗酒、赌博等不良行为习惯的人来说，仅向他们说明其危害是远远不够的（这些他们自己也明白），要他们马上就戒烟、戒酒、戒赌也不太现实。正确的办法是在晓之以理的基础上导之以行，指导一些克服坏习惯的方法，必要时还可用厌恶疗法等心理治疗手段加以辅助，才能使这些坏习惯逐渐消除改正。

八、保密性原则

所谓保密性原则，即学校心理咨询人员要保守咨询对象谈话内容的秘密，不得对外公开咨询对象的姓名和任何身份标志，拒绝任何关于咨询对象的调查，尊重咨询对象的人格和合理要求。

替咨询对象保守秘密是学校心理咨询的基本道德规范。咨询人员决不能以任何方式透露或公开那些会给咨询对象带来羞耻或损害咨询对象利益的情况，更不可把咨询对象的隐私当做笑料，随意宣扬作乐。如果是科研或学术交流、发表论著的需要，也必须隐去全部关于咨询对象身份标志的信息。可以这样认为，对于学校心理咨询人员来说，失密就是失职；对于学校咨询部门来说，也就意味着威信和名誉扫地。

九、咨询与测量、治疗相结合的原则

所谓咨询与测量、治疗相结合的原则，即学校心理咨询人员不应只满足于简单了解咨询对象心理问题的性质，向咨询对象说明产生这一现象的原因和危害，而应尽可能从定性与定量结合的角度进行分析，学会运用各种心理测量的量表或仪器，并运用心理治疗的方法帮助咨询对象积极克服心理困扰和障碍。

心理测量是心理咨询的重要工具之一，尤其是对于刚刚从事学校心理咨询工作的人员来说，由于不太熟悉咨询对象的总体情况，无法凭借经验进行诊断与分析，就更须懂得并能够运用心理测量工具，帮助自己更准确、迅速地分析咨询对象的心理问题。

心理咨询和心理治疗虽有所区别，但在本质上是相通的，咨询过程本身就有一定的治疗意义，心理治疗也脱离不开必要的咨询过程。咨询对象在向咨询人员诉说心中的不快，吐露压抑的心情，挖掘心理障碍的病根时，本身就有“宣泄治疗”的意义。实践证明，心理治疗的若干具体方法，如系统脱敏法、生物反馈法、催眠疗法、行为疗法等，在心理咨询过程中有着显著的效果。

关于心理测量与心理治疗的具体方法，我们将在第九、十章详细介绍。

十、预防性原则

所谓预防性原则，即学校心理咨询人员在明确弄清咨询对象心理问题实质的同时，应注意咨询对象的整个心理特点并及早干预和引导，预防心理问题的加深和可能出现的其他心理障碍，对于一些严重的危机（如自杀、伤人等）应及时采取措施，加以干预。

心理问题与身体疾病一样，都必须预防为主，心理品质形成的一条重要规律就是塑造容易改造难。因此，学校心理咨询不应头痛医头、脚痛医脚，孤立地解决咨询对象的某一心理问题，而应站在预防的高度、发展的角度，对咨询对象可能发展的问题作初步预测，并通过跟踪卡及时了解信息，实施综合的保护与干预，消除学生心理问题进一步发展的契机或隐患。

第九章　心理测量与学校心理咨询

随着社会的发展，人们对自身的心理健康问题日益重视。心理咨询和心理治疗是解决人们生活中各种心理问题的重要手段，开展心理咨询和治疗首先必须弄清来访者的心理问题，也就是先要进行心理诊断。心理诊断是运用心理学的独特方法和技术，对个体的心理及心理问题的性质、程度等进行检查和测定，为心理咨询提供有效的诊断参考资料，提供客观依据。心理诊断有许多方法，如访谈法、观察法、个案法和心理测量法。其中心理测量法是一种迅速有效的方法。心理测量可以在短期内获得个体的丰富资料，并能与大样本的常模资料作对照，因此，这些资料在系统性、客观性和可比性等方面都是用其他方法所无法相比的。

在心理咨询中进行心理测量不仅有助于咨询人员通过检查确定对咨询对象的印象和直观感觉，察知来访者的特点，发现其潜在的素质倾向，而且为咨询对象提供了一个自我洞察的机会，使其对自己也模糊不清的一些问题得以明确，同时产生探究自身内在世界的强烈愿望。

心理测量是分析咨询对象心理问题的重要工具之一。它不仅可以检验咨询人员的初步判断是否正确，还可以帮助咨询人员进一步深入分析咨询对象的心理问题。这里，我们主要介绍学校心理咨询过程中常用的几种心理测量及其基本要求。

一、智能测量在咨询中的应用

智能测量是智力测量和能力测量的总称，主要包括具体智力因素（如记忆力、推理能力）、一般智力特征、特殊能力倾向等方面的测量。学校心理咨询中可以使用的主要工具有以下几种。

（一）临床记忆量表

临床记忆量表是由中国科学院心理研究所许淑莲、吴振云、孙长华和北京市神经外科研究所阎希威等人设计和编制的，适用年龄为20～89岁。

量表包括五个分测验。（1）联想学习。包括容易的（有逻辑联系）和困难的（无逻辑联系）成对词各六对。容易联想的包括反义词（如困难—容易）、同类词（如太阳—月亮）和从属词（如牲口—牛马）各两对；困难联想的包括具体—具体（如西瓜—衣服）、抽象—具体（如勇敢—电灯）和抽象—抽象（如光明—服从）各两对，以不同顺序呈现，测试三遍，用以检查对不同成对词的学习记忆情况。（2）指向记忆。用录音机呈现24个词，要求按指导语识记其中同属某一类的12个词。不需识记的12个混入词是与需识记的词较接近的词类。（3）图像自由回忆。每套各两组，每组15张刺激图片，内容为日常用品，以序列方式呈现。（4）无意义图形再认。目标刺激为五种形式的无意义图形，即曲线封闭、直线封闭、曲线直线、曲线不封闭和直线不封闭。每种各四张，以呈现1秒、间隔1秒（正式取样测试时为呈现3秒、间隔3秒）方式序列呈现，然后混入同类型的图片20张，目标刺激和混入刺激共40张，以随机顺序呈现，要求被试再认。（5）人像特点联系回忆。勾画人面像6张，每张呈现9秒、间隔

3秒，呈现同时说出这个人像的“姓”、“职业”和“爱好”，重复两遍（如姓吴、演员、爱游泳），6张依次呈现，然后按另一顺序要求被试在呈现每张人像时说出他的姓、职业和爱好等。

该量表对于近事记忆障碍和学习能力检查具有较好的信度。

（二）瑞文标准推理测验

瑞文标准推理测验是英国心理学家瑞文（J. C. Raven）1938年创制的非文字智力测验，许多国家都有修订版本，我国的城市修订版是由北京师范大学的张厚粲、王晓平于1985年修订的。

该测验由60题（图案）组成，按逐步增加难度的方式分成A、B、C、D、E五组。测验题的构成是每个题目都有一定的主题图，但是每张大的主题图中都缺少一部分，主题图下有6～8张小图片，其中有一张小图片若填补在主题图的缺失部分，可以使整个图案合理与完整。进行测试的任务就是从每题下面所给的小图片中找出适合于填补大图案的一张，并把该小图片的序号填入答卷纸内相应的题目号下面。

从直观上看，五组题目中A组主要测知觉辨别力、图形比较、图形想像等；B组主要测类同、比较、图形组合等；C组主要测比较、推理、图形组合；D组主要测系列关系、图形套合；E组主要测套合、互换等抽象推理能力。但实际完成作业时，解决各组问题都有各种能力的协同作用，不能截然划分。

该测验的优点是适用范围广，从五岁半儿童至成人各年龄段，从不同职业、不同语言至不同文化背景的人均可使用。同时，该测验得分与韦氏智力量表的言语智商、操作智商和总智商的相关值分别为0.54、0.70和0.71（$P<0.01$）。有人还研究了它与高考语文、数学和高考总分的相关系数，发现其分别为0.29（$P<0.02$）、0.54和0.45（后两项$P<0.01$）。因此，它是测量中小学生智力水平的一项简单、方便、有效的工具。

（三）中小学生团体智力筛选测验

中小学生团体智力筛选测验是以美国蒙策尔特（A. W. Munzert）在1977年编制的自我智力测验为蓝本，由华东师范大学心理学系金瑜、李丹等主持修订的，其适用范围是9～17岁的学生。

该测验由60个项目构成，均采取选择题形式（一般是五选一），没有按难度作规则性顺序排列。题目类型大致分为三类：(1) 求异题，寻出一组词或字母或数字或图形中的一个与该系列共同特征相异或不符合该系列构成规律的东西；(2) 类比题，包括图形对比和词的对比；(3) 判断、推理、计算题。修订后的量表与韦氏儿童智力量表的总智商、言语智商、操作智商相关分别为0.65、0.62和0.56，具有较好的信度。

该测验的优点是能引起被试兴趣，以及省时快速，适合团体测试，有助于粗知儿童智力水平。

（四）中国比内测验

中国比内测验是《中国比内西蒙测验说明书》的第三次订正本，由北京大学心理学系吴天敏主持修订。适用对象是2～18岁的少年儿童。

该测验共有51道题，从比圆形、说出物品、比长短线，一直到解释成语、明确对比关系、区别词义，难度逐渐加大，不同的年龄可从不同的试题开始测量，如连续有五题不通过，一般要停止测试。最后根据正确答题的总数求出离差智商，表明一个被试在同年岁的儿童或青少年中的相对智力水平。

（五）韦克斯勒儿童智力量表

该量表是由美国临床心理学家韦克斯勒（D. Wechsler）设计编制的，适用范围是6～16岁的学龄儿童，它与韦克斯勒学龄前儿童智力量表、韦克斯勒成人智力量表统称为韦克斯勒智力量表。由于其编制原理和特点基本相同，学校心理咨询一般以韦氏儿童智力量表为主，所以这里主要介绍一下韦克斯勒儿童智力量表。

该测验分为言语和操作两个部分，言语量表中有常识、类同、算术、词汇、理解、数字广度六个分测验；操作量表中有图画补缺、图片排列、积木图案、物体拼组、译码、迷津六个分测验。除数字广度和迷津外，其他十个测验均需全部完成。现将各分测验的内容及说明作一简单介绍。

（1）常识：包括30道题，都是被试在日常生活中经常接触到的知识经验。常识的丰富与否可以反映被试的智力情况，因为智力水平高的人一般兴趣广泛、好奇心强，所获知识也较多。

（2）类同：包括17组配成对的名词，要求儿童概括每一对词的两者在什么地方相似（如车轮与球、船与汽车）。这可以测量出被试的一般智力因素。

（3）算术：包括18道题，要求被试用心算解决算术问题。主要反映一个人的心智能力。

（4）词汇：包括一系列按难易程度排列的32个词，要求被试对于读给他们听或让他们看的词进行解释。如“什么是公主”，“声明是什么意思”，能帮助区别和发现被试的思想深度、分析能力等。

（5）理解：包括17个按难易排列的测试题，要求被试解释为什么某种活动是合乎需要的，在某种情景下更好的活动方式是什么等问题。如“寄信为什么要贴邮票”，“如果你丢失了朋友的玩具该怎么办”，主要反映被试的实用常识、利用已有经验的能力以及思维过程。

（6）数字广度：给被试呈现一系列随机组合的不断增长的数字，要他顺背或倒背。对于测定智力上有缺陷或大脑有机能损伤的人时，其效度很高。一般心智有缺陷的人正背不超过五位数，倒背不会超过三位数。

（7）图画补缺：包括 26 张未完成的图画，要求被试说出图画上缺少部分的名称（如一幅人像没有嘴巴）。主要反映被试对于外物形态的辨认能力、区分物体主次部分的能力。

（8）图片排列：包括 12 组将次序打乱的图片，要求被试将每组图片排出次序，使其可以表示一个个具体的故事。主要反映被试不用语言文字而能表达和评价整个情境的能力。

（9）积木图案：将 9 块积木（每块积木两面红色、两面白色、两面红白各半）交给被试，要求按主试交给的样子（共 11 个）重新摆出来。主要反映被试的分析与综合能力。

（10）物体拼组：包括四套物体或人物的图形板，要求被试拼成一物体或人物的整体。主要反映被试的知觉类型、对尝试错误方法所依赖的程度、对错误反应的应付方法等。

（11）译码：包括两种，A 型是“图形对符号”（用于 8 岁以下的儿童），B 型是“数字对符号”（用于 8 岁及 8 岁以上的儿童），要求被试按照所给的样子，迅速而准确地把符号填入相应的数字（或图形）下。主要反映被试的即刻强记、视觉—运动的总和以及视象。

（12）迷津：包括 9 个由简单到复杂的迷津，要求儿童用铅笔正确地找出出口。主要反映被试的谨慎、机智以及计划的能力，也可以用于诊断气质。

使用时对上述项目逐个检查，以正确答题的程度和速度记分，把每一测验项目的得分换算成量表分，最后把言语分、操作分、全量表分换算成言语智商、操作智商和全量表智商。一般得分在 130 以上为天才，120～129 为优秀，110～119 为聪明，90～109 为中等，80～89 为迟钝，70～79 为临界状态，69 以下为智力缺陷。

该测验的优点是不仅能测量出总体智商，而且能测量言语智商和操作智商，可以对儿童智力的不同侧面进行诊断，各分测验还可以作为诊断儿童精神是否正常的工具。

（六）托兰斯创造性思维测验

托兰斯创造性思维测验是由美国心理学家托兰斯（E. P. Torrance）编制，中文版的修订由上海师范大学教科所叶仁敏主持。

该测验包括图画和词汇两个分测验，要求被试在给定的时间内对各个题目进行尽可能快而新的想像。词汇部分属于文字、符号方面的思维状况，图画部分属于具体、形象方面的思维状况，前者反映了科技方面的创造才能，后者反映了文艺方面的创造才能。

该测验有六个指标。（1）流畅性：反映创造性思维的数量与速度。（2）灵活性：反映创造性思维的种类。（3）独创性：反映创造性思维的新颖、独特。（4）精致性：反映创造性思维的细节丰富。（5）标题抽象：反映对图画的概括描述水平。（6）沉思性：反映了对于问题的不断探索。

该测验的适用范围是初中以上学生，对于了解学生的创造性思维具有较好的信度和效度。

二、人格测量在咨询中的应用

人格测量在学校心理咨询中也经常使用，主要用于了解学生的人格特点，掌握学生非智力因素的情况，也有一定的职业性向分析和精神障碍诊断的功能。常用的一些人格测量有以下几种。

（一）儿童个性问卷

儿童个性问卷（CPQ）是美国印第安纳州大学波尔特（R. Porter）博士，以卡特尔（R. B. Cattell）的个性理论为指导，同卡特尔一起编写的，是卡特尔一整套个性因素测验量表中的一个组成部分。该测验的中文版由辽宁省教科所李绍衣等主持修订，能较好地适用于学校对于学生（8 岁 0 月 0 天至 13 岁 11 月 29 天）个性特点的了解。

该测验的问卷由 140 个测题组成，分别对儿童的 14 种个性因素进行测量（见表 9-1）。

表 9-1　儿童个性的 14 种因素及特征

因素	低分数的特征与高分数的特征
A 乐群性	低分数的特征（以下简称低）：冷淡，孤独，严谨，喜欢自己学习和工作，自我要求的标准常常较高，响应号召不大积极。 高分数的特征（以下简称高）：热情，好交往，乐于参加集体活动，响应号召比较积极。
B 聪慧性	低：抽象思维能力较弱，倾向于具体思维，学习能力较差。 高：较聪明，思维敏捷，抽象思维能力较强。
C 稳定性	低：情绪不稳定，易心烦意乱，遇到挫折容易失去心理控制。 高：情绪较稳定，面对现实，社会意识相对成熟，能沉着地应付现实问题。
D 兴奋性	低：情绪安定，冷静，不好动，偏于墨守成规。 高：易动感情，有点儿惹人恼火的事情就会引起苦恼，对各种类型刺激都反应强烈。
E 恃强性	低：温和，顺从，易迎合别人，有时有“事事不如人”的感觉。 高：独立，自信，好强，固执，富有攻击性。
F 轻松性	低：严肃审慎，冷静寡言，行为拘谨，有时有自卑感。 高：热情，乐观，自信，轻松活泼，有较高的安全感和幸福感。

续表

因素	低分数的特征与高分数的特征
G 有恒性	低：做事权宜敷衍，责任感差，缺乏远大目标和理想。 高：认真，不屈不挠，学习刻苦，做事尽职。
H 敢为性	低：多愁善感，缺乏自信心，凡事持观望态度，遇到威胁容易畏缩退却。 高：冒险敢为，无拘无束，大胆交际，有时粗心大意，好一时冲动。
I 敏感性	低：讲究实际，不说废话，具有独立性，有时可能表现骄傲。 高：敏感，感情用事，过多需要别人的同情和帮助，有较大的依赖性。
J 充沛性	低：热情，活泼，精力充沛，敢于发表意见，愿意参加集体活动，喜欢实干。 高：谨慎，好沉思，想问题周到，有时表现为个人主义，对他人苛求。
N 世故性	低：天真，幼稚，易动感情，孩子气浓。 高：精明能干，处事得体，有时可能圆滑世故。
O 忧虑性	低：安详，沉着，有自信心，有时对人缺乏同情心，易引起他人反感。 高：忧虑不安，烦恼自忧，急躁易怒，抑郁压抑。
Q 自律性	低：任性，遇事往往不顾大体，不拘礼俗和规章，易按一时冲动行事，而又并非故意。 高：自我控制能力强，能细心观察别人，并按自己的想像合理支配自己的行为和感情。
Q 紧张性	低：镇静安宁，无拘无束，内心平衡，有时缺乏进取心。 高：紧张焦虑，心神不定，经常有未完成职责的“欠债”感。

卡特尔整套个性因素测验量表还包括学前儿童个性问卷(PSPQ)，用于 4～6 岁的学前儿童；学龄初期儿童个性问卷(ESPQ)，用于 6～8 岁的学龄儿童；中学学生个性问卷(HSPQ)，用于初中学生；以及用于高中生以上成人的 16 种个性因素测验（16PF）。

（二）明尼苏达多相人格调查表

明尼苏达多相人格调查表是由美国明尼苏达大学临床心理学系系主任哈撒韦（S. R. Hathaway）和心理治疗专家麦金利(J. C. McKinley) 在 20 世纪 40 年代编制的，中文版由中国科学院心理研究所宋维真等主持修订，适用于 16 岁以上有阅读能力的成人。

该量表有 550 个项目，14 个分量表，其中临床量表 10 个，效度量表 4 个。

（1）Hs（疑病量表）：由过分关心身体功能的疑病患者所特有。高分者往往对轻微的症状夸张、悲观；低分者一般乐观、灵活、合群。计 33 项。

（2）D（抑郁量表）：高分者悲观厌世、情绪低落、精神迟滞，甚至有自杀倾向；低分者则大多轻松、快活、责任心强、伶俐。计 60 项。

（3）Hy（癔病量表）：高分者常表现为不能控制自己的情绪，以自我为中心，幼稚，不成熟，自恋，缺乏自知；低分者表明能与人和谐，但并不友好，多疑。计 60 项。

（4）Pd（病态人格量表）：高分表现为偏离社会道德规范，反社会的行为；低分表现为与社会要求协调一致，但被动无能，安全意识强烈，无创造性，怕负责任。计 50 项。

（5）Mf（男子气与女子气量表）：男性高分者表现为敏感、爱美、被动、女性化，缺乏对异性的追逐；男性低分者表现为好攻击、粗鲁、爱冒险、粗心大意、好实践及兴趣狭窄；女性高分者表现为男性化，有男性低分者的特点；女性低分者则被动、屈服、诉苦、吹毛求疵。计 60 项。

(6) Pa（妄想型量表）：高分者多疑、敏感、孤独甚至妄想；低分者敏感但多疑不明显。本量表与 Sc 量表同时得分高者则可能患偏执型精神分裂症。计 40 项。

(7) Pt（精神衰弱量表）：高分者倾向于体验到强烈的恐怖、焦虑，有强迫观念与行为；低分者比较实际，能有效克服困难，安静能干。计 48 项。

(8) Sc（精神分裂症量表）：高分者往往有思维障碍，人际交往困难；低分表示成熟、适应良好、勇于负责。计 78 项。

(9) Ma（轻躁狂量表）：高分者精力过度充沛，乐观，无拘无束，情绪高昂，自我评价过高；低分者可能表现为嗜睡、无力或慢性疲劳。计 46 项。

(10) Si（内向量表）：高分者表现为遇事退缩，回避他人，缺乏自信；低分者多为合群、外向、活泼、自信，还有失败易抱怨他人。

另外，还有四个量表用来检查被试回答时是否小心、误解题意、作假、特殊反应等。(1) Q（疑问分数）：表示“无法回答”的项目总数，得分超过 30 分则答案不可靠。(2)L（说谎分数）：共有 15 项，超过 10 分者往往是企图显示一个虚假的、完美的自我形象，问卷作废。(3) F（效度分数）：共有 64 项，这些项目正常人很少有人回答（少于 10%），高分者或是粗心，或是误解题意，或是记分有误，也可能是思维古怪或严重偏执。(4) K（校正分数）：共 30 项。高分表示自卫反应，即希望作出正常表现，掩盖缺点；低分则表示对己苛求，过分直率，过分自我批评。

测毕后把原始分换成 T 分数，最后作出剖面图。

（三）艾森克人格问卷

由英国心理学家艾森克（H. J. Eysenck）于 1952 年编制，当时称为莫斯利医学问卷，后经多次修订正式定名。中文版的修订工作由湖南医学院的龚耀先等主持。

该测验分成人和青少年两种，成人问卷用于 16 岁以上的各年龄组，共 90 题；青少年问卷用于 7～15 岁的儿童和少年，共 81 题。每种类型都包括 4 个量表。

（1）E（外倾—内倾性量表）：高分表示外倾，好交际，敢冒险，爱冲动；低分表示内倾，好安静、沉默寡言，对一般人冷淡，喜欢秩序。

（2）N（神经质量表）：高分者可能焦虑、担忧，常常郁郁不乐，忧心忡忡，多愁善感，容易失眠，如果同时伴有外倾个性，一般表现为敏感，不理智，易激惹，甚至有攻击行为。

（3）P（精神质量表）：高分者可能孤独，不关心他人，难以适应外部环境，不近人情，感觉迟钝，寻衅搅扰。

（4）L（说谎量表）：测定被试的掩饰假托或自身隐蔽等情况。

艾森克人格问卷在实践中使用证明效度较高，在临床诊断方面也有参考价值。

另外，罗夏墨渍测验和主题统觉测验等投射技术，也常用来测量人格，但由于大多无常模，所以其信度和效度就受到一定影响，学校心理咨询中不宜单独作诊断工具。

三、咨询过程中实施心理测量的要求

学校心理咨询人员必须接受过严格的心理测量训练，熟练掌握心理测量的过程和方法。在学校心理咨询过程中，实施心理测量必须达到以下几个基本要求。

（一）要正确选择测验材料

心理测量的工具很多，但任何心理测量都有一定的适用范围，如果超出一定的范围，测验的效度和信度就不可靠。如中国修订的瑞文标准推理测验，它的主要适用范围是 6 岁以上的城市居民，用它来测量农村学生就欠妥当。因此，要根据具体的测量目的，选择最合适的测验材料。

（二）不要滥用心理测量

在学校心理咨询过程中，心理测量的目的是为了辅助诊断和分析，更准确地发现咨询对象的心理问题。如果已经对咨询对象的心理问题有了明确的看法，就可以放弃不必要的心理测量。做到科学施测，滥用心理测量往往会破坏心理咨询过程中的自然气氛，妨碍咨询工作的顺利进行。

（三）测量的结果要可靠

为了做到这一点，首先咨询人员要有标准的指导语、标准的答案和统一的记分方法，不可因人而异；其次测量的操作应按规定的要求进行，控制实施过程的各种误差；再次，要与被试建立和睦的关系，为了避免小学生可能出现的陌生、害羞、分心、不合作等因素影响测验的实施，可让他们先熟悉环境与主试，告诉他们测验的目的，安定他们的情绪。

（四）测量的时间要适宜

一般来说测量应安排在咨询之前，进入正式心理咨询后，应尽量避免实施心理测量，因为若在咨询过程中施测，会中断乃至改变咨询程序，心理测量的结果可能会引起咨询人员咨询态度的变化。另外，如果在未征得来访者同意时就让其进行心理测量，会引起对方的不信任，从而影响咨询的正常开展和进行。

（五）测量的解释要慎重

要使咨询对象对心理测量有一个正确的认识，不能认为测量分数对于人们的心理发展水平提供了非常完善的指标。所以不能仅仅凭一次的测量结果断定学生的“终身”，而应参照其他的评判标准一起综合考虑，然后再作出一定的分析与鉴定。同时，一般不宜把测量的具体结果直接告诉被试，尤其是智能方面的测量，在告知具体结果时尤需慎重。例如，学生的智力测量结果就最好大致告诉他智力发展是否正常或稍好、稍差，应注意什么问题等。如果条件允许的话，可以给学生或教师印发一些简介，让他们正确地分析和把握测验结果。表 9-2、9-3、9-4 分别是托兰斯创造性思维测验、瑞文标准推理测验和卡特尔 16 种个性因素测验的结果报告单和简介，仅供参考。

表 9-2-A　托兰斯创造性思维测验证书

姓名__________　　　测验日期：　年　月　日

测验结果：

词汇	流畅性　分	灵活性　分	独创性　分		
图画	流畅性　分	独创性　分	标题抽象　分	精致性　分	沉思性　分

说明：

1. 词汇测验属于文字、符号方面的思维状况，与科学、技术有较为密切的关系；图画测验属于具体、形象方面的思维状况，与文娱、艺术有较为密切的关系。

2. 流畅性反映了想法的数量；灵活性反映了想法的种类；独创性反映了想法的新颖、独特；精致性反映了想法在细节方面的丰富；标题抽象反映了对图画的概括描述水平；沉思性反映了对想法的不断探索。

3. 评分的一般结论：低于 55 属弱；55～70 属较弱；70～85 属稍弱；85～100 属中等；100～115 属稍强；115～130 属强；高于 130 属很强。

表 9-2-B　对学习、工作的建议

1. 创造性思维水平较弱的人，学习、工作习惯于接受具体、详尽的指导。对于他们，应当根据实际水平，作较为细致的教学辅导和具体帮助，并要引导、培养他们用多种方法解决问题，逐步提高创造性思维水平。对于工作则宜选择专门性的、技术性强的、有规则的工作。

2. 创造性思维水平中等者，可塑性很大。如果积极培养，创造性潜力就能发挥，创造力即会提高；反之压制阻挠，就会扼杀创造能力。在学习工作中应多练习用广泛多样、变化新奇的方法去解决问题，鼓励多幻想、创新、发明，这样创造性思维水平就能得以提高。

3. 创造性思维水平较强的人，应当珍惜这种能力。教师与家长应当肯定他们的新奇设想，同时要积极引导、鼓励，创造条件让他们的创造性才能在工作、生活实践中得到尝试、发挥，使创造、发明的量与质上都得到提高。可以考虑选择具有高度想像创造性的工作。

4. 关于正确对待测验结果，有几点必须注意。（1）创造性思维能力的强弱，主要靠教育、培养和锻炼。因此，这种能力不强的人，可以通过创造有效的客观条件和主观的努力，不断得到提高；而这种能力强的人，如果不善于利用和培养，也会逐渐地退步。尤其是少年儿童，可塑性更大，所以不要把测验结果看作是最后的结论。（2）创造性思维能力仅仅是人的心理素质和能力的一部分，一个人对学习、工作能否胜任，除了创造力外，还有智力、兴趣、动机、意志、性格、体质和社会要求等众多的因素。因此不能由某一个方面的能力就对整体加以肯定或否定。要准确地作出判断，需要有全面的、综合的测定与评价。（3）虽然本测验是比较精确可靠的，但是心理测验不可能像物理测量那样标准化与固定化。所以，本测验结果和建议仅供参考。

表 9-3-A　瑞文标准推理测验证书

单位：__________　姓名：__________　No. __________

测验结果：

百分等级	智力水平等级
	级

测验日期：____年____月____日

说明：

1. 百分等级表明，在与你年龄相同的人中，有百分之________的人智力水平低于你，而有百分之________的人智力水平比你高。

2. 智力水平等级的一般结论：Ⅰ级属智力水平超优；Ⅱ级属智力水平优秀；Ⅲ级属智力水平中上（聪明）；Ⅳ级属中等智力水平；Ⅴ级属智力水平中下（迟钝）；Ⅵ级属智力水平处于低能边缘；Ⅶ级属智力缺陷。

表 9-3-B　瑞文标准推理测验简介

1. 瑞文标准推理测验是英国心理学家瑞文于 1938 年创制，现在它已经在我国和其他国家得到了广泛的使用。人们在多年的使用过程中发现它是一种非常有效的智力测验手段。瑞文测验成绩与高考高度相关，它与高考语文、数学和高考总分的相关系数分别为 0.29（$P<0.02$）、0.54 和 0.45（后二项 $P<0.01$）。

2. 智力具有相对的稳定性，但它也有很大的可塑性，只要我们不断学习和训练，智力是会得到提高的。对于少年儿童来说，智力的可塑性更大。智力高的人如果不善于利用，智力会有所减退。

3. 智力低的人要在学习及从事复杂工作方面取得成功会遇到较大的困难，需要作出比他人更多的努力，这些人不适宜于从事专业性、学术性和知识性的工作。但是智力不是成功的充分条件，智力高的人成功与否，还依赖于环境、个人的自觉性、坚韧性和进取心等因素。

4. 瑞文标准推理测验是比较精确可靠的，但是它会受到时间和空间的影响，有时还有偶然性。心理测量不可能像物理测量那样标准化与固定化。本测验的结果仅供你了解自己时参考。

表 9-4-A　卡特尔 16 种个性因素测验结果报告单

单位＿＿＿＿＿姓名＿＿＿＿＿性别＿＿＿＿＿

出生日期：＿＿＿＿＿年＿＿＿＿＿月＿＿＿＿＿日

施测日期：＿＿＿＿＿年＿＿＿＿＿月＿＿＿＿＿日

因素	标准分	低分、高分者个性特征
A 乐群性		低分者特征（以下简称低）：缄默，孤独，冷漠，落落寡合，处事谨慎，喜欢独自工作。物理学家和电机工程师多系低 A。 高分者特征（以下简称高）：外向，热情，容易与人相处、合作，适应能力强，随和。教师和推销员多系高 A。
B 聪慧性		低：反应较慢，知识面不宽，抽象思维能力弱。从事例行职务的人如打字员、电话员、家庭主妇等以低 B 为宜。 高：聪明，有才智，善于抽象思维，反应敏捷。教育与文化水准高、个人心身状态健康者多有高 B。
C 稳定性		低：情绪激动，易生烦恼，受环境影响大，有时不能坦然面对挫折，常常会急躁不安，身心疲乏，甚至失眠等。 高：情绪稳定而沉着，能面对现实，行动充满活力。教师、机械工程师、推销员、救火队队员等应有高 C。
E 恃强性		低：谦逊，顺从，通融，有时缺乏自信，有“事事不如人”之感。 高：好强固执，独立积极，有主见，支配性强。领袖及有地位有成就的人多系高 E。
F 兴奋性		低：严肃，审慎，冷静，寡言，比较拘谨，工作认真可靠。实验技术人员可有低 F。 高：轻松兴奋，活泼愉快，健谈，对人对事热心而富有感情。行政主管人员多有高 F。
G 有恒性		低：做事缺乏恒心，敷衍，责任感不强。凡任情纵欲者因素 G 较低。 高：有恒负责，工作细心周到，有较强的社会责任感。业务管理和警察具有极高的 G。各种社团组织的领袖需要高 G。

续表

因素	标准分	低分、高分者个性特征
H 敢为性		低：羞怯、退缩，不善于交际，常常观望而不参与。事务员多系低 H。 高：冒险敢为，少有顾忌，不畏缩，有时粗心大意。救火队队员和飞行员有高 H。团体领导人必具高 H。
I 敏感性		低：理智、注重现实，以客观、坚强、独立的态度处理问题。工程师、外科医生、统计师等多低 I。 高：敏感，感情用事，爱好艺术，富于幻想，有时不务实际。室内设计者、音乐家、艺人、女人多有高 I。
L 怀疑性		低：信赖，随和，通常无猜忌，不与人角逐竞争，顺应合作。工程师、机工、精神病护理员多系低 L。 高：怀疑，刚愎，固执己见，常以自己为出发点考虑问题。行政人员和警察常是高 L。
M 幻想性		低：现实，合乎常规，不鲁莽行事，镇静，但可能为人索然寡趣。低 M 多选择需要实际、机警、脚踏实地的工作。 高：幻想，狂放不羁，不拘小节，富有创造力，有时冲动。艺术家、作家及从事研究者多有高 M。
N 世故性		低：坦白，直率，天真，与人无争，有时显得幼稚。牧师、神父、护士等多系低 N。 高：精明能干，处事老练，行为得体，能冷静分析，较理智。科学家、工程师、飞行员多系高 N。
O 忧虑性		低：安详，沉着，有自信心，有安全感，能运用自如。职业运动员、电机工、救火队员、护士等多系低 O。 高：忧虑，抑郁，烦恼自扰，常有患得患失之感，缺乏和人接近的勇气。年老的女招待员、低级办事员等多有高 O。
Q_1 实验性		低：保守，注重传统观念与行为标准，不愿尝试探新。护士、牧师、神父等多有低 Q_1。 高：自由的，批评激进，不拘泥于现实，有探索欲望。行政主管人、前进的政治家、科学家都必须具有高 Q_1。

续表

因素	标准分	低分、高分者个性特征
Q_2 独立性		低：依赖，随群，附和，不愿独立孤行，常常缺乏主见，易受他人影响，低 Q_2 者多不能胜任需要随机应变能力的职务。 高：自立自强，当机立断，独立完成工作，不受外界影响。科学家、行政主管人等多有高 Q_2。
Q_3 自律性		低：矛盾冲突，不顾全大体，不能克制自己，有时考虑他人不够。生活适应有问题者多有低 Q_3。 高：知己知彼，自律谨严，言行一致，能合理支配自己的感情、行动。高 Q_3 者多是具有领袖能力的干才、主管人等。
Q_4 紧张性		低：心平气和，闲散宁静，通常知足常乐，保持内心的平衡，也可能过分疏懒，缺乏进取心。 高：紧张困扰，缺乏耐心，心神不定，过度兴奋，时常感觉疲乏，又无法彻底摆脱以求宁静。

说明：所得的标准分为1～4 属低分；7～10 属高分；5～6 属中等，其人格特征介于低分者与高分者之间。

表 9-4-B　卡特尔 16 种个性因素测验简介

卡特尔是美国心理学家，曾在美国伊利诺伊州立大学个性能力测验所任职，经他多年研究和实践以问询的方式，编写出一套测验人的 16 项个性因素的测验，简称卡氏量表，这个测验目前在世界上是一种广泛运用的心理测验工具，已有法、意、德、日、中诸国的修订本。本测验的适用对象为高中生、大学生和成人。

卡特尔 16 种个性因素测验可以帮助你更好地了解自己的个性特点，充分发挥自己的优势，扬长避短，不断完善自己的性格。企业或组织可以根据自己的需要利用它来选拔人才和使用人才，提高经济效益和社会效益。学校可以通过它进一步了解学生的个性和非智力因素特征，更好地进行因材施教。

本测验中的16种个性因素，各有其特点，某一因素分数高低，能够反映出一个人的个性特点。但必须注意，每种因素分数高低的意义和作用还有赖于其他各因素分数的高低和全部因素的组合方式。例如，因素C低者的情绪不稳定性，在整个个性中所产生的作用，可能受因素A——孤独或乐群、因素E——谦逊或好强、因素F——严肃或轻松、因素Q_3——矛盾或自律、因素Q_4——宁静或紧张的影响，因而在评定一个人的个性时，固然可以凭各有关因素分数的高低而予以估价，但同时又必须参考被测者其他个性因素的状况进行全面考察。

卡特尔16种个性因素测验是具有很高效度和信度的心理测验。但是它与其他心理测验一样，要受到时间和空间方面的多种因素的影响，而且一个人的个性特性会随着他的成长过程、学习机会、个人动机、生活环境的变化等而改变。因此本测验的结果仅供参考。

四、学习心理诊断

学习诊断是指在了解学生学习情况的基础上，对学生学习中的问题进行心理学诊断，从学生学习的主客观因素查明原因，并提出矫正的方法。综合的学习心理诊断可从智力、品德、个性等多方面找出学生学习困难的原因。

苏联从20世纪70年代开始，发表了大量心理诊断的论著，比较主要的有《心理诊断学中的一般与个别问题》（Туревич，1974）、《心理诊断学的应用范围和各种范围内对诊断方法的不同要求》（Любоиский，1974）、《学生智力发展的诊断问题》（Э. И. Калмыковой，1975）等。有人还正式提出过“小学生成绩不良的心理诊断图式”。①

（一）学习心理诊断的方法

在学校心理咨询过程中，学习心理诊断大致可按如下程序进行。②

1. 了解学生表现，剖析心理特点

一般可以通过观察法、谈话法、作品分析法、心理测量法等方法，对学生的心理特点进行比较全面的分析，作出初步诊断。

苏联心理学家卡尔美科娃等把小学生的学习和行为偏态分为以下五种基本类型：一般性学习落后，语言表达能力差，数学成绩很差，不遵守纪律，学习活动偏离本人最佳点。每一种类型可以有不同的具体表现，如语言表达能力差可以有如下情况：阅读能力差，词汇贫乏，不爱讲话，不能清楚表达思想，书写技能差，不能掌握语法等。

学习活动偏离学生学习最佳点，可能有三种情况：由于学习动机水平低，学习的积极性不高，学生的学习能力低于自己能力所能达到的水平；由于教师对学生的要求过高，学生的努力程度超过了其能力许可范围；学生成绩较好，但若能纠正学习中的一些缺点，成绩将会更好。

2. 查明学生学习困难的原因

如学生学习困难可能有多方面的原因，如智力发展水平较差、身体健康欠佳、学习动力不够、师生关系紧张、家庭环境影响等。有人对小学生学习困难的原因做过分析，主要有三个方

① 参见陈会昌：《成绩落后与品德不良学生的心理诊断——苏联心理诊断学简介》，《外国心理学》，1982 年第 1 期。

② 参见陈安福、何毓智编著：《教学管理心理学》，福建教育出版社 1988 年版，第 81～83 页。

面：一是心理原因，如认识能力差，学习技能未形成，所学知识有很多漏洞，情感和意志的缺陷，未形成学习动机，不守纪律等；二是生理原因，如体质弱，弱神经型，视、听、发音器官不全，其他疾病等；三是外因，如缺少教师的个别指导，缺乏情感语言影响，家长和教师爱护关心不够等。

3. 提出矫正、改进的措施与方法

主要是针对学生学习中的具体困难，有针对性地进行帮助。一般来说，主要是减轻学生的心理压力，增强学习的自信心，调动学习的积极性。汪刘生等曾在对 16 名学生学习心理诊断的基础上，针对学生缺乏学习积极性、不愿开动脑筋的特点，采取了讲清学习的重要性、表扬学生的点滴进步、激发学生的学习热情等方法，取得了很好的效果。①

（二）影响小学生学习因素诊断量表简介

这套量表由辽宁省教育科学研究所李绍衣主编，适用于三至六年级学生，包括智力测验、个性测验、五因素诊断测验三部分。智力测验和个性测验分别采用李绍衣主持编制或修订的儿童智力团体测验量表和儿童个性问卷，我们在上两节已经介绍，这里着重介绍影响小学生学习五因素诊断问卷。

影响小学生学习的五因素是指除智力和个性以外的身体健康、学习动力、学习方法、师生朋友关系和家庭环境。该问卷由 97 题组成，其结构如表 9-5。

① 汪刘生等：《我们的一次教学心理诊断试验》，《中国教育报》，1985 年 4 月 13 日。

表 9-5　影响小学生学习五因素诊断问卷构成

因素	问题数	主要内容
身体健康	20	生活习惯、锻炼身体、体质状况、慢性病等
学习动力	23	理想、对学习的认识、学习的态度、学习兴趣、学习表现等
学习方法	20	学习计划、课前准备、课堂学习、课后复习、课外活动等
师生朋友关系	17	对老师的印象、老师对学生的态度、老师对学生指导、学生接触老师、朋友关系等
家庭环境	17	学习环境、家庭气氛、家庭教育、家长对学生的关心和指导等

测验后可将学生的原始分换算成标准分，再进一步转化为等级。最后，根据学生的五因素得分、个性得分和智力得分情况，分别绘制成五因素剖面图、个性剖面图和学习成绩与智力比较图，进行比较全面的个人情况分析并提出改进计划。下面是为小学生的个人情况分析与改进计划设计的表格（见表 9-6）。

表 9-6-A　个人情况分析及改进计划（小学部分）

学校：　　　　　　　　年　　月　　日　　　　　　　　编号：

<table>
<tr><td>姓名</td><td></td><td>性别</td><td></td><td>年龄</td><td></td><td>年级</td><td>年　班</td><td>班主任</td><td></td></tr>
<tr><td rowspan="2">家长姓名及职务</td><td>父</td><td></td><td>工作单位及职务</td><td></td><td rowspan="2">家庭人口结构</td><td rowspan="2" colspan="4"></td></tr>
<tr><td>母</td><td></td><td>工作单位及职务</td><td></td></tr>
</table>

五因素原始分数登记

	项　目	分数		项　目	分数
身体健康	生活规律		动力	排除干扰	
	锻炼身体			偏科	
	喜欢运动			对不懂问题态度	
	早睡早起			主动发现问题	
	睡眠充足			及时作业	
	卫生习惯			课外读物	
	早餐			课外活动	
	零食			控制情绪	
	偏食			喜欢学校	
	食欲			学习基础	
	入睡			计	
	熟睡		学习方法	学习计划	
	疲劳感			课前预习	
	头脑清楚			认真听讲	
	头昏感			注重理解	
	慢性病			意义记忆	
	因病缺课			创造性思维	
	视力			主动发问	
	听力			重视审题	
	担心身体			主动答题	
	计			主动补充	
学习	理想			表达意见	
	学生职责			工具书	
	学习意义			及时复习	
	对成绩态度			独立作业	
	对困难态度			专心作业	
	对刻苦学习认识			复查作业	
	学习兴趣			重视反馈	
	学习信心			自学时间	
	学习自觉性			看电视时间	
	废寝忘食			完成当天任务	
	课堂纪律			计	
	注意力				
	贪玩				

续表

项　目		分数	项　目		分数
家庭环境	学习环境		师生朋友关系	喜欢班主任老师	
	学习室			喜欢科任老师	
	电视干扰			老师公正	
	邻里关系			老师尊重	
	家庭和睦			要求符合实际	
	家庭要求一致			作业恰当	
	家校要求一致			老师抱有希望	
	家长要求恰当			个别指导	
	家长抱有希望			请教老师	
	家长溺爱			老师帮助	
	家长打骂			接触老师	
	家长鼓励			说话自然	
	家长学习习惯			欢迎家访	
	家长关心学习			师生关系	
	家长指导学习			朋友爱好	
	家长检查学习			朋友帮助	
	喜欢家庭			朋友妨碍	
	计			计	

表 9-6-B　指导计划

个人情况综合分析	
重点改进项目	

续表

改进计划	月份	改进项目*	改进小结

*可从重点改进项目中选出对学习影响较大而又容易改进的项目 3～5 个，作为第一个月的改进项目，列到“月改进计划”中，指导学生改进之，月末进行改进小结。已改好的项目可作为下月的巩固项目，没改好的则继续作为再下一月的改进项目。逐月坚持，学习成绩会不断得到提高。

第十章　心理治疗与学校心理咨询

从广义上来说，人类所有的一切亲密关系都能起到心理治疗作用。理解、同情、支持等心理反应就是生活中最值得提倡的心理“医师”。狭义的心理治疗则又称为精神治疗，是应用心理学的原理和技术，去治疗患者的心理疾病，矫正其异常行为。心理治疗的过程，主要是治疗者通过与患者之间的语言、表情、姿态、态度和行为的交往过程，去影响或改变患者的消极认识和情绪，从而消除或减轻导致患者痛苦的各种心理因素和异常行为。心理治疗在医学上的应用已较普遍，在学校心理咨询中的应用则刚刚起步，尚待发展。

一、心理治疗在学校心理咨询中的作用

我们知道，学校心理咨询的对象主要是正常人，面向全体学生、教师和管理工作者。心理治疗的对象过去主要是指具有各种躯体疾病的患者，尤其是神经衰弱症、癔症、神经官能症、抑郁症等“心因性精神障碍”。从表面上看，两者的对象是有所不同的。

但是，在具体的学校咨询过程中，两者的关系也是非常密切的，它们互相渗透、融合交织，有时甚至是难以分解、共同进行的。在学校心理咨询中，如果运用某些心理治疗的方法，往往能

更好更快地帮助咨询对象解决各种心理问题。例如，可以通过厌恶疗法帮助咨询对象克服抽烟、酗酒等不良习惯，通过气功疗法可以帮助咨询对象消除失眠、神经衰弱带来的烦恼等。

同时，临床心理治疗过程中除了运用一些必要的心理治疗方法，也通过语言、文字等媒介，帮助患者消除对疾病的疑虑和恐惧，减轻心理负担，指导患者以正确的态度对待疾病和康复，这从本质上讲也是一种现场心理咨询。由此可见，心理咨询与心理治疗是解决问题的不同侧面，它们之间既有区别，又有交叉关系，心理咨询在一定意义上可以说是心理治疗的一种有效方式，而心理治疗在咨询过程中往往又是不可缺少的环节。所以，学校心理咨询人员应该懂得一些心理治疗的基本原理，学会掌握心理治疗的主要技术，从而提高学校心理咨询的质量。

中国人民大学张小乔教授等人提出了“灰色区”的概念：认为人的精神在正常与不正常之间无明确界限，它是一个连续变化的过程。具体地说，如果将人的精神正常比作白色，不正常比作黑色，那么在白与黑之间存在着一个巨大的缓冲区域——灰色区，大部分人都散落在这一灰色区域内，包括心理不平衡、情绪障碍及变态人格。灰色区又分为浅色区和深色区，浅色区是只有心理冲突而无人格变态，深色区则有人格异常和神经症。针对不同区域问题，咨询人员应采取不同的心理咨询与治疗手段。

表 10-1　灰色区（各种非病理性精神痛苦之总和示意）

纯白/白色		浅灰色	深灰色	纯黑/黑
服务对象	完全健康之人	各种由生活、人际关系压力而产生心理冲突与障碍之人	各种变态人格及人格异常	精神病患者
服务人员	无须	心理咨询员 社会工作者	心理医师 心理门诊大夫	精神病医生
模式	无须	咨询心理学模式	临床心理学模式	医学模式

学校心理咨询人员不提供心理治疗，尤其是药物治疗服务，这也是学校心理咨询人员专业背景和职业定位的限制。

二、学校心理咨询中常用的心理治疗方法

心理治疗的分支流派繁多，具体方法数以百计，据不完全统计，国内外目前仍在流行并较多使用的就达近三百种。其分类也有不同的标准，如从心理治疗对象的数量来划分，有个人治疗和集体治疗；根据心理治疗对象的意识范围的大小来划分，有觉醒治疗、半觉醒治疗和催眠治疗。这里，简要介绍一些学校心理咨询过程中较多使用的心理疗法。

（一）认识领悟疗法

这是首钢医院精神科心理咨询门诊部副主任医师钟友彬以心理动力学理论为基础，结合中国人的生活经验和社会经济状况而设计的，所以又称中国的心理分析法①。

适应症为强迫症、恐怖症和某些类型的性变态，如露阴症、窥阴症、挨擦症和异装症等较难治愈的心理疾病。在学校心理咨询中，以强迫症、恐怖症为主。

一般采取直接会面的交谈方式。在患者或咨询对象的同意下，可有有关的家属或好友一人参加。每次会见时间为60～90分钟。疗程不固定，间隔时间最好固定，可相隔几天到几个月。只要患者不惧怕书写，可要求他在每次会见后写出对医生或心理咨询人员解释的意见以及结合自己病情的体会，并提出问题。

① 参见钟友彬著：《中国心理分析——认识领悟心理疗法》，辽宁人民出版社1988年版，第242～243页。

初次会见时，让咨询对象或家属叙述症状产生和发展的历史及症状的具体内容，尽可能在1小时内讲完。同时进行精神检查以确定诊断。如属认识领悟疗法的适应症，可向患者说明他的病是可以治好的，但必须主动与咨询人员配合。

此后会见时，可询问咨询对象的生活史和容易忆起的有关经验，对病人的梦可偶尔谈及，但不作过多的分析。

引导咨询对象并和他一起分析症状的性质。告诉他们这些症状大都是幼稚的、不符合成年人思维逻辑规律的情感或行动，是用幼年取乐的方式来解决成人的问题等。

当咨询对象对上述解释和分析有了初步认识和体会后，即向其进一步解释问题的根源在于过去，甚至在幼年期。如对强迫症和恐怖症病人，可指出其幼年期的精神创伤，导致在成年期遇到挫折时会再现出来，影响人的心理，以致用儿童的态度对待在一般人看来不值得恐惧的事物。对于性变态者，可结合他可以回忆的儿童性游戏行为，讲明他的表现是用幼年方式来对待成年人的性欲或心理困难。

一般来说，认识领悟疗法的效果取决于咨询对象是否能真正“领悟”，因此，咨询人员的威信十分重要。

（二）疏导心理疗法

这是南京精神病防治院鲁龙光主任医师以辩证唯物主义为指导，遵循祖国医学心理疏导的原则，并运用当代科技的研究成果所总结归纳出来的一种心理治疗方法。它主要是以良好的医患（咨询人员与咨询对象）关系为基础，以“词”为基本工具，根据咨询对象的具体情况，激励其自我领悟，增强其解决心理问题的信心和调动其治疗的能动性，促进自身的心理、病理、生理的转化，培养主动的应付精神应激反应的能力，达到治疗和预防疾病、促进心身健康的目的。

疏导心理疗法一般有三个阶段。

疏通阶段——创造良好的疏导环境，激发咨询对象新的求治意向和自信心；疏通其真实、具体地讲出心理问题的原因，形成自我认识、自我分析；注意运用情感变化，使认识深化。

矫正阶段——利用厌恶条件反射等具体手段，破坏病态的心理动力定型；继续疏导，直至其能自我控制。

引导阶段——建立正常的、良好的条件反射，巩固新的生理、心理动力定型，注意防止外界不良刺激，取得学校、社会的支持与配合。

（三）放松心理疗法

放松心理疗法又称松弛训练，是一种源自古代的自我心身保健方法。我国的气功、印度的瑜伽、日本的禅道，以及 20 世纪西方兴起的放松训练等，都可以归入放松心理疗法。

放松心理疗法的核心是“静、松”两字，即在安静的环境中，通过意念控制，达到肌肉放松、情绪轻松、精神安定、思维入静、呼吸均匀，从而调节生理机能与心理状态。临床实践和心理学的研究证明，放松心理疗法不仅可以治疗多种心身疾病（如高血压、冠心病、溃疡病、支气管哮喘、糖尿病、偏头痛、紧张性头痛）和神经症（如焦虑症、强迫症、恐怖症等），还可以增进记忆力，提高学习能力，增加敏捷性，提高智力，稳定情绪和改善人的性格。可见，这应是学校心理咨询过程中不可缺少的心理疗法。常用的放松心理疗法主要有以下几种。

静默法：以我国气功中的静功为典型，采取坐、盘、卧或站的姿势，使全身放松；随之用意守法、数息法、默念法等调整心理状态，使之内守入静，心无杂念；同时调整呼吸，促进机体代谢和血液循环。

松弛反应：这是西方为运用和普及东方的静默练功法而创造

的一种放松疗法，其特点是简单易行，要领有四，一是环境安静，二是肌肉放松，三是姿势轻松，四是重复默念（简短的词句或单词的音节）。

渐进性放松：由美国生理学家贾可布森（L. Jacobson）创立的一种由局部到全身、由紧张到松弛的肌肉放松训练。其要领是从手部开始，循着上肢、肩、头部、颈、胸、腹、臀、下肢，一直到双脚的顺序，渐次对各组肌肉进行先紧张后放松的练习，最后全身放松。整个过程一般在指导语的支配下进行。

放松疗法可用于考试焦虑学生的团体放松或个人咨询，对于缓解压力、调整情绪、尽快接受心理咨询或治疗，有良好的“入境”作用。

（四）生物反馈疗法

这是一种应用操作性条件反射原理创造的、通过学习来控制、调节自己身体机能（如心跳、血压等内脏活动和大脑活动）的心理治疗方法。主要适用于原发性高血压、紧张性偏头痛、恐怖症、焦虑症等心身疾病，对于注意涣散等也有一定疗效。

生物反馈疗法一般分以下三个步骤进行。

第一，从患者机体上引出一种与治疗有关的反应，如肌张力、皮肤温度、血压、心脏搏动、脑电节律。

第二，将这些反应信息经电子仪器（参见本章附录“生物反馈治疗仪”）检拾、放大和转换，以声、光、仪表指针或监控装置显示的符号、数字、图像等信号形式，直接而又连续不断地反馈给被测试者本人，使其随时能觉察到自己体内某些生理过程的即刻动态变化。

第三，被测试者根据反馈的信息，有意识地训练和控制上述反应，掌握控制这些原本不受意识支配的生理活动过程。

（五）催眠疗法

这是用催眠方法使患者的意识范围处于极度狭窄的情况下，然后借助暗示性语言，来消除咨询对象的心理问题的一种方法。根据国内外的临床经验表明，催眠心理治疗常用于以下几个方面。

一是症状的控制：如止痛，对于任何类型的神经性疼痛、血管性头痛、烧灼痛、外科手术或手术后的疼痛等均有良好的止痛效果；改善情绪，对于神经性抑郁、焦虑等情绪障碍有立竿见影之效；能使厌食者在催眠状态中进食并能按照暗示性指令恢复正常食欲；睡眠不足、工作或学习过度紧张、运动后疲劳，可通过短暂的催眠得到恢复；记忆减退患者在催眠状态下能全神贯注地学习、背诵，改善记忆功能；对遗尿、口吃、肥胖症、神经性呕吐等，也有显著疗效。

二是心身疾病，如哮喘、高血压、荨麻疹、关节炎等。

三是神经症，如抑郁性神经症、焦虑性神经症、强迫症、恐怖症、癔症等。

四是儿童不良行为的矫正，如苏州市一小学生，11 岁，上课时不安宁，常做小动作，肇事影响课堂纪律，学习成绩时好时坏，有吮咬铅笔头等不良习惯，经催眠治疗后，上课注意力集中，不做小动作，能专心听讲，学习成绩明显上升，吮咬铅笔头等不良习惯消失。

催眠疗法的基本步骤如下。

（1）在实施催眠前，应先向咨询对象交待治疗的目的和步骤，用诚恳、热情的态度关心咨询对象，消除其思想顾虑。

（2）测定受试者的催眠感受性，可用马维祥等修订的斯坦福催眠易感性量表。该量表有 10 项测验内容，每项测验分为高（1 分）、中（0.5 分）、低（0 分）三种，总分为 10 分，8～10 分为高度的催眠感受性，4～7 分为中度的催眠感受性，0～3 分为低度的催眠感受性，感受性越高，越易进入深度催眠状态。

（3）用言语诱导或操作性催眠的方法，在安静、舒适的催眠室实施催眠。为了使受术者较快地进入催眠状态，可采用凝视法、抚头放松法、紧张放松法、药物暗示法等进行。

催眠状态的表现有强弱、深浅之分。浅度催眠状态的患者一般感到浑身倦怠、肌肉松弛、呼吸深缓、无力睁眼，醒后对催眠中发生的事有回忆能力；中度催眠状态的患者感到睡意甚浓、四肢僵直，醒后对催眠中发生的事只保留部分记忆；深度催眠状态的患者除对施术者的说话有反应外，已基本没有知觉，甚至对针刺刀割也无痛觉，可施行外科手术。

一般来说，在学校心理治疗中以浅度催眠状态效果为好。这时，可以让咨询对象回忆其过去的经历，宣泄其创伤体验；可以询问其病史、生活和工作的挫折等，为诊断和治疗收集资料；可以暗示其做一些动作（如阅读）或讲话，矫正某些心理障碍，如缄默症；也可以告诉咨询对象，他的某些症状就会消失；等等。

（4）解除催眠状态，在此之前一般应暗示咨询对象："好了，治疗结束了。清醒后你会感到心旷神怡，有一种豁然开朗的体验，脑子清澈如镜。"这样，可以避免醒后头昏无力的反应。

（六）行为疗法

行为疗法又称行为矫正，是建立在行为学习理论基础上，根据巴甫洛夫的经典性条件反射原理和斯金纳的操作性条件反射原理衍生出来的心理治疗技术。由于行为疗法是通过各种形式的学习，提高患者的自我控制能力，以控制自己的情绪、行为和内脏生理活动，所以也称为自我行为的控制疗法。

目前，行为疗法已为绝大多数临床心理治疗对象和心理咨询人员所接受，成为心理治疗中占主导地位的疗法。它的应用范围也不断扩大：治疗的对象已不限于具有心理问题或异常行为的患者，也包括正常人的行为训练。前面所说的生物反馈疗法和放松心理疗法实际上也属于行为疗法的范围，这里再介绍一些其他的行为疗法。

1. 系统脱敏疗法

这是沃帕（J. Wolpe）根据对抗性条件反射原理（即两种相反的行为或情绪互相抑制，不能同时并存），所创造的循序渐进地消除异常行为的一种方法。主要用来治疗与紧张和焦虑有关的焦虑症、强迫症和恐惧症，其程序如次。

首先，了解引起焦虑和恐惧的具体刺激情境，并训练咨询对象进行松弛肌肉。

其次，将各种焦虑和恐惧的反应症状由弱到强排成“焦虑等级”。如对于一名人群恐怖症患者，可以确定下面的焦虑等级层次：

最强的恐惧	⑩在拥挤的人群中乱挤
（极度焦虑）	⑨人群已到眼前，自己将被卷入
	⑧人群离自己不足20米
	⑦人群离自己50米远
	⑥有一大群人从100米远处向自己走来
	⑤从窗户看到远处有一群人
	④门外有人群的喧闹声
	③电视荧光屏上的人群
最弱的恐惧	②报纸上有人群的相片
（轻微焦虑）	①看到或听到“人群”的词汇

再次，让咨询对象在肌肉松弛的情况下，从最低层次开始，想像产生焦虑的情境。如果在想像焦虑情境时，肌肉仍然保持松

弛，亦即没有引起焦虑，就进而往更高层次的焦虑情境作想像。如此直至在想像最使患者恐惧的情境时，仍可保持肌肉松弛为止。假如在想像某一层次的情境时，因焦虑而不能保持肌肉松弛，则继续想像这一层次的情境，并进行肌肉训练，直到焦虑消失，肌肉放松，然后再进行高一层次的想像。

除了想像外，也可以让咨询对象“亲临其境”，进行实地的系统脱敏。

2. *满灌疗法*

这种方法与系统脱敏疗法正好相反，它不是逐渐地让咨询对象适应引起焦虑的情境，而是立即使他们暴露在最使他们恐惧的情境中。一般由心理咨询人员陪同，直接进入咨询对象的恐惧情境。咨询对象在极度恐惧的情况下并未发现有何损害，咨询人员的在场又增加了其安全感，再加之及时的言语指导，恐惧会迅速减弱和消退。

3. *厌恶疗法*

这是一种通过惩罚手段引起的厌恶反应，去阻止和消退原有不良行为习惯的治疗方法。这种方法用来治疗吸烟、酗酒等不良行为习惯颇有成效。如为了消除酗酒的不良行为，可以在其酒兴正浓时予以不愉快的惩罚刺激，如使用催吐吗啡或电击等，使之造成对酗酒的厌恶。为了减轻患者在接受厌恶疗法时所承受的痛苦，可以运用“厌恶想像疗法”进行治疗，即让患者观看或想像该不良行为遭到惩罚时的痛苦情境。

橡圈—厌恶疗法是一种较简便的心理治疗方法，即预先在左手腕上套一橡圈，当出现产生某种不良行为的意念时，即用力拉弹橡圈，拉弹时务必要有痛感，并计算拉弹次数，直到这个意念消失为止，每日作详细记录。当这种意念有 3 天以上不出现时，可脱掉橡圈。

4. 代币券疗法

这种方法又称标记奖励法，是一种用物质或精神奖赏塑造新行为的方法。代币券实际上是一种内部流通货币，每当咨询对象作出合乎要求的行为时，治疗者酌情给予代币券进行奖赏。代币券可以换取其喜欢的东西，除物质奖品外，也可以用小红旗、小五星等标记作为奖励，以褒奖其战胜异常行为的成绩和进步。

（七）娱乐疗法

这是一种通过各种娱乐活动（如听音乐，学唱歌，看电影、电视、戏剧表演，跳舞，游戏，下棋，玩牌，游园等）来陶冶性情、增进身心健康的一种心理治疗方法，目前这种疗法已有近三十种。

在娱乐疗法中，音乐疗法是使用较多的一种。日本东京艺术大学还专门成立了“音乐疗法研究会”，用优美动听的古典乐曲为人们治病。还有人研究了不同乐曲所产生的情绪变化，并且以此确定不同乐曲的治疗作用（见表 10-2）。

表 10-2 不同乐曲的治疗作用

心情	作曲者	曲名
疲乏	维瓦尔迪	大提琴协奏曲《四季》中的《春》
	德彪西	管弦乐组曲《大海》
	亨德尔	组曲《水上音乐》
不安	巴赫	《幻想曲和赋曲》（G 小调）
	圣桑	交响诗《死亡舞蹈》
	斯特拉夫斯基	舞剧组曲《火鸟》第一乐章
厌世	亨德尔	清唱剧《弥赛亚》
	贝多芬	《第五“命运”交响曲（C 小调）》
	柴可夫斯基	《第六“悲怆”交响曲（D 小调）》第一乐章

续表

心情	作曲者	曲　名
忧郁	莫扎特	《第四十交响曲（b小调）》
	西贝柳斯	《忧郁圆舞曲》
	格什文	《蓝色狂想曲》第二部分
急躁和渴望	亨德尔	组曲《焰火音乐》
	罗西尼	歌剧《威廉·退尔》序曲中的《风暴》
	鲍罗廷	《鞑靼人的舞蹈》
希望	巴赫	《意大利协奏曲（F大调）》
明朗	小约翰·施特劳斯	圆舞曲《蓝色的多瑙河》
轻快	比才	歌曲《卡门》
希望畅快	巴赫	《勃兰登堡协奏曲第三首（G大调）》
	格里格	组曲《波尔·金特》中的《潮》
	门德尔松	第三交响曲《苏格兰》C小调
增强自信	贝多芬	《第五钢琴协奏曲（皇帝）》降E大调
	瓦格纳	歌剧《汤豪金》序曲
	奥涅格	管弦乐《太平洋231》
催眠	莫扎特	《摇篮曲》
	门德尔松	《仲夏夜之梦》
	德彪西	钢琴奏鸣曲《梦》
增进食欲	泰勒曼	《餐桌音乐》
	莫索尔斯基	《图画展览会》（拉威尔编曲）
	莫扎特	《嬉游曲》

娱乐疗法的实施必须注意以下几个问题。一是娱乐疗法必须本着自愿参加的原则，如果迫使咨询对象参加其不感兴趣甚至厌恶的娱乐活动，只会适得其反，失去娱乐疗法本身的意义。二是必须因人而异，由于咨询对象的年龄、性别、个性、娱乐爱好等

差异，只能选择符合咨询对象心理特点的娱乐方式，才能取得应有的效果。三是必须遵循自然的原则，娱乐本身就是一种轻松、自然的活动，其疗效应通过潜移默化的过程来实现，而不应用强硬的、教条的、做作的方式进行娱乐治疗，而应使治疗和谐、自然地融在娱乐之中。

三、心理治疗的药物辅助

在心理治疗过程中，适当地辅以药物治疗可以收到良好疗效。但在学校心理咨询中，因学校心理咨询人员无处方权，不能实施药物治疗。有医学背景和处方权的心理咨询人员，**药物辅助一定要慎重使用**，尤其是用法、用量要交待清楚。常用的药物有以下几类。

（1）抗精神病药，用于治疗兴奋、躁动、幻觉、妄想及行为异常，如氯丙嗪、奋乃静、氟哌啶醇、三氟拉嗪等药物。

（2）抗抑郁药，用于改善情绪，消除抑郁、悲观、自责和轻生等，如多虑平、丙咪嗪、阿密替林等药物。氯丙咪嗪对于治疗恐怖症和强迫症等有一定疗效。

（3）抗焦虑药，用于消除焦虑，使情绪放松和肌肉松弛，常用的有各种类型的安定、安他乐、太息定、芬那露等，这些药物对于失眠、头痛及某些心身疾病也有效果。

（4）抗躁狂药，用于治疗情绪高涨、兴奋、易激惹、话多、动作多，以碳酸锂为代表，这类药也可用来预防躁狂抑郁症的复发。

（5）兴奋剂。如利他灵可治疗儿童的多动症、注意不集中、调皮、学习成绩下降等，而苯丙胺、氯酯醒则用于多睡症。

学校心理咨询人员一定要经过专业的治疗方法训练，并在指导教师或督导人员的帮助下，慎用各种治疗方法。尤其对于直接影响当事人潜意识的催眠等治疗方法，更要谨慎应用，以防不测。心理治疗方法（尤其是催眠）是柄双刃剑，如何才能保证发挥其积极作用，取决于心理咨询人员的纯熟技术与谨慎把握，万不可贸然使用，这应在学校心理咨询的工作守则中明确规定。

附录：学校心理咨询中常用的仪器简介

1. 生物反馈治疗仪器

生物反馈是利用现代电子仪器检测并处理与人的生理、心理过程有关的体内生物学信息，再将这些信息通过听觉与视觉的理解反馈给个人，训练人们认识这些信息，学会有意识地控制、调节自身的生理、心理活动，达到调整机体功能、缓解紧张情绪和防病治病的目的。

研究表明，在学校中用生物反馈放松训练教育学生，可以提高学习能力，改善短时和长时记忆，增强感觉—运动操作能力，缩短反应时，提高智力和稳定情绪，降低考试焦虑。长期地训练还可以改变人的个性特征。这些对不同文化水平的学生，都有明显的效果。

根据所需测定的生理现象不同，常用的生物反馈仪有肌电反馈仪、皮温反馈仪、皮电反馈仪及脑电反馈仪等。

肌电反馈仪是能测得皮肤表面复杂肌电电压的幅度，并能给出一个或多个反馈指示信号的一种生物反馈仪器。它是目前用得最普通的一种生物反馈仪器。人们通过仪器学会对肌肉的放松训练和神经肌肉的再训练，这样可以有效地消除心理紧张，治疗神经症、抑郁症等多种疾病。

皮温反馈仪用以测定皮肤的温度并给出一个或多个反馈指示信息。人通过对自身温度的调节可治疗偏头疼、紧张性头疼、神经症等多种疾病。

皮电反馈仪用以测定两个选定受试点间的导电性并给出一个或多个反馈指示信息。本仪器可帮助自身控制植物性神经系统的活动，达到防治疾病和稳定调整情绪的作用。

脑电反馈仪，能测定所选定频带范围内头皮表面复杂交流信号的振幅和频率，并给出一个或多个反馈指示信息。通过自身脑电训练，可以达到心理治疗和心理训练的目的。

国产生物反馈仪主要有以下几种。

（1）北京博达技术研究所：JD—Ⅰ型和JD—Ⅱ型肌电生物反馈仪，PW型皮温反馈仪。

（2）北京大学电子仪器厂：电子皮温计，皮电声反馈仪。

（3）上海云岭仪器厂：EP901型二用皮肤电测试仪。

（4）中国健康教育研究所：瞳孔反馈仪。

（5）新世纪生物医学工程研究开发中心：NC—BF01型智能生物反馈仪（同时测量肌电、皮温、皮肤阻抗三种生理信号）。

（6）温州市生物反馈研究中心：QFⅠ881型气功反馈仪（反映呼吸频率的变化）。

2. 学习迁移—记忆广度自动测试仪

本仪器可作学习迁移和前摄、倒摄抑制的实验，可研究学习的进程，还可自动测定数字记忆广度，并具有同时测量被试视觉、记忆、反应速度三者结合能力的功能，是一种常用的心理学测量仪器。

（1）学习迁移测试：本仪器可实现五个符号（几何图形）组合的两种编码自动显示，每种编码（称为一套即每种几何图形对应一个数字）有150个组合，每一组合（五种几何图形）可同时显像。几何图形的排列组合是不固定的，由逻辑电路按事先排好的程序输入存储器中。

本仪器可自动判定被试的回答是否正确，如回答错误则指示灯亮，被试必须再次回答，只有当判定被试回答是正确时，才能提取下一几何图形的组合。

每满十个图形组合，仪器自动报警，主试可停止蜂鸣器，记下时间，然后继续实验。

当一种编码的150组合全部测完，主试可选择第二种编码方式，再进行下一步实验。

（2）记忆广度测试：本仪器可实现两套从3位至16位数字的自动显示。位数相同的4个数称为一个数组，每套共有14个数组，数字的显示是从3位数组到16位数组依次出现，每一位数码显示时间为0.7秒。

所有数字按要求编码，依次输入仪器的存储器中，当被试回答完一个数字后，主试按结束键，仪器可自动提取和显示下一个数字。

测试成绩，仪器可实现自动计分并显示结果。记分规则是：$F=2+0.25x$（其中2为基本分数，x为被试正确回答的数字个数）。

当测完14个数组时，仪器自动报警，主试可停止蜂鸣器，从显示器上记下成绩。

学习迁移—记忆广度自动测试仪是北京大学心理学系和北京大学电子仪器厂共同研制的一种心理学测试仪器，型号为BDXL—Ⅱ型。

3. 反应时测定装置

反应时是指刺激和反应之间的时间间距。反应时可分为简单反应时和复杂（又称选择）反应时。相应地，反应时测定装置可分为两类：简单反应时测定装置和复杂反应时测定装置。

在现代心理学研究中，常把反应时间作为一种可靠的指标来分析人的知觉、注意、学习与记忆、思维、动机和个性差别等各种心理活动。我国心理学工作者曾以反应时作指标，对小学生辨认汉字字形的特点做过实验研究。反应时也可作为测量知觉到的刺激之间的差别大小的指标，差别大者反应时短，差别小者反应时长。反应时在学习记忆的实验中可以作为联系是否巩固的指标。

反应时的测定有广泛的应用价值。汽车司机、飞机驾驶员、体育运动员及银行会计员等的选拔和训练常把反应时间作为测验的项目之一。反应时可作为在各种条件下生产计划的制定、产品设计和产品质量检验的可靠指标。在体育运动心理学上的应用则更为常见。

目前，国产反应时测定装置主要有如下几种。

（1）上海华东师范大学科教仪器厂：EP203 型选择反应时测定装置，EP202 型简单反应时测定装置。

（2）北京大学电子仪器厂：视觉反应时实验仪，动作反应时实验仪。

（3）北京大学仪器厂：视觉选择反应时测量器（BFS—81—Ⅰ型），声光反应时（BSG—85—Ⅰ型）。

（4）上海云岭仪器厂：EP851B 型敲击计数反应测试仪。

（5）上海奉贤林海电子仪器厂：PTD 声光多功能反应仪。

（6）北京市五金电器工业公司：RS—B 型反应、动作、应答测定仪。

4. 时间空间知觉研究装置

空间和时间是物质存在的基本形式，一切反映客观事物的知觉都是在空间和时间的参照之内发生和进行的。因此，空间知觉和时间知觉是两种非常重要的知觉类型。空间知觉是人对事物的形状、大小、方位、深度等空间特性的知觉。时间知觉是人对客观现象的延续性和顺序的知觉。我们可以用相应的仪器对不同的知觉特性进行客观测量和研究。

时间、空间知觉测试仪可以广泛地运用在体育、医学心理、儿童多动症的诊断等。如上海第二军医大学、长征医院和海洋水下工程科学研究院医学生理室于 1984 年 10 月起采用改进的 MBD 症状评分量表筛选病例，采用 EP7012 型时空知觉测试仪进行测试，结果在对图形知觉反应速度、记忆时间、失误率、对时间估计等方面 MBD 儿童与正常儿童均有非常显著性差异。根据实验结果，该仪器可作为诊断儿童多动症的辅助检查设备。

时间空间知觉方面的研究装置主要有空间知觉研究装置、时间知觉研究装置、大小常性测量器、深度知觉仪、音笼等。

目前，国产时间空间知觉研究装置主要有如下几种。

（1）上海云岭中学仪器厂：EPF01B 型空间知觉研究控制器，EPF02B 型时间知觉研究控制器，EPF012 型时空知觉测试仪。

（2）北京大学仪器厂：大小常性估计器（BCX—80—Ⅱ型），长度和面积估计器（BMJ—81—Ⅰ型），长度估计器（BCD—81—Ⅱ型），深度知觉仪（BSI—81—Ⅱ型）。

（3）北京师范大学机电厂：音笼。

5. 速示仪

在感知觉、注意、记忆和学习等方面的研究中，经常要用适当的仪器来把视觉刺激物呈现给被试，以记录他们的反应。在精确的实验中，要求显示器能控制刺激的呈现时间、强度和显示序列。冯特（W. Wundt）曾经指出，一个良好的速示器应具备许多条件，其中主要的是：时间很短，能避免眼动；呈示前被试应能明确刺激呈现的位置，并能控制呈示前的照明条件；全部刺激应尽可能同时呈现。在电子技术不发达的年代，机械控制方法是装制速示仪的主要原则。而今天，速示仪完全由电子线路（甚至计算机）控制，但它的原理和早期的速示仪是一样的。

在学校心理咨询中，速示仪主要用来测量学生的记忆力、注意力。

常用的国产速示仪主要有以下几种。

（1）华东师范大学科教仪器厂：EP301—Ⅱ型速示仪。

（2）上海奉贤林海电子仪器厂：ES—A 速示演示仪。

（3）天津师范大学校办工厂：SD—Ⅰ型光电速示仪。

6. 触棒迷宫

触棒迷宫是在排除视觉的条件下，学会用小棒从迷宫的起点进入迷宫，沿通路移动，直至走到终点。途中有许多叉路口，有些叉路口设置了盲巷，小棒进入一次盲巷就算一次错误。学习的进程以从起点到终点每走完一遍所花的时间或所犯的错误次数表示，学会的标准为连续三遍都不进入盲巷。

触棒迷宫主要用于知觉—动作学习的测验，还可以用于教育、体育、职业训练、心理治疗等部门的心理测定。

国产触棒迷宫主要有上海奉贤林海电子仪器厂研制的PTA—ⅠⅡⅢ迷宫等。

7. 注意仪

注意是心理活动对一定对象的指向和集中。注意的品质主要有注意的范围、注意的稳定性、注意的转移和注意的分配。注意仪中有些是用来测定注意稳定性的，有些是用来测定注意的转移或注意的分配的。也就是说，不同的注意仪所测定的注意品质不完全一样。在注意力测定时，我们还可以人为地施以干扰（如播放噪音），以鉴定被试的抗干扰能力。

在学校心理咨询中，注意仪可用于测试学生的注意力并进行心理训练。它还可用于选择各类操作人员（如飞行员、汽车驾驶员和运动员等）的指标测验和训练之中。

国内常用的注意仪主要有以下几种。

（1）北京大学仪器厂：BZZ—86—Ⅰ型追踪仪。

（2）北京大学电子仪器厂：BDXL—Ⅰ型注意分配实验仪。

（3）天津师范大学校办厂：SD—5 注意测定仪。

（4）华东师范大学科教仪器厂：注意力集中能力测定仪。

第二辑

学生心理通讯

第十一章　如何形成健康的认知

一、怎样才能更好地认识自我?

朱教授：

您好！

也许是从上高中开始吧，我经常在问自己：“我是谁？我到底是怎样一个人?”我有时能了解自己，有时却又觉得不知道到底是谁，所以我发现认识自己、了解自己并不是件容易的事，好像一个人在黑暗中用拐杖走路那么茫然，那么难以把握方向，但又充满了神秘感。

您能告诉我，怎样才能更好地认识我自己吗？请您告诉我，给我一个指导！

在黑暗中摸索的人　杨　阳

杨阳：

你好！

著名的黎巴嫩作家纪伯伦说过：“我必须要认识我自己，洞察自己那秘密的心灵，这样我便能抛脱一切疑惧和不安，从我物质的人中找出我精神的人，从我血与肉的具体存在中找出我的抽象实质；这就是生命赋予我的至高无上的神圣使命!”人类进步的历程，包括了不断加深对自我认识的历程。历史上多少贤人哲士为了探寻自我的秘密费尽了辛劳，多少骚人墨客由于对人生的费解，发出过像“江畔何人初见月，江月何年初照人”这样的疑问。在希腊帕尔纳斯山的南坡，有一个驰名的古希腊时期的戴尔波伊神托所。在这个神托所的入口处，矗立着一块大石碑，上书一行醒目大字：“认识你自己！”古希腊哲学家苏格拉底最爱引用这句格言教育人们，因而后世常常有人把这句话的“发明专利”归在苏格拉底门下。但不管怎么说，具有讽刺意味的是，这句格言恰恰刻在神托所的大门口。如果人们能够真正认识自己、相信自己、掌握自己的命运，还有什么必要去求神问卜呢？

自从人类社会诞生以来，人们就不断地尝试着用智慧的解剖刀来解剖自身。但要真正了解自己的确不是一件容易的事。中国不是有句古语叫“知人者智，自知者明”吗？可见自知不易。法国现实主义小说家福楼拜甚至说：“始终有点儿什么令我苦恼，就是我自己的尺度我不认识……然而想知道这个，未免野心太大，因为准确认识自己的能力，或许不是别的，正是天才。”这番话既反映了这位作家认识自己的强烈愿望，也流露了他对认识自己、把握自己命运之不易的深深感叹。确实，人都希望对自己有所了解，“知己知彼，百战不殆”。从自身的角度说，认识了自己，才能扬其所长，避其所短。像马克思，当他意识到自己并不擅长诗歌创作时，尽管他很喜欢诗歌，还是毅然放弃了自己心爱的文学，转向了理论思维的建树。从他人、从社会的角度说，了解自己也是认识他人、认识社会的条件之一。认识自我要以别人为标准，反过来，认识别人也常常要以自我为参照。我们常常说的“将心比心”就是这个意思。设想自己如果处在对方的位置，才会更好地理解对方的行为和思想感情。但如果不了解自我，缺乏这种“将心比心”的能力，便很难理解和取悦他人。当然这也就会给社会关系、人际交往的和谐带来障碍。

如此说来，认识自我就那么神秘吗？其实，从心理学角度来说，认识自我也就是自我意识的问题，就是作为主体对自身的认识、对自己与周围关系的认识，如自我感觉、自我评价、自我监督、自我控制、自尊心、自信心等。在小孩出世的第一年，是谈不上什么自我意识的。他不知道镜子中的自己是何人，吮吸小手像吮吸奶头一样地有趣，玩弄小脚像玩弄玩具一样地开心。当儿童从把自己当做客体转变为把自己当做主体的人来认识时，真正的自我意识才开始发生。

认识自我是人的意识的本质特征。因为人有了自我意识，才会自觉地认识到自己在想什么；认识到自己的思想、情感、愿望、能力是什么样的；认识到自己在做什么以及这样做的结果是怎样的，从而自觉地调节自己的行动。我们虽然可以用镜子看清自己的面貌，用仪器测量自己的身高、体重、血压等，但要了解自己纷繁复杂、万花筒般的心理内容，却要困难得多。

一位心理学家说过："青年初期最有价值的心理成果就是发现了自己的内部世界。对于青年人来说，这种发现同哥白尼当时的革命具有同等重要的意义。"由于这种"发现"还是比较粗浅的，青年人往往不能客观地对待自己的长处和不足，产生各种不太健康的心理。如有的人过于自卑，不能充分认识自己的能力，做事总是畏首畏尾，失去了许多良机，一无所成；有些人则过于自信，过高地估计了自己的能力，给自己提出了不切实际的目标，好高骛远，结果鸡飞蛋打，灰心丧气。这对于青年人建立合乎实际的理想抱负，很好地适应社会环境，无疑是一个心理上的障碍。

从一个人的心理发展历程和不断扩大接触面的需要来说，要克服这一障碍，正确地认识自己，首先要从观察别人的行为开始。人们处在一定的社会关系之中，总不免把自己与别人进行某种比较，以别人的行为作为确定自己的位置与形象的参照物。学校的学生不仅对自己的分数感兴趣，更希望了解自己在全班中的名次。当我们看到别人的长处和短处时，就应该想想自己是否具有同样的长处或短处。恰如孔子所说："见贤思齐，见不贤而内自省。"如果能常常与历史上的圣哲、英雄、学者相比，与外地的同行相比，与周围的同志相比，不仅有助于认识自己，也有助于提高自己的水平，激发自己奋发向上的斗志。

当然，仅仅观察别人是不够的，还要注意别人对自己的态度。别人的态度是一面反映我们心理面貌的镜子。人们是肯定你、尊重你、喜爱你，乐于和你交往，还是否定你、怠慢你、厌恶你，故意和你疏远，这是不难察觉的。一般说来，如果别人尊重你、愿意与你相处，说明你有一些令人喜爱的品质；如果别人厌恶你、嫌弃你，这就可能表明你有一些令人不快的缺点。如果许多人对你的态度都基本相同，那就非常值得你注意和重视了。当然，正如哈哈镜不能真正反映你的面貌一样，别人的态度由于偏爱、成见、缺乏了解等原因，也难免会有歪曲和夸张，失之偏颇。因此，别人的态度只能作为我们认识自己的参考。认识自己的另一个有效途径是在实践中认识自己。要全面、正确地认识自己，发现自己的才能和禀赋的全貌，洞悉自己的缺点和弱点，就必须参加丰富的实践活动。动人的歌喉往往是偶尔唱歌时表现出来的，绘画的才能可能是随手涂鸦时显露的。每个人都有自己的特点和才能。有人擅长书画；有人精于琴棋；有人具有高超的组织能力；有人则有突出的创造才华……也许，这些才华一直没有得到表露的机会。因此，人们应当积极参加各项活动，在活动中认识自己，发挥特长，暴露弱点，从而扬长避短，成为自己命运的主人。再说只有在实践活动中，通过成功和失败的反馈，才能更准确地了解自己的水平；通过预想的目的与实际的结果的比较，才能检验自己的预想是否准确，从而提高自己的判断能力，了解自己的估价能力，确立适当的自信心。所以，自我认识的获得不是上帝赐予的。行动吧，让自我认识的奇葩在与物、与人、与社会的接触中绽开。

此致

敬礼！

朱永新

二、怎样才能更好地了解他人？

朱教授：

您好！

我就要走出大学校门，到社会中去锻炼“游泳”的本领了，可是我对自己的交往能力非常不自信，因为我是个总是不能准确地判断和了解别人的人。有时候我会把一个我喜欢的人想像得完美无缺，有时候又会把别人简单地归类，但事后又发现我的判断错了……

我是学外贸的，我不知道怎样才能比较准确而迅速地了解他人，以利于我的工作？我盼望得到您的指点和帮助。

您的学生　王　文

王文：

你好！

1980年，美国心理学家H. H. 凯利做过一个有趣的实验：他向两个心理学班的学生描绘了一位特邀教师的特征。其中一个班的学生得到含有“热情”这个词的暗示，一个班的学生则得到含有“冷酷”这个词的表述。尔后，再请那位特邀教师分别在两个班主持了20分钟的讨论，结果发现，认为教师是“热情”的学生，与他探讨问题、相互来往应对，轻松自如，泰然交谈；认为教师是“冷酷”的学生，则大多感到他不好交际，敬而远之，不与其接近。

社会心理学家称上述现象为光环作用即一个人被标明是好

的，他就被一种积极肯定的光环笼罩，并赋予一切好的品质，而一个人倘若标明是不好的，那他就被一种消极否定的阴云所遮蔽，并赋予一切坏的品质。光环作用告诉我们，在复杂的现实生活中，正确地认识和了解别人确非易事，许多心理因素悄悄地但强有力地影响着我们对别人的认识和了解。我国古代教育家孔子早就说过："不患人之不知己，患不知人也。"的确，不能很好地"知人"，往往会给我们的生活抹上一层灰暗的色彩，阻碍人们的正常交往，从而导致人们产生孤独、嫉妒、忧愁、烦恼等消极的心理品质。青年人涉世未深，社会阅历不广，在知人问题上可能更有困难，而青年人又恰恰是最需要知人的。为了了解别人，最重要的一条就是加强人际接触。人们之间的友谊和彼此了解都是通过接触产生的。如果自命不凡，孤芳自赏，或者沉默寡言，少与人交，就得不到别人的了解，也不可能了解别人。要正确地认识别人，就要勇于并善于和别人交往，向别人敞开自己的心扉，激起他人的情感火花，从而沟通彼此的心灵。

不抱成见，也是知人的必要条件。一个人的职业、家庭、经历固然可作为认识他人的参考，但决不可作为判断的依据。人是非常复杂的社会存在体，同样的行为现象可能原因截然不同，一个人的过去和将来也可以完全两样。因此，了解人，就要重实感，看变化。具体地说，要消除成见，首先必须注意第一印象的影响。一般说来，对一个人第一次形成的印象，在以后对此人的态度中会起支配作用，很难摆脱。光环作用就是第一印象的结果，社会学家称之为首因效应。因此对于第一印象不要过分自信，而应冷静分析，继续观察。要消除成见，还要防止刻板现象。刻板现象就是所谓类化作用，即按照预想的类型将人分为不同种类，然后贴上标签，对号入座。如提起英国人便想到绅士风度，说到犹太人便想到善于赚钱；看到胖子总以为定是乐天派，见到瘦子总觉得多半抑郁；看衣着"摩登"者为花俏浅薄，视穿着朴素者为忠实憨厚等等。事实上，人是千差万别、丰富多样的，绝不能把某种特征绝对化，并以此去套一个个具体的人。

另外，还需要注意情绪因素的作用。人们会不自觉地把自己的情感投射给外物，如高兴时山水为之欢笑，悲哀时云月亦觉凄惨。同样，心情舒畅时，觉得别人的言行举止亲切可爱；心情烦闷时，感到别人谈吐动作厌恶可憎。因此要谨防把自己的情感色彩涂绘到认识对象上去，以自己的情感去歪曲别人的情感。

在与他人接触和交往的过程中，要做一个有心人，平时留意观察我们所要了解的对象的言行变化。不仅要听其言，还要观其行；不仅要看他如何对待自己，更要看他如何对待别人。在观察时，要对获得的材料进行分析，去伪存真，把握现象的本质。当然，这一切都是在与人为善的基础上进行的，而不是做一个冷眼监视者。

再者，学一些有关气质和性格等心理学知识，了解一些常用的了解心理特征的方法，也有助于我们准确而全面地了解一个人。

此致

敬礼！

朱永新

三、怎样克服轻信心理？

朱教授：

您好！

感谢您拨冗倾听我的思考！我发现中国的孩子多半是在“鼓励轻信”的环境中成长起来的。从小我们就轻信老师，不管他是对还是错，慢慢地，各种考试又强迫我们轻信“标准答案”，因为只有它，才能得分，是对是错，我们不管。长大了，社会又迫使我们轻信领导、权威，因为无论怎样，他们都是对的！渐渐地，整个民族都有可能患上轻信的顽症！当我考虑到轻信的危害时不由内心一惊：有主见的人，有主见的民族多么重要！与您分享我的想法，更想听您的高见！

此致

敬礼！

沙小珍

沙小珍：

你好！

很高兴看到你的思考！

在法国17世纪的寓言诗人拉·封丹的留言花苑里，有这样一朵令人注目的鲜花：一位年迈的磨工和他的儿子一起去赶集卖驴。他们为了保持驴子的肥壮，捆起驴子的四蹄，抬着它向集市走去。可以想像一路上讥言笑语是不绝于耳："这搞的什么鬼把戏！三个中最笨的看来不是驴子！"磨工听到如梦初醒，赶忙解下绳子，让儿子骑在驴背上，自己跟在后面。谁知碰到三个商人，说这个儿子未免太不孝顺，怎好让老人徒步，自己倒骑在驴上享福。磨工想想有理，于是让儿子下来，自己骑了上去。不一会儿又来了三个少女，她们气愤不平地说："这人多么可耻，这样虐待孩子！"老磨工左右为难了，不知如何是好。最后总算有了主意：让儿子也上驴子。但是，走了不到三十步，又听到有人在叽咕："这简直是发疯！这头牲口迟早要送命！"爷儿俩闻听此言，无可奈何，只好跨下驴背，让牲口在前面"领队"……

这个寓言意在讽刺那些轻信盲从、没有主见的人，老是跟在别人屁股后面转，被人牵着鼻子走。生活中，恐怕有不少人也有意无意地重蹈着"卖驴磨工"的覆辙。有些年轻人，听到风便是雨，自己缺少主见，总把别人的意见当"圣旨"。结果，不是造成误会，与人发生纠纷，就是盲目行动，把事情搞得一塌糊涂；

不是朝三暮四，动辄改弦更张，就是偏听偏信，乱撞南墙。正如勒凡所说的："如果一个人的活动总是以周围的舆论为参考，那么他是什么事情也做不成的。"

造成轻信的原因主要有三个。一是缺乏知识。当你对某一领域或某一事物不甚了解时，你往往容易人云亦云，尤其会信奉权威。甚至当权威受到批评时，你也会盲目支持，这在心理学上称为"权威效应"。二是独立性、自信心不强。有些人对某件事情很有把握，如果一个人单独去做时，他会不加犹豫地按照已见从事。可是如果有许多人在一起，他就优柔寡断、举棋不定了，如果集体中大部分人的意见同他相反，他就会轻而易举地放弃自己的主张，随大流。这在心理学上称为"从众心理"。三是意志不坚强。有些人做事总是拿不定主意，而对别人的意见却不加批判，不经分析地轻易接受。据研究，在轻信这一点上，女子比男子明显，青年比老年明显，地位低（包括政治、经济、学术、社会、家庭地位等）比地位高的人明显。要克服轻信的毛病，首先要有一点怀疑精神。发明家贝塞麦说过："我没有被长期既定的惯例所形成的固定观念束缚思想，造成偏见。我也未曾受害于认为现存一切都是对的那种普遍信念。"其实，怀疑精神不仅是创造发明所需要的，日常生活中也不可缺少。且不说有些人喜欢搬弄是非、制造谣言，就是平时人们传递的信息中也有许多有意无意产生的失真或虚假的内容。如果我们一概相信，就会闹出不少笑话，做出不少蠢事。因此，我们必须具有怀疑精神，凡事多问几个为什么。其实，一些荒唐的东西是经不起智慧的燧石敲打的，只要认真思考，就会发现那些事情本来是不足为信的。

轻信盲从实际上也是一种易受暗示的表现。由于缺乏思维的独立性，别人的意见就会原封不动地、机械地进入自己的头脑，别人的想法也就代替了自己的主张。由此，我们一方面应该虚心听取别人的意见，集思广益；另一方面也要养成以我为主、独立思考的习惯。对于易出现轻信盲从毛病的人来说，不妨具有一点“独断”的性格，遇事不要急于先听别人的意见，而是先让自己认真地想一想；对于别人的意见，不要急于表态，而是先分析评论一番。

为了增强主见，克服轻信，我们必须拓宽知识面，补充有关知识。前面说过，轻信盲从往往与缺乏相应的知识有关。如国内曾报道：某山区的一个骗子自称神仙下凡，竟有很多人贡献钱财甚至送上亲生女儿，任这“神仙”享受玩乐。如果他们稍有一点常识，就不至于做出这种令人痛心的事情了。再如有些商贩将印有汉语拼音的衣服说成是进口货，用牛骨冒充虎骨，将黄铜作为金砖，等等。如果我们懂一点外文，学一点历史，了解点动物学、物理学，也就不难识破上述骗人的伎俩，不会受骗上当了。

此致

敬礼！

朱永新

四、不善言辞怎么办?

朱教授：

您好！

今天听了您的专题报告，我佩服您广博的学识，更佩服您的好口才。在台下我望着台上滔滔不绝地讲演的您，内心的敬佩难以用语言来形容。

也许您不知道，我是个最怕在众人面前讲话的人，不善言辞的我，虽然也曾做过充分准备，在同学和老师面前谈论我的思想，可是该我讲时，我却一个字也讲不出来了。我很苦恼，有时感觉有些恨自己，我太胆小、太窝囊了，我不知怎样才能变得勇敢起来，可以在众人面前侃侃而谈？

请您帮助我！

讷言的学生　尤　荣

尤荣：

你好！

谢谢你对我的信任，告诉我你的苦恼。

“你最怕什么”，曾有人就这个问题在美国进行过调查，调查的对象是3 000美国居民。统计出来的结果或许会使你吃惊：人们最怕的竟然是在众人面前讲话；其次是置身高处；第三、四、五项分别是虫子、经济困难和深渊；第六、七项分别是生病和死亡；第八项是飞行；第九项是孤独；第十项是狗；第十一项是开车或搭车；第十二项是黑暗或电梯。

在生活中，不善言辞并为此深感苦恼的人确实占了很大比例。我们或许都有这样的体验：在陌生人面前，总感到口讷言拙，讲起话来结结巴巴；在大会发言时，总觉得手足无措，原先准备好的词儿常常“不翼而飞”。这对于参加各种社交活动，培养组织管理才能，甚至对于我们的日常生活，都带来了诸多不便。在别人侃侃而谈、口若悬河时，你一定非常羡慕、自叹不如吧！其实，讲话的技巧是可以学会的。害怕当众发言的原因不外乎这样几个：一是无话可讲，又非讲不可时，大有逼上梁山之势，如临深渊，如履薄冰，情绪紧张，结果思维混乱迟钝，弄得窘态百出，这就加剧了当众讲话的畏惧心理，形成了恶性循环；二是自尊心过重，生怕自己的发言逊色于他人，因此总是推诿，长期以往变得笨口拙舌；三是缺乏知识，缺乏技巧，说话不免语序不清，丢三落四，使别人感到失望，结果越发变得缺乏信心和勇气。当然，语言的明了、清晰，首先是思维的明了、清晰，要增强语言的表达能力首先是要提高自己的思维能力。此外，以下几点对于善于言辞也是很有帮助的。

要有充分的准备。如果你在讲话时对所要讲的内容一无所知，甚至对这些内容从来没有考虑过，你肯定会感到无话可说，即使说起来也不会流畅自如。林肯著名的葛底斯堡演说虽然只用了2分15秒，可他事前却预讲了20遍。因此，我们必须在讲话之前有充分的准备，或者写成提纲，或者默诵几次，或者试讲几遍。你对讲话的内容越熟悉，你就越能讲得好，也可避免信口开河，无的放矢。同时，这也要求我们拓宽知识面，扩大信息量，才能做到有话可谈，言之有物。

要学会对话方法。从心理学角度来看，口头言语分为对话言语（聊天、座谈、辩论、质疑等）和独自言语（报告、演讲、讲课等）。一般说来，后者的要求更高，它是以前者为基础的。我们首先必须学会对话言语的方法，这样可以与别人交流思想。在与别人谈话时，要耐心倾听别人的意见，不要随便插话或打断人家的话题；要察言观色，注意对方的姿势、表情和态度；要分析对方讲话，吸取其优点，舍弃其缺点。同时，你自己的讲话也要含义明确，态度诚恳，要注意对方的反应，当对方显示出厌倦或注意涣散时，就要停止讲话。马克·吐温说过这样一个故事：有一次，他听一位牧师传教，很有好感，于是准备捐献一美元。传教进行了一个小时，他减去了半美元。传教到一个半小时，他决定分文不给。当牧师总算结束了长达两个半小时的传教时，马克·吐温从捐施盘里倒拿了一美元作为时间损失的赔偿。如果这位牧师及时注意马克·吐温的反应，或许不会闹出如此的笑话吧！

要勤讲多练。善于言辞的才能不是天生的，而是在家庭、学校和社会环境的影响下，通过个人的实际锻炼而逐步发展的。不善言辞的人当了一两年领导后往往变得能说会道，做了一两年教师后常常能出口成章，这是他练习讲话的机会多的缘故。古希腊的著名演说家德蒙西尼斯原有口吃病，但他下决心采取各种方法来克服，例如口含小石子练习说话，面对大海演讲，一边爬山一边朗诵等。由于坚持勤讲苦练，终于以他的演说才能征服了听众。因此，我们要克服害羞胆怯心理，在生人面前或人多的场合，要争取讲话的机会，勇敢地发表自己的见解。虽然开始时不一定会成功，甚至会遭到个别人的笑话，但你不必介意，而要认真分析自己讲话失败的原因，不断改进。另外，注意模仿电视台、广播等大众媒介的优秀言语，尽量用普通话与人交流，也是克服不善言辞毛病的有效途径。

此致

敬礼！

朱永新

五、如何具备丰富的想像力？

朱教授：

您好！

读了您关于“想像与创新”的文章，我很受启发。“想像比知识更重要”这是爱因斯坦说过的话，我深有感触：没有想像力，就没有对知识的加工和再创造；没有想像力，就没有生活，没有艺术。

可是，我总感觉我自己想像力贫乏，这限制了我的专业发展。请您告诉我：怎样才能使我贫乏的想像力丰富起来？

您的学生　吴桂花

吴桂花：

你好！

爱因斯坦很喜欢卓别林的表演艺术，对他主演的影片极为欣赏。有一次他禁不住将这种感情诉诸笔端，写信给卓别林说：“您的影片《淘金记》为全世界理解，您必将成为伟大的人物。”卓别林深刻领会了爱因斯坦的含义，回信写道：“我对您更为赞赏。您的“相对论”在世界上谁也不理解，而您照样成了伟大人物。”

卓别林和爱因斯坦都是富有想像力的大师。卓别林以直观的、具体的想像取胜，塑造了很多极有个性的舞台人物；爱因斯坦则以抽象想像见长，他的时空的相对运动理论，揭示了空间—时间的辩证关系，加深了人们对物质和运动的认识。然而，当它刚刚问世时，却曾使许多人迷惑不解，致使相对论被冷落了很长一段时间。据说，相对论问世时，只有两个半人理解它，一个是他的老师，一个是他本人，还有半个是他的秘书。秘书能够意会相对论的意义，但尚未明白它的底蕴，所以称为半个。可以说，这是整个人类想像贫乏的悲剧。

在生活中，不仅艺术家和科学家需要想像，一般人也需要想像。“想像力比知识更重要，因为知识是有限的，而想像力概括着世界的一切，推动着进步和发展，是知识进化的源泉。”这是爱因斯坦研究生涯的经验之谈。如果缺乏想像力，我们就不能突破时空界限，聚千年的生活于脑际，收万里的情景于眼底，就无法和别人的心理沟通，无法预想事件的结果，成为短暂感觉的奴隶，甚至连日常的生活、阅读文学作品、欣赏艺术展览，也会觉得索然寡味，毫无感情共鸣。

青年时期是憧憬未来、富于想像的时期。但由于青年人生活的领域比较狭窄，知识经验比较贫乏，在很大程度上还是缺乏想像力的。而且，年轻人往往受无意想像和再造想像的支配，想像的内容具有直观性、片面性和模仿性。因此，丰富自己的想像力也是青年心理建设的一项重要任务。要使自己具有丰富的想像力，第一步是要丰富各种表象。想像的水平是以一个人所具有的表象的数量和质量为转移的。表象就是不在眼前的事物的形象在头脑中的印象。表象越贫乏，想像也就越狭窄、肤浅；表象越丰富，想像也就越开阔、深刻。清代雷发达（1619—1693）之所以能设计出巧夺天工、富有特色的故宫太和殿，是因为他看过许多宫殿、寺庙、亭台、楼阁等精巧的建筑，积累了各种的房屋表象在他脑海里。卓别林之所以能创造出众多动人心弦、令人捧腹大笑的形象，是因为他平时留心观察，容纳了大量生活中富有典型意义的表象在他心中。因此，一个人应不断丰富自己表象的数量，改善已有表象的质量。这就要求我们丰富自己的生活阅历，广泛接触自然，接触社会，并且学会观察事物，向自己提出记住形象特征的任务。同时，注意事物之间的联想、比较，从而举一反三。再就是要广泛阅读文学作品和科普读物。因为仅凭个人的感知所获得的表象毕竟是有限的，优秀的读物可以把事物形象描绘得惟妙惟肖，栩栩如生，而且可以从中看到许多不能直接看到的形象，如非洲风情、北极奇观、微妙的原子结构、遥远的星球面貌等。

其次是积极从事创造活动。创造活动特别需要想像力，想像也离不开创造活动。通过文学素描、科技小制作、小发明以及编讲故事等，都可以培养丰富的想像力。歌德小时候，祖母每天给他讲一段故事，每到结尾之处都来一个“且听下回分解”。小歌德总是兴致勃勃地浮想联翩，自己去想像故事的结局，这对他从小养成良好的想像习惯很有裨益。

再次是要运用各种想像，即把再造想像和创造想像结合起来。再造想像就是根据图片、语言文字的描绘，在头脑中构成事物的形象。例如没有见过金字塔，但可以根据已有表象，想像出它的全貌。创造想像则是在头脑中构造出从未有过的事物的形象，如嫦娥奔月、哪吒闹海等。有意识地将两种想像结合起来，既可以使想像任意翱翔，又可以使想像具体逼真，结合实际。

在此基础上，我们还应培养正确的幻想。幻想是人们根据自己的愿望在现实基础上对未来事物的大胆想像，是创造想像的一种特殊形式。它往往是科学发现和发明的前奏曲，也是人们刻苦求知的动力。一个富有正确幻想的人，在学习中一定会苦干实干。16 岁的爱因斯坦就曾经有过这样的“怪诞的幻想”：假如我骑在一条光束上，去追赶另一条光，将会产生什么现象呢？这是他后来发明相对论的初因。幻想是一种宝贵的品质，应该保护它。但也应避免“超脱现实”、逃避奋斗的空想，不能过于迷恋自己的幻想，用幻想代替实际的行动。应把幻想和良好的愿望、崇高的理想以及实干的精神结合起来，那样，才能使自己的想像之花结出富有实际意义的丰硕之果。

此致

敬礼！

朱永新

六、如何培养创造力？

尊敬的朱教授：

您好！

过去我一直认为只有科学家、发明家才有创造力，创造总是与成功和业绩联系在一起的。最近读了些有关创新与创造的资料，我才发现原来人人都有创造力！

我很想挖掘出自己的创造力，但是我知道自己是个比较因循守旧的人，我不知应该如何培养自己的创造力？您能告诉我吗？谢谢！

周　静

周静：

你好！

航海家哥伦布发现美洲新大陆，开创了历史发展的新纪元，成了人类历史的一个重要里程碑。然而，对于这样一个伟大的发现，并不是所有人都能认识它的深刻意义的。至于哥伦布本人的创造性天才和冒险精神的光辉，在一些绅士眼里，就更加暗淡了。在一次宴会上，有人不无讥讽地说："发现新大陆不过是偶然的巧合罢了。"哥伦布义愤填膺；他意识到这不仅是对他个人功绩的蔑视，更重要的是对人类创造精神的挑战。但他并不急于反驳，沉吟半晌，他似乎漫不经心地问道："谁能把一个鸡蛋直立在桌上?"绅士们个个面面相觑，无人应答。这时，只见哥伦布轻轻地敲破鸡蛋的一端，轻而易举地使它立住了。这一戏剧性的过程刚刚结束，立即传出了嘲笑和喧闹："这有什么了不起，我们也可以做的!"哥伦布看看火候已到，便以退为进地予以反击："是没有什么了不起！但是你们为什么想不到呢?"

是啊，为什么有些人能够让思维的"野马"纵横驰骋，闯入许多未被人们知晓的领域，闪耀出一系列新奇的火花，而有些人却墨守成规，老是拾取别人的牙慧？这实际上就是具备创造性与否的问题。

没有创造性，就没有成功的愉快体验，就没有对于探索未知世界的惊讶感。在许多场合，没有创造性的人就只能是过去经验的奴隶，碰到新情景、新问题就会束手无策，在紧急危险的时候尽管心急如焚，也只能作壁上观。因此，缺乏创造力不仅是社会的不幸，也是个人的不幸。对于缺乏创造力的人来说，其先决条件是形成正确的创新意识和强烈的创造欲望。人们的活动总是带有明确的目的性和自觉性；总是在各种动机和欲望的驱使下进行的。一个不想创造、不敢创造、对创造活动抱无所谓态度的人，一个安于现状、抱残守缺、庸庸碌碌混日子的人，根本不可能进入创造的王国，也不能享受到创造发明的愉悦和幸福。

有了明确的创新意识和强烈的创造欲望，还须培养创造性思维，掌握创造活动的基本方法和技能，重视直觉的作用，让思想自由奔放。当你有了新的想法，千万不要人为地设置限制思路的框框和条件，而要顺藤摸瓜，抓住思路，不断深化。德国诗人兼哲学家席勒说过："如果理智在开始时就过分仔细地检验刚刚产生出来的念头，显然是徒劳无益的，它肯定会阻碍心灵的创造工作。孤立地看，让一个念头任意走向极端可能毫无意义，但是跟踪这个念头却可以取得重要结果，它很可能在和其他貌似荒谬的念头的搭配下，提供一条十分有用的线索。”这段话精辟透彻。我们不妨从理智的大门口撤销其看护人，让思路来去自由，畅通无阻。

为了培养创造力，我们还要注意冲破习惯思维的束缚，培养弹性思维。心理学的研究表明，任何民族、任何职业和个人都有其一整套习惯的思维方式，这些方式在社会生活中起着不可估量的作用，它对于形成人们心理上的安全、稳定、平衡感等都有积极的意义。但它也有不可忽视的消极作用，往往使人们的思维僵化、呆板，阻碍着人们的发明创造。有感于此，美国心理学家吉尔福德提出了弹性思维方法，强调思维的新颖性、独特性。他曾经做了一个有名的心理实验，在实验中，他要求学生回答一块砖的用途。这样的问题，如果学生只是想到造房、铺路、盖粮仓、建教室、竖烟囱等，就说明他把砖块的用途局限在“建筑材料”上了。如果学生想到砖能压纸、打狗、作书架、敲钉子、磨粉当染料等，那他就具有较强的创造性思维能力。这种能力的确是非常重要的。第一次世界大战期间，有一架飞机在返航时水力系统出现漏洞，而机上无备用水源，机毁人亡的危险迫在眉睫。这时有人急中生智，提出用机上人员的小便来代替水源，结果化险为夷，这便是创造力的体现。

美国心理学家克劳福特提出过从不同角度思考同一问题的“检查一览表法”，要人们在习惯思维无法解决问题时，从以下四个方面进行设问：(1)除此以外，还有没有别的可用办法？(2) 把现状改变一下会怎样？改变得大一些呢？(3) 加上、减去一样或几样东西呢？挂起来、拉一拉、分开来又会怎样？(4) 调换一下角度呢？反过来怎样？结合在一起呢？把次序改变一下又怎么样？这些都不失为值得借鉴的有效办法。

心理学家们还发现，富有创造力的人往往具备某些创造性的个性特征，如他们感知敏锐，心襟开阔，总想开拓自己的内心精神世界和对于外部世界的经验；他们好奇心强，敢于冒险，不喜欢按部就班、循规蹈矩地工作；他们拥有自信心，自我期望很高，讨厌妥协；他们对单纯明快的事情不感兴趣，而宁愿探究复杂的、不确定的事物等。这些创造性的个性特征并非上帝所赐予的，而是人们在家庭、学校和社会的影响下逐步形成的。只要做个有心的人，你也完全可以在自己身上形成这些创造性的个性特征。

此致

敬礼！

朱永新

第十二章　如何培养积极的情感

一、怎样克服害羞心理?

朱教授：

您好！

我是一名男生，但要命的是，我有着比女生还厉害的害羞。我不敢在公共场合开口，不敢在陌生人面前说话，我很苦恼。班内同学给我起了“琵琶女”的绰号，这更让我心中苦闷不堪。前几天，老师上课提问，同学们故意为难我，想看我当众出丑，他们大喊我的名字，老师果真让我起来回答，我站起来结结巴巴，声细如针，而且脸颊发烫，引起哄堂大笑，老师说我不大方，到社会上怎么行得通……我也知道自己这样不好，可是我能怎么办?

朱老师，我迫切地等待您的帮助，我是多么想尽早走出害羞这个怪圈。万分感谢！

祝

顺利！

林

林：

你好！

我能理解你现在的心情。

害羞是常见的交往障碍之一。当然，一个人在任何情况下从不害羞是少见的，若真是如此，那恐怕更值得人担忧。我们这里所说的害羞，是指在交往过程中，过多地约束自己的言行，以致无法充分地表达自己的思想感情，阻碍了人际关系的正常发展。“千呼万唤始出来，犹抱琵琶半遮面”对古代女子也许十分可爱，但对今天的人来说，是绝对不适用的。害羞有三种类型。一是气质性害羞，即生来性格比较内向，气质比较沉静，说话低声细语，见到生人就面赧，甚至常怀有一种胆怯的心理，举足投步、寻路问津也思前想后、顾虑重重。这种性质的害羞为数很少，与先天的气质类型有一定的关系，但也可以通过后天的适应、锻炼而改善。二是认识性害羞。造成这种害羞的主要原因是过分注重“自我”，患得患失心太重，生怕自己的言行不对被人耻笑，说话做事都要有绝对的把握才进行，不敢冒点风险，因而老是受环境和别人言行的支配，缺乏主动性。久而久之，便羞于和人接触，更羞于在公开场合讲话。三是挫折性害羞。这种类型的人，以前并不害羞，性格开朗，交往积极主动，但由于种种主客观原因，连遭挫折，变得胆怯怕生，消极被动。害羞不仅阻碍与别人建立正常亲密的友谊，还可能导致沮丧、焦虑的情绪和孤独感，导致性格上的软弱和冷漠。

害羞的形成主要是在后天，它是在家庭、学校、工作环境中逐步形成的，也是可以克服的。据统计，四分之一的害羞的成人在儿时并不害羞，也有相当的害羞儿童长大后却不害羞了。

克服害羞心理，第一，要放下思想包袱。应当知道，人不可能事事正确，即使说得不对，可以改正；做得不成功，也可作为前车之鉴。聪明才智就是在实践中增长起来的。第二，要鼓起勇气，敢说第一句话，敢于迈出第一步。当你迈出了第一步之后，你就会感到，这道障碍也不过如此，容易克服得很。害羞的坚壁就被戳穿了，你就会在积极交往的成功中受到鼓舞。第三，要有信心，看到自己的力量。不要老是否定自己，老是拿自己的短处比别人的长处，为自己寻找不讲话、不行动的理由。需要的倒是其反面，要肯定自己，相信自己的言行多少会对别人对事情的处理有一点启迪帮助的作用。第四，要迅速、有效地克服交往中的害羞，还必须学会观察生活和交往的技巧。生活是最好的课堂，只要你留心观察学习，对于如何待人接物，如何与各种人打交道，如何使交往愉快活泼，便能得心应手、应付裕如。关于这方面的已有研究成果和前人的经验总结可以借鉴。

祝

开心！

朱永新

二、怎样避免感情用事?

朱教授：

您好！

我是一名在校大学生，有件事一直困扰着我，令我难以安然地生活和学习。今鼓足勇气给您写信，望能得到您的帮助！

我是一个情绪型的女孩，这种性格给我与同学的相处带来了许多麻烦。我高兴时，与周围的同学有说有笑，打成一片，当情绪低落时，却冷淡得不想跟任何人说话，而且看着周围的一切都生厌恶之感。因此同学说我“神经质”。好友受不了我冷热多变的性格离我而去了，我好苦恼，朱老师，您能为我开一良方吗?真切地期盼您的回音！

此致

敬礼！

娟 子

娟子：

你好！

我想先给你讲个故事。话说关云长大意失荆州，败走麦城，身亡围困之中。张飞在阆中，闻知关公被东吴所害，旦夕号泣，立誓为关公报仇，于是下令军中：限三日内制白旗白甲，三军挂孝伐吴。末将范疆、张达告曰："白旗白甲，一时无措，须宽限方可。"张飞大怒："若违了限，即杀汝二人示众！"二将回到营中商议：倘来日不完，吾等二人皆被杀矣，与其他杀我们，不如我们杀他。于是初更时分，各藏短刀，来个先下手为强，终使张飞饮恨身亡。

这可以说是感情用事的典型例子。在生活中，尤其是在青年人身上，因感情冲动而鲁莽行事者不乏其人。而感情用事所造成的后果往往不仅限于心理的创伤，还可能带来人员、财物的伤亡、损失。一个青年因亲人在一次车祸中不幸遇难，一时感情冲动，痛打司机，误伤人命，自己被判服刑。痛打司机丝毫无助于亲人起死回生，这是一个无人不知的最简单的道理。但是在感情冲动的情况下，就会忘乎所以，连最起码的常识也抛置脑后，而导致终身遗憾。

感情用事比较多的情况是对人持有偏见，缺乏冷静思考和全面观察的耐心，缺乏实事求是的思想方法，导致言语行动多偏颇，一遇抵触便走极端，或硬去蛮干，或绝情绝义，常常弄得骑虎难下，两败俱伤。

易于冲动、凭感情用事的人，在性格上往往偏于情绪型。在情绪冲动的一刹那，常常理智隐退，意志失控。所以，克服感情用事的毛病，第一条是调节人际关系，使自己在心情舒畅的气氛中生活。青年人要自尊、自爱、自强，提高自己的心理承受力，在生活中学习生活，在成长中学习人生，不为一得一失而计较，不为一怨一艾而记恨。

第二条是健全自己的性格。一个人缺少情感，固然不是值得称道的事，但情感高涨强烈，超乎常情，甚至无法控制，则又过犹不及。所以，情绪型性格的人，应多多注意学习处世之道。明白事理，谙熟行为进退之略，磨炼自己的意志。

第三条是善于总结教训，努力把主观愿望与客观可能结合起来。感情用事就是不根据客观事实，单凭自己的愿望行事，这自然不会不摔跟头。摔倒不要紧，爬起来就该认真吸取教训，包括自己的也包括别人的。一个人如果不顾因感情用事所带来的损失，一而再、再而三地鲁莽行事，那么，更沉痛的过失必然接踵而至。

第四条能从善如流。人常常因为感情用事而赌气发狠，导致友谊出现裂痕，交往中断或财物损伤。事后冷静下来也感到不值得，不应该。但又感到一言既出，驷马难追，不愿收回，生怕丢了“面子”。其实，这是多余的顾虑。真正丢面子的不是不计前嫌、放弃偏激之言，而是知错不改、“把错误进行到底”。一个勇于纠偏改错、从善如流的人，哪能不受人们的欢迎呢？

此致

敬礼！

朱永新

三、经常感到恐惧怎么办？

朱教授：

您好！

SARS病毒的肆虐让许多人处于深深的恐惧中。有的人一有头疼脑热，马上就去医院做诊断，有的人甚至像“惊弓之鸟”，谈SARS色变。

我不知道恐惧是不是可以传染的一种情绪，我不知道恐惧是先天的还是后天形成的。我是个有很多恐惧的人：怕黑，怕大的响声，怕考试，更怕领导和威严的老师。请问：我的这种心理是否正常？您能不能帮我面对恐惧？盼您的回信！

祝您夏安！

一个胆小的人　陈　涛

陈涛：

你好！

我很愿意与你谈谈有关恐惧的问题。

《晋书·乐广传》记载：乐广有一朋友，别后多日不来做客。问其原因，对方回答说：上次在你那里，承蒙赐酒，正要饮，看见杯中有一条蛇在游动，非常恶心，回去后就病了。乐广闻听此事，邀请这位朋友再来作客，仍坐旧座，赐酒。问曰："酒中复有所见否?"答曰："所见如初。"乐广指指屋壁，原来屋壁上有一角弓，绘有彩色蛇图，投影到酒里，便如蛇在杯中游动。朋友恍然大悟，沉疴顿愈。这就是古代著明的"杯弓蛇影"的故事。它说明了一个非常重要的道理：恐惧多因不明事情真相所引起，一旦明了事情真相，恐惧心理即可消除。

恐惧是一种企图摆脱危险的逃避情绪。引起恐惧的关键原因，似乎是缺乏处理可怕情境的力量或能力。假如一个人面临地震或癌症，无法对付这种威胁，恐惧心理便会产生。如果发现逃脱的道路已被阻塞，那么恐惧会更为加剧。恐惧是各种情绪中最有感染力的一种。一个旁观者在看到或听到其他人处在恐惧状态之中时，即使他自身的处境并没有任何能引起他恐惧的原因，也会坐立不安，受到恐惧的感染。一个人在恐惧状态时的叫喊，常常会使别人毛骨悚然。

恐惧对人的身心健康有很大的危害。20 世纪 50 年代初，黑龙江江水泛滥，有人对两岸居民的血压做过调查，结果发现，遭水淹的一边居民由于惊恐不安，血压大都升高，而对岸地势高，无水灾之忧，居民血压则基本正常。

有一位学者做过这样一个实验：把两只孪生的羊羔放置在大致相同的条件下生活。有一点不同的是，一只羊羔旁边拴了一只狼，另一只羊羔却看不到这只狼。前者在可怕的威胁下，本能地处于极其恐惧的状态，拒食，消瘦，不久就死了。而另一只羊羔，没有狼的威胁，没有这种恐惧的心理状态，所以安然无恙。

恐惧还会影响人们判断的正确性。比如一个走夜路的人，听过一些不安全的传说，因此内心先有一种恐惧感。当他发现身后有一个影子在晃动时，就以为要大祸临头了，便惊叫起来。其实这是由于月光照射自己而投下的影子，真是虚惊一场。

现实生活中，青年尤其是女青年常常有怕这怕那的毛病。他们的恐惧对象可以分为两类，一是对虚幻之物，如鬼、神的害怕；一是对某些实体，如黑暗、雷电、老鼠、长虫等的害怕。前者常常出于无知或受他人消极暗示，后者多半由于幼时受到恫吓或因为最初的刺激特别强烈，以后哪怕是遇到轻微的刺激也出现强烈的反应，即心理泛化。例如，最初被一只黑狗咬过，由怕黑狗而怕所有的狗，继而怕所有的四足动物，所谓“一朝被蛇咬，十年怕井绳”，就是这个道理。克服恐惧心理除了提高自己的认识水平，增强自己的意志外，有两点特别重要。一是明了事情真相，就像“杯弓蛇影”故事中说的一样。对此，还有科学实验可资佐证。有位科学家曾经设计了一个实验：他制作了一张靠背椅，一按电钮，椅背就立刻向后倾倒。他请求自愿接受试验的人坐上椅子，并测量血压。随后医生突然按动电钮，椅背立刻倒下，受试者突然受惊，血压便骤然上升，心跳也迅速增快。而对另一个受试者则事先告知椅背会倒下，然后再按动电钮让椅背倾倒。结果，他的血压虽也有升高，心跳也加快，但那完全是因为机械运动引起的正常变化，幅度要小很多。可见，明白所惧事物的真相非常重要。当你把所惧事物弄个水落石出，你的恐惧心理也就随之冰释了。

二是系统脱敏。系统脱敏法是消除恐惧心理的有效方法。如果我们害怕某一并不值得害怕的事物时，要多多接触它，逐渐适应它，使你把它视为极普通的一物，恐惧也就自然消失了。《内经》曰："惊者平之，平者常也，平常见之必无惊。"说的就是这个道理。

前面说过，成人的许多恐惧心理往往与其早期的生活经历有关，有些父母经常用鬼神、毒蛇、野猫、老虎来威慑或制止孩子的"出格"举动，虽然奏效于一时，但在他们幼小的心灵里却播下了恐惧的种子。因此，要消除和克服恐惧心理，就必须从儿童时期开始注意，对他们的一切生活习惯随时予以指导，不要用带有恫吓类的话来刺激孩子，而要鼓励儿童对生活中各种事物和现象的探索精神。

此致

敬礼！

朱永新

四、怎样消除自己的嫉妒情绪？

朱教授：

您好！

嫉妒心在大学生中是非常普遍的现象。嫉妒别人有优异的成绩、出众的才华，嫉妒别人有名牌服装，有良好的家境等，由此而引发的悲剧亦不在少数。请您告诉我：怎样将嫉妒转化成自己前进的动力，而不是去阻碍别人发展？

此致

敬礼！

王花红

王花红：

你好！

你的问题很有代表性。

《奥赛罗》是莎士比亚的代表作之一。作品通过威尼斯大将奥赛罗与威尼斯元老的女儿苔丝狄蒙娜两个人物之间的矛盾，表现了人文主义者向往的人与人之间“真诚相待”的关系，以及在残酷无情、不讲信义的现实面前遭到彻底失败的悲剧。奥赛罗追求苔丝狄蒙娜遭到元老反对，但由于他正受命去抵御土耳其人的入侵，公爵未予追究。而奥赛罗手下的旗官伊阿古因为奥赛罗把副将职位授予了他的同伴凯西奥而怀恨在心。到了战地，他诬说凯西奥和苔丝狄蒙娜有私情。奥赛罗信以为真，妒火升腾，竟将妻子扼死。事情真相大白后，他悔恨交加，自杀身亡。现在一提到奥赛罗，人们马上会想到嫉妒，奥赛罗几乎成为疯狂嫉妒的代名词了。这固然是莎翁艺术的成功，也说明了嫉妒是人类的一种普遍的不良情绪。

生活中这类悲惨的例子虽不多见，但有些人看到别人略胜一筹，受到表扬，心里就不是滋味，看到别人为社会创造财富，得到社会报酬，就患“红眼病”，故意揭短处，拆他人之台。

按照许多心理学家的分析，嫉妒是人类的一种本能，甚至在动物界就可看到嫉妒的端倪。当一只猴妈妈对自己的子女稍有偏爱或分食不公时，可能就埋下了兄弟姐妹之间为得宠和失宠而进行争斗的导火线。当然，人类的嫉妒不同于动物，它更富有社会内容，表现形式也更复杂多样。但有一点是相同的，它多半是因为自己社会尊重的需要得不到满足而进行的一种不良情绪的发泄，是一种企图缩小和消除差距、实现原有关系平衡的消极手段。嫉妒心理活动有其共同的方面，也有其表现程度的不同。嫉妒的发展一般经历三个阶段以及相应的表现形式：嫉羡—嫉忧—嫉恨。如果同事、同学、同乡取得了一些成绩，在某方面跑到了自己的前面，人们普遍会产生一种羡慕的感情，但如果某人心胸不开阔便会在羡慕中夹杂一点嫉妒的因素，其表现往往不如以前那么热情，相互之间似乎增加了一层看不见的屏幕。在这种情况下，有时自己也并没意识到。当对方的成绩有了新的发展，受到更多的社会赞誉时，嫉羡便会发展成嫉忧，也就是担心对方的成绩和荣誉会造成对自己的威胁，或者出于一种不愿意有人超出自己的感情，心里产生了一种忧惧，行动上就会表现出对对方的冷漠甚至诋毁对方的成绩，有意无意地传说他的弱点。如果这种感情发展下去，不是以自己的努力和友善的态度控制和克服这种感情，嫉忧便可能发展成为嫉恨。当一个人被嫉恨的情感所笼罩时往往会失去理智，偏听偏信，抓住一端不及其余，甚至不择手段给对方设置障碍。看到对方难以逾越困难反倒幸灾乐祸，以此来维护自己的自尊心和虚荣心。因此，当我们明白了上述嫉妒的心理活动时，就要积极地战胜人类自身的这一不健康的心理弱点。

首先，充实自己的生活。培根说过，嫉妒是一种四处游荡的情欲，能享有它的只能是闲人，每一个埋头于自己事业的人，是没有功夫去嫉妒别人的。对于别人的成绩，可以有三种截然不同的态度，一种是消极嫉妒、诋毁、打击别人，从而抬高自己；二是自恃阿Q精神，无视事实，夜郎自大；三是羡慕成就，急起直追，埋头学习和工作，“你行我更行”，通过自己的努力，缩小差距，达到相互关系的新的平衡。这样，就可以化消极的嫉妒为积极的进取了。我们提倡的是第三种态度。

其次，学会比较的方法。一般说来，嫉妒心理较多地产生于原来水平大致相同，彼此又有许多联系的人之间。两个平时很要好的人，一个人如果取得进步，赢得荣誉，另一个也许就会比较：他原来并不比自己强，这下冒了尖，把我“甩远了”，人家会瞧不起我了。于是嫉妒心油然而生。因此，学会正确的比较方法，善于学习别人的长处，克服自己的短处，而不是以己之长比人之短，心里就要平静得多。

再次，驱除个人主义的阴影。嫉妒心理的实质是极端个人主义在作祟。具有这种心理的人往往以自我为中心，凡事只想到自己，不甘居于人之下，不把别人的成绩看成是对社会的贡献，而首先当作是对自己的威胁。针对此，我们应“心底无私天地宽”，驱除个人主义，就会有开阔的胸怀，忧别人所忧，乐别人所乐，就定能驱散嫉妒的阴云。

此致

敬礼！

朱永新

五、被别人嫉妒怎么办?

朱教授：

您好！

最近我与同室的好友的关系出现了微妙的变化。我感觉到她时刻在盯着我的一举一动，并且会对我的考试成绩、演讲竞赛上的表现，发表尖酸、刻薄的批评。我虽然感觉莫名其妙，但内心很难过，我不知道自己怎么招惹她了，让她有这么深的嫉妒。我该怎么办?

此致

敬礼！

蒋　娜

蒋娜：

你好！

朋友间的相互嫉妒确是一种可恶的内部消耗力，是友情的最大敌人。可是在现实生活中，会有另一种境况：当你工作成就突出，当你学习成绩优异，当你获得特殊荣誉，当你被选任重要岗位，甚至当你聪明灵秀或容貌楚楚动人的时候，都可能有嫉妒伴随而来。这时，你的心情一定很着急，很苦恼，希望摆脱这种被人嫉妒的困境，和他人友好相处。

确实，被人嫉妒对自己的工作、学习、生活带来诸多不便。在此，让我们先来讲述历史上发生的一则故事。

战国时期，赵国惠文王得到楚国的和氏璧，价值连城。强大的秦昭王垂涎这罕世之宝，假称愿以十五座城池换和氏璧。赵王知道这是欺人之谈，但又不敢得罪秦王。正在走投无路之际，赵国宦官头目缪贤的门客蔺相如毛遂自荐，自愿出使秦国，结果不辱使命，完璧归赵，立下大功，被封为上卿，位在名将廉颇之上。廉颇愤愤不平，非常嫉恨。他想我乃赵之良将，有攻城野战之功，而蔺相如徒以口舌之劳，况且出身寒微，却位居我上，深感耻辱，宣称："若是我见到他，必要羞辱他。"蔺相如闻听此言，不肯与廉颇照面，每逢上朝，都假称有疾，不想和廉颇争位次的高低。路上碰到了，蔺相如总是"隐车避匿"。可是蔺相如手下的人很不平，对他说："你这样窝囊，连我们也感到不光彩，我们要辞职。"相如却对他们说："秦国如此强大，却不敢对我们动兵，正是因为有我二人。若是两虎相争，必有一伤，我是先国家之急而后私仇啊！"廉颇闻听此言，悔恨交加，负荆请罪，二人遂结为刎颈之交。

这可以说是处理被别人嫉妒的光辉典范。难怪廉颇、蔺相如的故事历来是我国文学史上吟咏的题材。无疑，要做到像蔺相如那样，首先必须胸襟博大，心底无私，具有高度的自我牺牲精神。当然，这绝不意味着要放弃初衷，改变自己行动的进程。恰恰相反，正如著名医学家哈维所说："匮乏和习俗已成人类的第二天性，加之以过去确立的已经根深蒂固的思想，还有人们尊古师古的僻性，这些很严重地影响着全社会。然而，木已成舟，义无反顾，我信赖自己对真理的热爱以及文明人类所固有的坦率。"

至于具体做法，不妨参考以下方法。

一是向嫉妒者表露自己的不幸。当一个人幸运的时候，有人却可能因此感到自己的不幸，这种差别构成了嫉妒心理的第一来源。而你向嫉妒者吐露自己的不幸往事或目前的窘境，就缩小了双方的差距，并且让对方的注意力转移了。这往往使人感到你的谦虚，并给嫉妒者带来“内心的安宁”。

二是赞扬嫉妒者身上的优点。当嫉妒者注意你的幸运时，他自己的优秀之处往往被忽视了，于是一种自卑感油然而生，自惭形秽。这种“自我的不行”成为嫉妒心理的第二来源。因此，你注意并赞扬嫉妒者身上的优点，就容易使他产生心理上的平衡感。当然赞扬必须真诚，必须实事求是，否则他会感到你在揶揄他。当嫉妒者从你的眼光中反照出自己的优点时，就会欣欣然：“人各有其能，我何必嫉妒他呢?”

三是求助于嫉妒者，同时又真诚地帮助他。如果可能的话，你应当感激嫉妒者曾经对你的帮助，或者向他提出新的求援。同时，也要注意帮助对方，使嫉妒者感到：你的进步不是对自己的一种威胁，而是出于对美好生活的一种追求，而这种追求对自己也是有益的。

四是让嫉妒者分享欢乐。你所取得的成就总是与别人的帮助分不开的。在取得成功和获得荣誉时，你不要冷落了大家，更不要居功自傲。你可以真诚地邀请大家包括嫉妒者一起来庆祝你的成功，让他也分享成功的欢乐和荣誉，这有助于消除危害人际关系的紧张空气。

此致

敬礼！

朱永新

六、怎样消除焦虑情绪?

朱教授：

您好！

面临高考只有两个月的时间了，同学们表现出了各种奇怪的行为，有的在考试前头痛、胃痛，有的频繁去洗手间，还有同学干脆紧张得手直哆嗦。老师说我们是考试焦虑，需要放松和调整，我不知道焦虑到底是生理现象还是心理现象？请告诉我好吗？

此致

敬礼！

夏　华

夏华：

你好！

在一所小学的六年级教室里，一场考试正在紧张进行。可是以往阿香坐的座位却空着。老师感到疑惑不解：阿香平时很少缺席呀！同学们也为她着急：这是一场关系到能否升学的考试，阿香平时的成绩不差呀！可是他们怎么也想不到，阿香自杀了！当这个消息传来时，如同晴天霹雳，同学们都惊呆了：阿香昨天还和我们在一起的呀！可是阿香的的确确是自杀了。她无法忍受无穷无尽的考试的焦虑状态，对人生感受不到丝毫的趣味，决定以死来逃脱终日为考试成绩的好坏而担忧的苦海。后来，一个经常和她在一起温习功课的学生，写了一篇作文哀悼她，文章是以这样一句饱蘸深情、意味深长的责备结尾的："阿香，你真蠢！"这实在是一个使人痛心又使人担心的问题。

焦虑是一种情绪状态，它不自主地影响着一个人以后的态度和精神状态。与这种态度和状态相应，往往伴随有躯体的障碍，如行为不灵活、动作不敏捷和身体不舒服的感觉。然而，事实上焦虑的情绪状态多半是一个人主观上认定某件事可怕并构成威胁，陷入这种恐惧心理中而不能自拔。当然，并不是说所有的焦虑都是坏事。在一个建设速度不断加快、竞争对手不断增强的社会里，每个人都可能处于一定的焦虑状态。俗话说："人无远虑，必有近忧。"适当的焦虑也许不无益处。比如参加考试，据教育心理学家研究，中等焦虑最有利于自我能力的发挥。对考试若无其事，成功与否毫不在乎或者相反，对考试极为重视，大有成功与否在此一举之感，这是两种相反的极端态度，处于无焦虑或高焦虑状态，都不利于自己水平的发挥。我们这里所说的焦虑主要是指不适当的高焦虑。

焦虑在儿童时期就很明显。他们可能为细枝末节过度焦虑，烦躁不安，做噩梦，讲梦话，食欲不振或植物神经紊乱等，严重的焦虑能使人失去一切情趣和希望，甚至在心理上摧垮一个人。

有人用电击老鼠的方法做实验，证明焦虑对生理影响很大。电击老鼠，它会感到疼痛，只要有可能，它就会努力逃避。实验者将老鼠分成三组，一组在电击前先听到"吱"的一声，一组受到的电击是突然的，另一组听到"吱"的一声，但没有电击。结果，没有受到电击的老鼠没有任何症状，受到电击的老鼠都患了胃或肠溃疡。值得注意的是，预先十秒钟知道要受到电击的老鼠胃肠溃疡的程度更为严重，因为它不断处于焦虑状态。

青年人学习、工作尤其繁忙，前途尚不明朗，所以不少年轻人处于不适当的焦虑状态。这很不利于身心健康。为了有效地改变这种状态，首先要增强自信心。缺乏自信心的人，一遇困难，一遇紧张的压力，往往出现焦虑反应。其实，这是很容易理解的。若是缺少克服困难、展望光明前程的信心，就会为解决不了的问题、为暗淡的前景所困扰，这样就必然处于焦虑状态。如果你对未来充满自信，逢山开路、逢水架桥，相信没有闯不过的关，就不会焦虑了。

研究还发现，早年的生活中缺乏温暖的照顾，会养成患得患失的性格，如果相反，父母过于溺爱，则可能导致独立生活能力低下，也是焦虑的潜在原因。有这两种情况的青年，最需要的是磨炼意志，使自己增强主动行动的勇气，增强生活的能力，提高承受失败的忍受力。

引起焦虑的再一个原因是自尊心过强，哪怕有一点儿不顺利，就感到自己大大丢了面子，缺乏处之泰然、安之若素的胸襟，把什么都看得过重，生怕受人轻视或讥笑，总有如履薄冰之感。其实“胜败乃兵家之常”，生活亦同此理。可我们有些人就是为小小的得失耿耿于怀，为尚未来临的困难担忧不已。所以要克服焦虑心理，正确对待自尊心也是重要的一条。记得有一句名言：凡事尽最大的努力，作最坏的打算。那样，焦虑心理就会大大减轻。

此致

敬礼！

朱永新

七、如何控制自己的情绪？

朱老师：

您好！

我是一名男生，在班级担任班长一职。我对工作勤勤勉勉，对同学关心负责，按理说我该有很好的人缘，但事实并非如此，我知道这是由我那臭脾气造成的。

朱老师，我不知怎么回事，遇到烦心的事就容易上火。上周为了班级活动又跟文娱委员吵起来了，我就是那种一有事就往上冒火的人，谁在这时撞过来，那一肚子火就全撒向他。现在在学校可能同学间彼此还不太记仇，我怕我这动辄发怒的火爆性子将在以后的工作中给我带来无限的麻烦。我想请教朱老师，该如何避免这种发怒的情绪？望能给予指点，不甚感谢！

此致

敬礼！

王云峰

王云峰：

你好！

我想与你共同讨论“如何控制自己情绪”的问题，我以为，这是一个人成长中很重要的问题。

“怒发冲冠，凭栏处，潇潇雨歇”是岳飞词《满江红》的开篇名句。说起“怒发冲冠”，还可追溯到《史记》上记载的战国时代赵国名臣蔺相如，为“完璧归赵”怒发冲冠斥秦王的故事。这是家喻户晓的史实，就不再多费笔墨。我们这里要说的是“怒发冲冠”这样一种情绪状态。

心理学上，把人的情绪分为心境、激情和应激三种。

心境是使人的其他一切体验和活动都染上情绪色彩的、比较长时间的情绪状态。唐人诗句“春风得意马蹄疾，一日看尽长安花”是对高兴这一心理状态惟妙惟肖的描写。如果一个人处在良好的、朝气蓬勃的心境之中，那么，完成工作似乎是很有趣的，巨大的困难也会被克服，这样的人是有求必应的和很愉快的。所谓“人逢喜事精神爽”就是这个道理。如果情绪沮丧，那么工作就枯燥无味，同样的人也容易激动和没有礼貌，任何困难都难以克服。

应激是在出乎意料的紧张情况出现时所引起的情绪状态。危险条件下的行动，必须独立地采取迅速的决定，在危险的情况下刹那间的反应，在突然变化的情况下的行动都将是应激状态。

激情则是强烈的、暴风雨般的、紧张而短暂的情绪状态。大怒是激情的一种。在激情状态下，人的心率、血压、肌肉紧张度也会发生显著的变化，须发倒竖就是激怒状态的外部表现。这种表现决定于人的自我调节功能。如果一个人只有愤怒、激动的心理活动，而没有外部的表现，那是要严重损害身心健康的。但如果一个人经常处于“怒发冲冠”的状态，情绪高度紧张，也会很快耗尽有机体的适应储存，导致疾病甚至死亡。美国有句谚语说得很好：“不会发怒的人是呆子，而不屑发怒的人则是哲人。”

平息雷霆之怒，不仅有益于健康，而且有益于冷静地思考和处理问题。《三国演义》中有这样一个故事：诸葛亮向五丈原进兵，为了激怒司马懿出战，送给司马懿一套妇人衣饰，百般嘲弄司马懿像妇人一样胆小如鼠，众魏将怒不可遏，纷纷要求出战，但司马懿却压住怒火，坚持按兵不动，坐等战机，终于退了蜀兵，反被动为主动。

平息怒气要靠自己的意志，但适宜的环境也有助于控制情绪，美国《脑与精神研究公报》报道：各种颜色会通过视觉影响人们的内分泌系统。例如粉红色会通过神经系统作用于人的下丘脑，从而向肾上腺发出指令减少激素的分泌，减弱心肌收缩的力量，心搏减速。这与发怒时心肌收缩加强，心脏加速正好相反。心理学家们把怒气冲天者送进粉红色的房屋，他们的怒气很快就平息下去了。幽默感也是平息怒气的好朋友。一个具有幽默感的人往往能使本来紧张的局面趋向缓和，进而出现和风细雨、其乐融融的景象；几句俏皮话能使一个窘迫的场面在笑语中消逝。国外有一位船长招收水手时有一特殊要求：具有幽默感。他的经验告诉他，在风浪面前，幽默感往往能平息惊慌，化险为夷。

祝心怡！

朱永新

八、怎样才能减少烦恼?

朱教授：

您好！

“最近有点烦，有点烦……”这首歌常挂在同学的口中。青年大学生即将从单纯的学校生活步入复杂的社会，烦恼也日渐增多，特别是女孩子，面对学习、生活、人际关系困扰，处理不好就会忧心忡忡，整天处于烦恼之中，面对这种情况我们应该怎样对待呢？

此致

敬礼！

刘　凯

刘凯：

你好！

烦恼的心情大概很少有人没有体验过。大至学业、工作、事业、恋爱婚姻，小至为人处事、日常起居，都会碰到困难。当一时无法排除这些困难时，烦恼之情便油然而生；相反，工作取得了成绩，经济上增加了收入，恋爱取得了进展等，也会产生烦恼。因为取得了成绩会引起不同的反应，增加的收入怎样支配亦不能随心所欲，爱情进展了又会有新的问题产生，等等。甚至无所事事，排除了进取的愿望，莫名的烦恼仍然会袭上心头。因为人是有感情、有理智的，对外界的现象不可能毫无看法和情感反应。主观需要和客观现实、自身的愿望和别人的要求难以和谐处理时，烦恼又会悄然而至。也许正是种种的矛盾不断袭来，才推动人努力去消除这些烦恼，从而推动人的不断前进。然而，无端的愁绪、自寻的烦恼只会使人整天陷入心绪不宁的境地，消蚀一个人的生活锐气。

唐代著名诗人李白的《梁甫吟》中有这样两句诗：“白日不

照否精诚，杞国之士忧天倾。”倾吐了作者报国无门的心声，抒发了怀才不遇的牢骚。其中“杞国之士忧天倾”一句出自“杞人忧天”的典故。《列子·天瑞》记载：杞国有一个人，担忧天地会崩裂坠落，自己的生命无所寄托，因此成天烦恼不安，到了废寝忘食的地步。后来人们就以“杞人忧天”来形容那些为不必要的小事或毫无根据地忧虑而烦恼的人。“杞人忧天”当然是过于夸张了，但生活中自寻烦恼的人却比比皆是。

分析起来，可以把这些人分为三种情况：一是无故烦恼，如走路怕跌了，吃饭怕噎了，身体还是好好的就担心将来如果身体不好怎么办……杞人忧天便属此类；二是小题大作，如偶有伤风感冒就惊恐不安，上街怕买不着菜，出门怕搭不着车，为小小的失利惴惴不安，为一时丢了“面子”而烦恼不已；三是徒劳的烦恼，如亲友在外担心他们冻了，子女尚幼，就为他们的升学就业操心，自己的工作明明很如意，却担心有不测风云……

不管是哪一种烦恼，对自己对别人都没有好处。据心理学家分析，经常烦恼的人易患慢性疲劳症。虽然无重体力劳动之累，又无重任在肩，却老是感到疲惫不堪。尽管休息补养，却不见起色。经常为烦恼所困的人，往往注意力容易分散，影响工作和学习效率，缺乏人生乐趣，更无冒险精神，事业上难有大成。烦恼过度，还会转化为精神抑郁症。再说，“烦恼型”的人，往往喜欢多管闲事，唠唠叨叨，爱把自己的意见强加于人。在集体生活中常使人感到碍手碍脚，别人往往不愿与其交往。如此这般，造成恶性循环，使得人生了无趣味。

要摆脱心理上的烦恼状态，最主要的是确立正确的人生态度。一天到晚患得患失，忧心忡忡，空想、愤怒和沮丧在头脑里“大闹天宫”，这实际上是个人主义在作怪。因此，把个人的利害得失看得淡薄些，把自己的荣誉大小看得轻微些，许多烦恼就会自行消遁。

驱除烦恼的另一要点是建立正确的思维方法，懂得烦恼本身是无济于事的，徒然使自己增加痛苦。烦恼和积极思考、想方设法不同，烦恼仅仅是一种消极的担心着急而已，尤其是在无能为力或不值得忧虑的情况下更是如此。

驱除烦恼的再一个要点是懂得社会和人生变化的辩证关系。万事顺心如意，万事按照自己的主观愿望发展是不可能的。生活有自己的进程，是无数个事变的组合。事情的变化有时很难说是好是坏，自寻烦恼自然毫无价值。当碰到困难时，只要不懈努力，而不要拱手待定，出路总是有的。俗话说“车到山前必有路”，不要把一时的困难看成永久的困难，不要把局部的困难看成总体的困难，这样，许多问题就迎刃而解，许多烦恼就烟消云散了。

还有一种弥漫在青年人心里的烦恼是由于“超人”的冲动而引起的。凡事总想在人前不甘在人后。年轻人有上进心是好事，上进心是推动社会和个人前进的一种可贵动力。但如果对自己的期望过高，不根据自己的实际情况，什么事都想超过别人，什么事总想做得完美无瑕，必然会导致不必要的烦恼。世界上没有足赤之金，也无完美之人。希腊神话中的阿克琉斯可谓盖世无双、战无不胜的英雄了，但他也有致命的弱点——他的脚跟不能碰。因为他的母亲握着他的脚跟替他蘸圣水时，脚跟无法蘸到。敌人发现了这一破绽，便战胜了他。神话中的英雄尚且如此，生活中的凡人又岂能十全十美呢？一个人总有无能为力的时候，不能为而强为，就会引起烦恼。所以对自己要有一个恰当的估价，哪些事有必要做，有条件做，又是自己力所能及的，就把主要精力放上去，尽最大的努力做好，做不到的则不要勉为其难。这样，因“超人”的冲动而引起的烦恼就不复存在了。而当你脚踏实地从小事做起时，一个个具体的成绩就会像一朵朵盛开的玫瑰花向你微笑，使你怡然自得。法国作家大仲马说得好：“人生是一串无数的小烦恼组成的念珠，达观的人总是笑着数完这串念珠。”朋友，向着这串念珠微笑吧，这是你自信和自立的象征。

此致

敬礼！

朱永新

九、怎样看待冷漠？

朱教授：

您好！

我的好朋友最近遇到了些挫折，使得他整个人发生了变化。他变成了一个冷漠的人，每天独来独往，不苟言笑，好像周围的一切都与他无关。我们都感觉很难过，害怕他从此变得封闭抑郁。请问，我们可以帮他做些什么？

此致

敬礼！

杨　光

杨光：

你好！

在上海发生过这样一件真实的事：一个女青年因恋爱受挫而跳河自杀，围观者达一二百人之多。冷眼旁观者有之，嘴喊救人却不见行动者亦有之。这时，一位孕妇纵身跳入水中，把人救上了岸，体现了自我牺牲和人道主义的高尚情操。观者羞愧，闻者动容。

事后，在无数人的头脑中产生了这样一个疑问：在救人如救火的关键时刻，何以那么多“旁观者”会袖手旁观、无动于衷呢？由此，人们自然会联想到为什么不少人对他人疾苦漠不关心。从社会原因看，我们不否认有些人由于思想情操的低下，对别人的不幸无动于衷；有些人则曾经以满腔热情、纯洁的心灵迸发出高尚情操的火花，但却受到别人的嘲讽，甚至打击，而变得心灰意冷。从历史的角度看，冷漠在中国还有其深刻的根源。鲁迅那锋利的艺术匕首曾经无情地解剖过它的内核。中国是一个封建统治时期漫长、封建意识影响深远的国家，人身依附关系严重，因而养成了依赖、等待和无所作为的心理习惯。事不关己，高高挂起，就是这种思想的表现。长期小农经济自给自足的生产方式，导致了“各人自扫门前雪，哪管他人瓦上霜”的陋习。几十年的思想革命，猛烈地冲击了这种传统意识，但由于它的根深蒂固，在相当一部分人中还很有市场。这种性质的冷漠需要靠普遍提高社会的文明水平和全民的思想觉悟来改变。

但还有一种心理上的冷漠，它的程度并没有那么严重，其表现形式更是各不相同。有的是因为性格内向，情感的强度较弱而外在表现不明显，被人误认为冷漠。实际上他们是情感深沉，能帮人一帮到底；有的是整天忙忙碌碌，因为紧张的工作和繁重的家务所累，始终处于疲倦状态，自然也就很少有高涨的热情，只要紧张气氛松弛了，他们的热情一般能很快调动起来；有的则是因为心灵上的创伤所致，如过去曾赤诚待人，结果却遭到欺骗、暗算，因此对人渐生戒心，不轻易暴露自己的思想感情；或者屡屡受挫，世界在其眼中被蒙上了一层灰暗的色彩，失去了信心，失去了对生活的追求，自以为是看破红尘，新的事物、新的活动难以再激起他的热情，看不到自己改造世界的力量，只想消极混世，了此一生。

再一种原因可能是因为从小受到歧视和虐待，长大后对人怀有敌对情绪，其表现自然就常常是冷漠的了。由此可见，对于心灵冷漠的人，不能简单予以责备。冷漠心理的形成不是一朝一夕的，因此，改变冷漠的状况也不能操之过急。对于自感冷漠的人来说，最重要的是改变思维方法，正确认识人生，认识社会，认识自己。

第一，不要忘记，你永远生活在社会之中。人总是社会的人，人与人之间的关系是相互的，只有尊重别人才能赢得别人对你的尊重；只有信任他人，才能换得他人的信任；同样，要想获得别人的友情，你就不能对人冷漠。洁身自好、顾影自怜的态度，并不能改变现状，却是在为自己设置陷阱。只有当你不断关怀他人的时候，你才能经常握到他人的援助之手。

第二，不要忘记，真、善、美是生活的主色彩。不可否认，生活中有一些假、恶、丑的东西，给人与人的关系笼罩了一层暗淡的阴影，使你扫兴，使你寒心。但不要一叶障目，要看到生活的主色彩毕竟是令人愉悦的，大多数人的心灵是美好的、善良的。不要因为过去的挫折而丧失信心，也不要由于以往的遭遇而心灰意懒。俄国诗人普希金说得好："假如生活欺骗了你，不要忧郁，也不要愤慨！不顺心时暂且忍耐；相信吧，快乐之日就会到来。"

第三，不要忘记，你是现实世界的创造者。情感冷淡的人往往不把自己视为生活的主人，并没有意识到现实世界正是由一个个像自己这样的"小细胞"组成的。一滴水的力量是有限的，但千千万万滴水就能翻江倒海；一个人的力量是有限的，但千千万万人的活动就会改变整个社会的面貌。因此，不要把自己当做生活中的匆匆过客，不要把自己当做现实世界的消极适应者，而要主动地迎接生活的挑战，热情地面对人生。相信吧，在你、我、他的共同努力下，一个高度和谐的社会生活就将诞生。

第四，不要忘记，人与人之间需要"感情对流"。苏联教育家苏霍姆林斯基在《关于人的思考》一书中说："当一个人从小就深信，没有友谊，没有纯洁的心灵，没有诚挚的感情，没有真理，就不可能有生活的真正的欢乐的时候，他就会成为一个为心灵美、为大众的幸福而战斗的真正的战士。"事实上，如果没有人与人之间的感情交流，各自只把感情隐藏在内心深处，那将是怎样一幅冷若冰霜的图画啊！因此，性格过于内向、情感过于内隐深沉的人，应尽量使自己善于表露、敢于冲动才好。

第五，克服观望心理。心理学的研究发现，当某人遇到困难只有你一个人在场时，一般你会不加犹豫地予以帮助。而有几个人在场时，就会出现“责任推诿”现象，大家彼此观望，谁也不首先上前。人越多，这种现象就越严重。但是，由于各人责任感和性格的不同，总会有人打破僵局，毅然前往相助。可见，克服观望心理不仅是应该的，而且是可能的。在我们明白了这个道理后，遇到类似情况，就更应挺身而出、一马当先了。

此致

敬礼！

朱永新

十、怎样看待爱笑的习惯？

朱教授：

您好！

我是个特爱笑的女生，也不是生活中没有什么烦心事，而是我总能以乐观的态度化解烦恼，保持心情愉快。可是我妈妈和同学都说我“发神经”、“不知愁”，说我“没心没肺”，我很不明白：愉快的心情总比天天阴沉脸强呀！

我想学些有关愉快的心情对人的作用的知识，我可以去给我的妈妈和同学们“洗脑子”。我这个习惯真的不好吗？

谢谢您了！

快乐的雪儿

雪儿：

你好！

真高兴认识你，我好像听到了你开心的笑声。我也愿意和你讨论愉快心情的作用。

“笑容可掬”这个成语形容人满脸堆笑的样子，可以用两手捧起来，出自清代小说家蒲松龄的《聊斋志异》：“有女，郎携婢，拈菊花一枚，容华绝代，笑容可掬。”

“笑”，是人类特有的表情。它给人间增添了色彩和欢乐。如果满面春风的笑容和清脆悦耳的笑声从我们中间消逝，人生该多么索然无趣！

从心理卫生的角度说，笑有益于身心健康。笑能促进肺活量的增加，加速血液循环。微笑时，面部、腹部肌肉都要参与运动；敞怀大笑时，四肢肌肉也随之运动，有益于体内激素的分泌，有利于新陈代谢的进行。笑是愁闷、疲劳的劲敌，是快乐、活跃的良友。

笑能治病。英国的一个 13 岁男孩，因为胸肌功能丧失，不得不依靠一副特制的金属背心来压迫胸膛一起一伏，维持呼吸。后来是笑恢复了他的胸肌活动功能。医生带他到戏院观看滑稽演员的表演，他常常被逗得哈哈大笑，每笑一声，金属背心上的呼吸器就切断 12 分钟，待到第二次再去医院时，他已经能独立呼吸 40 分钟了。

在法国许多商店、饭店、医院、机场等公共场所，都贴有一首题为《微笑》的诗歌，现在我们也把它奉献给大家：

微笑一下并不费力，但它却产生无穷的魅力。

受惠者成为富有，施予者并不变穷。

它转瞬即逝，却往往留下永久的回忆。

富者虽富，却无人肯抛弃；

穷者虽穷，却无人不能施与。

它带来家庭之乐，又是友谊的绝妙表示。

它可使疲劳者解乏，又可给绝望者以勇气。

如果偶尔遇到某人，没有给你应得的微笑，那么将你的微笑

慷慨地给予他吧，

因为微笑对于他来说比任何人都更加重要！

但在这纷纭复杂的世界上，也真是无奇不有。沙特阿拉伯的甸蛮人有一种极其独特的习俗：笑被看作是不友好的象征，笑是属于奇耻大辱的。小辈见了长辈，不笑，是表示对长辈的尊敬和孝顺；笑了，则被认为是忤逆长辈，是一种极大的侮辱，长辈会到族长那里去“告状”。更妙的是，一对正在热恋中的年轻人，如果有一方在恋人面前笑了，那么，“美满的姻缘”准会马上告吹。

斯里兰卡的惠达族人，从来不会笑，这里见不到笑脸。人们曾经多次想用令人捧腹的滑稽节目来赢得他们的笑声，结果白费力气。惠达人为什么不会笑？是他们没有“笑的神经”或“笑的功能”还是别的原因？至今是个谜。

你看，能笑出来，拥有愉快的心情，是多么快乐的事！

祝

笑口常开！

朱永新

十一、怎样对待早春的恋情？

朱老师：

您好！

我是一名高中的女生，初中时曾经有过一次早春的“恋情”，但害怕战胜了兴奋，断绝了与男友的交往。我不知道这样做是否正确，到现在还为此事烦恼。我很想得到正确的答案：该怎样对待发生在周围，包括发生在自己身上的这种似恋爱又不是恋爱的现象？

赵　倩

赵倩：

你好！

你的来信提出了一个非常普遍的问题，即中学生在今天这样一个环境下，如何对待“恋爱”问题。你说在初中已有过经历，既害怕又兴奋，后来因“害怕”不再和“他”往来，你所经历的这种心理体验，是每一个像你这种年龄段中学生都可能有的。我们为你感到庆幸的是你在初中就能下决心和“他”不再往来，可见你是理智的、冷静的、聪明的女孩。不过你的力量主要来自外界的压力，而不是自己对中学生早恋问题的正确认识。

恋爱是人的一种正常的生理需要和情感表现。中学生随着身体的成长发育，到了青春期，逐渐对异性发生兴趣，希望与异性交往，取得异性的好感，从而发展成爱慕、依恋，彼此都意会到这一点就产生了恋爱。青春期的中学生，生理和心理都在发展中，性的成熟早于精神和人格的成熟；正处在吸收科学文化知识，培养科学的人生观和世界观的黄金时期，不具备处理好恋爱问题的条件和能力，却有了恋爱意识。如果过早地有恋爱行为，就会把过多的注意力转移到两性问题上，放纵自己纯洁的感情，搅乱自己平静的心境，精神恍惚，想入非非，不但不能促进学习、增进同学的友谊，反而会影响和妨碍学习，甚至有损于身心健康。因此，任何一个有远大志向、清醒理智的中学生，都应该能够控制住自己的感情，把主要精力都用在学习上，决不因感情冲动、时光虚度而留下遗憾。

那么中学校园中的少男少女们，怎样处理已经发生的“似恋爱又不是恋爱的”感情问题呢？由于中学生的矛盾心理，处理这类事情可以说是“剪不断，理还乱”。苏霍姆林斯基在给女儿的信中说：“人类的爱情不仅是美好的、忠实的、真诚的，而且是明智的、审慎的、机警的和严格要求自己的，只有这样才能获得快乐和幸福。”要彻底解决这种问题，关键取决于自己。

首先，异性交往要注意距离效应，把握交往分寸，互相尊重，保持高尚的同学情谊。男女同学相处要注意保持心理距离，这决不是待人不真诚，而是青春期异性交往易忽视的心理因素。异性同学只宜做一般朋友，多在公开场合交往，少个别交往，不要在异性中找知心朋友，不要过分亲密，以防一时冲动，滋生恋情。事实上如果每一个中学生把全部精力投入繁忙紧张的学习生活中、健康的兴趣爱好中，确立较高的生活目标，全面发展，就不会产生毫无意义的早恋，游戏青春，虚度年华，酿成悲剧。

其次，要保持清醒冷静的头脑，摆脱浪漫的幻想，讲究方法，果断地终止已经发生的“恋爱”。如果发现有个别异性对你特别热情，甚至表露爱慕之情，你可以对他（她）表示适度的冷淡。切忌拖泥带水，犹豫不决。

再次，把主要精力放在学习上，丰富自己的业余生活，参加各种健康有益的集体活动。这样不仅把自己的注意、心思和精力都引向求知，发展能力和体力，培养高尚情趣，使精神和体力获得满足，而且，抑制了生理冲动，防止早恋。

总之，不要怕“剪不断，理还乱”的早春恋情，而要果断地“剪”、冷静地理。

你的朋友　朱永新

第十三章　如何锻炼坚强的意志

一、怎样才能做到有恒心？

朱教授：

您好！

是因为我们的年龄所限，还是因为我们个人性格所限，使我们这些大学生中很多人都表现出“会夸夸其谈，不会坚持做事”？“人贵有恒”，师长们总是这样教导我们，可为什么我们无法做到呢？

此致

敬礼！

李　红

李红：

你好！

《尚书》曰：“为山九仞，功亏一篑。”意思是说，建筑九仞高的土山，由于只差一筐土而不能完成，半途而废了。这句古语既表达了对为一件事只差最后一点儿未能完成的惋惜，也暗含了一件事非得持之以恒、一干到底方能取胜的哲理。故这一古语流传广泛，至今熟用在人们的口头。这种功亏一篑、半途而废的事在生活中也实在太多了。有人立志自学成才，却半途而辍；有人立志早起锻炼，却巴望着天天下雨；有人练习书法，却不觉一下弃笔数月……难怪古言有训："靡不有初，鲜克有终。"这对年轻人来说尤需引起警戒。年轻人往往凭着一时冲动一跃而起，订计划，下保证，雄心勃勃，但"一鼓作气，再而衰，三而竭"，遇上九曲三弯，便热情渐消。这与他们经验不多、心理准备不足有关。事先往往把事情想得过于浪漫，计划订得不切实际，对可能碰到的困难估计不足，因此美好的幻想常常在严酷的现实面前撞得粉碎。另外，年轻人阅历不广，生活的锋刃未经冷热交替的淬火，故而容易卷刃。所以，对于年轻人来说，培养自己的恒心，锻炼自己的毅力，的确是一项重要的心理建设任务。

斯大林曾经说过，伟大的目的产生伟大的毅力。一个人如果没有明确而远大的生活目的，没有美好的希冀和追求，他的行动就会失去方向和动力，稍遇挫折就会心灰意冷，一蹶不振。反之，如果有理想、有抱负，认识到自己行动的真正意义，他就会按照目的自觉地调节自己的行为，不达目的，决不罢休。无产阶级的革命导师马克思有一名言——"我的目标始终如一"，这也正是他为什么能在颠沛流离、家贫如洗、妻病子亡等艰难的条件下，矢志不移、奋勇搏击的原因所在。

培养恒心、磨砺意志并不一定要在惊天动地的大事业中进行，从一点一滴的小事情着手，同样能培养一个人的意志。就拿按时起床、每天读书、写日记或早锻炼来说，如果你在任何情况下都不马虎，坚持不懈，不以"天气不好"、"身体欠佳"、"时间太紧"、"工作很忙"等借口原谅自己，你就能培养自己的恒心。

用座右铭来激励自己，也是培养恒心的有效办法。革命前辈徐特立同志四十多岁学法文时，曾以"日学一字，五年为成"为座右铭，结果三年就掌握了法文。京剧表演艺术家袁世海在客厅墙上挂了手书的三个大字——"天天练"，古稀之年，仍坚持奉行。

意志的强弱、恒心的大小与克服困难的大小成正比，这是意志活动的一条规律。生活中充满了形形色色的困难，这就需要我们有一个正确的“困难观”。乐观的人、有恒心的人视困难为常情，认识到这样的一个真理：困难像弹簧，你强它就弱，你弱它就强。而悲观的人、缺乏恒心的人往往人为地夸大困难，在困难面前败下阵来。因此，只有乐观的人才能正视内心的障碍和外部的阻力，忍受悲观的人所无法忍受的痛苦，经得起悲观的人所无法经受的考验，在逆境中奋斗，永远向着未来。

现将毛泽东同志年轻时代的一句座右铭来作为我们的座右铭吧：贵有恒何必三更起五更睡，最无益只怕一日曝十日寒。

此致

敬礼！

朱永新

二、怎样发挥暗示的积极作用?

朱教授：

您好！

我发现我是一个很容易受暗示的人，别人的认识和情绪很容易影响我。我觉得自己是个没主见的人。可是昨天有同学讲到考试前要多用“自我暗示”来鼓励自己，就会消除紧张。我在考试中尝试用了一下积极的自我暗示，效果果然不错。

我对暗示这种现象产生了浓厚的兴趣，朱老师您能向我介绍一下有关暗示的知识吗？重要的是，我想多掌握积极暗示的方法——做个自信、乐观的人！谢谢您的帮助！

您的学生　顾　霞

顾霞：

你好！

暗示是在无对抗的条件下，通过含蓄、间接的方式对人的心理和行为发生影响。这种影响表现为使人按一定的方式去行动或接受一定的意见。它是一种被主观意愿肯定了的假设，不一定有根据，但由于主观上已肯定了它的存在，便使人的心理尽力趋向于这一内容。

暗示可以采取语言的形式，也可以通过手势、表情或其他暗号进行。暗示可以来自他人，也可以来自自己。来自他人称“他人暗示”，来自自己称“自我暗示”。暗示不仅对人的心理和行为发生影响，而且会影响人的生理变化。在实验室里，反复给一个人喝大量糖水，经检验可以发现，受试者的血糖增高，出现尿糖，同时尿量增加。如果让受试者处于催眠状态，这时不给糖水，只给语言暗示，告诉受试者：你已喝了大量糖水。结果同样会出现血糖增高、尿糖和尿量增加等现象。其原因在于，语言暗示可以给人脑以兴奋的刺激，虽然受试者未喝糖水，但大脑还是参与了人体内糖的代谢活动。

暗示对每个人所起的作用并非完全一样，也就是说，各人接受暗示的程度是有所不同的。一般说，缺乏主见、缺乏独立性、缺乏自信、缺乏知识的人更容易接受暗示；普通人更容易受权威的暗示，所谓“人微言轻”，从反面说明了这个道理。暗示现象在日常生活中有着广泛的运用，但它有积极和消极之分。从积极的方面看，它可以用来增加治疗和教育的效果。医学中的“催眠疗法”、教学中的“暗示教学”就属积极的利用。从消极方面看，它可以使人放弃自己正确的主见，松懈应有的斗志和警戒，人云亦云；它能使人没有根据地产生恐惧感、抑郁症；它是导致一个人的自卑感和疑心病的重要原因之一；它还是妖言惑众的根源。法西斯头子之一戈培尔曾宣称谎话重复一千遍便是真理，正是利用了人类的这一心理弱点。

在日常生活中，有些人往往易受消极暗示的影响，别人无意识地皱一下眉，领导态度略为冷淡等，他都会看作是某种暗示，整日猜度原因，感到自己失去了友情和宠爱，于是心灰意冷，郁郁寡欢，悲观度日。为此，克服易受消极暗示的良方乃是反其道而行之，发展积极的自我暗示，确定成功和胜利的信念。一个人不要老是盯住自己的弱点，老是想自己这也不行那也不行，自己否定自己，而是要多想自己的长处，考虑如何充分发挥自己的优势，学会全面、正确地估价自己。在具有挑战性的工作面前，如面临各种竞赛和应急任务时，你不妨对自己默念几句："我能胜任！我有坚毅的精神，我决不比别人差！"这对于提高竞赛成绩和应急能力是很有好处的。著名京剧表演艺术家盖叫天，本名张英杰，他受声振艺坛的谭鑫培"小叫天"艺名的启发，谦称自己为"小小叫天"。不想，这一谦称也遭到了讽刺："你也配叫这名儿？"他闻此言，索性一不做，二不休，充满信心地改称为"盖叫天"，坚持勤学苦练，开创了京剧独特的武生流派——盖派。

运用积极的自我暗示，同时要注意切忌用"否定式"。如在紧张的场合下对自己说："我不紧张！"其实这正是暗示紧张。这时，你不妨想一些轻松的事和成功的体验。

消极的自我暗示也与缺乏知识、缺少经验有关。比如美国有一个不熟悉电气的工人，被分配在一个四周布满高压电器设备的工作台上工作。尽管已采取了万无一失的安全措施，但他始终有一种害怕遭受高压电击的恐惧心理。一天，他手触到一根电线，立即倒地死亡，并且身上呈现出一切触电致死的征候。但是，检查时却发现，电闸并没有合上，他是被"遭电击"的消极自我暗示杀死的。如果这个工人对电的知识有充分的了解，也许就不会发生这一悲剧了。因此，不断地丰富知识，丰富经验，提高水平，培养思考的习惯，也会有益于克服易受消极暗示的毛病。

此致

敬礼！

朱永新

三、怎样消除惰性?

朱教授：

您好！

我是个常立志的人。我经常会给自己制定一些计划，可我很少能够完成，我每天想着自己还有很多计划没完成，但就是懒得去做。我真的是个惰性很强的人，您说我该怎么办?

此致

敬礼！

韩 妹

韩妹：

你好！

人生本该 happy（幸福），
何必整天 study（学习）；
只要考试 pass（通过），
拿到文凭 go a way（就走）。

这是出现在某大学校园内的一首无题诗。说实在的，形式不可谓不工整，但所表达的思想感情实在不敢恭维。它反映了在某些青年中存在的那种只顾眼前、疲疲沓沓、做一天和尚撞一天钟、缺乏进取精神的混日子心理——惰性。

人的惰性是怎样形成的呢？有的西方心理学家如麦克列格认为，惰性是人的“自然法则”。在他看来，人生来就具有惰性，尽量想逃避工作，追求享乐，没有什么雄心，不喜欢负任何责任。因此，只有在金钱的刺激下才能使一个人工作。大概稍微有点进取精神和人生理想的人，都不会赞同此观点。因为这实在是对人类尊严的一种伤害，更是对锐意进取、努力攀登的人的亵渎。

我们认为，人的惰性并非与生俱来，它乃是在后天的社会环境中，受主客观条件的影响而形成的。其原因大体可分为外部和内部两个方面。

就外部因素而言，人的惰性受着社会环境的影响。在我国，小生产的势力犹如汪洋大海，这些年虽然有了若干改变，但是小生产的思维方式对社会心理的影响是不可低估的，其突出表现之一，就是目光短浅，如同井底之蛙拼命嚷着天只有井口那么大，看不见眼前小天地以外的变化，更看不见未来发展的趋势。因此，很容易满足于低标准的现状。另外，有些青年自小就养尊处优，形成饭来张口、衣来伸手、处处依赖父母的惰性。有的青年在升学和就业问题上遇到困难，感到前途无望，生活无味，便精神空虚，苦闷徬徨；有的在升学、就业后，感到有了“铁饭碗”，便高枕无忧，无所追求。

就内部因素而言，惰性的形成受知、情、意诸因素的影响。它首先是由于缺乏理想。理想和信念是人的认识与情感的“合金”，是人生夜途中的灯光、前进的动力。一个人失去了理想，就没有了生活的支点，就会沉沦颓废。那种只求考试pass，混到毕业文凭的学生，正是缺乏远大理想的表现。其次是缺乏坚强的意志。有些人在困难和挫折面前缺乏不达目的誓不罢休的意志，一旦败下阵来，理想就成为缥缈的轻烟，自己也就变得惰性十足，没有纵马驰骋的勇气。由于没有奋斗拼搏，因而也就体验不到奋斗成功之后的快乐。

针对上述两种原因，克服惰性一是要实现观念的变革。现在是社会节奏不断加快、面貌日新月异的时代，如果说农业社会是以古为镜、缓慢发展的话，工业化社会则是以时代为镜、高速发展，将来，人们甚至要以未来为镜，用跑步的速度追赶时代的步伐。如果还想安步当车，惰性十足，就难以适应社会急速变化的形势，甚至成为历史的淘汰者。

二是提高自己的期望，建立积极而又切实的奋斗目标。人的生活总是有所期望的，有些人不甘人后，有些人却不愿人前，有些人总想打破平衡，争夺冠军，有些人则安于现状，满足于比上不足、比下有余的境况。是的，在任何时候、任何地方总有比你差的人，人不可能一无所长，你如果只是拿自己的所长去比别人所短，自然总可以找到弱者。但这是一种非常不聪明的比较方法。只有找一个跑在自己前面的而又是“可望可及”的榜样，才能使人生增加乐趣，使人生的价值充分体现出来。如果尸位素餐，白白到地球上转一次，与动物又有何异呢？人之所以不同于动物，正在于他能有计划、有步骤地向自己的理想目标前进。

毫无疑问，真正没有理想的人是不存在的，只是许多人因为碰到阻力，缺乏意志去冲破阻力而放弃了理想，转而求其次。其实要实现理想，就必定要克服阻力，要动员自己的意志力量去征服它。当一个人在追求理想的进程中征服了一个个的阻力时，那种胜利者的喜悦乃是人才能领略到的。同时，意志力也会变得更加坚强。荷兰物理学家范德瓦尔斯就是非常善于寻求生活榜样、征服困难的人。他年轻时家境贫寒，只能利用工余时间坚持学习，每当遇到困难时，他总想到曾居住在隔壁的欧洲著名思想家莱顿·约翰，并责问自己：“莱顿·约翰也是穷苦儿，为什么他能大有作为，我就如此没有出息？”每天做工时，他总要绕很多路瞻仰一位著名音乐家的塑雕，激励自己永不懈怠。终于，他获得了1910年的诺贝尔物理学奖。

现在你想马上开始改变你的生活状态吗？记住：克服惰性最有效的方法是——行动起来！

此致

敬礼！

朱永新

四、缺乏勇气怎么办？

朱教授：

您好！

马上大学就毕业了，我将走上工作岗位，可我发现每临近毕业一天，我内心的勇气就减少一分，我对将开始的社会生活缺少自信、缺少勇气。我怕，怕很多未知的事情。我更怕这种心态会影响我将要开始的社会生活。请给我些帮助，让我勇气十足！

此致

敬礼！

朱　云

朱云：

你好！

恭喜你将面对新的人生挑战！“勇气减轻了命运的打击。”这是古希腊哲学家德谟克利特的名言。在日常生活中，拿起茶杯喝水，或是绕过路边的水洼，每个人都可以毫不犹豫地做到。可是，当两次名落孙山之后考虑是否参加第三次高考的时候，当冒着失败的风险去从事一项革新、研究的时候，有些人就会胆怯畏惧，退缩不前，失去进取的勇气。这使人们失去许多良好的机会，放弃了不少成功的希望，对工作、学习和生活极为不利。

缺乏勇气的人无非是害怕失败。可是现实生活中，“失败乃成功之母”。没有交往的失败，就没有友谊之花的盛开；没有退稿的失败，就没有创作的丰收。没有孩提时代的跌跤，就没有成年后自如的跳跃……人们正是在失败中总结经验、增长才智的。再说，许多事情的失败，并不带来任何损失。有些人连寻路问津，也怕碰一鼻子灰，其实，即使别人不知道或者不愿意回答，最多也只是没有得到想要得到的罢了，你并没有什么损失。

缺乏勇气的最大心理障碍在于自卑。有这种心理的人，万事开头总是想："我不行"、"我恐怕干不好"。结果无数良机默默错过。其实，世界上没有生下来样样都"行"的神童。路都是人走出来的，人的才能都是在社会实践中干出来的。日本故事片《典子》中的典子有句振奋人心的话："试试看！"一位双臂残缺的少女，敢于迎着困难上，我们又为何不敢？

缺少勇气的人又往往是保守言论和讥笑的牺牲品。你想把工作做得出色一些，有人就会说："何必呢？大家差不多不是蛮好。"你参加自学考试初次失败了，那些喜欢评头论足的人就有了把柄："他那臭水平，还想拿文凭。"不少人就是在这种舆论压力下丧失了勇气。在这种情况下，我们只要抱着"我行我素"的态度，眼睛盯着前面的目标，不去理睬那种消极的舆论。当你向前跨了一步的时候，就会发现，那些保守、讥笑的舆论是多么软弱可怜。为此，在生活中，我们要战胜对消极舆论的畏惧心理，凡事要有"试试看"的态度。只有增强勇气，方能迈出克服困难和胆怯的一步。

你的勇气开始于你的行动！试试看，我在期待着你！

朱永新

五、优柔寡断怎么办？

朱教授：

您好！

我们所做的每一件事不可能都是自己真正想做的事，要不就不会有"迫不得已"、"勉为其难"、"烦死了"、"没办法"之类的抱怨了。我们的疲劳往往不是由工作而起，而是难以选择和决断的矛盾引起。我就是个优柔寡断、前怕狼后怕虎的人。您说我该怎么办？请您帮我提高决断的能力！

此致

敬礼！

顾　萍

顾萍：

你好！

学会选择和决断并不是件容易的事。人生常常会碰到许多难题。难题之一，就是在有多种选择情况下难以取舍。孟浪的人会不加思索地贸然取舍，谨慎的人则会思索再三，稳重行事；而优柔寡断的人却犹豫不决。甚至像丘吉尔那样才思敏捷、博闻强记的首相，虽能在不断变化的军事形势面前迅速提出十条不同的战略对策，却缺少比较这十条战略对策孰优孰劣，然后当机立断的能力，结果，常常是举棋不定，贻误战机。在日常生活中我们也会常常面临多种选择：晚上的电视节目非常精彩，但你还有很多作业明天要交；两个小伙子同时向你求爱，而你对他们也均有好感；你既需要一个供学习、娱乐用的收录机，又需要一个减轻家务负担的洗衣机，但你只有购买其中一件的能力；你的文、理科成绩都不错，但只能在高考志愿上填一项，如此等等。在这些选择上迟疑不定，虽然不至于带来贻误战机那样的损失，但也会给我们的生活和前途带来不利。有许多优柔寡断的人常常犹豫到最后，仍是凭运气行事，事后则懊悔莫及。为了帮助你了解自己是果断占优势还是优柔寡断占上风，请回答下列问题。

（1）你是否能轻松地在老的工作岗位上适应新的规章制度、新的风气？

（2）你能否很快地融入在集体之中？

（3）你能否当众说出自己的意见，即使这意见与上级或别人的意见相矛盾？

（4）如果委派你到另一个工资更高的单位任职，你是否毫不犹豫地走马上任？

（5）你是否喜欢否认自己的过错，并寻找种种合适的遁词？

（6）当你有真正的理由而不得不推托某事时，你是否隐去真情而用委婉的和娓娓动听的话语和情节来搪塞？

(7) 经过认真的辩论后，你是否会改变自己原来的观点？

(8) 当你读到某人所写的文章（因工作需要或个人的要求）时，你感到文中的思路是对头的，可是文笔却使你扫兴，此刻你是否会纠正这篇文章并执意要作者同意你的看法？

(9) 如果在商店橱窗里看到你中意的东西，是否立即去买，哪怕这东西对你并非是必要的？

(10) 你是否会在一位善于辞令者的劝说下改变自己的决定？

(11) 你是否事先安排好自己的休假，而不是听天由命？

(12) 你是否完成你所许诺的事情？

请根据下面的表格确定你的分数：

分数 / 问题 / 回答	1	2	3	4	5	6	7	8	9	10	11	12
“是”	3	4	3	2	0	2	3	2	0	0	1	3
“不是”	0	0	0	0	4	0	0	0	2	3	0	0

如果你的得分是 0～7 分，你往往是优柔寡断的，很难独立地作出决断，你的才能不能充分地显露和发挥。如果得分是 8～14 分，你往往是比较谨慎的，但在需要决断的重大问题上却无力应付。如果得分是 15～22 分，你往往是非常果断的，能够迅速地、比较正确地解决问题。如果在 22 分以上，你往往武断专横，自以为是，这属于另一类不健康的心理了。

如果你是优柔寡断占优势的话，那就应注意以下几个问题。

首先，你必须丰富自己的认识，对事情深思熟虑。拿破仑曾深有体会地说：“我能够在别人猝不及防的情况下知道自己应该说什么话和采取什么行动，这完全不是冥冥中有什么天才对我的突然启示，而是我的思考对我的启示。”同样，如果你知道拖延作业的后果，如果你对自己的恋爱观、择偶标准、对方的优缺点进行全面估量，如果你对自己面临的最迫切的任务有正确的认识，如果你对自己的兴趣、爱好、基础等主客观条件有充分了解，你就不会对文中开头所提到的那些选择感到棘手难办了。因此，拓宽知识面，扩大信息量，辩证地、全面地分析和处理问题，是克服优柔寡断毛病的首要前提。

其次，你必须树立信心，丢掉自卑感。有时候，你并不缺乏解决问题的经验，也有充裕的时间作出决定，但你总是前怕狼后怕虎，徘徊不前，对自己的选择举棋不定。因此，必须学会肯定自己，在尊重别人意见、集思广益的基础上，果断地采取决定。

优柔寡断的结果往往是错失良机，自己的大脑成了别人思维的奴隶。这种结果的另一种表现形式则是贸然抉择、草率决定。有时候，为了摆脱举棋不定、左右为难的局面，有些人往往就不加斟酌地仓促作出决定，甚至押宝抽签，凭运气来选择方案，听天由命。因此，在学会当机立断、敏捷行动的同时，也要防止盲目草率、轻举妄动。

祝你成功、快乐！

朱永新

六、怎样才能改掉坏习惯？

朱教授：

您好！

师长一直对我说：习惯是一个人固定了的行为方式和定型的条件反射。良好的生活习惯、学习习惯会使人终身受益。可我身上有很多很多坏习惯，虽然常下决心改，可却总是不见成效，请问，我怎样才能改掉坏习惯？

此致

敬礼！

赵　伟

赵伟：

你好！

在日常生活中，有赌博、酗酒、满口脏话等坏习惯的人并不少见。这些人显然意识到必须改掉它，但却不能自拔。上海有个中学生上街宣传精神文明，一个行人未走横道线，他上前劝阻，话未讲三句，就带出了脏话。那个行人问他："你干吗不先把满口脏话改一改呢?"他满脸通红地说："我想改，可是不知怎么搞的，嘴上缺个把门儿的。"

坏习惯就像坏朋友一样，会腐蚀我们的心灵，使我们走向歧途。具有某种坏习惯的人，不仅会受到人们的讨厌与蔑视，也会给自己的完美人格添污加垢。难怪古希腊哲学家伊壁鸠鲁说："把恶劣习惯从我们身上驱逐出去，犹如驱逐长时期使我们蒙受重大损失的同伴一样。"

有些人常以"习惯了"的遁词来为自己的不良行为开脱责任，甚至用"习惯成天性"为挡箭牌。其实，这是没有道理的。奥斯特洛夫斯基说过："人应当支配习惯，而决不是习惯支配人。一个人，不能去掉他的坏习惯，那简直一文不值。"坏习惯毕竟还是受意识控制的。例如，烟瘾很大的人进了电影院也不得不掐灭烟头；习惯骂人者与新交的女朋友见面时，多半也能把好出口关。为了克服坏习惯，你必须记住：当你发现了自己的某个坏习惯后，请人帮助监督是一个行之有效的办法。许多人喜欢早上睡懒觉，但却苦于无法改变。法国空想社会主义的杰出代表圣西门也曾经有过这个毛病，但他决心每天让人这样催他早起："起来吧，伟大的事业在等待你！"结果，他嗜睡的毛病终于被伟大事业的激励克服了。

当你下决心改掉某个坏习惯时，就要忠于诺言，不能原谅自己。美国小说家马克·吐温曾幽默地说过，戒烟是世界上最容易的事，他已经戒过几百次了。的确，许多人都知道抽烟的危害，也有不少人发誓戒烟，但真正戒掉的人却是凤毛麟角。这主要就是缺乏坚强的意志、原谅自己的缘故。“就这一回，下不为例吧!”这句话已成为他们的口头禅。结果，一次又一次地“下不为例”，使坏习惯依然故我。有人说过：“如果容忍自己的缺点一次，就能容忍一千次、一万次。”如果你已下决心改掉某个坏习惯，你就必须注意培养自制力，不能原谅“第一回”，给已下的决心“开后门”。否则，坏习惯就会故态复萌，先前的努力则会功亏一篑。

充分认识坏习惯的危害，使自己产生对它的厌恶感，也是改掉坏习惯的重要条件。我们要尽可能地列举坏习惯的危害，如你想戒烟，不妨写下几条：(1) 抽烟会引起咳嗽；(2) 抽烟损害味觉和嗅觉；(3) 抽烟的花费太大，两年足可买一台电视机；(4) 抽烟可导致癌症、肺气肿和心脏病等。总之，你要善于把坏习惯与不愉快的体验联系起来。如果坏习惯略有恢复，可以用各种办法来“惩罚”一下自己，如自我谴责，取消一次原订的娱乐活动等，形成厌恶的条件反射。社会心理学家研究发现，任何人之所以这样做而不那样做，都有他自己的解释，坏习惯亦是如此。这就是错误的归因。如果你有某一坏习惯，你不妨反问自己：“这样有什么好处呢?”然后，你把这些所谓的“好处”一一用反证驳斥，那么坏习惯也就无立足之地了。这是纠正错误的“归因理论”。

一个习惯的养成一般需要 21 天左右的时间。所以要想改掉坏习惯，建立新习惯，也要坚持 21 天以上，才能使其固定成为新的条件反射。纠正坏习惯，请你注意坚持。

另外，你也可以从积极地培养与这种不良习惯相敌对的好习惯入手，因为好习惯可以通过负诱导的作用对原来的不良习惯共生制止和破除的功效。如培养文明礼貌的习惯，对于随地吐痰、粗言秽语无疑有抑制作用，并能培养起憎恶坏习惯的感情。俄国教育家乌申斯基说过：“良好的习惯乃是人在其神经系统中存放的道德资本，这个资本在不断地增殖，而在人整个一生中就享受着它的利益。”培养良好的生活习惯吧，它会使你受益终身。你想先改掉哪个坏习惯？你做好准备，开始行动了吗？

祝成功！

朱永新

七、怎样抵抗诱惑？

朱教授：

您好！

现实生活丰富多彩，各种诱惑层出不穷。许多大学生往往抵挡不住一些诱惑而堕落，高质量的物质生活、黄色文化等往往具有不可抵制的诱惑力，让人们迷失自己。怎样合理地引导好奇心，而不至于误入不良诱惑的歧途，已成为一个重要的话题。请您就这个话题给我们些引导，好吗？

此致

敬礼！

郭　松

郭松：

你好！

潘多拉是古代希腊神话中的第一个女人，她是火神赫菲斯托斯受命于众神之父宙斯，用黏土做成的。大家都知道，在古希腊神话中，普罗米修斯把火种偷盗给人间，大大触怒了天庭。宙斯怀恨在心，一直图谋报复。这次，他把貌美性诈的潘多拉送给普罗米修斯的兄弟做妻子，并让她带去一只盒子。虽然宙斯警告她盒子不能打开，可她抵制不住诱惑，私自打开了这只盆子。结果疾病、疯狂、罪恶、嫉妒一涌而出，只把希望留在盒底。人间从此充满了种种灾祸，“潘多拉”也就成了灾祸来临的代名词，“潘多拉的盒子”成了引人走向灾难的诱惑物。

在这个故事中，潘多拉之所以抵制不住诱惑，主要是因为她为一种强烈的好奇心所驱使。人确实有这样一种本能，越是不让看的越是要看，越是不让知道的越想知道。这种好奇心并不一定都是坏事，爱迪生的创造发明、哥伦布的远洋冒险，不就是受了一点好奇心的驱使吗？所以，有些事情我们无须明令禁止。比如以前反对穿牛仔裤，好奇心强的人就非要试一试。但有时候好奇心确实也会带来麻烦和灾害，这常常是由于盲目无知，也就是说不能抵制诱惑的第二个原因是认识的缺乏。比如潘多拉，如果预先告诉她盒子里面的怪物，她大概就不会对它产生好奇了。我们有些青年抵制不住吸烟、赌博等诱惑，常常是因为只知其有趣的一面，而不知其有害的一面，至少知之不详。比如赌博吧，没有充分想一想，如果输了，自然会在自己精神上造成打击甚至导致疯狂，会使自己不肯罢休甚至孤注一掷，会给家庭带来矛盾、冲突，给社会造成敌对和不安；即使赢了，同样会养成懒惰、侥幸、冷酷的恶习，养成不思节俭、任意挥霍的毛病，同样会使家庭关系紧张，社会矛盾加剧。从事实来看，如果不是中途醒悟，痛改前非，不管是赢是输，都无善终。若是这样来想问题，原来那些有光圈的诱惑物就会黯然失色了。

不过，抵制不住诱惑还有一个更重要的原因，就是许多人并非不知其害，而是不能自持，缺乏自我控制能力。比如明知吸烟不好，可朋友递烟过来不好意思推却，久而久之便上了烟瘾；拣到东西明知应拾金不昧，可又战胜不了自己的物质欲望；起哄闹事明知不对，又忍不住要参加一下……总之，在这种时候，低下、猥琐的情绪占了上风。所以，要抵制不良的诱惑应当提高自己的识别能力，能够把握事情的优劣主次，特别是当某一具有诱惑力的事物有人反对时，更应该多听听、多看看，冷静地思考一番再决定取舍。

至于在意志上要战胜诱惑，从消极的方面说，一是可以避开有关情境。一个人的行为总是离不开具体环境。由于青年人的模仿能力强，比较容易受暗示，所以行为常常带有“情境性”。这就是说，在良好的情境中，他们往往有良好的行为，在不良的情境中，则会产生不良的行为。因此，避开有关的不良情境，断绝与坏朋友的接触，这对于杜绝诱惑的侵扰是有益的。当然，各种诱惑的侵扰是不以人的意志为转移的，它常常突然袭击，悄然而至。这确需要我们警钟长鸣，防微杜渐。二是设想对付的方式。你可以在大脑的想像中模拟各种诱惑的场面，并设想如何对待这些诱惑。例如，你下决心戒烟了，别人递上一枝你从未抽过的高级香烟；你刚结婚不久，一个比你妻子更漂亮的女人向你献媚求爱；你正好手头拮据，有人送上钞票让你开后门，如此等等。你的想像越是具体，细节越是生动，你在实际就越能应付裕如。通过这种训练，你就会在想像中获得一整套的行为方式，增强自己抵制诱惑的信心。

从积极的方面说，应该培养高尚的志趣，抵制低下的诱惑。一个具有正确的人生目的、崇高的思想情操、丰富的精神生活的人，就能有效地抵制各种诱惑，因为这些诱惑与自己的志趣相悖，要实现自己的理想，就必须克服它们。正如俄国民主主义思想家车尔尼雪夫斯基所说的：“只有抗拒诱惑，你才有更多的机会作出高尚的行为来。”方志敏烈士在敌人的威胁和诱惑面前，视高官厚禄为粪土，顽强不屈，并且写下了这样的“自白”：为着阶级和民族的解放，为着党的事业的成功，“我毫不稀罕那华丽的大厦，却宁愿居住在卑陋潮湿的茅棚；不稀罕美味的西餐大菜，宁愿吞嚼刺口的苞粟和菜根；不稀罕舒服柔软的钢丝床，宁愿睡在猪栏狗窠似的住所！不稀罕闲逸，宁愿一天做十六点钟工的劳苦！不稀罕富裕，宁愿困穷！不怕饥饿，不怕寒冷，不怕危险，不怕困难。屈辱、痛苦、一切难于忍受的生活，我都能忍受下去!”真是掷地有声，动人心弦！这就是高尚志趣的力量，什么诱惑在它面前都失去了魔法。精神丰富起来，我们自会有力量抗拒诱惑！

你来试试，好吗？

朱永新

八、怎样面对挫折？

朱教授：

您好！

大家都说，挫折会促进人的成熟。但是如果在顺境的情况下倒能成熟，取得成功，岂不更好吗？所以我们是否真的要把挫折作为挑战，把挫折作为磨炼意志的“砥石”呢？（我这样的问题是否幼稚、可笑？但很多同学都有共同的认识）

此致

敬礼！

张　扬

张扬：

你好！

我很愿意与你讨论面对挫折的问题。

人生能没有挫折吗？回答这个问题就如同回答下面的问题一样简单：婴孩学步能不跌跤吗？没有跌跤就没有起步，更难有跳跃。那么，没有挫折也就没有成熟，更难有大成功。马克思在寻求革命理论的历程中，经受了多少挫折：倾家荡产、疾病、丧子、出版社拒绝出版他的著作……毛泽东同志在革命的历程中，也经受了免职、丧妻、围剿等挫折。哪一位杰出人物的历史不是重重挫折的艰难曲折史？在人生的旅途中，人们追求的东西总会与现实有抵牾，每个人在从事有目的的活动时，总会遇到障碍或干扰，这就是挫折。由此说来，挫折有大有小。小而言之，学习上的困难、工作中的不顺、身体方面的不适、同事间的摩擦、恋爱时的波折，都是挫折；大而广之，天灾人祸、高考落榜、情场失意、生理缺陷等，也是挫折。大的挫折往往会对一个人的生活发生重大影响。挫折是客观存在的，挫折感则是人们的主观感受，由于人们的抱负水平、认识结构不同，同样的客观困难（挫折情境）对不同的人，可能产生也可能不产生挫折感，可能挫折感强，也可能挫折感弱。人们遇到挫折时的反应也是各不相同的。有的人能向挫折挑战，把挫折作为磨炼意志的"砥石"，抒发"苍海横流方显出英雄本色"的豪情，在挫折中吸取经验教训，在挫折中前进；有的人在挫折面前则意志消沉，退下阵来，发出"欲渡黄河冰塞川，将登太行雪满山"的叹惜，从此偃旗息鼓，一蹶不振。所以，要让挫折转化成好事，是有条件的，即以自己的意志努力为基础。如果认为挫折人人有，到时自然能消失，不再奋斗，那就永远也爬不起来。历史上许多有前途的人，因为几次严重挫折便永远隐姓埋名，这不能不说是个遗憾。青年期是一个人从依赖、被保护的儿童向独立、负有一定责任的成人转变的时期。涉世之初，难免遇到这样那样的困难和挫折，学会正确地对待挫折，是我们保持心理健康的重要条件。消极防卫往往是一种不自觉的对待挫折的方法。有些人往往将愤怒埋怨的情绪指向造成其挫折的人或物，如失恋的青年对原恋爱对象嘲笑、谩骂，甚至伤害对方的身体以至生命；有的人则过度抑郁，陷入懊丧、怨恨、心灰意懒的境地，萎靡不振，自暴自弃，甚至悲观厌世，自杀轻生；还有些人常常寻求种种理由为自己开脱，以求自我安慰；也有的人碌碌无为，胸无大志，却埋怨自己生不逢时，未遇伯乐。阿Q的精神胜利法、吃不到葡萄说嫌酸的做法，都属此类。

为此，我们要采取积极的防卫措施，主要有以下几种形式。

一是升华。人遭到挫折后，把自己的情感和精力转换到有益的活动中去，使其升华到比较崇高的方向，产生积极的社会意义，这便是升华作用。文王拘而演《周易》；仲尼厄而作《春秋》；屈原放逐，乃赋《离骚》；左丘失明，厥有《国语》；孙子膑脚，《兵法》修列；不韦迁蜀，世传《吕览》；韩非囚秦，《说难》、《孤愤》；司马迁凌屈受辱，身陷囹圄，亦欲究天人之际，通古今之变，成一家之言。歌德从爱情焚毁的灰烬中得到了灵感和激情，写出了脍炙人口的世界文学名著《少年维特之烦恼》。这些都是升华的积极防卫方式。

二是补偿。“失之东隅，收之桑榆。”生活的天空是那么辽阔，施展本领的天地又是那么广大，最先的动机受挫时，不妨通过别的途径达到目标，或者用不同的目标来代替原有目标。高考落榜，不要紧，自学走上成才路；情场失恋，又何妨，天涯何处无芳草？东方不亮西方亮，旱路不通水路通。你终会实现自己的理想的。只要你持之以恒，水滴终可石穿。

三是期望。“希望是不幸者的第二灵魂”。我们要正视现实，把挫折当做人生不可避免的一部分，学会把人生的路标指向今天和明天，而不是沉溺于昨天的痛苦回忆。英国作家萨克雷在他的名著《名利场》中写道：“生活好比一面镜子，你对它笑，它也对你笑；你对它哭，它也对你哭。”永远微笑地面向生活，走向明天，向往美好的未来，是挫折者最好的自我安慰。

不在失败中沉沦，而从挫折中奋起——这就是我们年轻人对待挫折的正确态度。我相信你和你的同学们都有能力面对挫折，主动接受生活的磨炼！

此致

敬礼！

朱永新

九、有了轻生的念头怎么办？

朱教授：

您好！

我曾经是多么地向往大学生活，大学在我心中是多么神圣。然而，当我历经千山万水，梦想成真，踏入大学校门后，我发现一切并不如我所想的那般美……

开学仅一个多月，我已感受到了人情的冷漠和人心的险恶。同学间的关系再也没有高中时的纯洁，每人心中都打着自己的小算盘，都想着压倒对方，自己独领风骚，一个宿舍四个人，就有四条心；新班级的班委人选已基本定下，当了近十年班长的我成了局外人；开学初的英语摸底考试，虽然没有公布成绩，但被分到4班的事实足以证明成绩的低下……进入大学我没有遇到一件开心的事，好几次我躲在被子里流着无声的眼泪，觉得自己好没用，花了父母这么多钱却不能给他们任何的回报，我真不争气。有时，我想离开这个世界，逃离现实中的烦恼，但当我想到头发花白的父母，又没了死的勇气……

朱老师，我不知这郁闷、消极的心情是否还能快乐起来？我不知轻生的念头何时不再吞噬我无力的身心？

一个失去生活信心的人　绵　绵

绵绵：

你好！

读到你的来信，我能理解你此时的心理——你是被很多的不适应、不如意影响了你的情绪。青年人的情绪往往强烈而不稳定，学习与工作遇到困难，家庭生活出现不协调，恋爱婚姻发生波折，都会使他们灰心丧气，意志消沉，直至产生轻生念头。据有关资料统计，自杀轻生的人中间有相当大的比例是青年。国外青少年的自杀则更为严重，成为西方社会的三大社会病之一。

产生轻生自杀的念头，在心理上有这么几个原因。一是绝望的乌云遮住了希望的光辉，把一时的困难看做永远不可除却的重负，把眼前的逆境看成人生永久的陷阱；二是过分夸大某件事情的严重后果，而看轻了自己的价值，仿佛了却一生，方能弥补某种损失；三是过于低估了自己的能力，过于夸大了敌对力量的能力；四是缺乏坚强的生活勇气。确实，轻生是需要勇气的，但在心理上、在信念上重返人生，重新燃起生活的希望之火，则更需要勇气。

第一，变闭锁为开放。轻生自杀者往往是内向型的，性格比较孤僻，有了想法不愿意轻易向人吐露，结果一失足成千古恨。因此，我们要变闭锁为开放，善于向别人敞开你的襟怀，尤其是当你遇到挫折、心情郁闷的时候，在你产生了轻生念头的开始，最好不要把它埋在心底，而是找几个知心朋友谈谈，找长辈谈谈，他们会给你帮助的。

第二，变绝望为希望。轻生自杀是解决人生矛盾的错误办法。一般说来，无所追求、随波逐流的人是不会自杀的；勇于追求、从不绝望的人也不会自杀。自杀正是从追求到绝望，又在绝望中追求的人对矛盾的最后摆脱。在电视连续剧《血疑》中有这样一个镜头：望着幸子的游艇在海面上破浪穿行，大岛茂无限感慨："希望，是啊，人只要有了希望，无论将他置于怎样悲惨恶劣的环境里，也能顽强地生存下去。"克服轻生念头的关键在于变绝望为希望，而希望总是有的，只要你不断地去追求，多方面地寻找。

第三，多为别人着想。有一位哲人说过：死，并非死者的不幸，而是生者的不幸。虽然死者结束了自己的痛苦，但会给活着的亲人、朋友带来痛苦。自己不希望绝望，却使别人对自己的希望变成了绝望，甚至还会形成心理投射，造成悲剧的恶性循环。因此，我们要有强烈的责任感，多为别人着想，这样就会避免轻生的阴影。

第四，寻找生活榜样。当张海迪写完遗书，吞服大剂量安眠药，准备结束19岁的生命时，她想起了保尔在海滨公园自杀的情景，想到假如那扳机一扣，就不会有《钢铁是怎样炼成的》问世，终于发出了“我错了，快来救我”的呼喊，是保尔的形象把她从死神的手里夺了回来。因此，我们要时常以具有百折不挠的人为榜样，在挫折和困难面前奋勇前进。

第五，善于满足现状。俄国作家契诃夫在《生活是美好的》一文中对企图自杀者说：“为了不断地感到幸福，那就需要：善于满足现状；很高兴地感到‘事情原本可能更糟呢’。”他举例说，要是你的手指头扎了一根刺，那你应当高兴：“挺好，多亏这根刺不是扎在眼睛里！”要是你妻子对你变了心，那就应该高兴，多亏她背叛的是你，不是国家。这些不免有一点“精神胜利法”的味道，是对于挫折的消极防卫，但对于产生了轻生念头、企图离开人世的轻生者来说，也不失为一种有效方法。

说到这里，我相信你会有信心和勇气面对生活，你会走出生活的低谷，找到大学生活的成功与快乐！我期望着你的消息！

朱永新

第十四章 如何建立和谐的关系

一、怎样克服角色固着?

朱教授:

您好!

我有一个秘密，它折磨了我很长时间，至今不能解脱。我是个独生女，在家里父母很宠爱我，虽然已上大学了，回到家父母还会给我端水端饭，在父母身边我感觉自己很放松，很快乐。可是上大学后，同学们却不能接纳我，他们背后议论我“小姐脾气”，说我对老师的态度像是对爹妈撒娇，那么嗲。我不知道自己错在了哪里?我不知道自己应该怎么改?请您帮我指点迷津，求您了!

一个不知错在何处的人 采 乐

采乐:

你好!

我想你是出现了“角色固着”的困扰。

角色，是一个社会学名词，它是指一个人根据社会的舆论、规范和约定俗成的习惯，所表现出的思维、行为方式。比如作为一个学生的角色，在人们头脑中存在的就是以学习为主，生活比较天真、纯朴的形象；作为一个父亲的角色，他应当能承担起家庭的生活责任，爱妻怜子，等等。一个人在生活中扮演着许多不断变化的角色，也就是说，人们在社会中，身份是不断变化的，你的行为特点也得有相应的变化。比如，在学校里她是一位教师，在孩子面前是母亲，在丈夫面前是妻子，到了娘家是女儿，到了婆家是媳妇，在电影院里是观众，在大街上是行人……她必须根据所处的环境和场合，不断调节、变换自己的角色行为。如果一个人不知变通，固守一种角色，就是角色固着。比如有一个人，在工作单位是领导，经常要下达指令，离开工作岗位后，回到家里或与朋友来往时，也自觉不自觉地表现出领导角色的特征，好发号施令，官腔十足。再比如，一个演员在舞台上的动作需要具有夸张性，而到了生活中，仍然拿腔作势，别人就会敬而远之，不以为然。如果一个男同志到了单位，对待女同事也像对待自己的妻子那样亲热，别人不说他意识有问题，也要说他轻浮。清朝有这么一个故事，一个刽子手，杀人前总要摸受刑者的脖子，以便根据骨脉下刀，这养成了他平时摸人家脖子的习惯。他这种可怕的角色固着，弄得街邻巷里没有一个愿意和他来往，连小孩看到他也惟恐躲之不及。

要克服角色固着的障碍，一是要改变角色行为，一是要调节角色类别。

改变角色行为是指改变已经不适合时代的作风、习惯。比如，领导干部似乎已经有了一种无形的印象：说得多，下指令多。随着时代的发展，这种作风、习惯已经受到了挑战。根据现代管理理论，只有民主作风的领导才是最富有成效的领导。民主作风的领导往往是召集大家讨论，共同制订决策，然后各司其职。在工作中如此，在生活中就更不存在“官腔”了。

调节角色身份，是指当一个人的身份、所面临的场景变化时，自己的举止也应立即变化过来。这一点，在一般情况下是不难做到的，因为人人大脑里都有一套警戒调节系统，它会随时调节人的行为。但如果在非常熟悉的人面前，这套警戒调节系统往往会“渎职”，甚至当对方提醒自己时也许还未引起重视。这种情况只要思想上重视起来就会改变的。

试一试，在学校里经常想想自己的学生角色，提醒自己的言行与之相适应，你会慢慢找到感觉的。

朱永新

二、怎样克服过虑心理？

朱教授：

您好！

我是一名女大学生，平时善于言谈，有着不错的人际关系，老师、同学都夸我热情、大方。上周我回家，在返校途中，我认识了一位高校的老师，跟他谈了许多。他的观点、思维都令我折服，从他身上我学到了许多东西。晚上我打电话向家报平安时，跟爸爸讲了这事，谁知爸爸没等我说完就把我劈头盖脸一顿骂，说一个女孩子怎能在火车上随便与陌生人讲话，说我太不懂事、没头脑……我真的好困惑，朱老师，难道我真的错了吗？我想听听您对此事的观点和看法！

此致

敬礼！

小　高

小高：

你好！

在交往过程中，尤其是在与陌生人交往时，持有适当的戒备心理是完全应该的。但如果把天下的人都看成是可疑的人加以提防，就会严重阻碍交往的发展。过去有句老话叫“害人之心不可有，防人之心不可无”。现在的情况已经大大不同了。如果总是疑虑重重，对他人不信任，不仅不可能发展良好的人际关系，而且会挫伤别人的感情。感情这东西是双方面的，你对别人的怀疑，不管怎样隐蔽，终究要表现出来。因为人在这一点上是非常敏感的。有研究证明，当一个人相信另一个人时，交往成功的概率要比处处设防高得多。

过虑的另一种表现是求知交，而不愿广泛结友。这样，必然就局限了自然的交往面。现今是一个需要建立普遍联系的时代，既要有知交，也要有广泛的朋友，否则，你就不能全面迅速地获得信息。再说，交往和其他行为一样，总要有适当的冒险。只有通过适当的冒险，才能找到自己的知音，才能不断增加交往经验，才能使自己成为一个成熟的交往者。否则的话，万事求太平，对一切都持疑虑态度，交往的步伐半步也迈不出。当然，冒险是要掌握分寸的，反对过虑绝不是主张轻信。尤其是在现代社会中，打破了交往的空间限制，朋友可能散布在天涯海角，交往随时可以在旅馆、火车上、会议上发生，如果对对方一无所知，像有些年轻的姑娘，对一些流氓的花言巧语信以为真，很快就以身相许，那是切切不可的。我们应当区别过虑和慎重的界限。我们提倡交往的弹性。在交往的民族差异中，我们曾谈到美国人和德国人交往“场”的差异，也许英国人的那种外松内紧的交往性格，更符合现代交往的要求。保持不同的交谈层次，建立不同水平的交往圈，有助于避免要么拘谨冷淡，要么毫无保留的两极分化。

我相信，只要你把握好与人交往的分寸，你父亲的过虑和担心就会慢慢消除。

朱永新

三、怎样开启封闭的心灵?

朱教授：

您好！

我叫小草，生长在一个不完整的家庭。在我小学一年级时，爸妈结束了终日硝烟四起的生活——离婚了。我跟着妈妈在外婆家住了不到半年，就走进了现在这个爸爸的家。我在这陌生的环境中感觉好孤单、好害怕，我不敢正视这个男人的眼睛，甚至不想看到他，我好恨这个人！我在学校也从不跟同学多说话，因为他们三句话不离家庭给他们带来的温暖和幸福，我不想听到这些，我感觉他们好像是故意讲给我听的，我不希望让同学知道我的家庭是破碎的，我怕别人会看不起我，嘲笑我。“我是一棵小小草，自开自落自烦恼”这首歌唱出了我的心声。

朱教授，今天写这封信向您倾吐一下，心里轻松多了，我想让您分析一下，我的心理是不是已有障碍了？谢谢！

此致

敬礼！

小　草

小草：

你好！

我很高兴读到你的来信，我想你在尝试着慢慢开启你封闭的心灵。这是你自我改变的开始。在交往活动中，封闭的人试图把自己关在一个小天地里，本着“井水不犯河水”的原则，心里有个顽强的想法，我不想占你的便宜，你也别想借我的光。在这种思想的支配下，总是与人相隔离，把自己的交往圈子缩小在最小范围内。这种人，一般说来，生活能力也不强，同时大多伴有固执、怀有偏见的特征。这种封闭思想的根源在于小农经济的自给自足观念，与“但求无过，不求有功”的保守思维方式相联系。事实上，这种观念已经不能适应现代生活。现代社会是一个互相依赖、互相促进、互相竞争的时代，是互利互惠的时代，一个人已经无法自给自足，自给自足的小农经济已经瓦解，旧有的观念根本无法适应现代生活的节奏。生活方式已经变了，观念怎么能不变呢？如果还墨守成规，其结果必然是四处碰壁，自己在心理上必然会产生被社会所遗弃的感觉。这样的结果有两个：一个是发现自己的观念和行为与社会的冲突，主动调节自己的观念和行为；一种是加剧自己的封闭观念，对他人的防线更加牢固，像契诃夫所描述的“套中人”一样，试图与世隔绝。当然这是不可能的，因此在心理上造成孤僻和敌对的情绪。

封闭的另一个心理原因是担忧公开了自己的思想观念、身世经历后，人家就会疏远自己。其实，这种担忧是多余的。根据现代心理学的分析，当一个人的思想观念、身世经历公开后，人们就更容易理解和接受他目前的行为了，就会更加和他亲近。相反，如果你像一个黑洞一样，别人不知道你的情况，就会产生莫测高深之感，产生担心和戒备的心理。再说，当你公开了自己的思想观念后，实际上也是对自己的一次反思，也是一次听取别人看法的机会。如果因为你公开了自己的“秘密”，有人疏远了你，那也不值得惋惜，也许反而是件好事，因为你们本来的接触是建立在不了解或误解基础上的。在这种基础上，能建造起坚实稳固的友谊大厦吗？

只要你主动开启你的心灵，你会发现，会有阳光射进来，温暖你的心房！

祝开心快乐！

朱永新

四、怎样消除干涉癖？

朱教授：

您好！

我快大学毕业了，终于要离开这个压抑的宿舍，离开这个给了我很多烦恼的室友，我内心有说不出的轻松。

我都不敢回想这几年里与她相处的日子，她像个侦探，又像个广播，总是盯着别人的一举一动，打探、猜测别人的秘密，还动辄说三道四，简直让人防不胜防，太痛苦了，我的室友们都惟恐避之不及。

现在，一切都将解脱了，可是在轻松之余，我又总在想：是不是她的心理有问题？她将来怎么办？请朱教授根据我的描述，帮我分析她的心理问题，好吗？谢谢！

白　雪

白雪：

你好！

我感觉你的室友是有干涉癖的人。

干涉癖是指爱打听、传播和干预别人的私事和秘密。这种人，在英国有一个专门的名词来形容，叫 meddlesome，意思是好管闲事的。可见他们对于这种人的讨厌情绪真是溢于言表。只要某人被称为 meddlesome，人人都会瞧不起他，会疏远他。而比较起来，有干涉癖的人在东方比在西方要有市场得多。有人分析其原因在于：东方都有较长的专制统治历史，在专制统治的国度里，这种爱好探听、干涉别人隐私的行为，会受到统治者的奖赏和保护，因为他们是统治者的耳目。老百姓敢怒而不敢言。久而久之，也习以为常了。而现在，随着文明程度的提高，随着社会生活向多元化发展，随着民主呼声的高涨，个人的私人权益有所扩大，并得到法律的保护。尊重个人的秘密，尊重个人的隐私，也成了尊重人格的重要组成部分，成了社会的普遍要求。打听、传播、干涉别人隐私的行为、习惯越来越受到人们的讨厌和唾弃。可是，生活中有些人仍以探听别人的隐私洋洋自得，以传播别人的秘密沾沾自喜，比如偷看别人日记，偷听别人私下谈话，胡乱猜测人家没有公开的事情，甚至私拆别人的信件。这样的人，无异于在自己与他人之间挖了一道鸿沟，别人不愿与其接触，自己也会日益感到孤立和窘困。

干涉癖的消除一是在于其社会市场的消失。有干涉癖的人之所以没有很快克服干涉的习惯，乃是因为他们的干涉行为会受到一些人的欣赏和鼓励，还有那么一些人对听取别人的隐私感兴趣，然后加以传播，从中得到一种心理满足。这是一种十分低级和不健康的病态心理。二是在于自我文明水平的提高。就是要明白，打听、传播别人的秘密、私事是一种不道德的行为。人人都有一个独立的思想、爱好的空间，当你闯入了这一空间，比闯入了一个陌生人的家庭，比偷了人家的东西，在某种程度上说，是有过之而无不及的。因为物质的东西不过是身外之物，不涉及对一个人人格的侮辱，而情感、隐私是一个人内在的心理秘密，涉及到一个人的人格。此外，具有干涉癖的人，应该丰富自己的情操，从其他途径，比如从事有益于社会的活动中，获得心理满足，赢得社会尊重。

可以想见，她对于自己的问题如果有所了解，她也会急于改变的。你可以建议她去找心理医生做一下调整和治疗。

朱永新

五、怎样消除强迫癖？

朱教授：

你好！

我是一位热情、善良的女生，我会把自己的快乐与他人分享，在别人困难重重时会伸出援手，但不知怎的，我并没有赢得很好的人际交往关系，我想不明白为什么大家都躲着我、讨厌我。

今天，我好心地跟宿舍同学讲："这个牌子的纸巾挺好的，你们下次就买这种吧。"不料室友冷冷对我一瞥，说："你用的东西就是好的，整天像个形象代言人，向人介绍这介绍那的，有强迫癖!”我当时愣住了，为什么她把我的好心当成驴肝肺呢？朱老师，你说这是为什么？什么是强迫癖？

此致

敬礼!

明　洁

明洁：

你好!

强迫癖有两类，一类是将自己喜欢的东西强加于人，比如自己喜欢喝酒、抽烟，也劝别人喝酒、抽烟，把自己的喜好看做别人的喜好，把自己的意见看做最好的意见，而且十分热情。如若人家不愿意接受，便认为人家是瞧不起自己，或者是和自己过不去。一类是将自己不喜欢的东西强加给别人，如自己不想看的电影硬动员人家去看，自己不想喝的汤却非让人家去喝，等等。在与这种人交往时，自然会产生一种被剥夺了自由和主动权的感觉，而且弄得不好，还可能以不欢而散而告终。

交往的目的总是互利互惠，互相悦纳。如果没有愉快之感，这种交往会自然停止。而具有强迫癖的人，常常感到纳闷费解：自己明明对人这么热情，别人为何疏远我呢？问题的症结在于并没有理解怎样的热情才是真正的热情，不明了只有使别人感到自如舒适，才会激发起别人发展友谊、加强联系的愿望。

说到强迫癖的克服，主要是真正懂得了解和尊重他人的需要和情感，不能以己度人。如果这个弯转不过来，不妨反过来想一想，自己也总有不喜欢的食品、服装，不喜欢的声音、动作，不愿意采纳的意见，现在如有人劝你吃这些食物、穿这些衣服、听这些声音、做这些动作、采纳这些意见，你又作何感想呢？你也会不乐意的，你也会有被剥夺了自由和自主权的感觉。所以，直率些、随便些、“冷淡”些，也许人们会感到更舒服、更方便、更自由。

祝每天都有好心情！

朱永新

六、怎样说服他人改变态度？

朱教授：

您好！

同学中最近都在传看您谈论劝说的有关信件，大家感觉很多知识过去闻所未闻，很新鲜，都在日常生活中尝试应用，确实有神奇的效果。但是我发现除了按照有关劝说的方法去做外，还要考虑到宏观环境、个人的形象因素等，说服他人改变态度不是一件容易的事。您认为呢？

此致

敬礼！

丽 燕

丽燕：

你好！

你们能对劝说他人的知识感兴趣，我很高兴。是的，劝说他人，说服他人改变态度并不是件容易事，还有很多环境和条件要求，要综合考虑。现在将有关内容整理如下。

（1）利用“居家优势”。

心理学家们曾经做过一个实验，他们按支配能力（即影响别人的能力），把一群大学生分成上、中、下三等，然后各取一部分组成两个小组，让他们讨论大学十个预算削减计划中哪一个最好。一个小组在支配能力高的学生寝室里，另一个小组在支配能力低的学生寝室里。结果，心理学家发现，讨论的结果总是按照寝室主人的意见行事，即使主人是低支配力的学生也是如此。

由此可见，一个人在自己熟悉的环境中比在别人的环境中更有说服力。这就是一些精明的谈判者为什么力争在自己国家，而不是在其他地方举行重要谈判的奥妙所在。在劝说的过程中，劝说者要充分利用这种“居家优势”，如果不能在自己的住所或单位讨论事情，不妨找一个对方也不熟悉的环境。

（2）引导参与活动。

引导劝说对象参与实际活动，是转变对方态度的非常有效的方法。比如，对于那些烟瘾很重的人来说，与其口头劝说他们戒烟，不如引导他们一起讨论吸烟的危害，这往往更容易转变其态度。即使对方根本不愿改变态度，你也可以邀请对方来做一次游戏。请对方扮演持相反态度的角色，假如他来劝说你改变态度的话，将怎样阐述。当他千方百计地搜集材料、侃侃而谈之后，他的态度说不定还就真的改变了呢。

这样说是有其心理学根据的。心理学家费斯廷格曾经研究过美国白人对黑人的态度转变问题。他设置了三种情境，在第一种情境中，让白人与黑人一起做纸牌游戏；在第二种情境中，让白人与黑人共同观看别人玩纸牌；在第三种情境中，白人与黑人虽然同处一室，但并不组织共同活动。研究结果表明，在上述三种情境过后，白人对黑人显示出友好态度的人分别为66.7%、42.9%和11.1%。这说明，越是引导劝说对象积极地参与有关活动，就越能有效地转变其态度。

（3）注意修饰仪表。

人们一般认为，自己受别人言谈的影响总比受别人外表的影响大，其实并不尽然。有人通过实验证明，那些仪表堂堂、有吸引力的人在寻路问津方面要比那些不修边幅、藏污纳垢的人有更多的成功可能。

美国学者英顿·亨特曾举过一个例子：一位艺术家经常为当地一些问题大动肝火，并毫无顾忌地对地方政府批评责难。他不修边幅，常穿着沾满油污的衣服出没于大庭广众之间。他认为，如果人们还有点儿头脑的话，那么不管自己仪表如何，总会理解并接受自己的看法。然而，许多年过去了，人们始终没有这样做。他没有想到，他的那身打扮只能使人产生这是一个缺乏教养的人的印象，于是连同他的言论也被人们忽视了。然而，后来有人也提出了类似的问题，不过那是一位很注重自己仪表的人提出的，于是问题马上引起了人们的重视。

这并不奇怪。爱美之心人皆有之，美的仪表给人以美的享受、美的感觉，这种美感的迁移或泛化颇有“爱屋及乌”的效果，使人对劝说者的谈话内容也产生好感，从而悦纳之、接受之。这对那些只考虑内容而不考虑形式的人来说，应当引以为鉴。

（4）寻找共同语言。

许多研究者发现，当试图改变某人的观点态度或爱好时，劝说者与劝说对象之间的共同语言越多，他的谈话就越能使人信服。从某种意义上说，这是人们的一种心理倾向，即相信与自己是“同伙”的人说的话。一个酿酒师尽管能向你讲出某种牌号的陈酒质量是如何地好，如何地高于其他啤酒的许多理由，但你的朋友，不管是知识渊博的还是学识肤浅的，却可能对你选择哪一种啤酒具有更大的影响。

在商品推销员当中，最优秀的推销员总是那些能与顾客在说话时的语调、语音和节奏保持一致，能说出顾客想说的话，表现出顾客的心境和情绪的人，他们甚至还能无意识地与顾客保持同步的吸气和呼气。这些推销员如同一台精密的反馈机，回收着顾客输送给他们的相同信息。

因此，劝说者必须努力寻找与劝说对象的共同语言，使自己在各方面与其保持一致，从而使你的劝说更为有效。平庸的劝说者总是开门见山地提出要求，结果往往发生争执，陷入僵局。善于寻找共同语言的劝说者则首先建立同情与尊重的气氛。例如，劝说对象正为某事烦恼时，你不妨说："我理解你的处境，要是我，我也会这样。"这就显示了对别人感情的尊重，在劝说时你也会得到劝说对象的尊重。

（5）逐步提出要求。

转变态度也要循序渐进，不可操之过急，否则会适得其反，欲速则不达。劝说者要从劝说对象的原有态度出发，由浅入深，逐步转变。

社会心理学家的实验证明了上述结论。在一次关于最佳睡眠时间的调查实验中，心理学家们首先了解了被试对于睡眠时间的态度，发现他们认为最适当的睡眠时间平均为 7.89 小时。然后把被试平均分成九组，并发给每组一篇论述睡眠的文章，这篇文章主要讨论健康与工作效率的关系，并谈到合理睡眠的时间问题。心理学家分别告诉这九组被试，文章的作者是一位诺贝尔奖金获得者、著名的生理学家，并请被试看完文章后回答两个问题：①你是否相信作者所讲的道理？有无说服力？②现在你认为最适当的睡眠时间是多少？实际发放的文章中有九种不同的睡眠时间，九个小组所看文章中的最佳睡眠时间分别是 0、1、2、3、4、5、6、7、8 小时。实验结果表明，在一定范围内，文章有权威暗示作用，转变了被试对睡眠时间的态度，如文章提倡每天只须睡 3 小时，被试则从原来的 7.89 小时下降为 6.6 小时。但如果超过了一定的限度，被试者的态度则不会改变，例如文章提倡每天只须睡 2 小时、1 小时，甚至不需要睡眠，则被试仍坚持要有 7 小时以上的睡眠。

可见，在劝说过程中，必须针对劝说对象的原有态度，逐步地提出要求。"只要功夫深，铁棒磨成绣花针"，说服他人转变态度也需要有这样的耐心和恒心。

说服他人改变态度并没有什么神秘的，它不过是一种交流信息的艺术，而这种艺术是完全可以掌握的。只要你相信这一点，并经过亲身的实践，你的劝说艺术就一定会逐步提高，日臻娴熟。你们多多尝试一定会有效果的！

朱永新

七、怎样面对孤独？

朱教授：

您好！

“曲高和寡”是很多人对自己孤独的自我解嘲。生活中很多人生活在孤独中，现代社会，人们越来越多地感受到在喧闹人群中自己的孤独。怎样看待孤独？请您告诉我！

此致

敬礼！

杨　阳

杨阳：

你好！

一个人如果离群独居，把自己封闭在自我的小圈子里，长期被孤独感所笼罩的话，心理就会提前老化。即使一个人处于正常的社会环境中，一旦被剥夺了必要的刺激，也会出现心理异常现象。加拿大心理学家赫布和他的同事在20世纪50年代曾做过一个剥夺感觉的实验。他们征求了十几名自愿的大学生，让他们分别单独居住在隔离室中，隔绝了与外界的联系，甚至包括光线、声音。尽管给予极好的食品，但时间不长那些大学生就变得烦躁不安，无法集中注意力思考问题，幻觉也开始产生，一个个再也忍受不了孤独感的折磨，都坚决不肯再继续实验。

孤独感之所以会严重影响人的心理健康的顺利发展，除了上面说明的心理发展丧失了必要的外界刺激就失去了发展的基础外，还因为，一是长期的孤独感会造成情绪紊乱，明显地改变人们非精神性神经化学作用，也就是说使人的免疫系统受到影响，因而更加容易患病；二是孤独感可能产生自我毁灭的举动，比如大量吸烟、酗酒，以及易于作出冒险行为。另外据统计，孤独者住院治疗的时间比一般人长两倍，自杀也比一般人多五倍。

产生孤独的主要原因，除了外界的强迫性质外，一是自己过于洁身自好，或自命清高，不善交往；二是自己过于自卑，缺乏积极从事交往和活动的勇气，甚至有一种孤独感是幻想出来的，大有林黛玉“花谢花飞飞满天，红消香断有谁怜”的伤感，总以为别人瞧不起自己。

对孤独者来说，首先须打破心理障碍，不要满足于自我的封闭，而要敞开自己的心扉，用自己坦荡的、真挚的感情，赢得友谊。如果你向别人开放，别人也就会邀请你进入他那个神秘的内心世界，你就会发现许多新鲜而神奇的东西，得到你做梦也没有想到的友谊与爱情。

孤独往往使人失去进取的锐气，减少人生乐趣，而这些又强化了孤独感，成了恶性循环。如果来个反其道而行之，积极行动起来创造自己的生活，热爱人生，培养生活的乐趣，让自己在事业的成功中获得欢乐，孤独感就不攻自破了。

兴趣是推动人们活动的内驱力，而有了活动，就有了交往，就会产生喜、怒、哀、乐，也就会使人的情感丰富、高尚起来，被社会、被别人遗弃的感觉也就不复存在了。因此，孤独者要努力培养自己的多种兴趣，广泛从事多种活动。同时，设法建立一个中心兴趣，那就更能意识到自己的价值，精神上就更为充实了。

为了驱走寂寞，孤独者既要善于帮助别人，又要善于求助于别人。帮助别人克服了困难，可以赢得别人的尊重和真诚的友谊；别人帮助你克服了困难，当然心理上就会从紧张走向轻松，懂得尊重别人的重要性，别人也感到愉快，这样就加强了人与人之间的情感交流。而自命清高，遇到困难从不求助于别人，或冷漠对人，对别人的困难不屑一顾，结果必然会加剧自己的孤独感。

孤独者还必须学会与多种人打交道。世界上没有两片相同的绿叶，各人的思想、观点、习惯、知识、修养、经历、性格等千差万别，我们要养成尊重别人特点的习惯，和多种人和睦相处，而不能按图索骥，强求一律。庄子说："水至清则无鱼，人至察则无朋。"这是颇有道理的。当然，这并不是说放弃原则，随波逐流，而是说要求同存异，薄责于人。

心灵的对话与撞击会带给你全新的体验！

此致

敬礼！

朱永新

八、怎样克服依赖心理？

朱教授：

您好！

我告别父母来到大学后，感受最深的是失去习惯的依赖的痛苦。一直被视为父母的掌上明珠，现在都要自己面对一切，从头学习料理自己的生活，我感觉很艰难，很痛苦，真想退学回家，再也不受这份罪了。朱老师，您说我该怎么办？

此致

敬礼！

黄　辉

黄辉：

你好！

很久很久以前，有一对夫妇晚年得子，视子为掌上明珠，百般怜爱，养成了独生宝贝饭来张口、衣来伸手的习惯，什么事儿也不沾边，十几岁时连自己的衣服也不会穿。老夫妇想这样下去也不是办法，于是让儿子外出学点儿本事。临走时，老母亲给他烙了一串大饼，中间挖了个洞，套在宝贝儿子的脖子上，以便他能“就近取食”。哪晓得，这个宝贝儿子吃完了脖子前面的饼，竟不肯费神转一转，结果脖子后面还挂着饼，却饿得两眼昏花，呜呼哀哉了。

这个故事听起来似乎荒诞不经，但竟能千古流传，就绝非是偶然了。它告诉我们，依赖性往往会使人丧失自谋生计的能力，一旦离开了过去所依赖的“靠山”，人生的支柱就会倒塌。唐代诗人白居易曾借凌霄来嘲讽那些依赖他人、不能自立的人，“有木名凌霄，擢秀非孤标，偶依一株树，遂抽百尺条。托根附树身，开花寄树梢，自谓得其势，无因有动摇。一旦树摧倒，独立暂飘飘，疾风从东起，吹折不终朝。朝为拂云花，暮为委地樵，寄言立身者，勿学柔弱苗。”

在生活中，像那个宝贝儿子和凌霄这样的青年人还是有的。他们信奉“学好数理化，不如有个好爸爸”的人生哲学，希图躺在“好爸爸”的树阴下享受乘凉，没有“好爸爸”，则怨天尤人，讨厌亲生父母，甚至不思进取，丧失信心。因此，摒弃依赖性，加强独立、自立能力，是每个青年必须尽力奋斗的。

首先，我们必须认识依赖之害，自立之利。“自古英雄多磨难，从来纨绔少伟男。”古时候，那些高门望族的子弟依赖祖辈的高官厚禄，过着奢侈荒淫、优裕闲暇的寄生生活，饱食终日，无所事事，有的坐吃山空、倾家荡产，有的昏庸到老、游手好闲，大都是没有什么出息的。人生在世，理应是幼则仰食父母，长则反哺双亲，这样才能显示出一个人的尊严和价值。我们知道，依赖关系是封建土壤上的产物，是以丧失自我的个性和创造性为代价的。随着封建关系的解体，随着时代浪潮的冲击，依赖的观念和性格也越来越没有市场，越来越受到人们的鄙视。况且，在这样一个飞跃发展的社会里，一个缺乏自我独立精神和能力的人，将无立足之地。时代呼唤着独立精神，社会将越来越崇尚独立人格。

其次，我们必须养成自立的习惯。这必须从生活中的点滴小事着手。衣服脏了自己动手洗，肚子饿了自己动手做饭，不要事事让家里人代劳。恋爱结婚，添置必需的家具用品也是应该的，但不必由父母包下一切。要知道，只有通过自己的劳动赚来的钱花起来心里才舒坦，才会激发自己的劳动热情；靠自己创造的财富，才能使自己成为财富的主人，而不被财富所奴役。生活中遇到各种各样的矛盾，发生种种不顺心的事，也不要念于求助别人，先试试自己有没有能力去克服，去解决，如果克服了，解决了，你就会有研究人员攻克难关、登山队员征服高峰的欣喜感，你就会逐渐树立自信心。当今，中国青年的价值观、幸福观正在出现巨大的变化。据调查，自强、自主乃是这些变化着的观念的重型内存之一。大家再不以依赖父母为荣，而以自我独立为目标，这也确实是变革的时代的要求。社会在加速运转，人员要广泛流动，人们只有靠自己才能适应社会要求，只能依靠自己的真才实学才能使自己的精神充实。当我们明白了这一时代的要求后，我们就更可以理直气壮、更可以义无返顾地和依赖告别了。让我们再重复一遍教育家陶行知的警告并注入新的内容吧：滴自己的汗，吃自己的饭，自己的事自己干，靠人，靠天，靠祖上，不算是好汉。

我相信，你会做个独立的男子汉！

此致

敬礼！

朱永新

九、怎样消除"代沟"引发的冲突？

朱教授：

您好！

随着我的长大，我发现自己与父母越来越难沟通。他们开口就谈"当年我……"，我都听腻了，心里别提有多火，总是停留在当年，社会还能进步吗？于是我常有矛盾的心情，又怕回家又盼回家，真不知家何时才能成为平静的港湾，不像现在这样整日硝烟弥漫。

此致

敬礼！

胡　阳

胡阳：

你好！

长幼两代人的矛盾乃是社会的普遍冲突之一，也是心理健康发展的常见障碍之一。平时，当你穿上款式时髦的新衣时，当你在新结识的朋友面前谈笑风生时，当你把几年的积蓄用于远足旅游时，当你在父辈面前议论社会、人生的问题时，有些长辈也许会指责你"思想幼稚"、"口尚乳臭"。这时，你一定会感到委屈难受，认为他们"脑袋陈旧"吧。河南省开封县大李庄乡一位青年在给《中国青年报》编辑的信中说："有的农村青年买了好衣服也不敢穿，主要是怕一些老人们说。有些老年人一看到青年人吃饭、花钱随便一点，就说是'忘本'；看到穿高跟鞋、着西装或烫发，就指责为'不洋装洋'；更有甚者，当听说城里青年跳舞了，就说是'流氓'等等。真令人有苦难言，啼笑皆非。"这确实是一个值得研究的社会学、心理学问题，也就是人们常说的所谓"代沟"问题，意即两代人在生活方式、价值观念、社会态度等方面的差异。这个问题处理好了，两代人可以互相取长补短，社会充满生气。这个问题处理不好，社会增加矛盾，家庭会增加冲突，个人的心理健康也会出现困扰。

对于“代沟”冲突问题，各人有不同的态度，其结果当然也就不同。一种是埋怨的态度，互相指责，就像上面说的，年长者指责年轻人“思想幼稚”，年轻人指责年长者“脑袋陈旧”，在这种对立的思想支配下，互相发泄不满，互相看不惯，诸多长幼之间、干群之间就有这种矛盾冲突。年轻人感到压抑，年长者感到愤懑。一种是无视现实的态度，不承认所谓“代沟”的存在，坚持认为“代沟”冲突实际是思想问题。比如年长者指责某些年轻人人生观、世界观的错误，有些年轻人指责年长者僵化保守。结果正常的心理冲突转化成了思想、立场的冲突。它不但加剧了代际障碍，而且改变了矛盾的性质，使之失去了调和的基础。第三种态度则是正视现实的态度。持有这种态度的人能够比较客观地分析和对待“代沟”冲突。认为两代人在思想、行为、情感方面具有不同的特征和表现，存在不同程度的差别和分歧，是客观存在的，也是可以理解的。一个人的思想感情不仅是时代的反映，而且是整个历史经验的积累，是全部心理内容、心理感受的积淀，是特定的文化背景的产物。以前的经验对现实和将来的心理活动不能不有所影响。年轻人没有经历过年长者经历的事件和感受，当然缺乏年长者的某些情感。而年长者形成的行为方式，即使不适应社会的发展，也不可能马上改变。更重要的是，由于经验、感受的不同，决定了两代人对现在事件的不同看法。比如对于生活的态度，老年人自觉不自觉地以过去的生活和现在的生活相比，自然会容易满足一些，会更加珍惜一些，更倾向于保持现有的水平。而年轻人更倾向于与同时代其他地区和国家的生活比较，自然就会不满足，不是那么珍惜，更倾向改革和提高现有的水平，甚至不惜改变现有的状况。

两代人的差异也反映了他们在家庭和社会中的责任和地位不

同的差别。社会对两代人的要求期望不同，比如对上代人就有一种无形的压力，要求他们维持好家庭，处事要周详，而对下一代就没有这种要求。

两代人在生理、心理上的发展水平也是不一样，要求的重点不一。比如就心理上的需要而言，青年人最大的需要莫过于爱情、职业、学业、交往和谋求社会的承认，年长者则更多地要求家庭和睦、望子成龙、升迁、巩固社会地位、保持良好的健康状况等。这些差别，客观上成了两代人产生矛盾的因素，是年轻人埋怨年长者“脑袋陈旧”，年长者指责年轻人“思想幼稚”的原因。

基于这样的认识，应该采取的态度就是尊重对方的思想感情和行为方式，相互吸取所长，补己之短。比如年轻人从年长者那里学习历史经验，学习稳健和深思的特点，注意历史的比较；年长者从年轻人那里学习革新的精神、创造的锐气，保持蓬勃的朝气。尽管如此，两代人之间仍然会有许多不习惯、不适应、难以配合之处，彼此间会有分歧。还有许多事情也无所谓谁是谁非，无非是各自不同的特点、不同的要求罢了。对此，在人生观等重大问题上彼此可互相探讨、争论辩解外，在生活方式、生活习惯等方面可相互容纳，以丰富多样的社会面貌推动社会更快地发展。

让青年的特点和老年的特点在生活上、事业上结合起来吧。如果说老年人的经验是可贵的，那么，年轻人的纯真则是崇高的。青年人只有接过老年人的火炬，不断注进新的燃料，人生的道路才能被照得更亮。最后，我建议你能选择合适的场合和机会与你的父母真诚地沟通，也许你们互相都会有全新的认识和评价。

家永远都是宁静的港湾！

此致

敬礼！

朱永新

第十五章 如何进行高效的学习

一、怎样做好演讲的准备？

朱教授：

您好！

我喜欢演讲，也参加过一些比赛，但我发现我在演讲时，语速总是越说越快，以至会把原准备 40 分钟的讲稿用 30 分钟讲完，而且在演讲过程中，经常会犯这样一个错：原本是向大家介绍一棵树，我引申到了一个枝干，慢慢就讲到了树叶，有时还会对树叶上的露珠进行一番讨论，往往是跑得太远，找不到“回家”的路。我不知该如何避免这一缺点。朱老师，敬请帮助学生指点迷津，谢谢！

此致

敬礼！

焱

焱：

你好！

看起来你没有充分做好演讲的准备，所以出现了一些失误。具体分析演讲前的准备，期望能给你些帮助和启发。

（1）分析听众心理。

为了达到演讲目的，我们首先应当了解听众的心理活动，这样，当我们运用口语和非口语向听众讲明事理、发表意见时，才能针对明确、有的放矢，使我们的演讲更富有说服力和感染力。要说服听众，首先需要了解听众，摸清他们的思想脉搏，找到共同语言，这样才能一呼而百应，一鸣而化千钧。虽然在很多情况下演讲者不可能了解所有听众，但了解大多数听众的情况和所关心的内容还是可以的。

首先，要了解听众的年龄、性别、受教育程度、社会地位、经济状况、生活方式等，同时努力发现与演讲内容直接相关的信息。如果听众由不同的人所组成，就尽可能去了解听众中的类型，如父母与儿童、在职人员与领导干部等方面的比例情况。

还要了解听众的共同经验，尽量使演讲适合于听众的特殊口味，从而缩短心理距离。如，对工人听众讲要豪迈刚劲；对农民听众讲要朴实风趣；对学者听众讲要论证严密；对学生听众进要富于哲理性和鼓动性。

那么，通过哪些途径可以了解听众心理呢？

第一，可以向邀请你的人了解。邀请你的人是你了解听众心理的主要途径，他一般对听众的情况了如指掌，会告诉你什么样的主题和内容会吸引听众。

第二，可以向将要听你演讲的人了解。有可能时，你可以对听众进行一番调查研究，了解其愿望和需求，了解其理解能力和接受能力，了解其对于你演讲主题是否感兴趣等。

第三，可以通过预测的方法了解。在演讲之前的一天或一周，你可以用问卷法对听众进行预测，预测的结果将有助于你决定应该讲些什么、应该避免什么等。

第四，可以通过现场提问来了解。即使在演讲开始时，你也可以通过现场提问来了解情况。例如，你问“有多少人看过某部电影”，如果没有人看过，你就不必把电影中的情节作为主要的例子来讲。

（2）选择演讲主题。

毫无疑问，在演讲之前，你的演讲主题一般是明确的，因为你在某方面的兴趣和成就使你被邀请作这一方面的演讲。因此，主题是事先就拟订的，只要你阐明你自己的观点，作出相应的解释即可。但也有一些场合要你自己选择主题，在这种情况下，你必须遵循以下规则。

一是选择你自己感兴趣的主题。如果你对某个演讲主题毫无兴趣，你就不可能拨动听众的心弦，就不可能使听众认真听你的演讲。相反，如果你对某个演讲主题兴趣盎然，如数家珍，你的热情必然会感染听众，听者津津有味，讲者神采飞扬。

二是选择听众感兴趣的主题。虽然你自己感兴趣的主题会打动听众，但如果听众对此也感兴趣那效果自然更佳。演讲不可能像文章那样自由阅读，听众一旦进入了演讲会场，就没有自由选择的可能，而要一听到底。这就要求演讲主题是听众最关心、最感兴趣的问题，否则就会言者谆谆，听者渺渺；言者口干舌燥，听者头昏脑涨。

（3）明确演讲目的。

演讲除了具有交往的一般目的如交流信息、分享情感、影响别人外，也有其自身的特殊目的。这个特殊目的是与演讲者本人和演讲主题相联系的。

当你准备演讲时，明确演讲目的是很重要的，不能为演讲而演讲，不考虑演讲的后果，这样只会事倍而功半。许多演讲者都有这样的体会：一旦自己真正领会和明确了演讲目的时，就会有柳暗花明、豁然开朗的感觉，产生了组织和驾驭演讲内容的灵感。因此，你不妨向自己提出这样一个问题：“在我结束演讲时，到底想要听众干什么？”

（4）组织演讲内容。

组织演讲内容时，一是演讲内容要集中。

心理学的研究表明，信息输入越集中，在听众头脑中的印象就越深刻；多而杂的刺激在听众头脑中产生的痕迹不可能强化，由于互相抑制还会互相抵消。演讲的时间是有限制的，一次演讲不可能同时解决许多问题。因此，演讲内容一定要紧扣主题、挖掘主题，以精辟的分析和独到的见解征服听众。

二是演讲结构要清晰。

在演讲中，听众是通过听觉来接受言语信息的，它是口耳相传的语言活动，没有过多的时间给听众思考。因此，演讲稿的结构层次不宜太复杂，像论文稿那样先是一、二、三、四，再1、2、3、4，还有A、B、C、D。演讲稿的结构要清晰，逻辑性要强，并依靠本身的内在联系来组织内容。一般来说，演讲内容的结构由三大部分组成：提出问题、分析问题和解决问题。

三是演讲安排要有艺术性。

演讲内容安排的艺术性体现在以下四个方面。首先，要灵活运用各种艺术手段和修辞手法。我国演说家李燕杰副教授主张吸收五种艺术的长处——小说的形象、戏剧的冲突、相声的幽默、朗诵的激情和电影的蒙太奇手法——确实是很有道理的，事实证明是相当成功的。各种修辞手法如描写、比喻、排比、设问、反问等也都是行之有效的方法。

其次，要注意生动材料的分布。演讲内容的主题要高度集中，但生动、有趣的材料分布不宜过于集中。心理学的研究表明，人们的注意力每隔五至七分钟就会松弛。如果我们把生动的材料均衡地而又是天衣无缝地安排在整个演讲中，就能造成张弛有效的心理节奏，始终抓住听众的注意力。

再次，演讲内容的语言要流畅、深刻、生动。流畅，你到底选择哪一种，自然要根据具体情况“酌情处理”。其他主题的讲演亦同此理。

最后，结尾也是演讲内容的重要组成部分。草草收场或离题万里，往往功亏一篑。好的结尾应该是演讲的高潮，使人感到言有尽而意无穷。做文章有“龙头、猪肚、豹尾”之说。所谓龙头，就是说开头要引人入胜；所谓猪肚，就是说中间内容要丰富；所谓豹尾，就是说结尾要干净有力。做文章如此，演讲亦然。在结尾时，演讲者已经说出了全部见解，倾注了全部感情，要在此基础上把听众的情绪推向最高峰。总括全文，使听众有清晰完整的印象；首尾呼应，有变化地重复开头的话或回答开头提出的问题；利用格言、警句来启人深思；用振奋人心的呼吁来鼓舞激情；以带有哲理或幽默的话来活跃气氛；用诗词歌赋来沟通感情；都是行之有效的结尾方式。当代保尔——张海迪在一次作演讲报告时，最后用中文、日文和英文唱了三支歌，激起了听众感情的层层浪花，给人们留下了美好的回忆，就是很有感染力的结尾，同时又体现了她的特色。

（5）确定演讲形式。

在组织好演讲内容后，确定合适的演讲形式也是演讲准备的重要环节。演讲的形式要根据具体条件来确定，如演讲是在正式还是非正式的场合进行？听众的人数有多少？演讲的主题是什么？演讲者的知识水平如何？等等。一般来说，演讲的形式有以下几种。

①无讲稿有准备的演讲。

最常用的演讲形式就是无讲稿但经过认真准备的演讲。这种形式的演讲一般是事先列成提纲而又反复练习过的，但在实际演讲时只利用非常简短的提示。美国总统林肯曾为一位美国革命战争时阵亡士兵的妻子打官司，他精心准备的慷慨激昂的讲话稿只有简单提纲：没有合同——不该索取手续费——无理的勒索——被告霸占款项不给原告——美国革命战势——描述锻铁谷的惨状——原告的丈夫怒斥被告——结论。这种形式的演讲着重于与听众的交往以及接受反馈。

②即兴演讲。

你曾经在毫无准备的情况下演讲吗？这种不加思索的临场演讲就叫即兴演讲。即兴演讲没有很多的思考余地，要求演讲者在很短的时间内确定演讲主题、组织演讲内容。历史上许多著名的演讲都是即兴演讲的杰作，它们特别能反映一个人的才能，也更有鼓动效果。

③有讲稿的演讲。

有讲稿的演讲是根据演讲稿向听众演讲的一种形式。在有讲稿的演讲中切不可照本宣科，而应当充分了解讲稿内容，以便于有时间不断地用眼神和听众接触。因为听众不仅用耳朵听，而且用眼睛“听”。所谓“四目相投，心心相印”是谓也。如果听众的目光和你的目光没有接触、没有交流，眼睛“听”的作用就发挥不了，演讲的效果就会大大降低。

④凭记忆的演讲。

凭记忆的演讲需要演讲者熟记演讲内容，不用任何提纲和讲稿进行演讲。在采用这种演讲时，不必拘谨，应自如地运用各种姿势帮助说话；应直接面向听众而不要忸怩不安或身体侧对。在使用这种演讲方式时，应注意防止只顾回忆内容而不注意听众反馈的情况。

如果忘记了一段内容，不必硬想，可以就势跳跃过去。

另外，根据演讲风格的不同，还可以把演讲分为激昂的、深沉的、严谨的、活泼的四种形式。

激昂的演讲形式，特点是语言节奏快，音量轻重对比强烈，富有鼓动性和号召性。适用于激发听众感情，进行强烈的呼吁和号召。

深沉的演讲形式，特点是语言节奏较慢，力度对比不太强烈，音色较柔和，语调较深沉。适用于探讨带有哲理的问题。

严谨的演讲形式，特点是语言优美，节奏比较稳定，用词准确。

适用于夹叙夹议的演讲，一些科学报告也可采用这种演讲形式。

活泼的演讲形式，特点是节奏较快，语言变化幅度较大，语言清新，内容生动。适用于论述别开生面的小题目。

在你准备进行演讲时，不妨根据本人的气质、语音等条件，根据演讲的主题和内容，根据不同的演讲场合来选择最恰当的演讲形式。如在迎春茶话会上，你就没有必要去采用有讲稿的演讲，也不必用激昂的语调慷慨陈词，而应用活泼的即兴演讲。

（6）进行演讲练习。

在进行了上述五个方面的准备以后，下一步的工作就是必要的练习了。天生的演讲天才当然令人羡慕，但终究不是人人都具有这份天赋。事实上，著名的演讲家几乎没有不是经过刻苦练习的。通常，必要的演讲有如下几个方面。

一是熟记讲稿。“腹有诗书气自华”，对于演讲者来说，只有把演讲内容烂熟于心，化为自己活生生的语言，才能在实际的讲演过程中去除心理负担，讲出自己的真情实感并潇洒自如地使用各种俗语。熟记讲稿并不是机械地背诵，而是在融会贯通的基础上掌握演讲内容的主干，熟记是在精心思考的基础上进行的。

二是模拟演讲。可以对镜子，也可以向你的母亲、朋友、录音机等进行模拟演讲。模拟演讲要求讲出声音并运用体态和面部表情。模拟演讲必须由始至终，不要过多停顿和回头重讲。模拟演讲要注意收集反馈信息，反馈可以来自于听你演讲的母亲、朋友等，也可以通过看镜子或听录音进行自我反馈。通过反馈不仅可以调节自己的语音、语调、姿势、表情，也可以调整内容的长短，把握时间。不打无准备之战，才可做到战无不胜，胸有成竹！

此致

敬礼！

朱永新

二、怎样拥有好的演讲口才？

朱教授：

您好！

前几天从同学那里拜读了您写给他有关演讲准备的信，我感觉深受启发，原来您是在多年积累的基础上才有了那么潇洒的演讲风格的，我真的是从心里敬佩您。

可是我是个口才不好、容易怯场的人，虽然事先做了准备，但临到上场时，我又吓得全身发抖，最后竟词不达意地败下阵来。您能指导我怎样才能拥有好的演讲口才吗？急于得到您的帮助和指导。

一个口讷的人　小　晓

小晓：

你好！

充分的准备是演讲成功的前提，但最后的成功，还要看你登上演讲台后的临场发挥。需要指出的是，这种发挥并不是从讲第一句话才开始，而是当你走向讲台时，就已经给听众一定的印象了。所以，首先要注意的是给听众一个良好的第一印象。

首先，你要充满自信地走上讲台。自信心是人生的精神支柱，也是演讲成功之舵。没有自信心，势必忐忑不安、有气无力。你自己缺乏信心，听众的信任感也就失去了一半。

其次，要有明朗、简洁的服装和端庄、大方的举止。演讲不是文艺表演，应与听众尽量保持和谐一致。花里胡哨、浓妆艳抹、发式奇特、胡须怪异，都会使人感到轻浮浅薄；不修边幅、蓬头垢面、袖口油污、纽扣错结，也会使人望而生厌，大倒胃口。穿着打扮应因人而异，扬长避短。如矮而胖的人不宜穿肥短、方格、横条、大花和浅色的衣服，适宜穿紧身、竖直线条、简洁的深色衣服，高而瘦的人则相反。长脖子的人适宜穿领子高而宽松的衣服，短脖子的人适宜穿领子低而平的衣服，等等。

再次，要沟通与听众的联系。一般来说，新的演讲者登上讲台，会场上会出现一两分钟的平静，这是争取听众的“黄金时间”。“转轴拨弦三两声，未成曲调先有情”，在开口之前，先用平静、真挚的目光扫视全场，沟通与听众的初步情感联系，然后抛出引子，以精彩的开头吸引听众。一般来说，开始的声音不可过大，这样才有加强的余地。一开始就大声疾呼，以后就难免“再而衰、三而竭”，降低效果。

演讲开始之后就要不断根据听众的信息反馈进行调节。演讲是演讲者与听众双向的信息交流。演讲者开始演讲后，切勿目中无人，我行我素，而是要留心场内发生的一切变化，搜集信息反馈，牢牢掌握控制会场的无形支配权。演讲效果如何，通常可以直接反映在听众的情绪中，如视线集中表明全神贯注，交头接耳表示心不在焉，喜形于色表明兴味盎然，哈欠连天表示十分厌倦等。具体说来，听众的兴趣、热情与外部行为的关系从积极的和消极的两方面看，根据人数的不同、空间距离的大小，可以列表如下：

反应人数	积极的		消极的	
	口语的	非口语的	口语的	跺脚 离开会场 咳嗽 睡觉
50～200 人	喝彩 称赞 大笑	鼓掌 起立欢呼	发出呸声 发出嘘声 嘲笑 重复唱歌	皱眉蹙额 摇头 打哈欠
20～50 人	喝彩 大笑	微笑 点头 鼓掌	发出哼哼声 窃笑	眯眼斜视 皱眉蹙额 不安的举动
7～20 人	提问 赞同	目光闪烁 微笑	提问 发表反对意见	

演讲者只有根据听众的各种情绪反应，灵活地调节自己的演讲内容和方法，才能获得最佳演讲效果。如会场上出现纷乱嘈杂的现象，演讲者要从容镇定，采取积极措施，调动听众注意力，或向窃窃私语者投以告诫的目光，防止传染扩散；或突然降低声音，造成听众的悬念；或调整结构，抛出惊奇吸引人的材料；或因势利导，把听众思绪再度拉上主题。如会场上秩序井然，人们聚精会神，有时还点头微笑，说明你的演讲比较成功，可按原定计划进行下去。一般来说，积极的反馈比较容易使演讲顺利进行，消极的反馈则比较难以对付。

应付消极反应的方法多种多样，下面是几种比较简便且能较快收到效果的方法。

如果听众表现出厌倦、不耐烦、打哈欠等现象，你可以：

插入一个故事或一个事例；

改变演讲的音量或音速；

增加姿势的变化；

运用视听辅助材料；

说句笑话；

检查一下是否是“老生常谈”。

如果你的听众表现出疑惑的神态，不能理解你演讲的内容，你不妨：

要求某些听众提出问题；

重述演讲过的主要论点；

重新解释刚才的论点；

要求听众在纸条上写下所有疑问。

如果你的所有听众都出现不友好的态度，或者看上去明显不同意你的演讲时，你应当：

运用幽默来缓和气氛；

讲述一些相反的看法；

强调你和听众一致的内容；

停止演讲，开始讨论。

如果你对听众的消极反应不予理睬，只会引起更加消极的反应，使演讲出现不可收拾的局面。正确的态度是正视消极反应，反求诸己，调节内容和方法，扭转局面，变消极为积极。

演讲是通过言语来表达的，而言语又是通过一定的语音、语调来表现的。语音、语调是否亲切自然、优美动听，直接影响到演讲的效果。如果演讲者的语音清晰悦耳，语调自然动听，人们便会把听讲作为一种美的享受，不愿离去；反之，如果口齿不清，语调千篇一律，人们就会昏昏欲睡，演讲也就功败垂成。那么，怎样的语音语调才能使人感到亲切自然、引人入胜呢？

第一要口齿清楚，念字吐音分明，使听众能听懂每一句话，要尽可能说普通话，发音规范，尽量排除方言土语、南腔北调。

第二要语调自然，抑扬顿挫要适当，能正确表达出所要表达的内容和感情。要讲究语言的表现力，随着内容的发展，时而昂扬有力，时而深沉坚定；时而喜悦明快，时而悲愤凝重；时而豪放舒展，时而细腻清新。轻重缓急、高低快慢，都要符合听众的心理节奏，争取同步共鸣。

演讲中最忌四平八稳的音调，而应有所变化，以强调句子中的重点部分。在演讲中，句子中不同的位置出现重读，往往表达不同的潜在意义。

演讲中停顿的运用也要恰当，不该用停顿的地方出现停顿，就会出现“破句”，甚至使原意产生截然相反的效果。如有一幅横联“人多　病少　财富”，倘读成“人多病　少财富”就出现笑话了。

演讲也要讲究速度的快慢，连珠炮似的语言或慢悠悠的声音都会使人听起来十分费力。

在演讲时，为了加强语势，使之如飞瀑激流，气吞长虹，或似战鼓频频，动人心魄，可用比较急促的语言表达。有时候为了表示悲痛哀伤，可用比较缓慢的口气。一般来说，演讲的语速以中等偏快些为好，但各个段落之间也要有所变化，避免呆板一律。

演讲演讲，只讲不演是不行的。演讲不仅仅是通过听众的听觉为他们所接受，也要通过听众的视觉使他们所感染。表情和姿态是人们传递信息的特殊语言。

演讲者的表情要泰然自若、落落大方，喜、怒、哀、乐皆成文章。演讲者面部表情受两方面因素的制约：一是对听众的态度，这要求演讲者的面部表情以微笑为基础，同听众保持心理上的接近；二是演讲内容的表达，这要求演讲者根据不同的内容出现痛苦、悲哀、愉悦、兴奋等各种丰富多样的表情。

眼神是面部表情的主要表现渠道。眼睛是心灵的窗户，演讲者要学会用眼睛说话。苏联心理学家曾做过一个有趣的实验。他们在被试的眼睛上装上微型橡胶吸盘，吸盘上有小巧的反射镜。在观摩人像时，反射镜能反射定向的灯光，从而在照相纸上留下眼球活动的轨迹。这个轨迹图表明，眼睛是最受注意的对象，观画者的目光一次又一次折回到画中人物的眼睛上，即使是一张侧面像，眼睛仍是被注意的中心。所以演讲者要高度注意目光的运用。

演讲者必须始终把目光向全场投放，保持与听众的接触。心理学的研究表明，人们在谈话时说话者打量对方的次数明显少于听话者。这固然使说话者有更多的注意力集中在要表达的内容上，但如果演讲者也只是关注于表达的内容上，而不去正视听众投来的目光，是很难取得演讲成功的，因为听众总是希望演讲者意识到自己的存在，把目光投向自己就意味着这一点。

态势主要指演讲者的动作、姿势和精神状态。善于演讲的人总是用丰富多样的手势或姿态来辅助，这不仅能吸引听众的注意力，也使演讲更为有声有色，使听众获得更为深刻的印象。像木头人一样直挺挺、硬梆梆地站在那里演讲，只能使听众感到索然无味，而没有目的地手舞足蹈，没有节制地走来走去，甚至东张西望、抓耳挠腮、摊手耸肩、男人女态，也都会引起听众的反感。

演讲者的态势必须是内心情感的自然流露，矫揉造作、虚张声势都违反自然性原则。演讲者的态势也必须符合美的原则，要给听众以美的享受，表情和态势都必须为内容服务，如果喧宾夺主，设计过多的动作，则适得其反。

你能成为一个受人欢迎的交往者吗？你能成为一个出色的演讲者吗？答案是肯定的。“长风破浪会有时，直挂云帆济沧海”，愿青年朋友们都成为受人欢迎的交往者和出色的演讲者。

祝顺利！

朱永新

三、师生感情下降怎么办？

朱教授：

您好！

我实在不能再忍下去了！我提起笔写信向您求助！请您帮帮我！

自从去年我在语文课上向老师纠正了他的错误读音后，他就再没给过我好脸色。我感觉到他对我的愤怒和冷落，从此语文课我就难以听进去了。

这是一个很严厉、苛刻、不容易沟通的老师，很多同学都怕他，对他敬而远之。这种师生关系也影响了我们学语文的兴趣，我们也知道不应该这样，但却很难转过这个弯来。明年就要高考了，这样下去，我该怎么办？

此致

敬礼！

一个很尊敬老师的学生　阿　华

阿华：

你好！

我能理解你现在的焦急心情。

教师在教育过程中与学生、同事、学校领导、学生家长等有着密切的关系，其中师生关系是最基本、最经常、最主要的关系。师生关系如何，直接影响着教育效果。一般说来，凡是平等、融洽、合作的师生关系，就会取得积极的教育效果；反之，凡是紧张、对立的师生关系，只能取得消极的教育效果。

目前，在某些中小学校里，师生关系紧张、师生感情下降的现象渐趋严重，不仅差生“视学舍如囹圄而不肯入，视师长如寇仇而不欲见”，就连那些品学兼优的学生也不愿接近教师，不愿向教师吐露心事、反映情况。形成师生感情下降的原因很多，其中，教师不良的教育方式及社会心理对学生的影响是重要原因之一。从教师不良的教育方式来看，一般有三种类型。（1）专制型：教师态度傲慢、专横，喜欢用训斥、责备甚至体罚的方式对待学生。（2）“警察”型：教师能严格要求学生，责任心强，但态度生硬，专门挑剔毛病，从不表扬、鼓励学生。（3）放任型：教师缺乏责任感，很少关心学生，让学生放任自流。我们的教师如果属于这三种类型，一般很难建立融洽的师生关系。事实上，很多教师自觉不自觉地充当了教育“警察”的角色，这在很大程度上削弱了师生感情。

从社会心理对学生的影响来看，现代学生接受信息量大、面广，生活内容比较丰富，对成人世界的不少“秘密”已不陌生，因此，他们自觉不自觉地用成人交往的“准则”来看待师生关系。哪个学生与教师接触多了，就很容易背上“讨好老师”、“拍马屁”、“打小报告”的名声，成为“孤家寡人”。

怎样缓解师生感情下降的局面呢？最根本的一条是热爱学生，关心学生。苏联当代教育家苏霍姆林斯基说过，学校里的学习不是毫无热情地把知识从一个头脑里装进另一个头脑里，而是师生间每时每刻都在进行的心灵的接触。如果教师做到了语言上多安慰、鼓励，生活上多关心，学习上多帮助，用爱的情感去滋润学生的心田，学生的心扉就一定会打开，良好的师生关系也一定能够建立。可以这样说，师生感情融洽与否，关键取决于教师，取决于教师的教育方式。同时，教师还必须考虑社会心理因素对学生的影响。拓宽学生的交往面，不要只注意少数班干部、尖子学生，而应有意识地与学生广泛接触，广泛交流。对于学生反映的情况，要认真核实，不要捕风捉影。对一些社会现象，要引导学生认真分析，正确对待，不要盲目照搬成人的交往方式，真正建立起一种适合学生特点的、自然融洽的、新型的师生关系。

但是现在，我只能对你提些建议：当你感觉无力让教师改变他多年形成的习惯和性格时，你要在内心里接受他的现实：他的严厉、苛刻会让你更严格要求自己，他的冷漠对你也是一种特殊的鞭策和鼓励，只要你能接受他用特殊方式帮助你的意义，你会发现你会变被动压力为主动力，你会激发出学好语文的动机和动力，并真的会取得好的成绩——如果把教师给予的压力当做一种挫折的话，你有能力承受挫折战胜自己！

当我们换个角度看教师，换个角度看自己，也许会发现重建师生关系，我们同样做得到！

我相信你的能力！

此致

敬礼！

朱永新

四、上课分神怎么办?

朱教授：

您好！

临近考试了，我发现自己在课堂上经常分神，人好像睁大眼睛在听课，心却飞到了别处。我很焦急，越想集中注意好好听课，越不能做到。请问这是怎么回事，我该怎么办?

此致

敬礼！

王　成

王成：

你好！

你是在考前出现了“分神”现象。

我国古代思想家孟轲有一则常为人们引用的寓言，说的是全国围棋冠军弈秋，收了两个徒弟，从事棋艺教授。两个学生中一个心无二用，专心致志地学，长进很快；一个却心里老想着有“鸿鹄将至”，琢磨着怎样弯弓搭箭将它射下。虽然他和前一学生同棋对弈，但心分神了，结果成绩“弗如远也”。孟子说，此乃“不专心致志”之故。

在我们日常的工作和学习中，有的青年朋友聚精会神，注意集中于所应注意的对象或活动。有的却注意涣散，心猿意马，如有“鸿鹄将至”，使自己的注意力“溜”到其他地方去了。这样工作和学习往往收效甚微，事倍功半，甚至会导致差错或事故的发生。分神往往源于以下几个原因：对所做的事情的意义认识不足；对某一事物不感兴趣；不善于集中自己的注意力，或者易被其他新异事物所吸引。另外，当一个人非常疲劳、失眠或用脑时间过长时，也会出现分神现象。为了学有成效、做有收获，针对前面几个原因，我们可以对“症”下“药”。

第一，建立高度的责任心，明确工作或学习的意义。你一定有这样的体会：在临近考试或干某项工作时，总有高度集中的注意力，对环境的干扰也能适应，甚至会达到“泰山在前而目不见，雷鼓在侧而耳不闻”的入迷境地。这就是因为有高度的责任心在约束着自己。因此，在学习某门课程或完成某项活动时，我们必须给自己规定一定的任务，提高自觉性，加强责任感，把这些任务与自己的目标和理想紧密联系起来。

第二，创造安静整洁的环境，排除外界的干扰。年轻人往往容易受环境的影响，产生无意注意，如做功课时抬头看到桌上的信件或报刊，会情不自禁地拿过来读上一遍；听到收音机或录音机里的精彩节目，会不由自主地去欣赏一番。因此，我们要尽量避免那些影响我们注意的外界刺激，不为其他无关因素所干扰。例如，可以把桌子上的信件或报刊先收起来，把收音机或录音机关掉等。同时，如果无法避免，我们也要对这些干扰或刺激持冷静的态度，培养“闹中求静”的本领。毛泽东年轻时就经常到嘈杂的城门口读书，以锻炼自己的注意力。

第三，培养浓厚的兴趣。注意与兴趣是嫡亲姊妹，没有浓厚的兴趣，对事情漠然置之，就很难集中注意。相反，有了浓厚的兴趣，就会形成强刺激使大脑兴奋，使注意力高度集中。兴趣有直接兴趣（对活动本身感兴趣）和间接兴趣（对活动的目的、结果感兴趣）之分。一般说来，直接兴趣与无意注意相联系，它往往是无目的的、轻松的、短暂的；间接兴趣与有意注意相联系，它常常是有目的的、强迫的、持久的。我们不仅要利用自己的直接兴趣，更要培养自己的间接兴趣。

第四，要积极养成注意习惯。苏联心理学家西·索洛维契克说过：“要想在课堂上集中注意力，我们还是从一年级就学会做简单的事情开始吧，身体坐正，振作起来，做好听课准备……这样，我们就会非常容易地把注意力集中在老师的讲解上。”他曾经让一些学生选择自己认为最枯燥的课程来做实验，结果取得了满意的效果。如果我们头倚在坐椅上听课，躺在床上读书，怎能使注意力高度集中呢？只要我们养成良好的注意习惯，学习一开始就全神贯注，遇到各种困难也要集中精力，就不必担心出现分神的现象了。

最后，我们应当防止过度的身心疲劳，保持充足的睡眠，时常变换工作和学习的内容，避免用脑过度等。这样，当你需要集中注意力时，你的注意力就能像激光束一样，高密度地照射在注意点上。

此致

敬礼！

朱永新

五、记性不好怎么办？

朱教授：

您好！

我发现自己是个健忘的人，所以学习和考试复习要比别人更困难，代价更大。我很希望自己能有过目不忘的本领，请问：我该怎么办？

此致

敬礼！

李晓东

李晓东：

你好！

看来记忆力影响了你的学习成绩。苏联著名生理学家谢切诺夫曾经生动地叙述了记忆的意义：“如果没有记忆，那么我们的感知觉就不会留下任何痕迹而随即消失，这样就会使人类永远处于新生儿的状态。”是啊，多少奇功伟绩的创造者，不也同时以他们非凡的记忆力留下了许多佳话吗？可是，也确实有不少人因为健忘而闹出了许多令人啼笑皆非的笑话。不是吗？国外有一则幽默故事就是一个生动的例子。

新年晚会后的第二天清晨，电话铃响了。玛丽小姐在睡意蒙眬中拿起话筒，听到了约翰先生的声音：“亲爱的，我记得很清楚，我向你求婚了，但是忘了你是否同意。”

玛丽小姐回答说：“对呀，我记得昨天晚会上我说过我同意，但是忘了是对你说的还是对别的男友说的。”

玛丽小姐和约翰先生的“健忘”使我们无不哑然失笑。虽然这不无夸张，但青年朋友埋怨记忆力不好，为自己不能回忆起先前学过的东西而认定自己不是块学习的“料”的现象也并不少见。其实，大可不必为此烦恼和灰心。据心理学家研究，正常人的记忆储存容量相当于五亿本书中的信息量，只要掌握了提高记忆的有效方法，你的记忆就会得到改善。根据国内外的一些研究，这些方法有如下几条。

第一，凝神贯注。美国心理学家E. 洛夫特斯在其新著《记忆》一书中说：“一个人为提高记忆力所能做到的最重要的事情，也许就是学会如何集中注意力。”注意涣散，记忆遭殃，这是每个人都有的体会。如果你一面看书，一面想着刚才与某人的谈话，或者考虑着去商店购买某种物品，那必然不知书中所云，更谈不上记忆了。

第二，目的明确。有效地进行记忆，就必须有明确的记忆目的，目的越明确、越具体，记忆的效果就越佳。研究表明，提出明确的记忆目的后（比如要求他一日后向别人传达），80%的被试能正确地记住材料。而不提出明确的记忆目的，只有43%的被试能正确地记住材料。因此，你要想精确地记住某事物，就要给自己提出精确记忆、长期记忆的具体目的。

第三，加工编码。良好的记忆力不仅在于头脑中储存了多少信息，更在于能够在需要时随时取出来使用。有的人记忆的容量很大，但要求系统动用他的储存时，却又“卡壳”了，这还不能算是好的记忆。能够在需要时随时提取信息，关键在于信息的加工编码，通过联想使新旧信息联系起来。如你记得辛亥革命始于1911年，五四运动爆发于1919年，需要想起俄国十月革命的年代，那么通过联想，中国资产阶级革命是在接受马克思主义前开始的，而五四运动为共产党的成立，做了思想上、组织上的准备，那么便可确定，十月革命是在1911年和1919年之间。这样，再通过其他一些事件的联想，便可记起十月革命是在1917年。还可以通过经常的复习疏通信息的传递路线，通过思考使信息系统化、条理化，使各种信息得到强化。如在欧洲近代史上，英、美、法资产阶级革命是三次影响巨大的革命。但它们的异同，却往往给记忆带来很大的负担。如若使其系统化、条理化就容易记了。英国资产阶级革命最早，在1640年，它的性质是资产阶级和新贵族结成同盟的反封建的革命；美国资产阶级革命其后，在1775年，它的特点是反对英国殖民统治；而法国资产阶级革命是在美国资产阶级革命的影响下掀起的；在1789年，它的特点是资产阶级和人民大众联合起来反对封建势力。

第四，尝试背诵。尝试背诵比单纯地反复阅读效果要好。心理学家做过一个实验，让一组学生连续阅读四遍课文，另一组学生阅读一遍课文后立即回忆一遍，看哪些记住，哪些没有记住，然后再有针对性地阅读一遍，再回忆一遍。结果前一组1小时后只记住课文的52%，10天后只记得25%；后一组1小时后记得75%，10天后仍记得70%。因此，我们记材料时，不要一口气看几遍，而要看一遍，尝试记一遍。

第五，避免干扰。你是否有这样的体会：一天之中以早晨和夜晚的记忆效果最佳；一篇材料以开头和结尾的部分记忆效果最好。这实际上是由于没有前摄抑制（先前的活动对后面的记忆发生干扰）或倒摄抑制（后面的活动对先前的记忆发生干扰）的缘故。因此，为了避免干扰，你最好在早晨起床后或晚上临睡前进行记忆，两次记忆活动中间要休息5～10分钟，困难的材料要交替进行，相类似的材料不要放在一起去记，对材料的中间部分要多复习几次。

第六，趁热打铁。艾宾浩斯的遗忘曲线告诉我们，在识记以后很快就开始遗忘了，最初的一段时间遗忘的速度急如走马，1天后就遗忘了66.3%；以后遗忘的速度便逐渐减慢，6天后遗忘的内容只增加了8%，1个月后忘掉的内容只增加了5%。因此，与其借助相隔很长时期去恢复记忆，修补已经倒塌的记忆大厦，不如趁热打铁，及时巩固记忆大厦。

祝学习进步！

朱永新

六、经常失眠怎么办?

朱教授：

您好！

我近期处在极度的焦虑中，那就是我已连续半个月不能好好睡觉了，每天入睡困难，睡中多梦，半夜醒来再难入睡。我感觉自己已快撑不下去了。请问，我该怎样调节自己的睡眠?

此致

敬礼！

丁　知

丁知：

你好！

睡眠不好是很让人痛苦。夜幕降临之后，失眠的“魔鬼”也偷偷来到人间。当你在床上辗转反侧、夜不成寐时，一定盼望着有一种“法术”能驱赶这可恶的“魔鬼”吧！

睡眠障碍有许多种，图示如下：

- 睡眠障碍
  - 失眠
  - 嗜睡与贪睡
  - 睡眠时间倒错
  - 非眼快动期异常
    - 夜惊
    - 梦游
    - 遗尿
    - 呓语
    - 打鼾
  - 眼快动期异常
    - 梦魇
    - 典型梦
    - 磨牙
    - 某些疾病的发作
  - 入睡前幻觉

失眠是其中最常见、最普通的睡眠障碍之一。据统计，老年人有过失眠体验的超过70%，而年轻人也在50%以上。失眠确实是讨厌的魔鬼，谁被这个魔鬼缠上了，谁就会精神萎靡，注意力涣散，脾气暴躁，鲜花会失去美丽，彩虹会失去壮观。一个长期严重失眠的人，甚至会腻烦可爱的人生。

妨碍人们入睡的魔鬼不外乎环境、生理和心理三方面的因素。当你变换了一个居住环境，周围的一切都很陌生，当你听到了难以忍受的噪音或嗅到令人恶心的怪味，当气候骤变、冷暖异常时，你都可能产生失眠，这是环境的影响。

当你饥饿难耐或患有某种疾病，身体某些部位不适时，如咳嗽、鼻塞、牙痛、头疼、恶心腹泻、湿疹等，都可能导致睡不安宁。尤其是患有忧郁症、强迫性神经症、神经衰弱等精神方面的疾病时，你更会感到漫漫长夜天难明，这是生理的影响。

当你夜晚思虑过度，当你白天遇到十分兴奋的事或听到令你愤怒的消息时，当你知道明天有重任等待你去完成时，你也可能变得紧张、激动，难以进入梦乡，这是心理因素的影响。

失眠如系环境、生理因素引起，当然是采取积极的措施去适应环境，治疗疾病，满足生理需要，如系心理因素引起，就需靠自我调节了。主要有如下几种方法。

对失眠要有正确的认识。有些自诉经常失眠的人，其实睡得还是不错的。美国斯坦福大学的德门特系统地研究过睡眠时的脑电图与眼球运动，发现睡眠是由四至六个快波、慢波睡眠周期交替组成的。其中快波睡眠的时间约占百分之二十，慢波睡眠的时间约占百分之八十。一些经常自诉梦多失眠的人，大多数已完成了慢波睡眠，只是快波睡眠时醒来罢了。这种“失眠”主要是对夜间的时间估计失实，无须多虑。如果并非由于估计失实，而确系失眠，也不必过于紧张，可以认真地找出自己失眠的原因，有针对性地进行治疗和调节。比如说，不要给自己以消极暗示。有些人躺下不久就想：“糟了，今天睡不着了。”“昨天没睡好，今天怕更不行了。”这实际上是一种消极的自我暗示，增加了自我忧虑和紧张感，反而真的不能入睡了。如果你这样对自己说：“昨天没睡好，今天会得到补偿的。现已有倦意，马上就要入睡了。”让肌肉放松，呼吸均匀，将入睡的观念暗示给自己，便会很快进入睡眠状态。

不要随便打乱睡眠节律。人体在日常的生活习惯中形成了一定的“生物节律”，会在人的大脑皮层中形成固定的条件反射，到了平时睡觉的时间，大脑就会出现抑制现象，如果打乱睡眠节律，大脑皮层便会紊乱，兴奋难眠。

睡前要避免紧张的活动和情绪激动，它们会使大脑皮层处于兴奋状态，像开足马力的火车，一下子难以停止运转。倘如遇到这种情况，你不妨听一会儿轻松的音乐或进行户外散步，以分散注意力，恢复平静。

用气功疗法排除杂念。气功疗法主要是把注意力集中到身体的某一部位（如丹田），排除头脑中的烦念。它还可以使交感神经活动减弱，心率、呼吸频率减慢，使大脑向皮层下部发出的信号比较单调，这就很容易进入睡眠状态了。正如古人所总结的："睡侧而屈，觉正而伸，早晚以时，先睡心，后睡眼。"

临睡前不要吸烟、喝酒、喝浓茶等强刺激物；不要养成对安眠药的依赖感；白天进行一些适当的体育活动；临睡前热水洗脚等，都有助于克服失眠。

也有不少人有治疗失眠的"偏方"，虽然说不出道理，但自己试了有用，如临睡前喝杯牛奶，看会儿闲书等，那就可以我行我素，不必因为不见"经传"、不见"史载"而弃之。

最后，我想告诉你，睡眠是可自然调节的生理现象，但它受心理因素影响很大，只要你有顺其自然的态度，不必过分在意某一天的睡眠情况，也许失眠会自然调节的。

祝今夜好梦！

朱永新

七、怎样从容上考场?

朱教授：

您好！

一个学期又将结束，我不禁又要陷入一轮"苦难"的生活！说出来或许难以令人置信，每次临考前半个月我晚上就开始睡不着，几乎天天都失眠。不管是大考还是小考，几乎都一样。上次考英语四级，我都要到凌晨两三点才能进入浅睡状态。其实我觉得自己也不是很紧张啊，我对自己也说：放松，快睡，这样能有好的精神，但往往是事与愿违。

或许您会认为我成绩一定不佳，事实并非如此，我每年都拿二等奖学金，而且平时笔记也都记得比较全面认真，但就不知为什么，我会不由自主地害怕考试。

朱老师，您说这是不是一种心理障碍呢？我想早日从容地面对考试……

此致

敬礼！

雯雯

雯雯：

你好！

你的问题应该是校园里的一个常见现象。在中小学，大约有75%以上的学生临考前有不同程度的紧张、焦虑与恐惧，甚至连平时学习成绩很好的学生也会乱了阵脚。有一个应届高中毕业生，因担心高考落榜，被一种莫名其妙的恐惧感纠缠，上课时思想常开小差，捧着书就觉得头晕脑涨，钻不进去，从而影响了正常的学习与生活。

临考紧张的主要原因，一是过分担心不好的“后果”，担心考不好被别人瞧不起，或被家长抱怨；二是考前准备不充分，没有认真复习，临时抱佛脚，临场不心怯当然也难了。

一般来说，考前有适当的紧张和压力，不是坏事，有利于正常水平的发挥。但是，如果过于紧张，过于焦虑，就不好了，不仅不利于正常水平的发挥，而且还会影响考试的成绩。因此，可以采取以下措施来消除紧张与恐惧心理。

第一，要正确对待考试，认真分析那些所谓考不好的“后果”，把考试看成检查自己学习情况的一种手段，积极准备，争取考好。即使一两次没考好，也没什么，认真分析原因，吸取教训，争取下次考好。

第二，帮助做好复习工作，打有准备之仗，尤其要科学安排复习时间。同时，要保证有足够的睡眠时间，做到劳逸结合。

第三，学会一些消除紧张与焦虑心理的方法。如暗示自己"早就准备好了"，自信有助于缓解紧张心理。拿到卷子后，不要急于做题，可以先玩玩钢笔、橡皮之类的东西，稳定一下情绪再做。如果已出现紧张情绪，就干脆停止做题，先调整心绪，等到不那么紧张了再做题，这比硬着头皮做下去效果要好得多。

祝顺利！

朱永新

八、怎样让自己从紧张中放松下来？

朱教授：

您好！

我是个很容易紧张的人。紧张经常影响我的工作、学习和生活。比如在大型考试中，在众人面前讲话，或者要上舞台表演，往往会因紧张而使我的才能得不到很好的发挥，为此我很苦恼。我想知道，自己怎样做可以放松下来。请您教我一些应急技巧好吗？

此致

敬礼！

周　敏

周敏：

你好！

紧张，是人人都体验过的一种心理现象，它可分为两大类：一类是生活事件的突变、生理疾病的反应或战争灾难的威胁等所引起；另一类是事业的负担、棘手的问题、失败的威胁等所引起。有紧张情绪的人，一般受到社会生活方式、风俗习惯、个人修养和环境公害（如噪声、怪味等）的影响。现代医学研究证明，过分紧张会降低人体免疫抗病能力，减弱吞噬病菌细胞的作用，以至引起各种病患，如脱发症、多汗症、紧张性头痛、神经性呕吐、神经性厌食、植物神经紊乱、假性缺氧症、原发性高血压、消化道溃疡、过敏性结肠炎、心脏神经症、女性月经失调、心理性疲劳等，而且对免疫性疾病和恶性肿瘤的发生也有加剧作用。美国得克萨斯州的医学顾问们曾大胆设想，患癌症是“某些紧张反应的一种方式”，“如果人们从儿童时期就学会克服紧张心理的话，癌症的发生率就会相应地降低。”

有紧张情况的人可能并不自知，为此，你不妨对照以下条目，如有 4 条相符便是轻度紧张，8 条相符为中度紧张，12 条相符为紧张症。

（1）平时无缘无故感到心烦意乱，坐立不安。

（2）晚上思考各种问题，难以入睡，夜晚常被噩梦惊醒。

（3）肠胃功能紊乱，经常腹泻。

（4）早晨起床就觉得头昏脑涨，浑身无力，喜静怕动，情绪消沉。

（5）食欲不振。

（6）一回到家就感到诸事不如己意，暗暗烦躁。

（7）处理问题主观武断，情绪急躁，态度粗暴。

（8）对他人疾病非常关心，到处打听，惟恐自己患有疾病。

（9）身处拥挤的环境时，容易思维混乱，行为失序。

（10）听到左邻右舍的噪音，感到焦躁发慌，心悸出汗。

（11）注意力难以集中，读一篇文章往往抓不住中心。

（12）容易与人争吵，时常感到气滞胸闷。

对于克服紧张心理，一般都主张休息放松，从事各种娱乐活动，调节自己的生活，松弛紧张状态，但汉斯·塞利并不这样认为，恰恰相反，他主张尽可能地使自己忙于工作。他解释说，我们以往对紧张实质的认识极为混乱。事实上，紧张是指人的身体对于施加其上的任何压力（包括愉快的压力和不愉快的压力）所作出的一般反应。坐在牙科医生椅子上是紧张的，但是同爱人激动地接吻也是紧张的，可世界上有谁会因为后种紧张而放弃使人心旷神怡的享受呢？我们的目标不应该是整个地避免紧张（事实上也避免不了），而应当认清自己对紧张所作出的反应，相应地调整我们的生活节奏。换句话说，就是用愉快的紧张生活来消除不愉快的紧张。当然，由于各人适应紧张的程度不同，所以各人的生活节奏、激烈程度也有所不同。比如有一个人可以连续看三场电影，而对另一个人来说看一场电影就已经很疲倦了；如同江苏人不能和四川人比吃辣一样，普通人不能和长跑运动员比长跑。消除紧张还有一个很好的办法——幽默。据说英国著名科学家法拉第年轻时，由于工作过分紧张，以致神经失调，身体虚弱，经长期药物治疗，仍无起色。后来，请到一位名医，给了法拉第一个特殊的方子——一句忠告：一个小丑进城，胜过一打医生。法拉第仔细玩味，终于悟出了其中的奥秘。从此以后，他经常抽空去看滑稽戏和喜剧，常常高兴得捧腹大笑。愉快的心境不仅使他恢复了健康，而且享有 76 岁的高龄。一个人踩了另一个人的脚，被踩的人非但没有责备对方，而且幽默地说："是我的脚放的不是地方。"大家一笑了之，但效果反倒更好。那个同志以后就会提醒自己要谨慎下脚。

幽默感和乐观精神是亲密的朋友。很难想像一个成天愁眉苦脸、忧心忡忡的人会有很出色的幽默感。中国古代有句名言："穷当益坚，不坠青云之志。"当一个人经济窘迫、生活潦倒时，这句话可给人以精神力量，幽默常常是这种精神的表达。俄国寓言大师克雷洛夫有一次和房东订租赁合同，房东在合同上写道："租金逾期不交，罚款 10 倍。"克雷洛夫大笔一挥，在后面添了一个"0"，说："反正一样交不起。"体现了一种乐观、自信的精神，绝不为一时的困难而压得喘不过气来。

幽默和锱铢必较是不相配的。重大的原则问题当然不能马虎，但生活中并非万事都值得顶真。考虑问题、处理问题要有灵活性，幽默常常表现出一种不拘毫芥、薄责于人的态度。比如菜烧烂了，幽默的人会说，消化功能不强的人一定会推荐它为最佳菜肴；菜烧生了，幽默的人会说，这样可以保证所有维生素不受损伤。总之，幽默是智慧和思想境界的结合，诚心培养，一定可以养成。

紧张的反义词是放松。学会放松的方法，比如深呼吸法、肌肉紧张—放松法、想像放松法、自我暗示等方法，都是有效的紧张调节法，可以马上调整为放松状态，你不妨去找心理老师学习一下，保证你能快速解除紧张状态，试试看。

此致

敬礼！

朱永新

九、选择文科还是理科？

敬爱的朱老师：

您好！

我是一名高中学生，最近因为文理科的选择问题而烦恼，彷徨和矛盾时常交织在学习生活中。

在课余时间，我的桌子上放着两本书——巴尔扎克的《高老头》和《高中物理精编》，对于这样的选择我都要思索上几分钟，而结果往往是后者。

我是喜欢文科的，而且我的文科成绩比理科好，但是我也知道，现在理科比较“吃香”。我的梦想是成为一个作家，写自己的文字，把自己的感受表达出来，但是有人告诉我还是安安稳稳考理科，容易找到工作，路也比较顺利。现在我的生活很糟糕，我会想很多的东西，一会儿是想走自己喜欢的路，一会儿想到爸爸妈妈的希望和将来的“出路”。就像在我面前有两片土地：一片是我一直在耕耘的，那里有我喜爱的阳光、小溪、绿草，但那里庄稼难得丰收；另一片是我陌生的，而许多人却都朝那边涌去。我应该选择哪片土地呢？

朱老师，希望您能给我意见，我到底该怎么办？

晓　天

晓天同学：

你好！

进入高一前后，许多学生都面临着这样一个艰难的选择：文科还是理科？尤其是已经形成了文科或理科的学习兴趣或偏好的学生，在社会舆论或家庭压力、教师建议的影响下，往往举棋不定，“彷徨与矛盾时常交织在学习生活中”。

当然，我们也无法具体地告诉你应该选择文科还是理科，但有两点是必须向你说明的：第一，选择时的决策要慎重；第二，选择后的学习要专心。

所谓选择时的决策要慎重，就是必须根据主客观条件考虑到以下几个因素。一是成功的概率，即自己在多大程度上能够取得成功。二是个人的兴趣，兴趣是最好的老师。如果自己长期已形成了对某一学科的浓厚兴趣，或已形成了特长，这对今后进一步的深造是很好的基础。三是社会的价值取向问题。如果你是以日后考取大学为首要目标，你自然要最重视成功的概率；如果你是以满足自己的认知与情感需要为要务，你最好珍惜自己的兴趣与特长；如果你是想尊重师长的建议或注重日后的长远发展，你可能以社会价值取向为宜。当然，这里还有一个认识误差的问题，即你对上述三方面的认识与了解是否准确、全面，尤其是自我认识是否恰当。综合考虑各方面因素，而着重考虑个人兴趣与特长，是相对明智的选择，从长远的观点来看，也对将来大学生活或职业生活有利。

所谓选择后的学习要专心，就是一旦已作出选择文科或理科的决策，就不要彷徨、后悔，否则往往会影响学习效率与学习效果，就像你描述的："在课余时间，桌子上放着两本书——巴尔扎克的《高老头》和《高中物理精编》，对于这样的选择我都要思索上几分钟，而结果往往是后者。"事实上，这样的结果往往是两败俱伤：自己喜爱的学科成绩下降（由于花时间太少），自己不喜爱而已选择的学科成绩不稳定或无起色（由于不感兴趣）。因此，一旦选定之后，就应抛却杂念，安心、专心学习。

最后还应指出，在高中阶段不宜过于偏科，作为一个全面发展的学生，应尽可能形成广泛的兴趣，在此基础上学有所长。现代社会是学科渗透加剧、综合人才受欢迎的社会，一专多能的人才有更广阔的生活舞台。

你的朋友　朱永新

十、怎样改掉粗心的毛病?

朱教授：

您好！

许多学生抱怨自己在学习上很粗心，丢三落四，考试中常犯简单而低级的错误。为什么我也会这样？我怎么才能改变这种局面？

此致

敬礼！

张　影

张影：

你好！

应该说你反映的问题很有普遍性。一个中学生在给《科学与生活》心理门诊专栏的信中诉说了这样的苦恼："我学习上总是丢三落四，经常出错，做作业时不是写字缺笔，就是造句漏字；不是错用公式，就是遗漏数据。考试时，更是紧张出错，甚至很简单的习题，我也全算错。在家干活也是这样，粗手粗脚，摔盆碎碗。由于我粗心的毛病，大家都叫我'马大哈'。我很苦恼，总想快点改掉，但又改不掉。"短短数行，反映了这个学生为粗心所累的深深苦恼和克服这一毛病的急切愿望。恐怕这也是我们许多人的共同苦恼和愿望。粗心大意，毛手毛脚，确实是很多年轻人共有的毛病。这是因为年轻人活跃好动，情绪波动大，生活阅历浅，义务感和责任感尚欠强烈，遇事心情容易紧张等。具体说来，造成粗心大意的心理因素主要有以下几种。

（1）知识因素。知识贫乏的人容易粗心大意。比如学英语，发音规则掌握得不好，字母就会和你开玩笑，拼写会发生错误；语法基础打得不牢，词组就会和你闹别扭，造句就易出差错。又如，在伦琴发现 X 射线之前，已有两位英国科学家注意到了 X 射线的存在。但他们缺乏对这种射线巨大意义的认识，所以重大的发现从他们的眼皮底下溜了过去。因此，只要努力扩大自己的知识面，了解尽可能多的东西，才能触类旁通，发现各类事物、各种知识之间的内在联系，减少粗漏疏忽。

（2）情绪因素。我们也许有这样的体会：在考场上常常暗暗提醒自己细心点，再细心点，可是出于心情紧张，明显的错误、疏漏就像魔术似的看不见，甚至看错了考题要求，忘记做某些题目。事后发现已后悔不迭，直怨当时"粗心"。克服这种紧张情绪的有效办法是正确对待考试或类似的工作，树立自信心。一旦紧张情绪产生，可以暂时停止工作，闭上眼睛，进行短时间的深呼吸，控制自己的情绪，保持镇静。

（3）气质因素。人的气质分胆汁质、多血质、黏液质和抑郁质四种。性格也分为外倾（胆汁质、多血质多属此类）和内倾

（黏液质、抑郁质多属此类）两类。一般来说，内倾型的人细心些，外倾型的人注意转换不太灵活，抑制能力弱，粗心的现象也更为常见。但是，当你意识到这一弱点后，只要下定决心，注意磨炼自己的忍耐性，粗心是完全可以克服的。有时，自己不易检查出来，可以请别人帮助督促、检查，久而久之，也能养成细心的习惯。

（4）习惯因素。有些年轻朋友由于平时办事毛糙，东西乱扔，粗心形成了习惯，行为方式定了型。这就需要从改掉坏习惯着手，并努力培养好习惯。这样远比消极克服坏习惯效果好得多。因为单纯克服坏习惯，仅仅是靠意志来抑制，而同时培养好习惯，则能在大脑中产生积极诱导的作用。这样不仅效果好而且轻松易行。英国学者贝弗里奇说："培养那种以积极的探究态度注视事物的习惯，有助于观察力的发展。在研究工作中养成良好的观察习惯比拥有大量学术知识更为重要，这种说法并不过分。"我们做任何事，都不要态度马虎，标准不高，粗枝大叶，而要坚持严要求、高标准，就会"习惯成自然"。

（5）方法因素。孔子说："工欲善其事，必先利其器。"学会好的观察方法，对培养细心的品质也很有帮助。有的人在感知、观察、思考问题时，不善于用比较、分析的方法，没有严密的逻辑性，对相似的公式、图形、事物、文字等常常混淆弄错，丢三落四，或者张冠李戴，主次颠倒。因此，我们对一个事物要从正面、侧面、前面、后面、上面、下面，从不同的角度、不同的方位来全面地、立体地考察，要学会找出事物的同中之异和异中之同，反复地比较琢磨。只有掌握了良好的方法之弓，细心之靶心就能瞄准了。

祝学习进步！

朱永新

十一、怎样培养自己的兴趣？

朱教授：

您好！

兴趣对个人的学习、工作有着极为重要的作用。但是怎样判断自己是否对某事感兴趣呢？怎样在做不感兴趣的事时培养自己的兴趣并积极投入呢？

此致

敬礼！

许　华

许华：

你好！

兴趣，是人们认识活动的倾向性和指向性。当一个人对一件事、一项活动、一件事物、某个人发生兴趣时，就能废寝忘食、聚精会神地去注视它、研究它，“焚膏油以继晷，恒兀兀以穷年”，丝毫不觉辛苦；而一个人若是对某事某物失去了兴趣或对社会、对人生普遍没有兴趣，他就会把一切活动都看成沉重的负担，就会借故遁离，厌星星眨眼，苦一日之长。

20 世纪初，一位德国革命者被关进了单人囚室。反动当局强迫被监禁的人整天去干那单调枯燥比如像编织女人草帽之类的活儿。许多人尤其是年轻人经受不住这种残酷的折磨，苦闷、忧郁、发疯甚至死亡。而这位革命者却找到了一条自救的办法：不是消极地、闷闷不乐地去完成每天的“任务”，焦急地等待着每一天的结束，而是满怀兴趣地、精神饱满地、愉快地编织。他非但不厌恶、诅咒这一活计，而且满怀兴致地把它作为工艺品来制作，努力使草帽编织得更漂亮些。在漫漫长夜和可怕的孤独中，他没有被压垮，而是保持了青春的活力。他出狱后又东山再起，投入了新的革命工作。

从这个富有启发意义的真实故事中，我们可以看到：人们的兴趣在生活中不但非常重要，而且是可以培养的。本来看来索然无味的事也会变得兴趣盎然。这对有些朝三暮四、游移不定，或者对自己的本职工作不感兴趣的人来说，不是一个很好的借鉴吗？

要培养自己的兴趣首先是要在心理上倾向于某一事物，并逐步向志趣迈进。心理学认为，人的兴趣有三个层次：有趣、乐趣、志趣。志趣是与人的信念和理想相联系的，它不像“有趣”那样，随生随灭，为时短暂；也不像“乐趣”那样，主要靠情感驱使，而没有意志支持。我们难以设想，一个庸庸碌碌、鼠目寸光的人，会有兴趣从事任何一件有意义的工作，也很难设想，没有克服困难的准备和努力把某一兴趣坚持下去的决心，会对某一事物发生永久的兴趣。任何一项工作都不可能像听音乐那样轻松或像看电影那样愉快。只有具有一定志向和意志的人，才能强迫自己克服种种困难，容纳那些本身可能是枯燥无味的东西，不断发展自己的兴趣。

要使自己的兴趣得到发展和巩固，及时克服困难也很重要。心理学的研究表明，当人们开始接触某项工作、学习某一学科时，往往因好奇而怀有比较浓厚的兴趣。但由于在工作和学习的进程中碰到了困难，又缺乏克服这些困难的现成条件，兴趣就会逐渐消退，并持否定态度。例如在接触到某一新课题时，有的人缺乏必要的基础知识和必备的基本技能，或者学习方法不当，学无长进，这时就易产生消极畏难情绪，学习热情一落千丈，学习兴趣也逐步消失。但如果渡过这一关，在别人的帮助下，攻克障碍，看到了自己的学习成效，兴趣就会大增。

创设问题的情境与培养和发展兴趣也很有关系。所谓问题情境，是指具有一定困难，但通过努力可以克服的情境。认知心理学家皮亚杰的研究表明，当外界刺激与已有认知结构有矛盾但又可解决时，人们的兴趣最浓。这就告诉我们，在接触某项工作、学习某门学科时，不要首先选择过难或过于容易的对象，而要选择具有一定的难度但又可以接受的内容，由浅入深，循序渐进。

善于自我反馈也是巩固兴趣的重要保证。当我们在工作和学习中取得哪怕是微不足道的成绩时，都应及时地肯定自己，进行自我强化。例如可以逛一次公园，看一次电影，听一次音乐会等，把成功与愉快的体验结合起来，这很有助于巩固自己的兴趣。

要培养和巩固兴趣，还有一点，就是做好积极的心理准备。苏联心理学家西·索洛维契克在《学习与兴趣》一书中论证了心理准备在形成学习兴趣中的作用。他说，如果从心理上预先喜欢某一内容，相信自己一定会对目前正要做的工作发生兴趣，并精神昂扬地着手工作，兴趣就会调动起来。比如，当你要学习植物学这门平时你并不感兴趣的学科时，你可以高兴地搓着双手，微笑着对自己说："植物学，从现在起我真的喜欢你了！我将兴高采烈地去阅读书中的一切，我将愉快地完成学习计划！"作者把这一方法向少先队员们做了介绍，结果几千名学生来信说，这一方法很有用，他们已经深受其益。

最后，也是最重要的一点，你要培养对某一事物或活动的兴趣的话，务必请积极地投入到这一活动中去。兴趣是等不来的。然而当你积极投身于实际的活动中去时，兴趣的嫩芽就会像春天的小草茁壮成长起来。你想对足球发生兴趣吗？那你就到操场上去吧！你想对音乐发生兴趣吗？那你就弹起琴吧！你想对知识发生兴趣吗？那你就拿起书吧……

此致

敬礼！

朱永新

第三辑

学习心理研究

第十六章　当代学习理论

古今中外，有许多思想家、教育家对学习问题进行过深入而系统的研究，这里我们主要介绍中国古代的学习理论以及西方学习理论的几个主要流派。

一、学习理论的发展

（一）中国古代的学习理论

中国古代的学习理论非常丰富，从孔子到王夫之，从《学记》到《教童子法》，都留下了非常宝贵的学习方面的思想，他们认为学习对于掌握知识、形成技能、发展智力、培养能力、养成品德、塑造人性具有重要的意义。这里仅就学习的过程和学习的心理条件等两个问题作一些分析与介绍。

1. 学习的过程

中国古代学者关于学习过程的理论主要有二阶段论（学、行）、三阶段论（学、思、行）、四阶段论（学、思、行、习）和五阶段论（学、问、思、辨、行）等，其中五阶段论最为典型："博学之，审问之，慎思之，明辨之，笃行之。"①

---

① 《礼记·中庸》。

“博学”就是要多闻、多见，上至“天地万物之理”，下至“修己治人之方”，皆在博学之列。“审问”就是要多问、善疑，王夫之认为审问是学习进步的前提：“善问善答，则学日进矣。”① 朱熹也指出：“读书无疑者，须教有疑。有疑者却要无疑，到这里方是长进。”② “慎思”就是要推究穷研，深沉潜思，知其所然。“明辨”就是要在思考的基础上分清真假、善恶、美丑、是非。“笃行”就是将学、问、思、辨的结果付诸践履，见诸行动。

2. 学习的心理条件

中国古代学者考察过志向、注意、情感、意志、性格等心理因素与学习的关系，并据此提出了若干学习的心理条件。

一是志向要远大。孔子早就提出“三军可夺帅也，匹夫不可夺志也”③ 的命题，王夫之认为：“人之所以异于禽兽，唯志而已矣。”④ 志向的远大衡久是学习成功的关键，“志立则学思从之，故才日益而聪明盛。”⑤

二是注意要集中。孟子曾用两人学下围棋的故事说明了“专心致志”对于学习的意义。南北朝的刘昼更深入地指出：“学者必精勤专心，以入于神。若心不在学而强讽诵，虽入于身，而不谛于心。”⑥

三是兴趣要稳定。孔子很早就提出“知之者，不如好之者”⑦ 的命题。宋代张载也认为：“学者不论天资美恶，亦不专

① 王夫之：《思问录》。
② 朱熹：《学规类编》。
③《论语·子罕》。
④ 王夫之：《思问录》外篇。
⑤ 王夫之：《张子正蒙注》卷五。
⑥ 刘昼：《刘子新论·专学》。
⑦《论语·雍也》。

在勤苦，但观其趣向着心处如何。”① 并指出：“人若志趣不远，心不在焉，虽学无成。”② 认为志向与兴趣结合的“志趣”境界是学习的重要心理条件。

四是情感要热烈。孔子“好之者不如乐之者”的命题更充分肯定了情感在学习中的意义。明代王守仁在批评塾师对学生“鞭挞绳缚，若待拘囚”的方法时指出，这样只能造成情感对立，使他们“彼视学舍如囹狱而不肯入，视师长如寇仇而不欲见”，只有“必使其趋向鼓舞，中心喜悦”，才能“则其进自不能已”。③

五是意志要坚强。孔子经常鼓励学生成为“有恒者”。孟子曾用“山径之蹊”和“掘井九仞”等比喻说明“学贵有恒”的道理。④ 荀子《劝学篇》中“不积跬步，无以至千里；不积小流，无以成江海”的名言，也说明以持之以恒为核心的意志品质是学习成功的前提。

（二）现代学习理论

1. 行为主义的学习理论

行为主义的学习理论主要包括巴甫洛夫（И. П. Павлов）的条件反射学说、桑代克（E. L. Thorndike）的尝试错误学说、斯金纳（B. F. Skinner）的操作条件作用学说等。

巴甫洛夫是俄国著名的生理学家，他通过条件反射的方法对人和动物的高级神经活动作了许多推测，发现了学习的最基本的机制。在实验中，他把一定频率的节拍器响声（条件刺激）与食物（无条件刺激）多次结合，原先只有由食物引起的狗的唾液分

① 张载：《经学理窟·学大原下》。
② 张载：《经学理窟·义理》。
③ 王守仁：《传习录》中。
④ 《孟子·尽心下》。

泌，现在节拍声响单独出现也可以引起类似的唾液分泌现象，产生了所谓的“条件反射”，学习就是通过条件反射形成的暂时神经联系。据此，巴甫洛夫提出了习得律、实验性消退律、泛化律、分化律和高级条件作用律等。虽然不能直接把巴甫洛夫的研究纳入行为主义的理论体系，但他毕竟开创了行为主义刺激—反应理论的先河。

差不多与巴甫洛夫同时，美国心理学家桑代克用猫进行了他的著名学习实验。他将猫置于特别设计的迷笼中，笼外的食物可见而不可得。饥猫在笼中经过多次尝试与错误，终于建立了打开门闩（踏到开门机关）与开门取得食物的联系。据此，桑代克提出了学习的三条定律：一是效果律，即在学习者对刺激情境作出反应的过程中，当给予满意的情况时，其联结就会增强，而给予烦恼的情况时，其联结就会削弱；二是练习律，即刺激与反应的联结，随练习次数的增多而加强；三是准备律，即刺激与反应的联结，随个体本身的准备状态而异，在事先有一种准备状态时，实现则感到满意，否则感到烦恼。

在20世纪30年代，斯金纳改进了桑代克的实验研究，用“斯金纳箱”进行了关于操作条件反射的实验。他把饥饿的白鼠置于箱内，白鼠偶然踏上操纵杆，供丸装置会自动落下一粒食丸。白鼠经过几次尝试，会不断压杆，直到吃饱为止。由于白鼠是把压杠杆（操作）作为取得食物的手段或工具，所以这种行为过程又被称为操作性条件反射或工具条件反射。斯金纳认为，强化在学习中具有非常重要的作用，行为之所以发生变化，是由于强化作用，直接控制强化物就是控制行为。他批评了当时教育的几个缺点：（1）激发学生的积极主动性不够，学生的行为是厌恶（逃避）刺激所支配的；（2）在行为及其强化之间间隔的时间太久；（3）缺乏一个逐渐向前推进最后达到所希望的复杂和巧妙的强化方案；（4）对我们所希望的行为进行的强化太少了。据此，斯金纳提出了程序教学的理论。

2. 认知主义的学习理论

认知主义的学习理论主要包括格式塔的完形学说、托尔曼（E. C. Tolman）的认知目的学说以及布鲁纳（J. S. Bruner）的发现学习说等。皮亚杰（J. P. Piaget）、奥苏伯尔（D. P. Ausubel）也对认知主义作出过重要贡献。

德国心理学家苛勒（W. Kohler）通过对黑猩猩的研究，向行为主义理论提出了挑战。在“接杆实验”和“叠箱实验”中，苛勒发现，黑猩猩在目的受阻的情境中学习解决问题时，并不一定要经过尝试与错误的过程，往往是洞察问题之整个情境，发现情境中各种条件之间的关系，最后才采取行动。他称这种学习为“顿悟”或完形作用。

受格式塔完形学说的影响，美国心理学家托尔曼从行为主义的阵营中分化出来，通过精巧的老鼠走迷宫的实验证明，通过学习，有机体（如老鼠）形成了一定的认知地图（即认知结构）。他认为学习的结果不是S与R的直接联结，而应该有一个中间变量“O”，即有机体的内部变化，其中机体的目的、需求、动机、内驱力等有着重要意义。他还设计了著名的潜伏学习实验，证明动物在未获得强化前学习已出现。

布鲁纳是美国当代认知心理学的主要代表人物，他认为学习是认知结构的组织与重新组织，是将有内在逻辑结构的教材与学生原有的认知结构联系起来，新旧知识交互作用，使新材料在学习者脑中获得新意义的过程。据此，他提出了学习的同化原则、结构原则、程序原则和强化原则，并积极倡导发现学习，要求学生积极主动地探求知识、获得智慧。

3. 人本主义的学习理论

人本主义心理学是有别于精神分析与行为主义的心理学界的“第三种力量”，主张从人的直接经验和内部感受来了解人的心理，强调人的本性、尊严、理想和兴趣，认为人的自我实现和为了实现目标而进行的创造才是人的行为的决定因素。

人本主义的学习理论以罗杰斯的“以学习者为中心”的学说为代表。他主张学生要充分发挥自己的潜在能力，能够愉快地、创造性地学习。其主要观点有：(1) 意义或经验的学习是重要的学习，即让学生学习对自己有意义、有价值、有好处的材料；(2) 学习是愉快的事，即不应有过重的学习负担，不能用威胁、蔑视、讽刺等手段强制学生学习；(3) 学生必须懂得怎样学习，即学生必须在教师的指导下主动发现，运用有效的学习方法；(4) 学生自我评价，即引导学生分析自己的学习历程与学习水平，而不是和别人比较；(5) 学生自己引导，即学生自己决定学什么并自己发动学习活动；(6) 情感在学习中有重要作用，即要发展学生的积极情感，使学生以饱满的热情投入学习。

二、学习的心理基础

(一) 智力因素与学习

智力因素主要包括观察力、记忆力、想像力、思维能力和注意力，任何学习过程都有赖于这些因素的参与。

美国心理学家普罗克特 (Procter) 和托尔曼曾研究过学生智力因素与学习的关系 (见表 16-1)，他们发现，这种相关只是中等程度的相关，而且其相关系数的大小还随不同的智力量表、学科和学生所在年级而有所不同。如就学科而言，阅读、作文等学科成绩与智商相关最高，数学和自然科学次之，而写字、图画、手工和体育相关最低。智商与学业成绩的相关还表现出随年级的提高相关系数逐步降低的趋势。如在小学阶段大约在 0.6～0.8 之间，中学阶段大约为 0.5～0.6，大学阶段则在 0.3～0.5

之间。

表 16-1　平均智商与学业成绩

学校成绩/分	平均智商	学生人数/人
50～59	84	2
60～69	100	16
70～79	107	56
80～89	110	24
90～99	123	4

1. 观察力与学习

观察是智力活动的门户，人们认识客观事物，首先是通过感官把信息输入大脑。学生在学习中接受信息、掌握知识，就必须通过观察获得丰富的感性材料。实践证明，学生的观察力与学习成绩有着密切的联系。如作文差的学生，往往与他们平时不善于对事物进行观察，不善于积累生活素材有关。

2. 记忆力与学习

记忆力是智慧的仓库，大脑对于事物信息的编码和储存是通过记忆来实现的。记忆是智力活动的基础，凭借记忆所保存的知识、经验和表象，人们才有可能顺利进行观察、思维和想像，知识的积累与运用也须臾离不开记忆。

3. 想像力与学习

想像力是使智力活动富有创造性的重要条件。在学习过程中，当学生能通过想像清晰地预见到学习的过程与结果时，就会更为自觉、积极、主动地投入学习，它还能使学生超越时空的局限，逆睹既往，预见未来。它更能使学生体验创造的欢愉，促进学生的创造性学习。

4. 思维能力与学习

思维是人脑对于客观事物概括和间接的反映。思维能力是智力的核心，如果说观察像蜜蜂采集花粉，记忆将其储于蜂房，那么，只有通过思维的酿造，才能成为富有营养的蜜汁。在学习过程中，无论是掌握科学原理与概念，还是解决各种难题与创作，都离不开思维活动。

5. 注意力与学习

注意是心理活动对一定事物的指向和集中。注意力具有维持和组织心理活动的功能和监督与调节实践活动的功能。在学习过程中，注意能使人处于警觉状态，选择并追踪某些符合学习需要的信息，使学习者在专心致志的状态下取得较高的学习效率。

（二）非智力因素与学习

非智力因素是指除智力因素以外的一切个性心理因素，国外有人称之为“情感智力”或“个性品质”。非智力因素包括动机、兴趣、情感、意志和性格等，它们在学习活动中具有十分重要的作用。

美国心理学家拉扎勒斯（A. L. Lazarus）曾研究过非智力因素与学习的关系。他将高中生按智能与兴趣分为两组：前者平均智商为 120，但对语文的阅读和写作不感兴趣（智能组）；后者平均智商为 107，却很喜欢阅读和写作（兴趣组）。两组都必须学习阅读与写作课程。但是，一学期结束时，兴趣组每人平均读完 20.7 本书，写 14.8 篇文章；而智能组平均每人只读完 5.5 本书，写 3.2 篇文章。兴趣组的成绩远优于智能组。我国学者燕国材、丛立新、祝蓓里、吴福元等人的研究也证明，非智力因素对于学业成绩的影响非常显著，对于大学阶段的学生而言，其影响甚至远胜于智力因素的影响。

1. 动机与学习

动机是激励人们进行某种活动的内在原因或内部动力。学习动机则是激发学生进行学习活动、维持已引起的学习活动，并导致行为倾向一定的学习目标的一种内在过程或内部心理状态。动机按其性质、影响范围和作用时间来分，有正确的动机和错误的动机，高尚的动机和卑下的动机，长远的间接动机和短近的直接动机。一般来说，正确的、高尚的、长远的动机对学习活动的影响比较深刻而持久。

2. 兴趣与学习

兴趣是力求认识和趋向某种事物或爱好某种活动的心理倾向。在学习过程中，兴趣具有定向、动力、支持和偏倾作用，它能使学生津津有味地学习知识，积极主动地探究新知，满腔热情地学习，从而掌握开启科学大门的金钥匙。

3. 情感与学习

情感是人对客观事物是否符合人的需要的一种反应，它包括理智感、道德感和审美感等。情感伴随着学习过程的始终，直接影响着学习活动的效率。列宁曾经说过："没有'人的感情'，就从来没有也不可能有人对真理的追求。"①

4. 意志与学习

意志是自觉地确定目的并克服各种困难，调节内外活动以实现目的的心理过程，它包括决心、信心和恒心三个要素，是意识能动性的集中表现。任何有意义的工作，包括学习活动在内，都离不开意志的参与。只有具备坚忍不拔、百折不挠的意志品质，才能勤学苦练，以苦为乐。

5. 性格与学习

性格是个性特征中的核心特征，是足以支配一个人的个性的那些核心心理特征的独特结合，它包括生活原则、对现实的态度和生活方式，世界观、人生观、价值观是性格的核心内容。研究表明，良好的性格特征，如勤奋、勇敢、自信、谦虚、谨慎、细致、进取心、乐观、朝气蓬勃等，有助于学习能力的提高，促进

① 《列宁全集》第25卷，人民出版社1988年版，第117页。

人成才。而消极的性格特征，如怠惰、自卑、骄傲、粗心、安于现状、委靡不振、墨守成规等，则会压抑人的创造力的形成和思维潜能的发挥，从而有碍于学习活动的展开，阻抑人成才。

三、知识与技能的学习

知识与技能是学习的两个基本内容。从信息加工的角度来看，知识属于数据结构，由我们所知道的事实——“是什么”组成；技能属于程序结构，由我们所知道的方法——“如何做”组成。一般来说，知识与技能具有以下基本特征：(1) 知识能够用言语表达，而技能通常难以用言语表达清楚；(2) 知识的基本单位是意义，而技能的基本单位是规则；(3) 知识的单位结构具有多样性，而技能的单位结构则具有一致性；(4) 知识的记忆呈现非独立的网络性，而技能的记忆则呈现独立的模块性；(5) 知识的迁移具有叠加扩充的特性，而技能的迁移则呈现序列转移的特性。正因为两者具有不同的特征，有必要分别对知识与技能的学习过程及其迁移进行研究。

（一）知识的学习过程

知识学习是指新符号所代表的观念在学习者心理上获得意义的过程。因此，追求符号的意义是知识学习的本质特征。一般认为，意义是一种由符号引起的，通过精确和分化，能够清晰地用言语表达出来的认知内容或意识内容。由于符号的共同性，才使我们运用符号传递知识成为可能，也才使知识学习成为可能。

奥苏伯尔认为，学生学习的实质是意义学习，即符号所代表的新观念与学生认知结构中已有的适当观念建立起联系的过程。

知识学习的成效如何，往往取决于其内部和外部条件。知识学习的内部条件，是指学习者自身的认知结构中应具有适当的观念，而这些观念又提供了与新知识符号相联系的可能性。内部条件还包括学习者具有的心向，即学习者积极主动地把新旧知识加以联系的倾向性。知识学习的外部条件，是指学习材料本身应具有逻辑意义，它应在人类学习能力范围之内，学习者在心理上具有理解它的可能性。所以，当学习材料组织得具有逻辑意义，学习者认知结构也具备适当观念，学习材料对学习者就构成了潜在意义；而当学习者具有相应的学习心向时，这个潜在意义就变成了现实，最终实现了知识的学习。

知识学习的过程，一般分为三个阶段，即知识的获得、保持和再现。但从严格的意义上讲，知识的再现已不仅仅是知识学习，也涉及到技能学习，而且它主要不是回答是什么的意义问题，而是回答如何做的程序问题，即表现为问题解决的过程。所以，我们这里主要讨论知识的获得和保持的问题。

知识获得有两种基本的学习方式，即接受学习和发现学习。接受学习是把事物的共同关键特征用言语的形式呈现出来，学习者将其与认知结构中适当的观念建立联系，这实质上就是意义（知识）的接受性获得，它又被称为概念或命题的同化。

在接受学习中，新观念与认知结构中的原有概念的联系有三种基本关系。（1）原有观念为上位的，新学习的观念是原有观念的下位观念，这一接受学习称为下位学习。在下位学习中又有两种类型，一是当新学习的下位观念纳入原有观念时，原有观念只是得到证实或说明，其本质属性不变，那么这一下位学习称为派生归类学习；二是当新学习的下位观念纳入原有观念时，原有观念的本质属性得到扩展或深化，那么这一下位学习称为相关归类学习。（2）原有观念为下位的，新学习的观念是原有观念的上位观念，这一接受学习为上位学习。（3）原有观念和新学习的观念是并列的，这一接受学习称为组合学习。认知心理学家奥苏伯尔用同化理论解释这三种类型的学习。他认为，新学习的观念与学生认知结构中的原有观念相互作用的结果，就会导致新旧知识的意义的同化。如在下位学习中，新观念（用“a”来表示）与学生认知结构中原有观念（用“A”来表示）相互作用的结果，不仅使新观念获得了新意义（用“a′”来表示），而且原有的观念在重新组织的过程中也获得了新的意义（用“A′”来表示）。也就是说，在学习的过程中，a被A同化了。更重要的是，新、旧观念相互作用的产生a′与A′之间仍然保持着关系，它们一起形成一种复合的意义（用“A′a′”来表示），这种复合意义又可作为一个新的复合观念纳入其认知结构之中。只有通过这种观念的不断改组与重新结合，才能不断地获得新知。

发现学习是指学习内容不是以定论的方式呈现给学生，而是要求学生在把最终结果并入认知结构之前，先要从事某些心理活动，如对学习内容进行重新排列、重新组织或转换。换言之，发现学习的内容不是现成地给予学生的，而是在学生内化之前，必须由他们自己去发现这些内容。接受学习与发现学习的区别，就在于在接受学习之前多了一个“发现”的环节，然后便同接受学习一样，把发现的内容加以同化，以便在今后一定的场合下予以运用。

在知识的获得之后，新旧观念的作用并未停止，因为新知识必须经过一定的加工编码过程，才能构成新的认知结构。在这一意义上讲，知识的保持就是新知识（观念或意义）的可利用维持，而知识的遗忘则指新知识的可利用性的下降。认知心理学认为，在新知识刚刚获得以后及保持的早期，新观念既与同化它的原有观念相关联，又可以从原有观念中分离出来。新观念能够从新旧观念相互作用的过程中，既有所谓的保持性同化，又有所谓的遗忘性同化。

从知识保持过程的本质来看，由于人的记忆尤其是短时记忆的局限性，知识只有经过加工和组织，进入到人的认知结构网络中去，才能有效地保持。一般来说，认知结构的重新组织必须以知识的进一步概括化为前提，而知识的概括化则又要以遗忘知识的部分具体细节为代价。因此，知识的保持同时也是一个有意义的遗忘过程。学会有效的记忆方法，懂得记忆与遗忘的辩证关系，以及适时对新知识进行加工、概括，在知识学习过程中具有重要的意义。

（二）技能的学习过程

技能是指为顺利完成某种任务，经过练习而成的一种动作方式或智力活动方式。技能的高度熟练化并达到了完善的、自动化了的程度称为技巧。技能分为动作技能（又称运动技能）和心智技能（又称智力技能）两类。前者指为完成或实现某项任务与目标，人体有关的肌肉、骨骼和与之相应的神经系统，被合理的方式协调而顺利地进行的一系列的实际动作；后者指为认识某项事物或解决某个问题，人的心理活动借助内部语言，按照一定的方式，完美而合乎逻辑地在人脑中进行的思维活动。这两种技能虽然有所区别，但又是互相联系的。一方面，人的动作技能是受到一定意识控制的，在动作技能的发展过程中离不开心智技能的作用。另一方面，心智技能的形成也离不开各种活动和动作，需要借助于一定的动作技能。如人们在思考某些复杂问题时，就经常画出其中的各种关系示意图，这些示意图有着直观、鲜明、化繁为简的特点，对人们的思考与决策会起到积极的作用。

技能的形成不是一蹴而就的，而是要经过一个不断练习、逐步发展的过程，这一过程可以由分解模仿、整体掌握和协调熟练这三个阶段组成。

1. 分解模仿阶段

人们在学习某种技能的初级阶段，总是先观察范例或接受指导，然后进行模仿。模仿是一种学习方式，任何技能的掌握都要经过模仿的阶段。最初往往把整个技能分解为各个单元，然后对其进行逐个模仿学习，这时的注意力往往只能集中于被分解成个别的动作或局部的步骤之上，还不能发现各个单元动作或局部步骤之间的联系结构，也不能从整体上把握技能的连贯操作。

2. 整体掌握阶段

在对技能进行分解模仿的基础上，经过反复练习，练习者就不仅能掌握个别和局部步骤，而且对各个单元部分之间的结构和顺序也有了比较明确的认识。这样，就可以开始把各个局部动作和步骤联系起来，初步完成连续的技能动作或思维程序。这时，练习者对技能的掌握就出现了一个飞跃，进入了整体掌握境界。但是，这一阶段的连贯动作毕竟是不熟练的，因而会不时出现停顿或差错；这一阶段对智力技能的掌握也是不太熟练和不很协调的，往往表现在思维的片面性与规划中的疏漏。

3. 协调熟练阶段

在整体掌握的基础上，再经过不断练习，就能达到协调熟练的阶段。这时对技能的掌握已达到运用自如甚至随心所欲的程度，表现在动作进行和思维过程的速度加快，正确性、敏捷性和灵活性增强，操作中的紧张状态和多余动作已经消除，意识的控制作用则相对较弱，技能的发挥近乎自动化的程度，即达到"熟能生巧"的境界。

在技能的学习过程中，指导、练习与反馈具有重要的作用。指导一般视学习的内容而定，有些需要先探索后指导，有些则需要先指导后探索。如美国学者韦尔（Weill）在指导学生打字时，第一周完全让学生自己探索，让他们仔细观察打字的键盘，了解机器的结构与各部分的作用，让他们在探索的过程中发现困难之所在，然后给予指导。科克（H. L. Koch）和利德盖特（K. Ludgate）的研究表明，在学习比较复杂的技能（如弹奏乐器）时，开始时的指导显得非常重要。关于指导的具体方法，一般认为观察范例较口头或文字的指导更为有效。米尔（V. Meer）和安德森（Anderson）等研究过应用电影呈现范例以训练技能，取得了良好成绩。但他们同时也指出，如果只是被动观察，缺乏亲身体验与主动参与，技能学习也有很大的困难。

技能的形成主要靠练习。练习的效果往往取决于练习的方式。一般认为，分布练习较集中练习的效果为好。所谓分布练习，是将练习的时间分成若干段落，一步一步地进行；所谓集中练习，则是将一种技能学习所包含的活动，在一次的时间内练习完毕，中间没有休息。美国心理学家金布尔（G. A. Kimble）和沙特尔（R. B. Shatel）研究过分布练习和集中练习的效果，他们将大学生分为四组，练习使用切割机裁纸，每组练习 20 次，每次 1 分钟，第一组每次练习后有 45 秒的休息，第二组 30 秒，第三组 5 秒，第四组无休息地连续练习，结果表明以有休息的分布练习效果为好。

在练习过程中，往往会出现进步的暂时停顿现象，这就是练习曲线上的所谓“高原现象”。高原现象的产生一般有三个原因。一是知识和方法的障碍。由于成绩的提高需要改变旧的活动结构和改变完成活动的方式方法，而代之以建立新的活动结构和新的方式方法，在没有完成这一过程以前，成绩就会暂时停顿或暂时下降。二是思维障碍。由于过去长期形成的习惯性思维方式与新的情境或任务不相适应，在冲破思维定势之前，成绩也会处于暂时停顿状态。三是情绪和身体上的障碍。由于学生对练习兴趣的降低，产生了厌倦、灰心等消极情绪以及身体上的疲倦等不适应反应，成绩也会处于暂时停顿状态。因此，当学生在练习时出现高原现象，教师要帮助他们分析原因，指导他们改变旧的活动结构，采取新的方法方式，并积极鼓励，增强其信心，使他们尽快突破高原现象，不断进步。

在技能的学习过程中，反馈对于技能的增进具有积极的意义。美国心理学家比尔（W. C. Biel）曾做过一个典型的实验，他将反馈用于大学生用枪击靶的练习。由教练员将学生分为动作能力基本相同的两个班，甲班在开始学习时，有电机的响声表示已击中目标，而对乙班则没有报告消息的信号。练过一个小时以后，甲、乙两班对调。结果出现了有趣的现象，在第一小时内，甲班因有反馈而成绩上升很快，但在第二小时内因停止反馈，成绩几乎无进步；乙班的情况恰恰相反，在第一小时内因无反馈，成绩无进步，而在第二小时因有反馈而成绩直线上升。这说明，在技能学习的过程中，教师要注意信息的反馈，特别是学生难以自己了解结果（如学习乐器时的音调与节律等）时，更要注意及时反馈。

（三）知识与技能的迁移

在学习活动中，经常会发生一种学习对另一种学习产生影响的现象，这就是所谓学习迁移（transfer）。学习迁移是一种普遍现象，不仅有知识与技能的迁移，也有学习动机、学习兴趣、学习情感、学习意志、学习态度以及学习行为的迁移。

从迁移的影响方向与结果来看，学习迁移可以分为顺向迁移与逆向迁移、正迁移与负迁移。顺向迁移是指先前学习对后继学习产生影响，如掌握加、减法的学生，容易学好乘法运算；逆向迁移是指后继学习对先前学习产生影响，如掌握乘法运算又有助于更加熟练地掌握加减运算。正迁移是指一种学习对另一种学习起促进作用，前述顺向与逆向迁移的例子均为正迁移；负迁移是指一种学习对另一种学习起干扰或抑制作用，如掌握汉语语法的学生，在学习英语语法初期，往往会不自觉地用汉语语法去套英语语法，因而影响英语的学习效果。

随着认知心理学的崛起，“为迁移而教”已成为教育界一个很有吸引力的口号，优化教材结构与学生认知结构，已成为教学改革的重要内容。为了促进知识与技能的有效迁移，以下几点是必须加以注意的。

第一，应尽可能使那些具有较高概括性、包摄性和强有力的解释效应的基本概念和原理成为教材的中心，使教材更适应学生学习，是促进迁移的有效途径。

第二，注重对比练习，防止负面迁移。应将新旧知识与技能的不同目的、要求、条件和练习的方式、方法等，加以明确辨别和对比，使学生对新旧知识和技能之间的联系与区别有清晰的认识与把握。

第三，把握学习时间，强调规范训练。如果同时学习两种新的内容，应在牢固地熟练地掌握了一种知识或技能之后，再去学习另一种知识或技能，才不会产生负迁移。

四、学生的学习差异

在学习过程中，学生具有很大的个别差异。如在智力方面，学生的差异既有超常、中常和低常三种发展水平的常态分布，又有包括智力类型、认知风格和学习方式等方面的差异。在人格方面，也表现出人格类型、人格特质、态度和价值观等方面的差异。这些差异直接影响着学生的学习风格与学习策略，也是教师进行因材施教的依据。

（一）学习差异与学习风格

学习风格是学习者持续一贯的带有个性特征的学习方式。美国纽约圣·约翰大学学习与教学风格研究中心主任丽塔·邓恩（Rita Dunn）和肯尼恩·邓恩（Kennet Dunn）夫妇是研究学习风格的著名学者。他们曾把学习风格分为5大类、27个要素。

1. 环境类要素

包括：（1）对学习环境安静或热闹的偏爱；（2）对光线强弱的偏爱；（3）对温度高低的偏爱；（4）对坐姿正规或随便的偏爱。

2. 情绪类要素

包括：（1）自我激发动机；（2）家长激发动机；（3）教师激发动机；（4）缺乏学习动机；（5）学习坚持性强弱；（6）学习责任性强弱；（7）对学习内容组织程度的偏爱。

3. 社会性要素

包括：（1）喜欢独立学习；（2）喜欢结伴学习；（3）喜欢与成人一起学习；（4）喜欢与各种不同的人一起学习。

4. 生理性要素

包括：（1）喜欢听觉刺激；（2）喜欢视觉刺激；（3）喜欢动觉刺激；（4）学习时是否爱吃零食；（5）清晨学习效果最佳；（6）上午学习效果最佳；（7）下午学习效果最佳；（8）晚上学习效果最佳；（9）学习时是否喜欢活动。

5. 心理性要素

包括：（1）分析与综合；（2）对大脑左右两半球的偏爱；（3）沉思与冲动。

根据上述因素的不同组合，可以把学习的学习风格分为若干不同的类型，这些类型可以根据学习风格测查表加以了解与测定，不仅可以知道学生在每一因素的某一项目的基本情况，而且可以把学习风格进行较为概括的分类并据此提出训练的策略。如柯勃（David Colb）根据学生对知识学习周期的具体体验、沉思观察、抽象概括和主动实践四个阶段的不同偏爱，将学习风格分为发散型、集中型、同化型和顺应型，每种类型的主要优缺点及扬长策略训练见图 16-1①。

CE

顺应型

长处：付诸行动
善于领导
敢于冒险

短处：微不足道的改进和无意义的活动太多
不按时完成任务
计划不切实际
偏离目标

扬长策略训练：
专注于所定目标
多与他人交往
影响并领导他人

发散型

长处：想像力丰富
善于了解人
认清问题
思想活跃

短处：在几种选择面前无法抉择
难以作出决定
难以把握机会

扬长策略训练：
敏锐地觉察他人情感
敏锐地觉察各种事物的价值
虚心听讲
积累信息资料
想像不确定情境的意义

DD　　DD

集中型

长处：快速解决问题和作出决定
擅长演绎推理，善于认识问题

短处：解决问题容易出错
决定作出仓促
思想凌乱
对有关思想是否正确不作检验

扬长策略训练：
寻求思考和解决问题的新方法（途径）
将新的思想付诸实践
选择解决问题的最佳方案
树立目标
作出决定

同化型

长处：善于制定计划
建构理论模型
善于分析问题

短处：空中楼阁
缺乏实践应用
不善于从错误中吸取教训
缺乏良好的工作基础
缺乏系统的工作方法

扬长策略训练：
组织整理信息资料
建构理论模型
检验理论思想的正确性
设计实验
分析量化资料

AC

图 16-1　学习风格图

① 谭顶良著：《学习风格论》，江苏教育出版社 1995 年版，第 318 页。

（二）学习差异与学习策略

学习策略（learning strategies）是学习者根据学习情境的特点和变化而采用的达到一种或多种学习目标的学习方式。学习策略不同于具体的学习方法或学习技能，因为学习方法或技能往往指向特定的学习课题（task-specific），而学习策略则是控制与调节学习方法或技能的选用的执行技能（esecutive skills）或上位技能（higher order skills）。学习策略的一个基本特征是在学习活动中能否注意影响学习的各种因素。如果把学习方法或技能比作战争中的具体战术的话，那么学习策略则是具有统摄和控制作用的战略。

在学习过程中，影响学习的变量很多。除了学习风格外，还包括学习的目标、任务、要求；学习的结果的评价与测验；学习材料的信息量、难易度、类型、写作方式；学生已有的知识水平；学生的能力、性格、气质与个性特点等。学习策略的重要任务就是要充分认识这些变量，并揭示这些变量与学习方法或技能之间的错综复杂的关系。

一般认为，学习策略与元认知（metacognition）有着非常密切的关系。元认知又称对认知的认知，即个体对自己认知活动的自我意识和自我体验。在学习过程中，许多学生只知道某种学习方法或技能有效，但并不清楚在何时选择以及如何运用这些方法或技能；也有不少学生只是习惯性地运用某些方法或技能，但并不懂得为什么要使用以及这些方法或技能受到哪些因素的影响，遇到新情境则表现为无所适从。这与学生缺乏元认知有很大的关系。元认知比较健全的学生则能够较好地运用学习策略，能拥有陈述性知识（关于学习任务和个人特点的知识）、条件性知识（关于何时使用和如何使用的知识）和程序性知识（如何使用学习方法或其他智力技能的知识），并对各类知识的关系及变化有清楚的认识。

由于学习策略涉及到学习情绪、学习者和学习方法等多种因素，学习者的个别差异显然也是不同学习策略的基本出发点。研究表明对学生进行学习策略训练，不仅是必要的，而且是可行的。如麦康伯斯等人（McCombs & Dobrovolny，1982）对学生进行学习策略的训练，其教学效果可提高 0.75 ∑；也就是说，如果原来及格的人数是 50%的话，训练后及格的人数上升到 77.3%；而普劳姆等人（Pflaum，Walbery，Karegianes & Rasher，1980）对学生阅读进行学习策略的指导，其效果则达到了 1∑，也就是说，及格的人数从 50%上升到 84.1%的水平。一般认为，学习策略的训练包括以下六个步骤。①

第一，激活与保持良好的注意、情绪与动机状态。这一步骤不仅要使心理活动处于觉醒与兴奋状态，更要激活同当前学习活动有关的所有因素与学习方法关系的意识。

第二，分析学习情境。这一步骤要求学生把握有关学什么（what）、何时学（when）、在何处学（where）、为什么学（why）和怎样学（how）的问题，估计自己的学习风格等，以提供选择学习方法的依据。

第三，选择学习方法，制定学习计划。这一步骤要求学生综合考虑学习情境的有关因素与学习方法的关系，确定学习的时间安排表，把学习任务分为具体的几个部分，列出可能需要的学习方法。

第四，执行学习计划，实际地使用学习方法，监控学习过程。这一步骤要求学生监控性地检查自己的学习行为，不断地把有关学习变量与所实施的学习计划、学习方法联系起来对照检查，以估价学习计划与学习方法所能达到的效果。

第五，维持或更改已选用的学习计划和学习方法。这一步骤

① 参见魏声汉：《学习策略初探》，《教育研究》，1992 年第 7 期。

要求学生对监控结果作出反应，如果监控结果令人满意，可维持原有方法；反之，则重新评价或修改原有计划与方法。更改可能是调整部分内容，也可能是改变整个计划与方法。

第六，总结性地评价选用的学习计划与方法所达到的效果，作为这次学习的反馈与下次学习的准备。这一步骤要求学生对学习过程进行终结性评价，如果学习效果佳，说明原定学习方法与各种学习因素相互适合的水平高。

（三）学习差异与因材施教

学习差异是一种普遍存在的现象。在教育实践中，即使两个平均成绩完全相同的学生，也可能具有很大的学习差异，两个人在具体学科（如语文、数学、自然、社会等）上可能优劣不一，各具特点。即使在同一学科考相同的分数，也可能有不同的偏重。如语文学科，有人偏于文学的运用，有人长于意义的表达，有人善于思想的组织等。

根据学生的学习差异教学，是提高学习效率、发展学生个性的有效途径。美国心理学家琼斯（D. M. Jones）曾做过一项实验研究，被试为两班程度相同的学生，实验班采用适应个性的因材施教，对照班采取共同目标的统一教学。在实验班，教师首先了解每一个学生的能力、兴趣、努力程度、学习方法以及行为倾向等。在教学的过程中，注意每个学生的学习情况，对于所用教材与教法的反应，他们的优点、弱点以及问题之所在。教师对于他们的优点能给予机会，使之充分发挥；对于他们的弱点，则设法找出原因，设法弥补；对于他们的各种问题，都详细研究，帮助及时解决。在对照班，教师则对全班学生负责，而对个别学生的具体情况则不给予特殊处理。一学期以后，两班接受同样的测验，其结果显示实验班成绩远优于对照班。在征询学生对于教师及教学的意见时，实验班普遍满意，认为新的教学方式使每个学生受益匪浅；而对照班则感到个人在班中受到忽视，学习上只跟随大家要怎样就怎样，自己有问题得不到及时解决。

古代中外的教育家很早就对学习差异与因材施教的问题进行过研究。《论语》曾记载过孔子因材施教的大量生动个案，墨翟在教育学生就注意“子深其深，浅其浅，益其益，尊其尊”①。宋代教育家更明确提出：“圣贤施教，各因其材，小以成小，大以成大，无弃人也。”② 美国的道尔顿制及文纳特卡制等，也都是曾在中小学运用的适应个别差异的因材施教办法。一般来说，国内外因材施教的探索主要有以下几种形式。

一是按学生的成绩分班。有两种做法，其一是保存年级界限，按成绩分班；其二是取消年级界限，完全按照学生的学习成绩灵活编班，又叫不分年级的“连续进度”。

二是按学生的智力分组。把智力相同的学生分在一班，又称“同质班”。其具体方法可按智商分，也可按阅读能力、数学能力等分。

三是按学习的内容分组。以学科为单位进行升留级，一个学生有可能语文在五年级而数学在三年级，学生在某一学科可随时升留级（一般以一学期为一单元），也可连升两级。

四是双重进度的教学。有两种做法。其一是班级编制不变，在一个班级内分两三种不同的进度。对一种进度的学生直接教学时，另一种进度的学生自己做作业，再相互更换。其二是“半分班制”，即一部分学科按统一编班、统一进度在原教室学习，另一部分学科按不同进度到另外的班级学习。

五是按单元组织教学。它不按章节顺序甚至还打乱学科界限来组织教学单元（微型课程），以学生自己独立活动为主，教师

① 《墨子·大取》。

② 朱熹：《四书集注·孟子集注》卷十三。

仅供咨询与辅导。“权变性合同制”（contingency contracting system）是单元教学的一种形式。这种形式是将教材分成大小不一的合同（单元），每个合同有三项内容：（1）学生自己选择要学什么；（2）学习的要求与质量标准；（3）完成后的评分与奖励等。由学生与教师订立学习合同。

以上各种因材施教的方法在教学实践中既有成功的经验，也有失败的教训。赞成者认为它们尊重学生的个性，承认学生的差异，调动了各层次学生的学习积极性。反对者认为它们拉大了学生的差距，挫伤了部分学生的自信心与学习积极性，教学组织难度大，效率低等。因此，在教育实践中，也有两种不同的模式：一是主张减少差异，使程度整齐；二是主张增加差异，以发展才能。

事实上，无论采取何种教学方式，不考虑学生学习的差异总是难以取得成功的，面向全体同学与因材施教，始终是教学的两个不可偏废的主题，只有把集体教学与个别指导有机地结合起来，把“全面发展打基础”与“发挥特长育人才”结合起来，把对优异生的培养与对后进生的帮助结合起来，使每个学生扬起希望的风帆，使每个学生飘起个性的旗帜，才能达到教育的理想境界。

第十七章 学习动机浅述

一、何谓学习动机

学习动机是引起、维持和促进学生学习活动的内部动力，常以愿望、兴趣、理想等形式表现出来。学习动机正确的学生，他的学习是主动的、积极的；没有正确学习动机的学生对学习往往抱消极态度或只是表面上积极。学习动机问题是学习心理学所要研究的重要课题之一。

有人也许会问：学习的目的、需要、兴趣等都是推动学习的心理因素，它们与动机有什么不同，有没有关系？只有正确认识这些因素与动机的区别和联系，才能更好地明确学习动机的本质。

（一）动机与目的

二者既有联系又有区别。学习目的是学生进行学习所要得到的结果，学习动机则是引起学生学习需要的内部动因。动因总是指向一定目的的，因此，美国教育心理学家盖杰（Cage）把倾向性作为动机的核心之一。但动机和目的是有区别的。如两个同样要使自己成为优秀生（即目的）的学生，可以具有截然不同的学习动机；学习动机相同的学生，其目的也可能不同。有的学生要求达到的目的小些、近些；有的则大些、远些。我们不能把学习动机和目的混为一谈，但也不能无视它们之间的联系。

（二）动机与需要

在动机的结构中，主要是人的各种需要（生理需要和社会需要）。作为学习动机的心理因素，首先是学习的需要。需要是人对一定客观事物的欲望或要求，它是形成动机的基础。清代思想家王夫之说："其志之偏，志于彼而不志于此者，则唯其所好恶者异也。"这说明，有什么样的学习需要，就有什么样的学习动机。

（三）动机与兴趣

兴趣可以被视为人们对于某种刺激的选择或爱好某种活动的倾向，学习兴趣是在需要的基础上产生和发展的。学习兴趣和学习动机是有区别的，但是它们的关系极其密切。学生如缺乏正确的学习动机，就很难有持久的兴趣，而浓厚的认识兴趣或强烈的求知欲，有利于学生形成并巩固正确的学习动机。

二、学习动机与学习效果

学习动机是多种多样的。一些心理学家的研究表明，动机水平较高的学生，对于学习能专心致志，具有浓厚的兴趣和高涨的热情，遇到困难时，能有顽强的自制力和锲而不舍的精神。而且这种学习积极性，即学生在学习活动中所表现出来的那种认真、紧张、主动与顽强状态，是经常的、一贯的。动机水平较低的学生，学习积极性十分脆弱而不能持久，学习效果一般也较差。由此可见，学习动机决定着学习的方向和过程，也影响着学习的效果（当然学习效果也可以影响学习动机）。学习动机和学习效果是统一的。但应指出，学习效果并不仅仅是由学习动机决定的。影响学习效果的还有许多客观因素，如智力水平、知识经验、学习方法、学习环境等。有的学生虽有强烈的、正确的学习动机，但学习成绩较差；有的学生学习动机不强烈或不正确，但学习成绩较好。这是二者暂时脱节的现象。从发展上看，动机水平较高的学生，通过努力学习会逐渐赶上，而动机水平较低的学生，则往往难以经受时间的考验，会逐渐退步甚至掉队。

正确的学习动机，既是学生掌握知识、技能和发展能力的必要条件，又是他们形成共产主义道德品质的重要组成部分。教师应在工作实践中有意识地培养和激发学生的学习动机。所谓培养学习动机，是使学生把社会和教育向他提出的客观要求变为自己内在的学习需要，是指学生从动机不明确到动机比较明确的过程。激发学习动机则是利用一定的诱因，把学生潜在的学习需要充分调动起来，并使之积极主动地学习。学习动机的培养和激发是相互联系的，许多教育措施往往同时兼有这两种作用。

三、怎样培养和激发学习动机

怎样培养和激发学生的学习动机呢？最基本的要求和做法，就是适当地激发和利用外在动机，并尽可能使它转为内在动机。

（一）加强学习目的性的教育

经常地进行学习目的教育，采用适合学生心理发展水平的、生动的方式，启发他们的学习需要和求知欲望，使学生正确认识学习的社会意义，把学习与社会主义事业、远大的理想联系起来，与集体联系起来，促使他们形成长远的间接的动机，增强学习的自觉性与积极性。教师在讲每一个课题时，应尽可能生动具体地讲清这个课题的学习目的，使某些本来较为枯燥的内容变得很有意义。

（二）及时帮助学生克服学习中的困难

心理学的研究表明，当学生开始学习一门新学科时，往往由于好奇而产生了一定的求知欲，但有的学生在学习中遇到了种种困难，并缺乏满足这种学习求知欲的条件，逐渐对这门学科的学习丧失兴趣而抱否定态度。造成这些困难的原因，包括身体不健康，知识缺乏，技能不熟练，学习方法不当等。只有及时帮助学生克服这些困难，才能使学生看到自己的力量，从而形成和巩固学习动机。

（三）充分运用表扬的方法

盖杰等在《教学心理学》一书中指出："对于教师来说，表扬是最易使用和最自然的、有效的形成动机的方法。最重要的是，表扬伴随着某种行为的频率增加。"他们还说："有时，教师忘记了他们对于学生的评论是多么重要。我们看到一些教师从不对学生说一句好话，这种行为是不可原谅的！"研究表明，正确评价，即适当的表扬与鼓励，是对学生学习态度和成绩的言语强化方式。这种来自学习结果的反馈信息，对于改进学生的学习活动方式、强化其学习动机有着重要作用。表扬不能滥用，应该与严格要求学生相结合。

（四）利用原有动机的迁移

有的学生缺乏正确的学习动机，没有明确的学习目的。教师可利用学生喜欢搞科技小制作、爱听故事等从事其他活动的动机，使之迁移到学习上。这就要求教师了解学生原有动机和动机的个别差异，以便有效地引导学习动机的正确迁移。

（五）创设问题情境，启发积极思维

所谓问题情境，是指具有一定困难，但学生通过努力可以克服的情境。认知派心理学家皮亚杰等人的研究表明，当感性输入和现有认知结构之间具有中等程度的不适合时，兴趣最大。这就要求教师熟悉教材，掌握教材的结构，了解新旧知识间的内在联系；同时，还要充分了解学生已有的知识经验与智能水平，有目的、有计划地给学生创设问题情境。

（六）适当地运用竞赛

美国心理学家切泼曼和佛得尔对五年级两个小组的儿童进行十天（每天十分钟）的加法练习的对比实验，其中一组是竞赛组，另一组是无竞赛组。由于竞赛组具有一个“为每天统计表上登记分数和红星”的诱因，成绩保持着不断进步，而无竞赛组的成绩却有退步。可见，竞赛是引起学生学习动机，调动他们的学习积极性的有效手段，它有利于鼓励进取、反对懈怠。但应注意：（1）竞赛次数不宜过多，不要加重学生的负担；（2）题目不宜过难，不能使大量中下等成绩的学生失去学习信心；（3）在竞赛中要注意对学生进行思想教育，避免产生优越感或自卑感。

第十八章　学习与兴趣

明代著名学者宋濂写过一篇脍炙人口的文章，题为《送东阳马生序》。在这篇文章中，他介绍了自己在学习兴趣（即所谓“嗜学”）的引导下，刻苦学习，终于有所成就的事迹。文章写得情真意切，生动感人。

> 余幼时即嗜学，家贫，无以致书以观，每假借于藏书之家，手自笔录，计日以还。天大寒，砚冰坚，手指不可屈伸，弗之怠。录毕，走送之，不敢稍逾约。以是人多以书借余，余因得遍观群书。既加冠，益慕圣贤之道，又患无硕师、名人与游，尝趋百里外，从乡之先达执经叩问……当余之从师也，负箧曳屣，行深山巨谷中，穷寒烈风，大雪深数尺，足肤皲裂而不知。至舍，四肢僵劲不能动，媵人持汤沃灌，以衾拥复，久而乃和。寓逆旅主人，日再食，无鲜肥滋味之享。同舍生皆被绮绣，戴珠缨宝饰之帽，腰白玉之环，左佩刀，右备容臭，烨然若神人；余则缊袍敝衣处其间，略无慕艳意。以中有足乐者，不知口体之奉不若人也。

请看，学习兴趣在学习中有多么大的威力。由于宋濂小时候就嗜书好学，即对学习有强烈的兴趣，所以即使遇到天大的困难，也能加以克服。第一，家贫无书，借书抄写。大冷天，砚台结了冰，手指冻得弯不过来，还是赶着抄，抄完即送回去，不敢错过约定归还的日子。第二，不远百里，负笈求师。当他去求师的时候，正值大风雪，雪深到几尺，脚皮裂开了也不知道；到了客栈，四肢都冻僵了，半天才恢复知觉。第三，衣食粗劣，安贫乐道。他虽然一天吃两顿，穿件破棉袍，但从不羡慕别人吃得好，穿得好，也从不觉得自己寒伧。他深切地体会到，学习求知是最快乐的事情，别的都可以不予理会。

爱因斯坦说得好，爱好是最好的老师。确实如此，古往今来，不知有多少人像宋濂那样，在兴趣、爱好这位老师的指引下，积极学习，热情探索，终于成为学者、科学家。进化论的创始人达尔文也是这样一位杰出人物。

达尔文幼年时对生物特别有兴趣，总是千方百计地去满足自己的这种求知欲。为此，他有时爬到树上看鸟儿怎样孵小鸟，有时从河里钓来鱼儿仔细观察，有时采集昆虫标本认真研究。因为他如此不务“正业”，学校校长曾当着全体学生的面训斥他“把时间浪费在无用的玩意儿上”，可达尔文不理这一套，仍然坚持采集生物标本。有一次，当他剥开树皮发现两只罕见的大甲虫时，立刻一手一只把这两只大甲虫抓住。突然他又发现了第三只甲虫，为了不让它逃走，竟把一只甲虫塞进嘴巴，腾出手去抓第三只。没想到塞在嘴里的甲虫排出一种辛辣的液体，烧痛了他的舌头。后来，达尔文在回忆这段生活时说：“那是无用的玩意儿吗？不，那是我学到了最有用的知识，它使我走进了科学的大门。”

“嗜书”使宋濂成为著名的学者，兴趣使达尔文“走进了科学的大门”。兴趣既然如此重要，那就有必要对它进行一番研究。然而，什么是兴趣呢？在学习中如何利用兴趣活动的规律呢？兴趣的类型、品质与学习又有何关系？所有这些问题，都是本章要讨论的基本内容。

一、好奇心、求知欲、兴趣

已故的陈鹤琴教授是我国老一辈的著名教育家。在中国，他首开以自己的儿子为对象，用“观察日记”的方法研究儿童心理发展的先例。有一次，他那才八岁的儿子突然对家里惟一的一块怀表发生了好奇，于是，他乘家里无人的时间，偷偷地拆开怀表，探索起其中的奥秘来，结果可想而知，怀表被“解剖”了。家里人知道后都非常生气，恨不得揍他一顿。恰巧这时陈鹤琴从外面回来了，听说此事，自然也感不快，但他马上控制了自己的情感。他的心理学知识告诉他，七八岁是一个充满了好奇、充满了奇妙遐想的年龄，处在这个年龄阶段的儿童，世界上的一切东西他们都想知道，但对自己行动的结果又缺乏认识能力，因此，这么大的孩子常常表现出一种“破坏性”。想到这些，陈鹤琴丝毫没有责备儿子，而是将儿子带到怀表修理店去，心平气和地指导他观察怀表的零件、结构，告诉他怀表的工作原理，并且还赞扬了他的求知好学精神。同时，也告诉他要懂得爱护财物。这样，既满足、保护了儿童的好奇心，增长了他的知识，又使他懂得了爱护财物的道理。这是正确对待儿童好奇心的范例。

好奇心是人们对新奇事物积极探求的一种心理倾向，是人的一种天生反应能力。

H. F. 哈洛及其在威斯康星大学的同事是最先研究

猴子的操作行为的人。他们的实验是想查明，在没有其他奖赏而只靠作业本身为奖赏的条件下，猴子能否学会解决一项机械课题。这项课题包括三种相互勾连的东西：一个金属扣栓，一副钩环，一副钌铞儿。如果猴子先拿掉扣栓，把钩从环中取出，再拿开钌铞儿，就可以把三种东西拆开。如果猴子拿三种东西中的任何一种而没有按上述顺序，就作为一次错误。经过几次训练，猴子几乎就得了满分。这时再加上一些东西使课题的难度增加，但它也同样被顺利地解决了。另外一项研究是考察这种行为的坚持程度。每隔六分钟让猴子把这项课题重做一次，猴子竟反复连续拆卸了 10 个小时，这时，倒是主试本人而不是被试觉得有些不耐烦了。①

好奇心不仅是人类天生的反应能力，而且还是人类认识客观世界的一种可贵动力。美国科学家乔治·盖莫夫写的《物理世界奇遇记》就是以这样一句话结尾的：“好奇心能造就一名科学家。”这是漫游了物理世界的自然结论。任何一个科学家，如果他不是由于好奇心的驱使，从而对科学领域的问题产生了探索的愿望，那他是绝不可能踏入科学之门的。爱因斯坦就说过：我没有特别的天赋，我只是有强烈的好奇心。

18 世纪苏格兰解剖学家亨特，一天在伦敦的里士满公园散步。忽然，他对公园里鹿的角产生了好奇心，他琢磨，若是切断一只鹿角的血液供应，会发生什么情况呢？于是，他开始了这样的实验：系住鹿的一侧的外

① ［美］汤普森主编，孙晔等编译：《生理心理学》，科学出版社 1981 年版，第 338 页。

颈动脉。相应的鹿角顿时冷了下来，停止了生长。但是过了一会儿，这只鹿角又暖了过来，继续生长。亨特发现，当一侧的外颈动脉被扎紧后，邻近的血管扩张了，输送了充足的血液。这个发现，成了亨特后来提出医学外科中侧支循环理论及其扩张理论的前奏曲。它为后来运用结扎术治疗动脉瘤提供了科学依据。请看这个重大发现背后的推动力不正是强烈的好奇心吗？

好奇心在儿童期最为强烈，它主要表现在好问、好动、好强三个方面。小孩子都喜欢不停地问："这是什么？""那是什么？"美国发明大王爱迪生从小不但喜欢问"为什么"，而且当大人回答他"不知道"时，他还要追问一句："为什么不知道？"稍微大一点的孩子就喜欢自己动手操作了，没有见过的东西都要摸一摸、嗅一嗅、舔一舔，小火车、小汽车也要拆下来看看。儿童的好强也往往源于好奇。他们喜欢说"让我自己弄"，要尝尝自己干的滋味。鞋带要自己系，饭要自己盛，水要自己倒，表现了一种独立的探求精神。我们应当珍惜这种可贵的好奇心，无论是对儿童还是对自己，不管别人怎样说，甚至是嘲笑。当好奇心迸发出奇异的火花时，就要不失时机地及时捕捉，并循之深入下去。这样，好奇心不仅可以成为我们学习的动力，甚至会导致具有重大意义的发明或发现。

随着年龄的增长，好奇心可以渐渐发展为一种积极探求知识的欲望——求知欲。与好奇心广泛性的特征相比，求知欲表现出专一性的特征，并且带上了一定的情感色彩。求知欲是好奇倾向的深化，是儿童学习的内在动力。一般说，初中阶段是人的求知欲最旺盛的时期。他们不仅关心事物的现象，而且关心事物的本质；他们不仅喜爱活动、操作，而且喜爱概念性的理论思维；他们不仅关心奥妙无穷的自然，而且关心人类社会纷繁复杂的现象，关心人生的价值，关心人生观、世界观问题；探求的对象也由生活和外在的事物，转向了书本，转向了内心世界。

求知欲是青少年学生走上科学之路的诱因。我国数学家陈景润在初中就产生了解决哥德巴赫猜想这一世界难题的欲望，尔后，这一强烈的欲望一直激励着他，最终把他导入了一流数学家的行列。在美国的曼哈顿计划中负责研制世界上第一颗原子弹的物理学家奥本海默，就是因为小时候他的祖父给他拿来一块矿石，激起了他强烈的求知欲望，才从此爱上科学的。

求知欲又是促使人们进行创造性活动的主要动机。实验物理学家法拉第，有一次在公众面前作电磁学实验的表演。精彩的实验刚刚结束，忽然有人高声问法拉第："这有什么用呢?"法拉第不假思索地回答说："请问，新生的婴儿有什么用呢?"科学家为了满足求知欲而进行的研究，与为掌握世界发展的规律，为人类造福而进行研究本来就是并行不悖的。

在求知欲很强的情况下，人的注意集中，精神振奋，观察、记忆、思维也都处于最佳状态。这乃是学习、研究的理想的心理状态。而且，根据心理学的研究，人的早期经验（感受、习惯、信念等）对今后一辈子都有重大影响。学生若是保持了这种强烈的求知欲望，就不会把从学校毕业看成是学习、钻研的结束，而是持续地保持学习探究的欲望，活到老，学到老。而这种心理品质恰恰是适应当今时代发展所不可缺少的极为宝贵的品质。

某一方面的求知欲如果反复地表现出来，就形成了一个人对某一事物或活动的兴趣。兴趣与人的需要有密切的关系，它是在人的需要基础上产生并形成起来的；违背人的需要的内容绝不可能成为有兴趣的内容。但兴趣并不能归结为需要。需要表现为心理活动的必要性，兴趣则表现为个人对某种活动的爱好，它往往是由于客体的生活意义和在情绪上的吸引力而表现出来的。但深刻而巩固的兴趣可以成为人特有的心理需要，例如，看电影的兴趣可以成为看电影的迫切需要，成为看电影的动力。同样，学习的兴趣也可以转化成一种学习的需要，学习的兴趣转化成学习的需要之后，人一旦不进行学习活动就会怅然若失，坐立不安。

那么，到底兴趣的含义是什么呢？所谓兴趣，就是人的意识对一定客体（事物或活动）的内在趋向性和内在选择性。

内在的趋向性。众所周知，人对客体的趋向态度有二：一是外在的趋向性，例如，外界出现某种新奇的变化，吸引我们趋向于它，这是一种无意注意，不能算是兴趣；二是内在的趋向性，例如，我们对某种客体产生了情感而积极地趋向于它，而且趋向完成以后还在心理上产生了一种满意之感，这便是兴趣的表现。当然，外在趋向性和内在趋向性的划分是相对的，它们往往可以彼此制约、互相转化，不能把它们说死讲绝。

内在的选择性。人的意识的选择性也有两种：一是外在的选择性，它一般与注意相联系，在这种选择过程中，并不伴随有某种情感；二是内在的选择性，它一般与兴趣相联系，在这种选择的过程中，则必然伴随有某种情感。同样，外在的选择性与内在的选择性之间，也没有一条不可逾越的鸿沟，而是密切联系、相互转化的。这也就是注意与兴趣具有嫡亲关系的缘故。

兴趣的内在趋向性和内在选择性具有不可分割的关系。首先是有所选择，然后才会有趋向，亦即趋向性是在选择性的基础上产生的。但是，这种先后关系并非绝对的，我们一方面可以在选择的过程中确定趋向，另一方面也可以在趋向的过程中加以选择。完全可以说，趋向和选择的过程往往是统一的。

综上所述，好奇心、求知欲、兴趣三者是密不可分的。从纵的方面看，它们是沿着好奇心—求知欲—兴趣的方向发展的；从横的方面看，它们又是互相促进、彼此强化的。

二、兴趣在学习中的作用

兴趣可以积极参与任何活动并能提高其效率。对学习活动也莫不如此。凡是积极参与学习活动并能提高学习效率的兴趣，称为学习兴趣。这种学习兴趣在学习中的作用是不言而喻的。先让我们引述如下一个实例，来一般地说明兴趣在活动中的作用：

20世纪初，有一位德国革命者被送进了监狱。他被关进单人囚室里。被监禁的人都必须整天地去干单调的活儿，比如像编织女人草帽之类的工作。许多人经受不住，由于苦闷、忧郁而生病、发疯、死亡。苦闷能使人致死，而且人越是年轻，苦闷对他的健康的危害则越大。我们上面提到的那位革命者是怎么做的呢？怀着厌恶的心情编织草帽吗？那样，等待他的就是死亡。于是，他明白了，惟一能够自救的方法，就是自己使自己对工作产生兴趣。

他决定，不应该只是简单地编织草帽，也不应该闷闷不乐地去完成每日的限量，焦急地等待每一天的结束，而是应该满怀兴趣地、精神饱满地、愉快地编织！革命者想出了一个办法（究竟是什么办法却不得而知），使自己对编织草帽产生了兴趣。他满怀兴趣地干了起来。在这可怕的孤独中，时间过得快了。他的健康和智力保存下来了。他朝气蓬勃地、精力充沛地从监狱里出来，又重新投入了地下工作。①

这个真实的故事，很好地说明了满怀兴趣地工作，对保持工作热情、提高工作效率具有多么积极的作用。学习也是如此。美国心理学家布鲁纳专门探讨过兴趣与学习的关系。他的研究证明，满怀兴趣地学习，可以保证在校学习的学生不感到沉重的负担，而感到愉快；可以使离校的学生继续保持学习新知识、钻研新技术的热情。而这恰恰是现代科学知识高速发展的需要。然而，学习兴趣在学习中的作用，我们以往却很少重视，更缺乏深入的研究。“凭兴趣学习”甚至成了一句批评学生的口头语。其实，兴趣在学习中的作用是不可低估的。马克思最早就是对资本主义生产的细胞——商品发生了兴趣，从而进行深入的研究，建立起马克思主义政治经济学大厦的。生物学家达尔文在自传中说：“就我记得我在学校时期的性格来说，其中对我后来发生影响的，就是我有强烈而多样的兴趣，沉溺于自己感兴趣的东西，深喜了解任何复杂的问题和事物。”② 据达尔文的父亲回忆，达尔文小时候并不十分聪明，“是个平庸的孩子”。但由于他对大自然尤其是对自然界的生物现象有浓厚的兴趣，促使他采集标本，从事野外考察，最终创立了达尔文进化论。一个学生如果对学习有浓厚的兴趣，他就不会把学习看成沉重的负担，相反，他将以积极主动的姿态出现，并在学习中获得愉快。有兴趣的学习不仅能够使学生全神贯注、积极思考，甚至会使之达到废寝忘食的境地。而且，人在充满兴趣的心理状态下学习东西，往往掌握迅速、记

---

① ［苏］索洛维契克著，袁长在等译：《学习与兴趣》，黑龙江人民出版社 1983 年版，第 19 页。

② 转引自潘菽主编：《教育心理学》，人民教育出版社 1983 年版，第 71 页。

忆牢固。

大家知道，心理活动最起码的水平，称为“觉醒水平”。觉醒水平表明大脑神经细胞处于一定的能量状态下，这样才可能进行思维活动，才能吸收、分析、判断、储存信息。教学时，心理活动最活跃的水平，且称它为“积极水平”。积极水平表明大脑中有关学习的神经细胞处于高度兴奋，而无关的部分则高度抑制，神经纤维通道的有关部分保持高度畅通，因而“神经噪声”大大降低，信息在神经纤维通道内的传输达到最佳状态。这只有在高度兴趣、专心专意、聚精会神下才可能达到。在强迫的、不自觉的、程度不同的苦恼、烦躁的心理状况下学习，有关学习的神经纤维通道对信息的传输不可能达到最佳状态。因为上述干扰（强迫感、苦恼感、紧张感、烦躁感等）必然使脑神经细胞中应当抑制的部分变为兴奋，而应当兴奋的部分则受到抑制。这必然使神经纤维通道内的噪声的功率增加。

根据仙农定律，传输最大信息量 C 的公式为：

$$C=B\log_2\left(1+\frac{P_1}{P_n}\right)$$

其中 P_1 为信号的平均功率，P_n 为“噪声”的平均功率，B 为信号的频觉宽，C 的单位为比特，即位/秒。

根据上述公式可知：当没有兴趣，干扰很大时，P_n 增大，神经纤维通道传输的信息量减少，学习的效率必然不高；当兴趣很浓，干扰很小时，P_n 减小，神经纤维通道传输的信息量增加，学习的效率必然很高。①

① 查有梁：《教学辩证法》，《教育研究》丛刊，1980 年第 1 辑。

这从信息论、控制论、神经生理学的角度证明了学习兴趣在学习中的作用。虽然这尚未得到科学的严格证明，但我们可以从中得到的启示是显而易见的。

教育心理学的实验证明，浓厚的学习兴趣能弥补智能的不足。

> 拉扎勒斯在语文课教学的情境中，将高中学生按照智能与兴趣分为两组，一为智能组，一为兴趣组。智能组学生的平均智商为120，但对于语文的阅读与写作不感兴趣；而兴趣组学生的平均智商只有107；但很喜欢阅读与写作。这两组学生皆必修阅读与写作这一课程。在一学期的学习过程中，两组常受同样的测验，待至一学期结束时，两组的总成绩相比较，兴趣组远优于智能组。①

兴趣在学习活动中的作用是多方面的。概括起来，有如下几个方面：定向作用、动力作用、支持作用、偏倾作用。

（一）学习兴趣的定向作用

一个人学什么科目，不学什么科目，在哪些科目上用功，哪些科目上不用功，常常是由他的学习兴趣来决定的。特别是志趣，更可以决定一个人的进取方向，奠定其事业的基础。布拉是丹麦著名的天文学家。他的父亲和伯父都是律师，他们希望布拉也成为律师，在社会上做一个“高尚的有地位的人物”。然而，布拉却爱上了天文学，每天夜里悄悄地起床观察星星。后来，布拉终于成为16世纪第一流的天文学家，没有去当那“高尚的有

① 张德琇著：《教育心理研究》，教育科学出版社1982年版，第241页。

地位”的律师。

我国的文坛宿将茅盾成年后，要自谋生路了。他的父亲一再告诫他，一不得经商，二不得从文。可是茅盾偏偏爱上了文学女神，强烈的兴趣使他和文学结下了不解之缘，使他最终违背了父亲的遗训。我国的文坛双璧鲁迅和郭沫若本来都是学医的，可他们都做了文学兴趣的“俘虏”，本人的兴趣，加上社会的原因，终于把他们推向了我国现代文学的高峰。由此可见，家长、教师对于子女、学生的兴趣不必过多干涉，而应因势利导。

兴趣的定向作用还可以表现为对未来活动的准备作用上。例如，一个从小喜欢探索风、雨、云、雾、雷、电等天气现象奥秘的儿童，长大之后很可能去学习天文物理学或气象学。因此，在教学中，教师注意发展和培养学生的兴趣就显得非常重要，以免产生定向性的错误。

（二）学习兴趣的动力作用

学习兴趣不仅可以定向，而且可以成为巨大的学习推动力。也就是说，兴趣可以直接转化为动机。学生对于某种学科有浓厚的兴趣，常常会推动他满怀乐趣地去进行学习钻研。许多科学家就是由学习兴趣转化为学习动机的。爱因斯坦在67岁时写的自传中说，他在16岁时，就产生了相对论的假设了。他经常在头脑里盘算：如果他以真空中的光速追随一条光线运动，那么就可以看到，这条光线好像一个在空间里振荡着而停滞不前的电磁场。对这种物理现象的兴趣，转化成了发明狭义相对论的动机，推动他冥思苦想了10年，终于创立了奠定近代物理学的理论基础的相对论。如前所述，人的兴趣是和一定的情感紧密联系着的。学习兴趣和学习热情如影随形。因此，从这个意义上说，正当的兴趣乃是一种高尚的情操。情之所钟，金石为开，对科学的兴趣，常能唤起人们废寝忘食的钻研劲头，从而成为打开科学大门的钥匙。浓厚的兴趣对学习的推动力量是任何强制力量所无可比拟的。

（三）学习兴趣的支持作用

任何学习都不可能毫无困难，要想取得学习上的成就更非轻而易举。如果对某项学习毫无兴趣，那么一遇困难就会退缩；如果对某项学习很有兴趣，情形就大不相同了。比如学骑自行车，本来对骑自行车并无兴趣，后来学了几次，逐渐产生了兴趣，但还没有完全学会，这时候，往往是困难最大、危险性最大的时候，但往往也是劲头最大的时候，原因何在？这就是兴趣的支持力。兴趣一旦与意志结合起来，就可以产生无坚不摧、攻无不克的精神力量。居里夫人在寻找镭的过程中所克服的困难是难以想像的。凭她一个弱小的女子，又是客居异国，常常是贫病交加，却能既当搬运夫，又当实验员，从小山一样的沥青渣中提炼出了化学新元素——镭。这里对科学探索的兴趣起了多么大的作用啊。居里夫人自己也这样说过：对人类事业的献身精神和对化学的浓厚兴趣，乃是她艰苦工作的两大支柱。

（四）学习兴趣的偏倾作用

所谓兴趣的偏倾作用，就是人们往往从自己的兴趣出发，去审度事物，表现在学习上，就是各人由于兴趣的不同，对学习内容理解的侧重点也有所不同。比如同看一部小说，有人特别注意到了其中语言的流畅，有人特别注意到了其中情节的紧凑，有人特别注意到了其中蕴涵哲理的深厚，有人则特别注意到了其中心理描写的细腻等。再如同看一场篮球赛，有人把胜败的原因归结为队员之间配合的好坏，有人则归因于投篮技术的高低等。同样，听一堂课，学一门学科，学生也会有许多方面表现出兴趣的偏倾性。对于感兴趣的方面，他们就会特别用功，理解得特别迅速、准确，这也是因材施教应该注意的一个方面。

三、兴趣活动的规律与学习

人们的心理活动是不断变化发展的，不可能永远停止在一个水平上，而这种变化发展又是按照一定的规律进行的。兴趣活动也是如此。心理学研究的一个重要任务就是揭示心理活动变化的客观规律，为培养良好的心理品质提供依据。揭示兴趣发展的规律，就可以为教育者提供有效地利用、激发、培养学生兴趣的依据。

那么，兴趣活动有哪些规律呢？我们认为，兴趣活动具有以下几条基本规律。

（一）兴趣逐步深化的规律

兴趣的发展与一切事物的发展一样，都遵循着由低级到高级、由简单到复杂的发展途径。心理学的观察和研究表明，人的兴趣的发展，一般要经过有趣—乐趣—志趣这么三个阶段。有趣是兴趣发展的低级水平。在这个水平上，学生往往会被外在的某些新异的现象或新颖的活动所吸引，而对它们发生直接的兴趣。其特点是，随生随灭，为时短暂。乐趣是兴趣发展的中级水平，它是在有趣定向发展的基础上形成起来的。在这个水平上，学生会对某一事物或活动产生特殊的爱好。其特点是，基本定向，为时较长。志趣是兴趣发展的高级水平。当一个人的兴趣与崇高的理想和远大的奋斗目标结合起来的时候，便会由乐趣发展为志趣，其特点是，积极自觉，终身不变。比如某一学校组织了一个航模小组，某一学生是为航模的形状及有关操作所吸引，也参加了航模小组。这是对事物表面现象发生兴趣的有趣阶段。后来在航模小组的活动中，他多次进行操作，学会了装配航模，并且在多次的飞行试验中每每有所成功。于是他的兴趣加深了，主动地去寻师访友，查阅资料，和同学切磋、交流经验，甚至还尝试对航模进行适当的创造性改制，这时他就进入了乐趣的阶段。航模活动已经成为他的经常性的业余爱好。随着时间的推移，他的有关航模飞行的知识更丰富了，有关航模飞行的技能技巧也更娴熟了，并且在竞赛活动中还多次获奖。这时候，他对航模事业已经是一往情深，他已经把它与祖国的飞行事业、普及学生的课外科技活动以及提高学生的智能等意义联系了起来。同时，他还深入进行了气体力学、材料力学等专门学科的研究，决心把自己的毕生精力贡献给航模事业，这便是进入了志趣阶段。

我们曾对上海师范学院体育系 1977、1978 两级学生做过调查，他们对体育运动兴趣的形成和发展，一般都经过如上所述的三个阶段。例如，有一名女学生在小学时，看到别人打乒乓球，觉得有趣，就去打乒乓球；后来学校请来一些运动员作体操表演，她又被大哥哥、大姐姐的精巧动作所吸引，于是又去搞体操运动。进入中学后，在体育教师的引导下，她参加体操学习、比赛的机会多了，尤其是参加区级比赛得了一等奖，使她感到无比快乐。体育教师抓住这一点，经常加以引导，让她把对体操运动的乐趣与自己未来的人生理想联系在一起考虑，终于使她走上了以体育活动为终身职业的道路。由此可见，我们要发展自己的某一兴趣，就要善于发现苗头，及时定向，建立志趣。

（二）直接兴趣与间接兴趣相互转化的规律

根据兴趣的倾向性，可以把兴趣区分为直接兴趣和间接兴趣。直接兴趣是由事物或活动本身引起的兴趣。新奇的东西、与需要直接相符合的事物都容易引起人的直接兴趣。比如，一个人刚刚学习外语，被外语字母的新奇和发音语调的有趣而吸引，学起来津津有味，这便是直接兴趣。间接兴趣是由活动的目的、任务或活动的结果引起的兴趣。比如，学习外语不单是对外语的字母、语调感兴趣，而且认识到外语是人生战斗的有力武器，学好外语可以更好地吸收全人类的知识，进行国际交往，为国家作出更大的贡献，从而顽强地去克服学习中的各种困难，孜孜不倦地学习，这就是间接兴趣。

直接兴趣和间接兴趣是密切联系、相互转化的。比如走进书店，被封面新颖的书吸引了，产生了直接兴趣，拿起来看看，看了几页，发现书中的内容也很精彩，与自己的知识很有联系，于是对全书的内容和结论发生了兴趣，而决定阅读下去，这时，直接兴趣就转化为间接兴趣了。同样，即使对外语学习并没有直接兴趣，只是因为工作的需要对掌握外语的结果有间接兴趣。在具体的学习过程中也可能对外语的词汇、语法结构、表达方式、语音语调本身发生直接兴趣，这是在间接兴趣的基础上产生了直接兴趣。有了它，学起来就一点儿也不感到枯燥了。一般说来，在学习中，凡是与我们的需要及已有知识经验相符合的事物，会使我们产生直接兴趣；但当我们一旦遇到困难、感到乏味，不愿再学习时，直接兴趣就难以维持，就需要间接兴趣的参加了。只要我们对掌握某种科学知识的必要性与重要性有充分认识，就会对它产生间接兴趣。间接兴趣能够激励我们去学习那些枯燥无味的、有一定难度的东西，但这种学习毕竟还是一种比较重的负担。如果在学习中，我们善于把容易的材料与困难的材料、感到生动有趣的材料与觉得枯燥无味的材料有机地结合起来，交替进行，使直接兴趣向间接兴趣转化，使间接兴趣通过具体的学习过程促进直接兴趣的产生，学习的效果就一定更好。

（三）中心兴趣和广阔兴趣相互促进的规律

从兴趣的广度来看，兴趣又可分为中心兴趣和广阔兴趣。中心兴趣就是对某一方面的事物或活动有极浓厚而稳定的兴趣。广阔兴趣就是对多方面的事物或活动的广泛兴趣。中心兴趣和广阔兴趣是相互联系、相互促进的。学习、工作要想获得成就，这两种兴趣缺一不可。如果只有中心兴趣，对其他事物漠不关心，就会心胸狭窄、孤陋寡闻，无法触类旁通。贝弗里奇在《科学研究的艺术》一书中总结了许多科学家的经验，得出结论说："成功的科学家往往是兴趣广泛的人。他们的独创精神可能来自他们的博学，多样化使人观点新鲜，而过于长时间钻研一个狭窄的领域，则易使人愚蠢。"马克思所以能在哲学、政治经济学、科学社会主义领域内都建立起思想史上的理论高峰，与他具有广泛的兴趣是分不开的。除了专门研究的领域外，他所涉猎的领域包括物理、化学、生物、历史、地理、宗教、语言、军事、数学、文学艺术等几十门学科。拉法格曾经这样回忆马克思：我们几乎向他请教人类无所不包的知识。现在，随着科学技术的高度发展，几千门学科纵横交错，文理科相互渗透，边缘学科纷纭出现。可以预言，未来只有单一兴趣的人是无法适应时代要求的。另一方面，如果只有广阔兴趣，没有在某一方面的深入学习和钻研，没有一个中心兴趣，万事总是浮光掠影、蜻蜓点水，也必然无所大成。因为当今世界各学科高度综合的同时，又高度分化；学科的分支增加，内容加深。所以，要能适应这种潮流，掌握这种局面，有一两个中心兴趣也很重要。对学生来说，首先要有广阔兴趣，多方面地摄取知识，打下广阔的基础，还要有文学艺术兴趣，调节自己的精神生活；然后，在此基础上，培养一两个中心兴趣，对某一学科的某一两个方面进行更加深入的钻研，并使广阔兴趣直接或间接地为中心兴趣服务。

广阔兴趣是解决所谓博的问题，中心兴趣是解决所谓专的问题。因此，这两者的关系就是博与专的关系，即在博的基础上去专，在专的要求下去博。不博不专，不专不博；博而后专，专而后博；博专结合，相互促进。这就是博与专的辩证法，也是中心兴趣与广泛兴趣的辩证法。

四、兴趣的类型与学习

兴趣是人的个性心理特征的一个方面，人的个性心理特征是有差异的，兴趣也同样是有差异的。不过，虽然各人的兴趣不尽相同，但可以把它们归纳为几个基本的类型，即兴趣的持续型与波动型、专一型与分散型。

（一）持续型与波动型

兴趣的持续型是指一个人的一种或几种兴趣从幼年开始持续不断，日益巩固，直到大学时代，甚至终身不变。持续型与兴趣的稳固性是密切联系的：正因为兴趣的发展持续不断，所以才形成固定的兴趣；同样，正因为兴趣具有不可移易的固定特点，所以才能使兴趣的发展持续不变。例如，有人从小在父母、教师或别的成人影响下，很羡慕人民教师的工作，从内心深处把教师的职业看作是太阳底下最光辉的职业（夸美纽斯语），后来在此兴趣的推动下，读师范，当教师，用思想的光辉培育祖国的幼苗，终身不悔。从小就有了固定的兴趣一直持续不变的人是不胜枚举的。比如我国数学家华罗庚，从小就对数学发生了兴趣，虽然家庭经济很拮据，但他不计较这些，找到一点纸头就拼命地演算起来。在十几岁的时候就开始攻克世界难题，向权威性的杂志投稿。虽然屡试不中，但他并不气馁，而是继续艰苦钻研，寻找一切学习数学的机会，终于成了国内外知名的数学家。数学家陈景润也是在初中就强烈地迷上了数学。在学校里，他是一个“丑小鸭”，常常受人欺负，在人际交往方面更是缺乏能力。但当他在数学的太空遨游的时候，他就忘掉了一切，得到了无穷的乐趣。在十年动乱那样困难的情况下，他坐在家徒四壁的六平方米的房子里，就着铺板忘情地演算起他的难题来。可以说，对数学的兴趣，贯穿在他的一生中。还有许多科学家都是具有持续型兴趣的。不过，属持续型兴趣的人，一般在成人中较为多见，而在学生时代则还不太多。

所谓兴趣的波动型，就是在一个时期对这样的事物或活动有兴趣，另一个时期又对那样的事物或活动有兴趣，再过一个时期又可能回到原来感兴趣的事物或活动上来，兴趣起伏不定，呈波动状态。波动型的兴趣与兴趣的不固定性有关：正因为兴趣的发展进程呈波动型，所以兴趣无法固定下来；同样，正因为兴趣是不固定的，所以兴趣的发展才会波浪式地前进。很多儿童的兴趣都属于这种类型。但这并不是说，在学生时代兴趣呈波动型的人就不可能有固定的兴趣了。一般地说，成人都呈现为持续型的兴趣。比如大文学家郭沫若，从小就熟读唐诗三百首，受文学环境的熏陶，对文学形成了强烈的兴趣。后来，他的兴趣转向了医学，但不久，他的兴趣又转回到了文学。再如著名心理学家皮亚杰，最先对生物学感兴趣，后来他对哲学发生了兴趣，再后来，他又迷上了心理学；在专攻心理学以后，他先是喜爱实验心理，后来又对心理学的基本理论发生了浓厚的兴趣，而早先的生物学和哲学对他建立心理学的认知结构理论是不可缺少的基础。所以，兴趣的波动并不是坏事，它往往是和兴趣的广泛性相联系的。对学生来说，我们不要笼统地反对其学习兴趣的波动，而应当注意不同兴趣之间的内在联系，使波动的兴趣与持续的兴趣结合起来。当然，也要防止和反对那种一点也不深入，不停地转换兴趣的作风，因为那是一种缺乏意志力，一遇困难就打退堂鼓的表现。

（二）专一型与分散型

所谓兴趣的专一型，就是对某一种事物或活动具有浓厚的兴趣，而对别的一切往往兴趣都不大。兴趣的这一类型与兴趣的持续型不同：第一，专一型只限于一项兴趣，持续型则可以有两项甚至几项兴趣；第二，有了对某项事物的专一兴趣时，别项兴趣便完全没有了，但在一项或几项兴趣持续不变的过程中，还可能有别项兴趣短暂地存在。当然，这两种兴趣类型也有联系，即某一项专一的兴趣必然是持续的，某一项持续的兴趣也必然是专一的。一般地说，专一型的兴趣在学生时代是不好的。现在，学生中兴趣绝对专一的情况虽然不多，但严重的偏科、兴趣的单一现象是存在的。比如学理科的上文科课就头疼，学文科的做理科作业就生厌；喜欢上活动课的同学上到理论课就抓耳，喜欢上理论课的同学上到活动课就挠腮等，这都是兴趣过于单一的表现。而这与时代发展的要求是很不吻合的。现在，许多发达国家的大学一、二年级都不分文理科，文理科都是必修课。所以，我们应积极地防止和克服兴趣单一、贫乏的偏向，开拓多样的广泛兴趣。

所谓兴趣的分散型，就是对各种各样的事物或活动都有一定的兴趣，但往往如蜻蜓点水，浅尝辄止。这一类型有两种表现形式：一是同时对很多事物或活动有兴趣，但是实质上是样样有兴趣，样样没有兴趣；二是今天喜欢这个，明天喜欢那个，朝三暮四，游移不定。这种兴趣类型的形成，往往与一个人缺乏理想有关。一个单纯属于此种类型的人，如果不予以矫正，很可能成为玩物丧志者。一般说来，分散型的兴趣在儿童时代较为常见，这与他们的知识水平、独立能力、注意的持久力是有联系的。如果对某一事物的认识很肤浅，或根本不能认识，自己不能独立进行某一活动，对某一事物或活动的注意不能持久等，都不可能对该事物或活动产生深刻和持久的兴趣。但随着年龄的增长，知识经验的丰富，独立能力的增强，以及其他心理能力的普遍提高，兴趣就会渐渐变得深刻持久起来。因此，要避免分散型的兴趣，保持学习兴趣的深入持久，不仅要注意兴趣本身的培养，而且要注意其他心理能力的共同提高。

五、兴趣的品质与学习

兴趣的品质主要有四个方面：指向性、广阔性、稳固性和积极性。这四个方面与学习都有密切的关系。

（一）兴趣的指向性

兴趣总是指向于一定的事物或活动的。各人的兴趣趋向什么、选择什么往往有很大的不同。首先，人的兴趣可以主要指向于物质，也可以主要指向于精神。对物质的兴趣可以表现为对生活舒适、衣着美观的渴望等。对物质的兴趣常常带有畸形的贪婪的形式，如渴望豪华、为个人积聚财产等。巴尔扎克的名著《欧也妮·葛朗台》里十分生动地描绘了一个守财奴葛朗台的形象。他为了满足金钱的贪欲，可以不择手段，甚至出卖自己的女儿。精神兴趣是人的兴趣发展的高级水平。精神兴趣可以是认识方面的兴趣，如对数学、语文、生物、哲学、心理学的兴趣；可以是活动方面的兴趣，如对下棋、集邮、游泳、赛马等活动的兴趣；也可以是审美方面的兴趣，如对音乐、文艺、歌舞的兴趣。人的兴趣在指向性方面的差异还表现在，兴趣可以是高尚的，也可以是庸俗的。例如，有的人爱好音乐、图画，对人类宝贵的艺术遗产兴趣极浓，常常为了收集这方面的材料而废寝忘食，省吃俭用，这便是高尚的兴趣；有的人喜欢赌博，追求金钱，这便是卑劣的兴趣。从倾向性出发，有的人八小时外喜欢钓鱼，有的人爱好下棋，有的人则乐于养花种草，这种个别差异是正常的。在学校中，有的学生特别喜欢语文、历史、地理，有的学生十分爱好物理、数学，有的学生则对音乐、图画极感兴趣。这些也是兴趣在倾向性方面所表现出来的个别差异。

兴趣指向性的差异是在社会影响下，在人的社会实践活动中形成的。鲁迅曾经很形象地说过，木工师傅的儿子早会斧凿，书香之家的儿子早识文墨，兵家的儿子早弄刀枪。这揭示了儿童兴趣的形成与家庭影响的关系。就以鲁迅本人为例，鲁迅从小就立志于学医，是因为他的父亲死于庸医的误诊、误治，他决心学就高明的医道，解救无数受疾病折磨的人们。这是他的家庭事件对他兴趣的影响。可是后来他的兴趣完全转向了文学，原因直接来源于社会。当时，他在日本学医，看到了一张使他灵魂深受震撼的幻灯片：日俄战争期间，日本军队抓住了几名充当俄国间谍的中国人，在中国的土地上枪决他们，而旁边伸长脖子充当“看客”的竟全是中国人。鲁迅猛然醒悟，医学治不了灵魂的麻木，于是他决定用自己的笔来唤醒民众的灵魂，从此兴趣转向了文学。另外，研究表明，良好的师生关系、和谐的学习气氛、积极的成绩反馈，也是使我们产生对某一学科浓厚兴趣的原因。因此，我们有意地建立良好师生关系，创造和谐的学习气氛，积极取得好的学习效果，也有助于兴趣指向性的加强。

（二）兴趣的广阔性

兴趣的广阔性指一个人兴趣范围的大小或丰富性的程度。兴趣的广阔与兴趣的分散是不同的，它们最大的不同在于：广阔性表现一个人的兴趣具有丰富性、多样性，它往往与中心兴趣相辅相成。这就是说，一个人在对很多事物或活动具有广阔兴趣的基础上，对其中的某一事物或活动特别感兴趣，并且往往以这一兴趣为中心，去发展其他各种兴趣，亦即其他各种兴趣能围绕中心兴趣，为中心兴趣服务。比如马克思的中心兴趣是揭露资本主义剥削的根源，指明推翻资本主义的正确道路；而他的其他兴趣则几乎是无所不包。马克思在回答他的女儿什么是他最喜欢的格言时，转录了这样的一条古代拉丁谚语："凡是和人有关的，都是我所关心的。"我国古代的伟大数学家祖冲之的中心兴趣是数学，但同时还对经学和先秦诸子有研究，注释过《易经》、《老子》和《论语》等书；他还精通乐律，熟知农业种植知识。这为他许多划时代的发明创造提供了充分条件。文艺复兴时代，著名的大画家达·芬奇的中心兴趣无疑是绘画，但同时他又是大数学家、力学家和建筑工程师，他在物理学的各个不同部门都有重要的发现，对于透视学、人体解剖学以及色彩学亦有很浓的兴趣和很深的造诣。事实证明，兴趣越广阔，知识越丰富，取得成就的可能就越大。

过去由于片面的宣传，人们常常误认为科学家的兴趣是很狭窄的，性格是很怪僻的。其实，完全不是那么回事。有成就的科学家鲜有兴趣不是很广阔的。物理学家钱三强很喜欢古典文学，他早年报考大学时，夺得了文科第一名的桂冠，同时收到五所大学的录取通知书；他还喜欢唱歌、画画、打乒乓球和篮球。数学家苏步青爱好作文、作诗，读古典文学，欣赏音乐、戏曲和舞蹈。化学家杨石先爱读诗词、养花和逛书店。物理学家爱因斯坦、海森堡、玻恩和普朗克等都酷爱音乐，并且有很高的造诣。就是居里夫人，有些人把她宣传成苦行僧式的科学家，其实她是一位爱好旅行、游泳和骑自行车的女士。费米喜欢爬山、跑步，做文学游戏。生物学家达尔文酷爱音乐，喜读散文。巴甫洛夫喜读小说，喜好划船、游泳、集邮、画图和种花。可见，科学家并不像有些人想像的那样，是成天呆在图书馆、实验室里不懂得生活乐趣的书呆子。现在，片面追求升学率的不良风气在学校、家庭里很有市场，相当一部分教师、家长给学生制订了许多清规戒律，不许学生打球，不许看"闲"书，不许看电影，不许看电视，不要劳动，甚至不要进行自我服务……一个劲儿地叫他们读书、做作业，搞得学生的兴趣单一狭隘，限制了学生兴趣的广泛发展，影响了他们的精神生活，结果学习成绩也上不去。这是所有教育者应引起高度重视的。我们不能把天真活泼的青少年搞得少年老成，生活枯燥无味，知识兴趣偏狭，那样，学生学习的积极性渐渐就会下降，影响人才的培养。

（三）兴趣的稳固性

兴趣的稳固性是针对一个人兴趣的持久性与巩固性而言。从这一品质来考察，有的学生兴趣是稳定的，始终如一，持久不变，不断深入，一旦对某一事物发生兴趣，虽经历天长日久，也不削弱，同时还会一步一步地深入下去，甚至达到着迷的程度，贫贱不能移，威武不能屈。如德国杰出的数学家高斯，在他爱人病危时，仍潜心于研究数学问题；世界著名文豪托尔斯泰在八十多岁的高龄时，还伏案撰写巨著；我国著名的气象学家竺可桢几十年如一日，坚持每天记气象日记，直到临终前的一天，他还在病榻上记录当天的气象日记；我国著名的文学批评史家郭绍虞，临终前的两小时，还在口述最后一部著作的序言；马克思对人民解放事业的革命理论的兴趣，更是病魔不能夺，饥贫不能移，长眠在自己的工作椅上；我国优秀科技工作者蒋筑英，志趣在于为我国的科学事业作出贡献，他不计较个人得失，不理会别人的闲言碎语，不屈服于“四人帮”黑势力的压迫，直至生命的最后一息。稳固的兴趣品质属于持续型和专一型的人，而兴趣不稳定则属于波动型和分散型的人。兴趣的稳固性一般不十分明显，因为学习要求学生的兴趣随着学科的变化出现相应的变化。虽然如此，但注意培养自己兴趣的稳固性也是有必要的，而且是有可能的。因为学科的设置是不断加深、前后一贯的，学科之间又有着内在的联系。比如物理课不仅可以培养我们对物理的兴趣，而且可以巩固我们的数学兴趣；高中学习有机化学的兴趣，可以巩固初中已经形成的对无机化学的兴趣等。培养稳固兴趣的另一方面，是把已有的直接兴趣引向间接兴趣，把对学科表面的兴趣，引向对学科内在的兴趣，也就是使自己在学习中获得内心的愉悦，使学习成为自己内在的需要。

（四）兴趣的积极性

根据兴趣的效能水平，可以分为消极兴趣和积极兴趣。消极兴趣是静观的兴趣，停留在这种兴趣水平上的人，只局限于对感兴趣的客体的知觉。例如，喜欢观赏绘画，得到一张画展参观券就非常地高兴，但从来没有“舞文弄墨”，亲自去尝试一番；喜欢听歌剧，把到音乐厅听一场音乐会当做很大的满足，但从来没有早早起来练练嗓子的兴趣；喜欢看球赛，对优秀球员的姓名、球艺风格等能说得头头是道，如数家珍，当起小评论家来也煞有介事，一有球赛，常常是前排就座，但从未到球场上去来两下子。他们的兴趣只是观赏而已，没有深刻地认识感兴趣事物的内涵，没有去感受所感兴趣活动的滋味，而且事过境迁，如过眼烟云。同是兴趣，兴趣的积极性会有很大的差异。前面我们分析过兴趣发展的阶段是有趣—乐趣—志趣。有趣一般是消极兴趣阶段，乐趣和志趣都是积极的兴趣。但它们的积极性程度显然不同，故而能动性、持久性也有所不同。一般地说，中心兴趣、持久兴趣的积极性高，广阔兴趣、短暂兴趣的积极性低。我们并不要求学生对所有学科的兴趣都具有同样的强度，而应当根据科目分配的不同，大纲要求的不同，提出相应的要求，把学生的兴趣引导到适当的目标。

消极兴趣与积极兴趣之间并没有一道截然分割的鸿沟。消极兴趣很容易发展成为积极兴趣，积极兴趣也很容易退化为消极兴趣。比如达尔文从小酷爱大自然，常常玩要于花木虫鸟之间，后来，他渐渐开始搜集生物标本和进行野外观察，并且开始了新的理论钻研，这就是由消极兴趣发展到积极兴趣的典型例证。在学习中，许多学生对学科只是停留在消极兴趣阶段，听课、观摩、操作，学生都喜欢，但做作业，要求完成操作任务，有些学生就面呈难色了，出现了“明日复明日，明日何其多”的局面。所以，我们应该鼓励自己由消极兴趣向积极兴趣发展，充分发挥积极兴趣的动力作用。

第十九章 意志与学习

1983 年 6 月下旬，美国马萨诸塞州的蒙特·荷里亚女子学院有两天降半旗。是纪念某位已故总统还是哀悼某个世界名人？都不是。他们是在沉痛悼念一个普通的中国留学生。

当地的几家报纸刊登了这个学生的事迹和照片，赞颂她的事迹是“关于勇气的一课”。一个美国学生深有感触地说：“有的美国人得了癌症，会绝望，会去吸毒，去寻求性刺激，甚至会自杀。但是袁和得了癌症，几乎没有时间想自己的命运，而是抓紧时间去了解这个未知的世界，拚命地工作去帮助自己的民族。”

在袁和的短暂一生中，是什么原因使她从一个里弄生产组糊纸盒的小工，成长为一个为祖国赢得荣誉的硕士研究生？是什么原因激励她去开拓、去奋斗、去创造，使生命发出最强音呢？这就是她的勇气，是她坚忍不拔的意志。正如她自己所说：“只要勇于探索和奋斗，一个普通的灵魂能走得很远很远。”

在十年浩劫的年代，袁和没读完高中就被迫停学了，但她历尽艰辛，硬是靠自学读完了大学的数学、物理、化学、生物和英语等课程，1978 年被录取为中国科学院化学研究所研究生。刚进研究生院不久，恰逢英语分班考试，大家公认的英语最好的一个学生却没有参加考试，袁和问她原因时，她说：“谁知道外国人会出什么样的问题，要是答不出来，连我导师的面子都丢了。”而英语基础并不很好的袁和却对自己说：“我偏要去试试。”她认为，人不应放弃每一个努力的机会，为打开新局面而勇于尝试，虽遭失败也没什么丢脸的；放着机会不去尝试才真正丢脸哩！公布结果时，很多老大学生都感到不可理解，为什么中学还没读完的袁和会成为竞争的胜利者呢？袁和说："我不过比你们多一点尝试的勇气！"

1980 年，她取得了美国马萨诸塞州蒙特·荷里亚女子学院的提供学习和生活费用的奖学金，赴美攻读硕士学位。但是，正在她向学习上的困难进军，与发达国家的对手竞争时，乳腺癌的魔影悄悄地降临在她的身上。她忍受着巨大的肉体上和精神上的痛苦，接连做了两次大手术。1982 年 4 月，波士顿癌症研究所的化验结果和专家小组的诊断结果表明，袁和的癌细胞已经转移了！这时，她没有听从美国同学的劝告，用吸毒产生的幻觉来减轻精神负担，而是不沉沦、不颓废，动员全身的力量和勇气去和癌症搏斗。三个月后，她顺利地通过了在死亡威胁下写成的硕士论文。当她穿着长长的黑色学袍，走上台阶接过校长颁发的硕士学位证书，看着向她挥手微笑的朋友、老师时，禁不住热泪夺眶而出。

她用一盒录音磁带给父母留下了这样一些声音微弱，但却充满感情的"袁和遗言"：

> 亲爱的爸爸、妈妈……我很骄傲，因为我是一个中国人！我很骄傲，因为一个普通的中国女子，能够和癌症拼搏，向死神挑战。许多美国人对我说，这在美国是不可想像的。我向他们显示了，中国人不是像他们想像的那样，只会烧饭，或者是卑躬屈膝的。很多人一讲到中国，只讲中国人怎么受苦。是的，中国人受的苦是够多的，可以说是多灾多难。但是，中国人的勇气、中国人的力量、中国人的希望，是和中国人的困苦同时存在

> 的。只要大家共同努力，尤其是那些立志改变中国的人共同努力，中国总有一天会强大起来。我要尽我最大的努力，为中国人做点事，为中华民族的振兴做点事。这是我惟一的希望……①

袁和走过的道路告诉我们，一个真正的强者能忍受别人无法忍受的肉体上和精神上的痛苦，不管是顺境还是逆境，都不放弃自己的追求，生命不息，奋斗不止。只要勇于探索，一个普通的灵魂也能走得很远很远。鲁迅先生在《最先与最后》一文中说过："我每看运动会时，常常这样想：优胜者固然可敬，但那落后而仍非跑到终点不止的竞技者，和见了这样竞技者而肃然不笑的看客，乃正是中国将来的脊梁。"② 这种竞技者的品质，不也正是我们每个学习者应该保持和发扬光大的吗？在本章中，我们将要讨论这样一些问题：什么是意志，它有哪些特征？意志在学习中有何作用？意志的过程、规律与学习有何关系？在学习中，如何考虑意志的类型与品质？

一、意志的实质及特征

（一）意志的实质

意志是按照既定目的，克服各种困难，以调节内外活动的一种意向活动。它与动机、兴趣、情感等因素一样，都属于非智力因素。

---

① 引自郭梅尼：《一个普通的灵魂能走多远》，《中国青年报》，1984年11月10日。

② 《鲁迅全集》第3卷，人民文学出版社1981年版，第143页。

意志总是通过人们的行动表现出来的，但并不是任何行动都有意志参加。例如，一个生理正常的人口渴了，想倒一杯水喝，就伸手拿起杯子倒水，然后喝掉。这个一般行动做得如此便当，毫不费力，根本没有什么意志可言。如果一个人的上肢受了伤，伸屈都很困难，他要喝水，就不得不忍受剧痛拿杯子倒水喝。在这种情况下，就一定要有意志的参加，才能完成喝水止渴的行动。于是这倒杯水喝的一般行动，也就由于有意志的参与，而变为意志行动了。由此可见，意志是内部意识向外部行动转化的中间环节，是意志行动的主观方面。没有意志，也就不可能有任何意志行动。

（二）意志的特征

人的意志有许多明显的特征，其中最重要的特征有如下三个。

1. 按照既定目的

任何意志活动都必须具有明确的目的。能够自觉地确定目的，这是人类行为的特征之一。马克思在《资本论》中曾举例说："蜘蛛的活动与织工的活动相似，蜜蜂建筑蜂房的本领使人间的许多建筑师感到惭愧。但是，最蹩脚的建筑师从一开始就比最灵巧的蜜蜂高明的地方，是他在用蜂蜡建筑蜂房以前，已经在自己的头脑中把它建成了。劳动过程结束时得到的结果，在这个过程开始时就已经在劳动者的表象中存在着，即已经观念地存在着。"为了使表象变成实体，为了"在自然物中实现自己的目的"，除了从事劳动的那些器官紧张之外，还需要有心理上的紧张，即"还需要有作为注意力表现出来的有目的的意志"。① 这说明，只有人类有目的的活动才能在自然界打上自己意志的印

① 《马克思恩格斯选集》第2卷，人民出版社1995年版，第178页。

记，而动物则不能。

在意志活动中，所谓明确目的，就是对自己行动的正确性和重要性有充分的认识，能明确地意识到行动结果的社会意义。

有了明确目的之后，还必须按照这既定的目的，去组织自己的行动；没有明确目的，或者不按照既定目的去组织行动，那就根本谈不上有什么意志活动。

2. 克服各种困难

意志活动与克服困难相联系。困难是多种多样的，但归结起来，不外乎两种：外部（客观）的困难和内部（主观）的困难。

如我们在工作和学习中遇到他人的反对或阻挡，缺乏必要的资料或设备，没有理想的合作者等，古人所说的天时、地利、人和等几方面的条件，如果都不大具备，那就是外部的或客观的困难。如我们在工作和学习中遇到别的动机或目的的诱惑或干扰，缺乏必要的知识或能力，没有决心、勇气、信心等，这便是内部的或主观的困难。这两种困难是相互依存、彼此转化的。一方面，内部困难往往会由外部困难而引起；另一方面，由于内部困难的存在，又往往会把外部困难加以夸大。

疾风知劲草，烈火见真金。一个人的意志强弱主要是以他所克服的困难的大小为衡量标准的。一般说来，克服的困难越大，则意志越强；克服的困难越小，则意志越弱；没有克服任何困难，则就无所谓意志存在。因此，克服各种困难是意志的重要特征之一。

3. 依存客观规律

意志活动必须依存于客观规律，只有遵循客观规律的意志活动，才可能达到预期的结果，才可能表现出意志的作用；反之，则不可能表现出意志的作用。正如列宁所说："自然界的必然性是第一性的，而人的意志和意识是第二性的。后者不可避免地、必然地要适应前者。”① 在这个问题上，唯心主义者总是宣扬“意志自由”论，把意志看成是一种独立于客观现实的、纯粹的“精神力量”，看成是一种超越物质之上并不受客观规律制约的“自我表现”。

> 19 世纪的德国哲学家尼采和叔本华就宣扬过唯意志论，鼓吹人的自由意志主宰一切。19 世纪末和 20 世纪初的英国心理学家麦独孤断言人的行为是由一种内在的“驱力”所决定的，而这种驱力是基于机体的神秘的本能。当代著名的澳大利亚神经生理学家 J. C. 艾克尔斯也把人的意识和大脑看做两个彼此独立的实体，说什么“脑从意识精神那里接受到一个意志动作，转过来脑又把意识经验传给精神”。②

我们认为，人的意志既是自由的，因为人可以在一定条件下按自己的意愿办事；但又是不自由的，因为人的行为必须依存于客观规律，否则就会在实践的墙头上撞得头破血流。意志自由是有条件的、相对的；意志不自由是根本的、绝对的。这就是意志依存于客观规律的根据所在。

二、意志在学习中的作用

意志在人的学习活动中有着十分重要的作用。古今中外的学

① 《列宁选集》第 2 卷，人民出版社 1995 年版，第 151 页。

② 曹日昌主编：《普通心理学》（合订本），人民教育出版社 1987 年版，第 379～380 页。

者，都十分强调意志因素在学习中的意义。宋代文学家苏轼说："古今立大事者，不唯有超世之才，亦必有坚忍不拔之志。"① 清代百科全书式的启蒙思想家王夫之说："志立则学思从之，故才日益而聪明盛，成乎富有；志之笃，则气从其志，以不倦而日新。盖言学者德业之始终，一以志为大小久暂之区量，故《大学》教人，必以知止为始，孔子之圣，唯志学之异于人也。"② 他们认为，人的学习、人的思维、人的才能，乃至人的德业，都是以人的志向为基础的。美国发明大王爱迪生更明确地说：

> 伟大人物的最明显的标志，就是他坚强的意志，不管环境变换到何种地步，他的初衷与希望仍不会有丝毫的改变，而终于克服障碍，以达到期望的目的。③

的确，学习并不像公园里散步那么自在，也不像剧院里看戏那样轻松；既不是平川纵马，也不是海滨泼水。它是一项艰苦的脑力劳动。只有不畏劳苦、持之以恒，沿着陡峭山路攀登的人，才有希望到达光辉的顶点。

从心理学的角度看，人的意志具有一个最基本的功能，即调节内外活动。这种调节功能表现在发动和制止两方面，发动是指推动一个人去从事一定目的所必需的行动，制止是指抑制或中止与这一目的相矛盾的愿望或行动。发动和制止是辩证统一的，有所不为才能有所为，要有所为就得有所不为。例如，我们临近考期，决心认真复习，考出好成绩，这就促使我们挤出一切时间，

① 苏轼：《晁错论》。

② 《张子正蒙注》卷五。

③ 转引自张之编著：《读书的艺术》，上海人民出版社 1982 年版，第 116 页。

并且放弃某些娱乐活动，力求全力以赴地考出好成绩来。

活动既有外部的，也有内部的。外部活动指各种实际活动，内部活动指人的心理活动，如注意、情感等。意志的调节功能也表现在对于心理的调节上。如隔壁房间里播放着悦耳的音乐或精彩的球赛，你要排除干扰，把注意集中于手头的作业，就存在着意志对于注意、思维等活动的调节；再如你初次登上讲台作一次学术报告，心里忐忑不安，为了强迫自己保持镇定的情绪，也需要意志对情绪状态的调节。

正因为意志在人们的生活、工作和学习中有着如此重要的意义，所以古今中外的教育家都非常重视意志的锻炼与培养。先秦时期的教育家孟子就说过："故天将降大任于是人也，必先苦其心志，劳其筋骨，饿其体肤，空乏其身，行拂乱其所为，所以动心忍性，曾益其所不能。"① 这是说，一个人要想成大器，就必须经过生理和心理的艰苦磨炼，才能获得成功。宋代教育家张载说："'凡学，官先事，士先志'。谓有官者先教之事，未官者使正其志焉。志者，教之大伦而言也。"② 意思是说，凡是求学的，有官职的人先教他办事能力，还没有官职的人教他端正志向。所谓端正志向，是指教育人的最重要的环节。我国现代文学家、教育家邹韬奋说："我认为挫折磨难是锻炼意志增加能力的好机会，讲到这一点，我还要对千方百计诬陷我者表示无限的谢意！"③ 苏联教育家马卡连柯也说："意志培养的问题成为我们日常生活中最重要的最使人关怀的问题。"④

---

① 《孟子·告子下》。

② 《正蒙·中正篇》。

③ 邹韬奋著：《不相干的帽子》，《韬奋文集》第1卷，生活·读书·新知三联书店1956年版，第64页。

④ 《马卡连柯全集》第5卷，人民教育出版社1956年版，第400页。

朋友们，努力吧！让我们用意志的犁铧开垦知识的沃土，用毅力的大锤敲开生活的大门！

三、意志的过程与学习

人的任何有目的的活动大致可分为采取决定和执行决定两个阶段。但是，这两个阶段并不是意志活动所独有的，决定和执行与意志并没有必然的联系，在没有意志参加的一般行动中也有决定和执行。

从心理学角度看，我们认为意志活动的基本心理过程应为决心—信心—恒心三个阶段，这是完整意志过程的三部曲。

要完成一个意志活动，首先要立下决心、树立信心，其次还要具有恒心。这三个阶段密切联系、互相交织、彼此促进，缺一不可。一般说来，决心越大，信心越足，恒心越持久；决心越小，信心越弱，恒心越短暂。下面我们就这三个阶段及其与学习的关系作些说明。

（一）决心与学习

下定决心是意志过程的第一个阶段。我国古代学者所提倡的“立志”、“发愤”，便含有下决心的意思。下决心不是轻而易举的，往往要经过一系列复杂的心理活动：明确目的，展开动机斗争，积极思维，知己知彼。要情况明，才会决心大；盲目下定的决心，即使再大，也是画饼充饥，无济于事。

古人说“有志者事竟成”，“志坚则不畏事之不成”。这就一语道破了“决心”在学习中的作用。那么，在学习中我们怎样才能立大志、有决心呢？

首先，要有爱国之志与献身科学的决心。一位青年女工曾向伙伴们说："我们不能总是以我们民族历史上的四大发明炫耀于世，聊以自慰。我们这一代青年，应该用自己的双手捧出四十、四百、四千乃至数千万个世界水平的发明创造，献给生我们、养我们、给我们以无比恩爱的祖国母亲！我们不仅要做到'子不嫌母丑'，尤其要做到'子不甘母丑'！"① 只有把个人的志向、抱负与国家的前途、命运紧密结合起来，我们的决心才会有巨大而持久的动力。

其次，要从实际出发，把决心化为一个个具体的小目标。不切实际的决心不会收到实际的效果。不少青年给数学家陈景润寄数学论文，所涉问题有的是世界著名的难题，有的是短期内根本无法解决的题目，他们的决心大则大矣，但最终只是浪费了宝贵的时间。陈景润说："如果基础没有打扎实，就想攀高峰，这种想法是幼稚的，不切实际的，影响青年同志为刻苦学习做好精神准备。"② 在有了决心之后，把它化为一个个具体的小目标是十分重要的。如果你有解决世界数学难题的决心，你不妨把它化为一个个小目标：一二年内达到高中毕业水平；三四年后达到大学水平；五六年内达到研究生水平，并为解题收集资料，等等。在实现这些小目标时，你还可以把它分解成一个个更小的目标，由小到大，由近及远，"标标中的，志必大成！"

有志者，事竟成，破釜沉舟，百二秦关终属楚；
苦心人，天不负，卧薪尝胆，三千越甲可吞吴。

这是著名小说家蒲松龄落第后的自勉联。他落第而不落志，相反

① 李燕杰：《立志篇》，《中国青年》，1984 年第 4 期。

② 浙江日报编辑部编：《学人谈治学》，浙江人民出版社 1982 年版，第 57 页。

更下决心干一番事业，终于创作了不朽杰作《聊斋志异》。我们应该以蒲翁为楷模，弃燕雀之小志，慕鸿鹄之高翔，为中华的振兴而努力学习。

（二）信心与学习

信心是意志过程的第二个阶段。我国古代学者也很重视“信”，如孔门所倡导的“笃信好学，死守善造”便是。树立信心也不是一蹴而就的，在下定决心后，还要经过一系列复杂的心理活动：首先要有确信感，相信自己的决心是可以实现的；其次要建立信念，信念是认识和情感的结晶，对某种事情具有坚定的信念，自然会充满信心；最后要形成理想，理想是信念的进一步扩大和加深，一个人的理想越远大、越坚定，则他的信心也就会越充足、越牢固。

自信心是一个人对自己所取得成就的主观信念。自信心的强弱程度取决于三种因素：活动的成果，别人尤其是所尊敬的人对自己的态度和自我评价。

没有比成绩、成功更能增强自信心的了。心理学的研究证明，一个人的自信心与他的成功成正比：成功越多，期望越高，自信心越强；挫折越多，期望越低，自信心越弱。譬如一个没有考上大学的学生，就会怀疑自己能否考取大学，于是改考大专。如若再不能考取，也许他就要改考中专。而考取了大学的学生，他的自信心就得到了鼓励，以后又想去报考研究生。所以，我们每个人，尤其是缺乏自信心的人，首先要做的是鼓励自己取得一个小小的成绩。我们没有必要力图使自己一下子在各方面都好起来，那样做，只会增加失望。我们需要做的是，慢慢克服学习障碍，逐步提高学习自信心。

影响自信心的另一个因素是别人对自己的态度，包括对自己的期望和信心。我国有不少关于男女生智力差异的研究，结果表明，男女中学生的智力没有明显差异。可是男女大学生的比例却很悬殊。原因何在呢？其中一个重要的原因，就是因为家长、教师对孩子的期望、信念不同。许多家长和教师都有这样的偏见：男孩子聪明些，女孩子听话些；让男孩子读书，让女孩子做家务。结果长此以往，男女孩子对自己的自信心也发生了明显偏差，男孩子认为自己应加倍努力，只要努力，就一定能学好；女孩子想，大概自己是不如男孩子，便放松了努力。这就必然影响到学习活动的效率。

影响自信心的第三个因素是自我评价。一个人要想准确地估价自己是不容易的。自我评价容易出现两种偏向：自命不凡，对自己作过高的估价；自轻自贱，对自己作过低的估价。后者往往是学习成绩上不去的重要原因。苏联的一份心理学调查表明，在苏联的每个班级中，有近90%的同学对自己不满意，他们觉得自己在某些方面不如别人。但这些“别人”是谁呢？这实际是他们自己幻想出来的对象。所以要提高学习成绩，就要打破这种幻想，增强自信心。

信心在学习过程中意义重大。没有信心，决心就会空洞无力，恒心就会受到阻碍。信心是意志过程中承上启下的中介环节。有无信心是学习能否成功的关键。笔者之一就有深切体会。在他读大学时，同窗中有不少知识渊博、才思敏捷、见解不凡的同学，但他们并没有远大的抱负和充足的信心，而经常说：“我们这号人不可能有所作为了！”结果真的平平庸庸，碌碌无为；相反，同窗中也有几个基础不甚扎实、思维不太敏捷的同学，但他们早在一年级时就树立了远大理想，并对自己充满了信心，结果，随着时间的推移，他们真的硕果累累，出类拔萃。这真叫：自信使人自强不息，终有大效；自卑使人自暴自弃，一事无成。

日本能力开发研究所所长坂本保之介在中学一年级

以前，一直被认为是脑子笨的学生，在一年级500名学生中名列第470名，讨厌学习，喜欢玩。但初中二年级后，他的考试成绩急剧上升，常进入前10名。坂本保之介在回忆这段经历时深情地说："这个转折过程主要是受到了父亲的鼓励。由于我的成绩差，他一有机会就对我进行增强信心的教育。他说：'你无论是下河捕鱼，还是上山捉鸟，都干得非常出色，这就证明你的头脑比一般人好。下围棋或下象棋的规则，我一教你，你马上能学会。如果把这种精神用在学习上，学习成绩肯定会提高的。'"

坂本保之介从父亲的教导中受惠无穷。在担任研究所所长后，他把树立信心作为能力开发的前提。对于来研究所请教的人，他总是先让他们懂得自信心的重要性。例如，对于记忆力差的人，他总是要人家"相信一定能记住"，一旦来访者确实认识到这一点时，"好像就在这一瞬间，他们的记忆力就一下提高了很多。"①

既然信心能开发心理的潜能，叩开智慧的大门，那么，怎样才能树立信心呢？

首先，要学点儿心理学知识。心理学的研究表明，世间的确有天才与白痴，但这两种人是很少的。人的智力呈正态分布，两头小、中间大，我们大多数的"芸芸众生"，在智力上的差异是不大的。只要不是白痴，我们每个人都可以有所作为，有所成就。我们了解了这个道理，还有什么理由不树立信心呢？

其次，要寻找生活的榜样。"舜，何人也？予，何人也？有

① ［日］坂本保之介著，何愚一、翔天译：《提高记忆力的奥秘》，北京师范大学出版社1981年版，第69～70页。

为者亦若是。”① 善于寻找生活的榜样，不断用榜样激励自己的人，总会对未来充满着信心。当代保尔张海迪就是这样一个人。从《钢铁是怎样炼成的》、《把一切献给党》中，她会见了保尔和吴运铎；从《我的大学》中，她结识了高尔基。后来，她又知道世界上还有个叫海伦·凯勒的人，《我的生活故事》常常使她呼唤海伦的名字。她不再理会那不公平的命运，而是扬起希望的风帆，在知识的海洋中破浪向前。荷兰物理学家、诺贝尔奖获得者范德瓦耳斯也是这样一个人。他的隔壁曾是欧洲著名大思想家莱顿·约翰的故居。约翰出身低微，家境贫寒，但自幼好学，创造了独树一帜的哲学理论。范德瓦耳斯生活中遇到困难时，学习和研究中碰到拦路虎时，常拍案而起，质问自己：“莱顿·约翰也是个苦儿，为什么他能有所为，我就这样没出息?”② 由于他善于寻找生活的榜样并用以激励自己，终于成为一个自学成才的大学者。

另外，创造成功的体验，善于自我反馈的方法，等等，也有助于树立信心。

（三）恒心与学习

恒心是意志过程的第三阶段。我国古代学者也很重视恒心的作用，如荀子说：“锲而舍之，朽木不折；锲而不舍，金石可镂。”③ 恒心在意志过程中非常重要，光有决心和信心，如果不能持之以恒，坚持到底，自然毫无意义，决心也就成了空心汤圆，信心则成了流星闪烁。

① 《孟子·滕文公上》。

② 《诺贝尔奖金获得者传》编委会编：《诺贝尔奖金获得者传》，湖南科学技术出版社 1981 年版，第 79 页。

③ 《荀子·劝学》。

恒心在学习中的作用是十分重要的。《太平经》的作者说："夫才不如力，力不如为而不息也。"① 北宋教育家张载说："学不能自信而明者，患在不自勉尔。当守道不回，如川之流，源泉滚滚，不舍昼夜，无复回却，则自信自明，自得之。"② 这说明，信心与恒心是相辅而成的，一个人有了信心和恒心，学习就会像川流一样，势不可挡，昼夜不息，浩荡向前。

青年时代的毛泽东在湖南第一师范求学时，曾写过一副对联自勉：

贵有恒何必三更起五更睡
最无益只怕一日曝十日寒

这副对仗严谨、寓意深刻的对联，充分说明了治学的科学态度，说明了恒心在学习中的意义。著名小说家狄更斯说得更加明确：顽强的毅力可以征服世界上任何一座高峰。

怎样培养学习过程中的恒心呢?

首先，要充分估计困难。有决心、有信心而终无恒心者，大多是在学习中遇到了困难而缺乏必要的思想准备。结果，在困难面前不知所措，终于败下阵来。因此，下决心、树信心后，我们就要认真分析各种可能遇到的困难和阻力，宁可把困难想得更多一些、更复杂一些，并制订出克服困难的办法。这样，在具体的学习过程中就会"兵来将挡，水来土掩"，应付自如了。

其次，在困境中看到光明。在历史上，许多人经过长期努力到达成功的边缘时，往往由于缺乏坚强的恒心而丢弃了唾手可得的佳果，这就是由于缺乏辩证法的头脑，被困境的乌云所笼罩，

① 王明：《太平经合校·卷五十五》，中华书局1978年版，第210页。
② 《张载集·易说》。

而没有透过乌云看到阳光。人们说“行百里路半九十”，就是这个道理，许多人在九十里时却步了，停滞了，没有力量迈出最后的十里行程，结果等于没有起步。因此，我们必须培养在困苦中从不退却，在艰辛中毫不动摇的品质，用明日的欢乐和成功激励自己。著名物理学家、1902 年物理学诺贝尔奖获得者塞曼说：“科学上的每一个难点，都要一鼓作气研究到一个阶段才能释手。半途而废，以后再来，就会浪费很多时间。你我一生能有多少时间够支配啊！”① 这是对我们的极好忠告。

四、意志活动的规律与学习

意志和情感等心理活动一样，也是有一定的规律可循的。在学习中，如果我们能自觉地遵循并利用意志活动的规律，就能促进学习顺利进行，提高学习的效率。

那么，意志活动究竟有哪些规律呢？这些规律在学习中又到底有何意义？这里，我们从以下几方面加以说明。

（一）意志由简单意志发展到复杂意志、由软弱意志发展到坚强意志的规律

人的意志也不是生而就有的。新生儿毫无意志可言，不分白天黑夜，不论父母在干什么，总是随时哭喊啼叫。年幼儿童的意志也比较简单和软弱。这种简单性和软弱性表现在：（1）他们的愿望很不稳定；（2）他们富于冲动性，很不善于克制自我；（3）他们易受暗示，很容易模仿别人；（4）他们还会表现出和易

① 《诺贝尔奖金获得者传》编委会编：《诺贝尔奖金获得者传》，湖南科学技术出版社 1981 年版，第 31 页。

受暗示相反的特征，即“抗拒性”。学龄初期的小学生仍具有这些幼稚的特征。以后，随着年龄的增长、体质的增强、知识的丰富、交往的扩大，儿童的意志便会逐步复杂、坚强起来。

意志发展的这条规律告诉我们，人是自己意志的创造者，我们不能把软弱的意志归于先天的素质，为自己的行为开脱责任，而应有意识地培养和锻炼自己的意志。意志的培养不是一蹴而就的，我们必须在学习活动中对自己严格要求，从最简单的事情入手，逐步培养和锻炼，使自己成为一个意志坚强的学习者。

（二）意志与行动不可分割的规律

前面说过，意志是在具有明确目的并与克服一定困难相联系的行动中表现出来的。因此，从心理规律的角度看，意志与行动是不可分割的。即是说，离开了行动就无所谓意志，意志总是与行动联系在一起的。正因为如此，我们可以把意志过程称为意行过程。同时，要考察一个人的意志必须通过他的行动才有可能；要锻炼一个人的意志，也必须通过他的行动才能达到目的。

意志与行动不可分割的规律告诉我们，要培养自己的意志，就必须在具体的学习、工作中进行，必须在有利于锻炼意志品质的环境中进行，空洞说教和纸上谈兵都是毫无意义的。在学习活动中，我们必须有意识地通过攻克难关来锻炼意志，不要错过，更不要逃避艰苦的脑力劳动。

（三）意志与情感相互制约的规律

人的意志是在情感的激励下展开的。积极的、乐观的情感能提高一个人的意志力；反之，消极的、悲观的情感能降低一个人的意志力。这是此规律性的一方面。另一方面，人的情感又是在意志的调节下表现的。坚强的意志能控制、克服那些消极的、有害于活动的情感；反之，意志懦弱的人，就会成为消极的甚至卑劣的情感的俘虏。总之，意志与情感是密切联系、互相渗透的。正因为如此，所以我们常常就把二者合称为情意。俗语说：情投意合，情深意长，也表明情感与意志常常是无法分开、并行不悖的。

意志与情感相互制约的规律告诉我们，在工作和学习中，为了培养自己顽强的毅力和锲而不舍的坚持精神，就必须培养积极的、乐观的、高尚的情感，使饱满的热情与坚强的意志互相激励，相得益彰。这在上一章中已有论述，此处不再赘述。

（四）意志的强度与克服困难的大小成正比例关系的规律

前面已说过，克服各种困难是意志的重要特征。这一规律可以表述为：在一定的条件下，意志越坚强，克服的困难就会越大；反之，意志越软弱，克服的困难就会越小。同样，克服的困难越大，意志就会越坚强；反之，克服的困难越小，意志就会越软弱。

意志的强度与克服困难的大小成正比例关系的规律告诉我们，为了培养坚强的意志，就要善于在困难中磨炼自己。一个人要想成大器，必须经过一些“与自己过不去”的艰苦磨炼。这在意志的培养方法中还要详细论述。

五、意志的类型与学习

意志的主要类型有坚强型和懦弱型、朝气型和暮气型、制他型和他制型。在这些类型上，很明显地反映出人们意志的个别差异。

（一）坚强型和懦弱型

意志是具有明确目的并与克服困难相联系的心理过程。根据一个人在困难面前所表现出来的态度特点，可以把意志划分为两种类型，即坚强型和懦弱型。

坚强型的本质特征，就是不怕困难、知难而进，就是敢于迎接困难、克服困难、战胜困难。属于这种类型的人对待困难的态度是："困难像弹簧，你强它就弱，你弱它就强。"坚强型的人，往往都具有很强的韧性，很强的忍耐力。他们能忍受一般人所无法忍受的痛苦，能经得起一般人所不能经受的考验。

坚强型与勇敢的精神是密切联系的。孔子说："勇者不惧。"①《墨经·经上》云："勇，志之所敢也。"可见勇敢就是意志坚强、敢作敢为的表现。毛泽东同志说的"下定决心，不怕牺牲，排除万难，去争取胜利"，乃是对坚强型人的典型概括。许多革命先烈就是这种意志类型的典型代表。

懦弱型的本质特征，就是害怕困难，知难而退。属于这种类型的人，对待困难的态度是惊慌失措、畏首畏尾。这种人缺乏韧性，毫无忍耐力。无论肉体上的痛苦，或精神上的折磨，他们都一概无法忍受，他们只能在顺境中生活，不能在逆境中奋斗。如果说坚强型的人是暴风雨中的海燕，那么，懦弱型的人则是经不起风吹浪打的瓦雀。胆怯乃是这种类型的人的固有特征。革命叛徒、沙场逃兵，单从意志表现来看，可以说是懦弱型的典型。

在现实生活中，我们所见到的人，大多数是：有的是坚强型多于懦弱型；有的是懦弱型多于坚强型；有的是坚强型与懦弱型基本相当。纯粹的坚强型或懦弱型的人是不多见的。

在学习过程中，坚强型的意志是十分重要的。张海迪在身体失去三分之二的感觉和功能后，身残志不残，她最喜欢这样一句话，"只要你昂起头，苦水也能化美酒"，正因为她勇敢地面对困难，以顽强的毅力克服困难，才有可能翻译、写作，发光发热。

① 《论语·子罕》。

我国著名史学家蔡尚思年轻时生活困苦，在北京求学时有时只吃一个小馒头、喝几碗水度过一天，肚子饿得咕咕响，但他不向困难低头，以惊人的顽强精神读书攻关。当时为了勉励自己，他写过一首《苦中奋斗》的诗：

> 发愤著书史迁语，穷且益坚王勃序。
> 贤哲多从苦中来，苦中奋斗才可取！①

我国著名数学家华罗庚也是遭受多次“劫难”的人，他早年病残，中年又国难当头，晚年又遭十年浩劫，但他从不停止自己的科学研究，白天不能搞就黑夜搞，明的不让搞就搞暗的。1980年他到外国讲学时收到过一位美国学者的信，信中这样写道：

> 您在安呐本的演讲，是真正令人赞叹不已的。您向大家证明了，好的学者即使是在最恶劣的逆境中，仍然可以做出出色的成绩，您使我们这些生活在安逸和稳定环境中的人们，只能感到羞愧。

无怪乎华老在总结他的治学经验时一再强调：

> 埋头苦干是第一，发白才知智叟呆。
> 勤能补拙是良训，一分辛苦一分才！②

（二）朝气型和暮气型

朝气型是以朝气蓬勃，精神充沛为特征的。在日常生活中，

①② 浙江日报编辑部编：《学人谈治学》，浙江人民出版社 1982 年版，第87～88、150 页。

我们可以见到有的人干起工作来，总是有那么一股使不完的劲头。这种人的工作作风是生龙活虎、干净利落、不知疲劳。他们一般都充满活力，乐观向上。在这种人的身上，看不到垂头丧气、没精打彩。与这种类型的人在一起，一般都会受其感染而变得奋发起来。

暮气型是以暮气沉沉、干劲不足为特征的。在日常生活中，我们也可以见到有的人干起工作来，总是那么一种少气没力、敷衍塞责的样子，这种人的人生态度是：做一天和尚撞一天钟，有时甚至只做和尚不撞钟。他们一般都看不到“明天的欢乐”，而死抱住“今朝有酒今朝醉，明日愁来明日忧”的人生哲学。在这种人的身上，我们看不到半点儿生气、半点儿活力。与这种类型的人在一起，也容易受其影响而变得消沉起来。

我们不能把那些在一定场合表现出朝气的人，就划归为朝气型，也不能把那些偶尔表现出一点儿暮气的人，就划归为暮气型。正因为如此，大多数人都不属于这两种极端类型，即在他们身上，既可看到很多朝气，也可看到一点暮气；或者相反，既可看到较多暮气，也可看到一些朝气。纯粹朝气型或暮气型的人毕竟是不多的。

在学习过程中，朝气型的意志是十分重要的，只有这样，才能有旺盛的斗志、充沛的精力投身学习。

这里应该指出，在工作和学习中提倡朝气蓬勃的精神，并不是指不顾主客观条件一味蛮干。因此，我们认为古代传为美谈的“悬梁”、“刺股”故事，实际上并不是朝气型意志的表现，而是一种“精神可佳，愚不可及”的举动。“悬梁”的故事说的是汉朝人孙敬嗜好读书，到了十分疲倦的时候还不肯休息，但又无法赶走令人昏昏欲睡的瞌睡虫，只得用一根绳子，一头系在梁上，一头结着头发，让头颈吊在空中，如果打瞌睡，就会扯痛头发，立刻被惊醒。“刺股”的故事说的是战国人苏秦拼命读书，晚上老打嗑睡，因此便拿着一把锥子，一打瞌睡，就猛刺一下大腿，痛了，也就无法入睡，便继续攻读。孙敬与苏秦好学勤读的刻苦精神是值得提倡的，但他们“悬梁”、“刺股”的举动是不能效法的。因为，这样做必然会带来过度疲劳，有损于身心健康，最终不可能保持朝气型的意志投入学习。如果适时地进行休息，保持充足的睡眠，消除疲劳，对于提高工作和学习的效率无疑会有事半功倍之效。

（三）制他型和他制型

制他型的特征是惟我独尊，经常把自己的意志强加于他人。制他，顾名思义，就是控制他人，即凭借意志力，强使他人服从自己。在现实生活中，这种类型的人并非绝无仅有。他们喜欢我行我素，完全凭主观办事，“天马行空，独往独来”；他们明知不可为而为之，可以说是“意志自由论”的信奉者。

他制型的特征是惟命是从，经常使自己屈从于他人的意志和权威。他制，顾名思义，就是受他人控制，受他人的支配，受他人暗示。在现实生活中，这种人也是可以看到的。他们对人对事，总喜欢俯首贴耳，完全没有自己的主见；他们经常是明知可为而不敢为，总要看他人的眼色行事；他们往往是逆来顺受，听天由命，即使遭受偌大的不幸，也是既不怨天又不尤人的。

很显然，极端的意志制他型或他制型，都是不好的，甚至是有害的。在我们的意志品质中，应当把制他和他制统一起来，要使二者适可而止，不要超出客观规律以及主观条件所能许可的范围。大独裁者、战争狂人希特勒，是意志制他型发展到顶点的人物，我们自然应当反对；《红楼梦》中贾桂式的人物，则又是意志他制型发展到顶点的人物，当然与我们也是格格不入的。

在学习中，意志的制他型和他制型都是要不得的。制他型的人往往固执地坚持自己的错误见解，没有虚心向别人学习的美德，固步自封，自命不凡。他制型的人则不能坚持自己的正确意见，惟书本、惟权威，因循守旧，缺乏创造性。因此，在学习中，我们必须提倡谦虚的治学态度。

孔子说："如有周公之才美，使骄且吝，其余不足观也已。"① 意思是说，做任何学问，都必须将陶冶自己的谦虚等美德放在首位。

我国研究先秦文学的著名专家王焕镳写道：

> 做学问，必须有谦逊的学习态度。《尚书》上说："谦受益"，这是千古不变的真理。我读书读了七十多年了，天天都跟古书相伴。我们祖国的古籍之多，浩如烟海，我所读的，还只是其中的一小部分，越读越觉得不足……《周易》谦卦说："劳谦君子，有终，吉。"勤勉有功，又要谦逊，持之终身，就有好的成果。我认为这意思很好，所以，我把自己的书室，名为"劳谦之室"，以此自勉。②

谦虚不等于全部地、不分正确错误地接受别人的意见，否则就成了盲从，就属于他制型。因此我们也要提倡创新，这是治学的灵魂。爱因斯坦就是一个具有创新精神的人，当绝大多数的物理学家完全不加怀疑地使用牛顿的空间和时间的公式时，他却对它表示不信任，尝试着寻求新的答案和结论，最终提出了相对论。意大利科学家伽利略也是如此，当老师在课堂上讲授亚里士多德"物体降落的速度由物体本身的轻重决定"的理论时，其他

① 《论语·泰伯》。

② 浙江日报编辑部编：《学人谈治学》，浙江人民出版社 1982 年版，第 109～110 页。

学生都无保留地接受，只有伽利略表示怀疑，并通过实验证明了自己的怀疑。无怪乎马克思喜欢这样一句箴言："怀疑一切"。也无怪乎李四光说：不怀疑不能见真理，所以我希望大家都取怀疑的态度，不要为已成的学说所压倒。

六、意志的品质与学习

意志的主要品质有意志的自觉性、意志的果断性、意志的坚持性和意志的自制性。这四种品质都与学习有密切的关系。

（一）意志的自觉性与学习

人们对自己行动的目的及其社会意义有明确的认识，使自己的行动服从这一目的，称为意志的自觉性。一个具有充分自觉性的人，他就能根据对客观事物发展规律的认识，自觉地确定行动的目的，有步骤地采取有效的行动方法，从而减少行动的盲目性，加强自己的主观能动性。

现代著名学者郑振铎先生就是一位具有高度自觉性的人。

> 早在"五四"时期，郑振铎先生就提倡文学有益于人生。同样，他希望自己的生命，也有益于人民。所以，他严以律己，刻苦自励。
>
> 1927年11月30日，是他30岁生日。他在日记中激励自己说："'人生半途'，一事无成，不自愧欤?"然后，他订出了今后的努力目标：
>
> （一）读书毋草率，每读一书必一页一页读过。随有所见，即作札记。
>
> （二）当日事当日即做。

（三）毋游惰费时。

（四）毋逞妄想。

（五）做事读书，须有秩序。①

长篇历史小说《李自成》的作者姚雪垠先生也是一位具有高度自觉性的学者。早在1941年，他就立志要写出一部描绘明末清初阶级斗争、社会生活、风俗民情的长轴画卷，歌颂农民革命战争的英雄史诗，以填补“五四”以来留下的长篇历史小说的空白。为了真实地再现历史的本质，他查阅了浩繁的文献，详细地占有资料，把有关人物的活动、典章制度、风土民俗以及一些重要战役的史实各立专题，用蝇头小楷公公正正地摘抄成卡片，积累了近两万张。在十年浩劫中，他也日作不息，坚持写作。他说：这任务人民布置了，历史布置了！我要加快步伐啊，愈是年纪大了，愈是感到对祖国的文艺事业负有历史的责任。

一个缺乏自觉性的人，他在意志方面就会表现出这样两种不良特性：一是易受暗示，一是独断性。前者极易轻信别人，易受外界势力的干扰，轻易改变自己原来的决定；后者经常顽固地拒绝别人的劝告或意见，甚至不顾现实情况的变化，固执己见，独断独行。这两种情况其实就是他制型和制他型的不同表现。

在学习中，我们必须培养自己自觉性的意志品质，明确自己的学习目的，把它与祖国的事业联系起来，与人民的幸福联系起来。有一篇散文说得好：“事业是人生的常青之树，它植根于人民幸福的土壤中，汇千千万万的人生于一身，永远生气勃勃，枝繁叶茂。谁的人生与事业相结合，谁就找到了自己的最好归宿。个人的生命是有限的，而人类进步的事业却是永存的。把人生融进伟大事业的人，他就同事业一样永远年轻，犹如一滴水溶进大

① 刘恒：《郑振铎〈日记手稿〉》，《文献》，1980年第4辑。

海，就永远不会消失。”① 同时，我们也要防止易受暗示和独断性等消极意志品质对我们的不良影响。

（二）意志的果断性与学习

人们善于明辨是非，适时采取决定并执行决定，称为意志的果断性。一个具有真正的果断性的人，当客观情况需要立即作出决定时，他会毫不犹豫，及时采取果断措施，这是一种情况。另一种情况是，当客观情况需要延缓决定时，他又会深思熟虑，直到客观情况成熟时才采取相应的措施。

只有具有果断性品质的人，才不会在生活中被迷雾遮眼，才能驾驶命运的小舟，驶向成功的彼岸。

与果断性相反的品质是优柔寡断和草率决定。优柔寡断者往往患得患失，踌躇不前；草率决定者往往懒于思考，轻举妄动。这两方面又是互相转化的，如优柔寡断的人，在各种选择面前总是迟迟作不出取舍，举棋不定，贻误时机，等到事到临头，又只能仓促决定，盲目武断，不考虑后果而贸然选择。

果断性的品质在学习中有着十分重要的意义。以考试为例，有的人在考场上未待看清题目，就开始做题，两小时的考试半小时就完成了，还洋洋自得，不可一世；有的人则左顾右盼，迟迟不落笔，即使有把握的试题也顾虑重重，不敢肯定，结果刚开始答题就到时间了。这都是缺乏果断性的表现。具有果断性的人则不然，他认真地看清楚题意和要求，充分估计考试所需的时间，选择有把握的题目各个歼灭，做完后也不急着交卷，而是审查一遍两遍，认为确切无误时再交卷。考试如此，在我们阅读、思考、写作、研究时又何尝不是这样？

1903 年诺贝尔生理、医学奖获得者奈尔斯·赖伯格·芬生

---

① 柳斌杰：《事业篇》，《中国青年》，1984 年第 6 期。

在女友与别人结婚时，曾写下了一段告诫自己的座右铭：

> 你一天到晚心烦意乱，必定一事无成。你既然期望辉煌伟大的一生，那么就应该从今天起，以毫不动摇的决心和坚定不移的信念，凭自己的智慧和毅力，去创造你和人类的快乐。只有这样，你的生命才能焕发青春。只要你的言行服从于你的理想，那你就把握住了赢得健康、欢乐、幸福的真谛。①

朋友，让我们以芬生为榜样，不要彷徨，不要悲伤，不要动摇，不要观望，用果断的意志开辟生活的航道！

（三）意志的坚持性与学习

人们在行动中能够持之以恒，坚持到底，称为意志的坚持性。一个具有坚持性的人，他决不会因有所成功而骄傲，也决不会因有所失败而气馁。他不会被形形色色的诱惑所干扰，也不会被各种各样的困难所吓倒。他始终以充沛的精力和坚韧的毅力工作、生活、学习，荣辱在所不计，毁誉无动于衷，沉默而顽强地走自己的路。革命导师马克思就是一个具有坚持性意志品质的典型代表。

> 马克思在学习和研究中所遇到的困难难以计数，有时简直是无法想像的。首先是资产阶级在政治上对他的迫害所造成的困难。反动政府想方设法刁难他、利诱他、威胁他、陷害他、逮捕他，最后将他驱逐出境。马克思后半生一直过着客居异乡、颠沛流离的生活。其次

① 《诺贝尔奖金获得者传》编委会编：《诺贝尔奖金获得者传》，湖南科学技术出版社 1981 年版，第 232 页。

是经济上的贫困给他造成的困难。1849 年下半年马克思定居伦敦后，常常不名一文，靠典当家具维持生活。1852 年 10 月，他为了撰写《揭露科仑共产党人案件》，没有稿纸，只得变卖了自己的上衣。1859 年马克思的《政治经济学批判》完稿了，可他这时也穷得山穷水尽了，连寄往柏林出版的邮资也不得不向他人借取……但是，马克思从来没有向这些困难低头，他始终不渝地追求真理，寻找人类的解放道路，以令人惊叹的毅力顽强地学习、著述和斗争。正如李卜克内西所形容的："即令'地球坍陷毁灭了'，他也不会被阻止而不向前进的。"

一个缺乏坚持性的人，可能有两种截然相反的表现，即执拗性和动摇性。前者冥顽不灵，莫知变通；后者见异思迁，左右摇摆。这也是两种不良的意志品质，表现了一个人薄弱的意志。书法家舒同曾描述过这种人的情况："他今天立上一个'志'，于是，激情满怀，马上动手在案头上竖起一块'座右铭'，写上几句豪言壮语，然后又在笔记本里做起了'治学计划'。可是，过了一段时间，又会看见他信誓旦旦地要'立志'了，于是乎，'座右铭'重新换过，笔记本另外买过——他又要'重打锣鼓另开张'了！原来那个'志'实现了没有呢？遗憾得很——没有。而且，这个新立的'志'恐怕早晚也免不了'同样下场'。什么原因呢？缺乏毅力。但是，我倒更愿意用一句治兵的语言来说，叫做缺少'顽强的攻击精神和百折不挠的意志'。"① 这对于缺乏坚持性品质的学习者来说，真是振聋发聩，切中肯綮。

① 浙江日报编辑部编：《学人谈治学》，浙江人民出版社 1982 年版，第 202 页。

在学习过程中，坚持性的意志品质起着关键作用。记得有一个动人的神话故事：

很古很古的时候，遥远的北方有一位女神，叫凡娜吉斯。一天，有人来敲她的门。女神正舒适地坐在安乐椅上，她想："让他再敲一会儿吧！"

可是，女神再没有听到敲门声，她感到奇怪："这个客人到底是谁呀？这样有礼貌，又这样犹豫不决。"她奔到窗口一看，只见敲门的客人已经走了。

女神说："噢！原来是漫不经心的人，让他空跑一趟吧！"

过了不久，女神又听见敲门声。这个人敲得很热心，很坚决，耐心地敲了很长时间。一直敲到女神开门迎接他。

后来，女神爱上了这位热心的客人。他们生了一个儿子，叫"凡娜吉"。①

这个故事说明，无论是学习还是科学研究，都要像这位敲门的客人一样，坚持不懈，毫不松怠。无怪乎法国生物学家巴斯德说："告诉你使我达到目标的奥妙吧。我惟一的力量就是我的坚持精神。"②

① 胡学海编著：《科学家成功之路》，江苏人民出版社 1982 年版，第 252 页。

② 转引自［英］贝弗里奇著，陈捷译：《科学研究的艺术》，科学出版社 1979 年版，第 144 页。

（四）意志的自制性与学习

人们在行动中善于控制自己的情绪，约束自己的言行，称为意志的自制性。孔子所说的“克己”便是。一个具有自制性的人，他善于迫使自己去执行已经采取的决定，并能战胜与执行决定相对抗的一切因素；同时，他还善于在行动中抑制消极情绪和冲动行为，并能适时地控制和调节自己的行动。而一个缺乏自制性的人，他就不可能做到这两点。其表现一是放纵自己，听之任之；一是随波逐流，不负责任。

自制性的意志品质在学习中起着十分重要的作用。人的精力和时间总是有限的，如果不把精力集中在学习上，任欲望的野马奔驰，终将一事无成。列宁就是一位自制力很强的人。他曾经非常酷爱下棋和溜冰，但后来感到太费时间和精力，会影响学习，就毅然地放弃了自己的爱好。

生活中的挫折总是有的，有的人在挫折面前消沉，让悲观的色彩笼罩自己，对生活的一切都失去了希望；有的人却毫不气馁，把压力化为动力。前者就是缺乏自制性的表现，后者则是具有自制性的例证。自学成才的青年数学家李克正的成长道路也是坎坷不平的，其中对他打击最大的是一个女朋友嫌他在“集体”厂工作而与他分手。他没有像其他青年人那样失去了生活重心，而是很快从苦恼中解脱出来，像剖析数学难题那样去为这个问题找到正确的答案。他说：既然这样，也就没有什么可爱的了，也就没有什么值得可惜的了；既然这样，可以减少逛大街、游公园的时间，可以把精力全部集中到工作、学习中去了。

苏联教育家马卡连柯（A. C. Макаренко）说得好：“大的意志不仅善于期待并获得某种东西，而且也善于迫使自己在必要时拒绝某种东西。没有制动器，就不可能有机器，没有抑制力，也就不可能有任何的意志。”① 为了使我们的学习更有成效，我们就必须学会用理智的力量驾驭情感的野马，用远大的目标抑制过度的欲望，用自制的方法收拢涣散的注意，成为自己注意的主人。

① 转引自黄京尧著：《意志的锻炼》，上海人民出版社 1984 年版，第 28 页。

第二十章　张载的学习心理思想

张载是我国北宋时期重要的思想家。他的元气本体论得到了明、清唯物主义者王廷相、王夫之和戴震等的继承和发展；他的思想体系中的唯心主义成分则得到了宋、明的唯心主义者朱熹等的肯定和发扬。张载的心理思想较为系统，对普通心理的基本内容均有涉足。本章所探讨的主要是张载的学习心理思想。

一、学习的意义

关于学习对人的心理发展的意义，我国古代思想家的论述是很丰富的。最有代表性的是荀子，他说："君子博学而日参省乎己，则知明而行无过矣。"① 张载对学习的意义论述，其心理学味道更浓，且有新颖独到之处。

张载主要从人性论的角度阐述了学习对人的心理发展的意义。他把人性分为"天地之性"和"气质之性"，在张载看来，"天地之性"是根本的，人所禀的天地之性没有善与不善的区别；"气质之性"是次生的，人所禀的气质之性有偏正之不同，所以有善与不善的差别。"天地之性"是抽象的，具有脱离人而独立

① 《荀子·劝学》。

存在的神秘性论，“气质之性”是具体的，是“形而后有”的。在这种二重人性论的基础上，张载建立了他的学习心理大厦。他认为，学习，就是要变化气质之性，摒除其中“恶”的部分，复归于天地之性。张载说：“为学大益，在自能变化气质。”①

“形而后有气质之性，善反之，则天地之性存焉，故气质之性，君子有弗性者焉。”②

“人之气质美恶与贵贱夭寿之理，皆是所受定分。如气质恶者学即能移，今人所以多为气所使而不得为贤者，盖为不知学。”③

“圣人可以学而至。”④

变化气质之性，回复到大地之性，这就是张载学习心理的出发点。它一方面说明，普通人之所以不及贤人圣人，是因为他们的气质生得有缺点，是天生的，“所受定分”；另一方面又说明，只要通过学习，接受封建教育的规定，普通人也可以改变气质之性，达到圣人贤人的境界。张载的气质说固然涂上浓密的政治和伦理色彩，但由于比较客观地反映了人类心理的规律，它是能激起后学的希望的。南宋理学家朱熹对此心领神会，称赞张载的气质说“极有功于圣门，有补于后学”，并且把它纳入了自己的思想体系之中，提出了“道心”和“人心”的区别。

张载非常重视环境和后天学习对于人类心理发展的作用。他说：“人本无心，因物为心。”⑤

---

① 《经学理窟·义理》。

② 《正蒙·诚明篇》。

③ 《经学理窟·气质》。

④ 《经学理窟·自道》。

⑤ 《语录》。

“感亦须使有物，有物则有感，无物则何所感?”①

“心所以万殊者，感外物为不一也。”②

显然，张载把客观事物当做人类认识的源泉，没有客观事物的作用，也就谈不上人类心理的发展。“天下之物无两个有相似者”③，由于人们生活在这大千万象的世界之中，人们各种活动的丰富多彩和所处环境的千差万别，决定了人们心理差异的客观存在。

如果说前面提到的“定分”说还有遗传的成分，这里所说的“心所以万殊者，感外物为不一也”的命题，则具有强调后天环境和教育的作用了。可以看出，张载是有先天后天“综合决定论”的思想的，不过他更侧重后天罢了。

张载论学习的意义可以一言概之：“学者当须立人之性。……学者学所以为人。”④这句话反映了张载对人的本质的初步见解。他认为，人并不是所谓纯生物意义上的人，而是社会的人。如果仅具有人的形体，不通过学习掌握人类文化遗产和社会道德规范，是不能称之为人的。张载这一命题虽不能与卢梭“人是靠教育而成的”的名言相提并论，但他从学习的角度提出，而且早于卢梭约七百年，这在我国心理思想史上则可堪称为奇葩。张载和卢梭所处的时代不同，对人的理解也有差异，前者主要是指“仁人”，即有德性的人。同封建的伦理道德有密切关系。

二、学习的心理条件

在西方，从古老的欢乐主义到桑代克的学习理论都重视对这

---

①③④　《语录》。

②　《正蒙·太和篇》。

个问题的研究。我国古代心理思想中也有大量丰富的论述。

学习的心理条件指有效的学习所必须具备的心理因素。它主要表现在认识过程和意向过程两个方面。关于认识过程中的心理条件，我将在“学习的过程”和“学习的方法”中有所涉及。这里，着重介绍张载关于意向过程中学习的心理条件的思想。

“志”，即学习动机和目的，也指理想和抱负。张载认为，一个人“志”的大小，是他学习能否有成效的前提。他说：“志学然后可与适道，强礼然后可与立，不惑然后可与权。”① 他还说：“志大则才大，事业大，故曰‘可大’，又曰‘富有’；志久则气久，德性久，故曰‘可久’，又曰‘日新’。”② 张载明确地把“志”同学习，同一个人的才能、事业以及道德品质结合在一起，认为志向远大恒久是“事业大”、“德性久”的根本保证，这同现代心理学关于“抱负层次”（level of aspiration）的研究结果是一致的。

“悫”，指诚实、谨慎的性格特点。“悫”既属心理品质又属道德品质。张载看到了心理品质和道德品质的联系和区别。他认为，学习是养成道德品质的途径，道德品质又是学习的前提。他说：“不尊德性，则学问从而不道。”③ 他也看到了心理品质与道德品质相脱节的现象：“弓调而后求劲焉，马服而后求良焉，士必悫而后智，能焉，不悫而多能，譬之豺狼不可近。”④ 这就是说，一个人必须首先具备诚实谨慎的心理品质，然后才能通过学习发展智力和能力。如果不具有诚实谨慎的品质，即使智聪能强，也毫不足取，譬如豺狼禽畜，使人不可接近。

“趣”。张载认为，学习兴趣是学习的重要心理条件。他说：

①③ 《正蒙·中正篇》。
② 《正蒙·至当篇》。
④ 《正蒙·有德篇》。

"学者不论天资美恶，亦不专在勤苦，但观其趣向着心处如何。……此始学之良术也。"① 如果一个人对学习感到索然无味，即使天资再好，且能刻苦勤奋，都不能使学习卓有成效。还说："人若志趣不远，心不在焉，虽学无成。"② 众所周知，心理学一般把兴趣分为有趣、乐趣和志趣三种，志趣是最高层次的兴趣，它包含了志向和理想的因素。张载不仅初步看到了兴趣的分类，而且看到了兴趣和注意的内在关系以及注意在学习中的作用。我们的教学工作中往往重视发展学生的智力能力，对学习活动的"组织者和维持者"③ 却不够重视。因此，我认为李泽厚同志关于"应把注意力的培养放在十分重要的位置"④ 的主张，是颇有见地的。

"强"，最早见于《易经》："天行健，君子以自强不息。""强"，指勇敢坚强的意志品质。张载认为，"强"在学习中起很大作用。学习是一种艰苦的劳动，只有不畏艰难险阻，才能攀上高峰，领略无限风光。张载说，学习的最大过失就是"苦难则止"⑤。"今人为学如登山麓，方其迤逦之时，莫不阔步大走，及到峭峻之处便止，是要刚决果敢为进。"⑥ 他要求学生"言有教，动有法，昼有为，宵有得，息有养，瞬有存"⑦，勇猛前进，一刻也不能停止。

"勉"，张载对勉有两句解释："所谓勉，勉者，谓继之者善

①⑥　《经学理窟·学大原》。

②　《经学理窟·义理》。

③　燕国材同志认为，注意是意识的警觉性和选择性的表现，是学习活动的组织者和维持者。参见《心理科学通讯》，1981 年第 1 期。

④　参见李泽厚著：《批判哲学的批判》，人民出版社 1979 年版，第 46、169 页。

⑤　《正蒙·中正篇》。

⑦　《正蒙·有德篇》。

也，成之者性也。继续不已，乃善而能至于成性也。”① “勉，盖未能安也。”② 可见“勉”是锲而不舍，不达目的不罢休的意志品质，基本上属于决心、信心和恒心的最高阶段。“惟知学然后能勉，能勉然后日进而不息可期矣。”③必须不断学习，才能达到反性的境界。张载看出了意志三阶段中信心与恒心的联系，认为恒心和信心是相辅相成的，这是颇有新意的，今人论述尚不多见，他说，“学不能自信而明者，患在不自勉尔。当守道不回，如川之流，源泉滚滚，不舍昼夜，无复回却，则自信自明，自得之。”④ 一个人有了信心和恒心，学习就会像川流一样，势不可挡，昼夜不息，浩荡向前。

三、学习的过程

先秦儒家曾把学习过程分为立志、博学、审问、谨思、明辩、时习和笃行七个阶段。荀子曾试图把这个系统简化为知和行两个环节。荀子的思想到朱熹时成了定型，朱熹说，“学、问、思、辩，所以择善而为知，学而知也；笃行，所以固执而为行，利而行也。”⑤ 张载在这个过渡中起了桥梁作用，宋代理学家们对知行关系的讨论是较热烈的。

先看学习过程中的“知”。张载说：

“耳目虽为性累，然合内外之德，知其为启之要也。”⑥

①③ 《经学理窟·气质》。

② 《正蒙·中正篇》。

④ 《易说》。

⑤ 《中庸章句》第20章注。

⑥ 《正蒙·大心篇》。

"闻见不足以尽物，然又须要他，耳目不得则是木石。"①

"须是穷理，便能尽得已之性，则推类又尽人之性；既尽得人之性，须是并万物之情一齐尽得，如此然后至于天道也。其间煞有事，岂有当下理会了？学者须是穷理为先，如此则方有学。今言'知福'与'至于福'，尽有近远，是可以'知'便消之'至'也？"②

这里，唯物主义者的张载初步提出了闻见、穷理、尽性的学习三部曲。其中闻见和穷理属于知这个层次，也就是说，'知'是包括了感性认识和理性认识两个阶段的。他认为，'闻见'是认识事物的第一步，但感官只能认识事物的形象，事物的本质则有待穷理，只有思维才能把握。因此张载说："由象识心，徇象丧心。知象者心，存象之心，亦象而已，谓之心可乎。"③ 这是说，人类的思维不能为现象所蔽，思维有识别现象的能力，然而仅仅停留在对现象的认识上，便不成其为思维了。④ 但是，张载的唯物主义光彩马上消失了。"地主阶级的偏见使他过分看重封建地主阶级的道德修养了，他的认识论不是引导人们从感性认识到理性认识，而是引导人摒除耳目见闻，进入神秘主义的直观。"⑤ 他说："见闻之知，乃物交而知，非德性所知；德性所知，不萌于见闻。"⑥

张载在感性的"闻见"和理性的"穷理"之上又安上了一个秘不可测的"德性"，而他的"德性"是指成德尽性。张载说

---

① 《语录》。

② 《二程遗书》卷十。

③⑥ 《正蒙·大心篇》。

④ 参见丁伟志：《张载理气观析疑》，《中国社会科学》，1980年。

⑤ 任继愈主编：《中国哲学史》第3册，人民出版社1979年版，第211页。

"成德为行"，显然德性又属行的层次了。而为了达到成德尽性的境界，他又不惜放火烧掉他建立起的唯物主义大厦。他说：

"不识不知，顺帝之则，有思虑知识，则丧其天矣。"①

"易谓穷神知化，乃德盛仁熟之致，非智力能强也。"②

"成吾身者，天之神也。不知以性成身，而自谓因身发智，贪天功为己力，吾不知其知也。"③

在张载看来，闻见之知变为"有拘管，扃杀心"④ 了，只有摒弃思虑，进入先灭的本然无知状态才是最好的。

再看"行"。张载所说的"行"基本是限于封建伦理道德范围。他说："成德为行，德成自信则不疑，所行日见乎外可也。"⑤

张载的所谓"尽性"，一为知识的扩充，一为道德的修养。这里说的行，主要指道德的修养。张载很重视行，他常"学行"并提，可见"行"也是学。他说："君子之道，成身成性以为功者也；未至于圣，皆行而未成之地尔。"⑥ 行不成，就不能达到圣人境界。张载强调行为的变化，这是可取的，因为学习不仅是获得知识，更重要的是改变行为，行为的改进是衡量学习效果的重要标准。

张载之重视"行"，所不同于二程等唯心主义者的地方，在于他较重视"学以致用"和"躬行实践"的精神。《二程全书》载："子（二程）谓子厚曰：'关中之士语学而及政，论政而及礼乐兵刑之学，庶几善学者。'子厚曰：'如其诚然，则志大不为

① 《正蒙·诚明篇》。
② 《正蒙·神化篇》。
③ 《正蒙·大心篇》。
④ 《语录》。
⑤ 《正蒙·大易篇》。
⑥ 《正蒙·中正篇》。

名，亦知学贵于有用也。'"①

张载及其弟子的理论和实践都表明，"学贵于有用"，这正是张载"关学"的一大特色。

最后让我们看看张载对于知行关系的论述：

"知之为用甚大，若知，则以下来都了。"②

"恶不仁，故不善未尝不知；徒好仁而不恶不仁，则习不察，行不著。"③

"君子之道，成身成性以为功者也；未至于圣，皆行而未成之地尔。"④

可见，在学习的过程中，就知和行的先后来说，张载认为知先于行；就知行的轻重说，张载认为行重于知。

四、学习的方法

在前面我们曾提及先秦儒家关于学习过程的七个阶段，其实，也是七种学习方法，原每一阶段有一个要点，博、审、慎、明、笃等即是。不少人近来对国外的 SQ3R 学习方法颇感兴趣，其实我国古代的学习心理中均已提到，只是不像这样系统。由此我们更感到总结古代心理思想，以建立我国自己的学习心理学之迫切性和重要性。张载论学习方法颇多，这里扼要介绍几种。

博学。张载认为，学习目的是为了穷理，"只是要博学，学愈博则义愈精微"⑤。博学是学习的第一步工作，只有博，才能

① 《二程粹言·论学》。

② 《语录》。

③ ④ 《正蒙·中正篇》。

⑤ 《经学理窟·气质》。

专。他说："惟博学然后有可得，以参较琢磨。学博则转密察，钻之弥坚，于实处转为实，转诚转信，故只是要博学。"① 博学的主要途径是读书，读书要掌握"观大体"的方法，要循序渐进。"观书且不宜急迫了，意思则都不见，须是大体上求之。"② 读书要锲而不舍，"步步进则渐到，画则自弃也"③。如果不断积累，就会卓有成效；相反，如果停止，就会前功尽弃。

劄记。张载很重视记忆。他认为，劄记（相当于我们做卡片、记笔记等方法）是延长记忆器官的一种方式。"学者潜心略有所得，即且志之纸笔。以其易忘，失其良心。若所得是，充大之以养其心。"④ 张载对记忆和思维的关系有颇为精辟的见解："不记则思不起，但通贯得大原后，书亦易记。"⑤ 这是说，记忆是思维的前提，思维必须以记忆的内容作为材料，离开了记忆，思维则成了无源之水、无本之木。记忆同时还是保持思维成果的手段。另一方面，思维也有助于记忆，心理学的实验证明了这一点，意义识记的效果大大优于机械识记。

质疑。善于质疑是一种良好的思维方法，是学习有无成效的试金石。所以朱熹说："读书无疑者，须教有疑。有疑者却要无疑，到这里方是长进。"⑥ 张载用形象的比喻说明了善于质疑的重要性："在可疑而不疑者，不曾学；学则须疑。譬之行道者，将之南山，须问道路之出自。若安坐，则何尝有疑。"⑦ "洪钟未尝有声，由扣乃有声。圣人未尝有知，由问乃有知。"⑧ 在学习中，既要善于提出问题，又要善于擢去疑窦，才能获得新知，这

① 《经学理窟·气质》。
②④⑤ 《经学理窟·义理》。
③⑦ 《经学理窟·学大原》。
⑥ 《学规类编》。
⑧ 《正蒙·中正篇》。

可以说是学习方法的一条金科玉律。

交友。张载看到了个人见闻的狭隘性，他认为，群众的见闻可以防止个人主观判断的失误。他说："独见独闻，虽小异，怪也、出于疾与妄也。共见共闻，虽大异，诚也，出阴阳之正也。"① 因此，张载很重视与朋友的讨论切磋，认为这是长进学术的重要途径。他说："学不长者无他术，惟是与朋友讲。"② 他还说："义理有疑，则濯去旧见，以来新意；心中苟有所开，即便札记。不思，则还塞之矣。更须得朋友之助。"③目前，国内外的学习心理理论，大多偏重局限于个体，忽视了集体和交往的作用，从这一点看，张载的见解更值得我们重视。

自求。自求即发挥学习者的主动性和积极性。张载虽然重视"朋友之助"，但更重视"自求"。他以贼偷东西为例，说明学习就像偷东西一样，读书博学只是"探知于外人"，利用道听途说当然不足知晓东西所藏之处；听朋友的谈话也是"隔墙之言"，只有亲自登堂入室，才能见"朝宗之美、室家之好"，才能知道"将窃取室中之物"的所藏处。比喻虽不甚妥切，但说明了"自求"之意义。自求才能自得，自得才能自安，所以张载又说："闻见之善者，谓之学则可，谓之道则不可。须是自求，已能寻见义理，则自有旨趣，自得之，则居之安矣。"④ 只有自求自得，才能兴趣盎然，巩固所学的知识和养成道德品质。

---

① 《正蒙·动物篇》。

②③ 《经学理窟·学大原》。

④ 《经学理窟·义理》。

五、学习的本质

什么是学习？学习的本质是什么？从心理学角度研究这个问题，是近现代的事，而且目前还正争论。

众所周知，西方现代学习心理理论大致可分为联结派和认知派两大派别。而这两大派别的根本分歧正在于他们对学习本质认识的相异。联结派认为，学习就是刺激与反应之间形成联系的过程。认知派则主张，学习并不是一个简单的刺激与反应的联结，而应该是一个认知过程，是知觉的组织、理解和领悟。联结派强调记忆，甚至是机械的记忆；认知派则重视思维甚至是直觉的思维。无疑，两派都片面强调了自己看重的一方，不免失之偏颇了。

在前面的论述中，我们可以看出张载对学习心理的一些系统见解。张载对学习本质无直接论述，但他的看法，在上述一系列的论述中可窥见一斑。这里我们想分析张载一段很值得玩味的话。他说："勿谓小儿无记性，所历事皆不能忘。故善养子者，当其婴孩，鞠之使得所养，令其和气，乃至长而性美，教之示以好恶有常。至如不欲犬之升堂，则时其升堂而扑之，若既扑其升堂，又复食之于堂，则使孰适从，虽日挞而求其不升堂，不可得也。"①

张载此言只是将观察所得进行了客观描述，意在说明教育儿童要"好恶有常"，树立正确的行为标准，使之习惯化。他没有也不可能从心理学角度作出理论概括，但这个例证却与联结派的实验颇有异曲同工之妙。

① 《经学理窟·学大原》。

首先，张载所说的狗与斯金纳实验中的白鼠和鸽子一样，都是在强化物（食物）的条件刺激下养成了反应的行为。刺激和反应的不断联系，使反应行为的概率增加，从而产生了倾向性行为，张载所说的“所历事皆不能忘”和“犬之升堂”就是一种固定化了的学习结果。

其次，张载看到了奖赏和惩罚在学习中的不同作用。他认为，如果你不想让狗到堂屋，就要在它到堂屋时扑挞之。如果你既扑挞，又给狗食物吃，则狗无所适从，任你不断扑挞，还是劳而无功，狗还是要到堂屋。可见，食物的奖赏是比扑挞的惩罚更为有力的。关于这一点，美国心理学家曾加以理论概括，他说：“当神经系统中刺激与反应发生联结并伴随着满意时，联结就得到强化，烦恼则极少能或不能导致联结的削弱或消失。”① 我们在讲授这一定律时，不妨用张载所说的“犬”为例，不要把心理学完全看成“舶来品”。

再次，张载也是重视记忆的，这一点前面已提及。但须说明，张载并没有把学习归为简单的记忆。他说：“不记则思不起，但通贯得大原后，书亦易记，所以观书者释己之疑，明己之未达。”② 张载把记忆和思维紧密结合起来，这是比联结派高明得多了。

上面的分析也许会使人们产生一种印象，即张载是联结派。其实并非如此。我们只是从《学大原》的一段话来分析的。张载的二元论思想使他的心理思想也显得摇摆不定，出尔反尔。其学习心理思想在他的封建伦理道德思想的掩盖之下，减掉了不少颜

---

① 转引自潘菽主编：《教育心理学》，人民教育出版社 1983 年版，第 54 页。

② 《经学理窟·义理》。

色。如他一再地说："学者但养心识明静，自然可见。"① "观书解大义，非闻也，必以了悟为闻。"② "礼所以持性，盖本出于性。持性，反本也。凡未成性，须礼以持之。能守礼，已不畔道矣。"③ 张载又认为尽心养性和直觉顿悟在学习中起决定作用，这同认识派的唯心主义成分如出一辙。

①② 《经学理窟·学大原》。

③ 《经学理窟·礼乐》。

第二十一章　王夫之的学习心理思想

王夫之是我国明清之际百科全书式的启蒙思想家。他很早就开始了自己的学习生涯，20 岁时到长沙岳麓书院读书，33 岁起一直幽居穷乡僻壤和深山荒林，四十余年著书立说，刻苦钻研。他“涵淹六经，传注无遗”，并且“推故而别致其新”，创立了一个博大精深又独具特色的唯物主义思想体系。在他勤于治学的一生中，总结了若干颇有价值的治学原则和方法，对中国古代的学习心理理论作出了较大贡献。本文拟就此作一初步研究。

一、论学习的意义

王夫之从以下三方面论证了学习对于人的心理发展的意义。

（一）学习有助于人性的发展与完善

王夫之从他“性日生日成”、“习成而性与成”的人性论出发，论述了学习对于发展与完善人性的作用。他对告子“生之谓性”的古说作了新的解释，认为“命日降，性日受”，“未死以前皆生”。① 因此，作为“生之理”的人性也就“日生则日成”②，处于不断地运动状态，“未成可成，已成可革”，变化日新，生生不已。

为了说明这个问题，王夫之在《读四书大全说》中对人的心理和动物的心理进行了比较研究。他指出，动物在其一生中主要利用“初命”或“天明”的本能，“若禽之初出于鷇，兽之初坠于胎，其啄龁之能，趋避之智，啁啾求母，呴噳相呼，及其长而无以过。”③ 人类则有“日新之命”或“已明”，人类的心理活动是在后天的社会活动中受环境的影响而逐步发展的，人虽然也有本能，但更依赖于学习。只有通过学习，人性才能得到充分的发展与完善，才能“去天道远，而人道始权也”。

王夫之在阐发孔子“性相近”的观点时更明确地说：“人之性，各有所近，而即其所近者，充之以学，则仁智各成其德，而性情功效之间有别焉。”④ 这是说，人性的内涵就其先天的禀赋来说并无多少差别，造成人性差异的原因在于后天的学习，学习是发展和完善人性的重要途径。

（二）学习有助于获得、巩固知识和技能

王夫之认为，学习是获得、巩固知识和技能的重要途径。他解释说，所谓学，是从未知到已知，从未能到能之的过程；所谓习，是涵泳已获得的知识，练习已掌握的技能，使之得到巩固的过程。同时，知识只有经过涵泳复习才能日进不已，技能只有通过练习方可逐步熟练：“所未知者而求觉焉，所未能而求效焉，

① 《思问录·内篇》。
② 《尚书引义》卷三。
③ 《读四书大全说》卷七。
④ 《四书训义》卷十。

于是而有学。因所觉而涵泳之，知日进不已也。于所效而服习之，能日熟而不息也。”①

王夫之严肃批评了“生而知之”和“不待学而能”的知识、技能的先验论。他指出：“朱子以尧、舜、孔子为生知，禹、稷、颜子为学知。千载而下，吾无以知此六圣贤者之所自知者何如。而夫子之自言曰‘发愤忘食’……亦安见夫子之不学?”② 历代唯心论的学习理论都把孔子等描绘为一个“生而知之”的圣人，王夫之不同意这个结论，孔子自己说“每事问”，就表明他“即非不知，亦必有所未信”③；孔子自己也反复强调自己是“学而知之”、“发愤忘食”，可见即使圣人也是通过学习掌握知识技能的，不学而知、不学而能的人是不复存在的。王夫之还以人的认识过程与动物的本能活动相比较说明，如果我们承认世上有不学而知、不学而能的人，就无疑于承认幼小的动物比普通老百姓高明，普通的老百姓又比有道德有学问的君子还要高明。他说：“耳有聪，目有明，心思有睿知，入天下之声色而研其理者，人之道也。聪必历于声而始辨，明必择于色而始晰，心出思而得之，不思则不得也。岂蓦然有闻，瞥然有见，心不待思，洞洞辉辉，如萤乍曜之得为生知哉！果尔，则天下之生知，无若禽兽。故羔雏之能亲其母，不可谓之孝，唯其天光乍露，而于己无得也。今乃曰生而知之者，不待学而能，是羔雏贤于野人，而野人贤于君子矣。”④

王夫之还以射箭为例，说明了人的技能技巧必须通过学习来形成与发展。他说：“射者之有巧力，力固可练，巧固可习，皆不全由资禀；而巧之视力，其借于学而不因生也为尤甚。总缘用

① 《四书训义》卷五。

②③④ 《读四书大全说》卷七。

功处难，学之不易得，庸人偷惰，便归之气禀尔。”① 意思是说，射箭一需要力量，二需要技能技巧，这两者都可以通过反复练习而获得，但技能技巧较力量更需要后天的学习和锻炼。

（三）学习有助于施展人的聪明才智

人的聪明才智是从哪里来的？自古以来一直有两种不同的观点，一种观点认为是先天就有的，人生下来就具有认识事物、辨别是非的智力，如孟子说：“仁义礼智，非由外铄我也，我固有之也，弗思耳矣。”② 另一种观点认为是后天才有的，人的聪明才智只有通过学习和丰富的社会实践活动才得到充分施展，如汉代王充说：“夫可知之事者，思虑所能见也；不可知之事，不学不问不能知也。不学自知，不问自晓，古之行事，未之有也。……故智能之士，不学不成，不问不知。”③ 王夫之显然持后一种观点，他说：“志立则学思从之，故才日益而聪明盛，成乎富有。”④“人之有心，昼夜用而不息。虽人欲杂动，而所资以见天理者，舍此心而奚主！其不用而静且轻，则痞痳之顷是也。……夫才以用而日生，思以引而不竭。”⑤

王夫之认为，人虽然具有一定的“心固有之知能”，但如果没有后天的学习和实践活动，没有“得学而适遇之”的环节，先天因素就不能充分发挥与施展。⑥ 因此，人的心理只有在“学”与“用”的基础上才能发展，人的才能只有在“学”与“用”的

① 《读四书大全说》卷九。
② 《孟子·告子上》。
③ 《论衡·实知》。
④ 《张子正蒙注》卷五。
⑤ 《周易外传》卷四。
⑥ 《读四书大全说》卷三。

基础上得以“日生”，人的思维只有在“学”与“用”的基础上方可不枯竭。如果饱食终日，静坐无事，不与外物接触，不从事学习等活动，则“周公之兼夷驱兽，孔子之作《春秋》，日动以负重，将且纷胶瞀乱，而言行交诎；而饱食终日之徒，使之穷物理，应事机，抑将智力沛发而不衰。是圈豕贤于人，而顽石、飞虫贤于圈豕也，则可不谓至诬也乎？”①

二、论学习的过程

在中国古代学习心理学思想史上，最早系统论述学习过程的著作当推《中庸》。它明确把整个学习过程分为五个步骤：博学之，审问之，慎思之，明辨之，笃行之。

宋代学者朱熹在《白鹿洞书院揭示》中再次重申了这个五步“为学之序”。这个“为学之序”为其后历代书院所遵循，并且影响着整个封建社会的学习理论的发展。王夫之也基本上是从这五方面论学习过程的，但也有其自己的特色。他写道：“实者学之弗能，则急须辨；问之弗知，则急须思；思之弗得，则又须学；辨之弗明，仍须问；行之弗笃，则当更以学问思辨养其力；而方学问思辨之时，遇着当行，便一力急于行去，不可曰吾学问思辨之不至，而俟之异日。若论五者第一不容缓，则莫如行。”② 王夫之认为，学问思辨行，既有一定的序，又有轻重缓急；既有学与辨、问与思、思与学、辨与问之间的内在关系，又有这四者与行的辩证关系。王夫之不仅提出了以行为重点的学习过程论，还提出了学、问、思、行的四步学习论，现依次述析如下。

① 《周易外传》卷四。

② 《读四书大全说》卷三。

（一）第一阶段——学

"博大气象"——这是王夫之治学的显著特色。清初学者刘献廷在《广阳杂记》中评论说："其学无所不窥，于《六经》皆有发明，洞庭之南，天地无气，圣贤学派，仅有此一脉，仅有此一线耳。"王夫之的儿子王敔在《姜斋公行述》中也称他"喜从人间问四方事，至于江山险要，士马食货、典制沿革，皆极意研究；读史、读注疏，至于书志年表，考驳同异；人之所忽，必详慎阅之，而更以见闻证之。"

王夫之总结了自己的博学经验，一再主张多闻多识，博览群书，他指出："庶物之理，非学不知，非博不辨。"① "则闻见广而知日新，故学不废博。"② 他认为，学习不能持己之聪明，而要努力吸取前人的研究成果；如果没有博学的功夫，思维也就因缺乏材料而难以深入，学习也就难以取得成效。所以他说："尽吾心以测度其理，乃印之于古人，其道果可据为典常乎？抑未可据而俟裁成者也？则学不容不博矣！"③

我国古代学者非常重视博学与专精（博与约）相结合，如孟子早就主张"博学而详说之，将以反说约也"④。王夫之对此加以阐发说："其云'将以'者，言将此以说约也，非今之姑为博且详，以为他日说约之资也。约者博之约，而博者约之博。故将以反说夫约，于是乎博学而细说之，凡其为博且详者，皆为约致其功也。若不以说约故博学而详说之，则其博且详，假道谬途而深劳反覆，果何为哉！"⑤ 他认为，在学习过程中，博和约并不

---

① 《思问录·俟解》。

② 《张子正蒙注》卷四。

③ 《四书训义》卷六。

④ 《孟子·离娄下》。

⑤ 《读四书大全说》卷六。

是互相割裂的两个阶段，而是互为基础的，“约者博之约，而博者约之博”。如果没有“约”的功夫，将学习的内容加以提纲挈领、系统整理，就不可能掌握广博的知识。同样，如果没有“博”的功夫，广泛阅读，不断实践，也不能达到“约”的境地。在知识和信息如潮的今天，王夫之关于博和约的辩证论述，对我们还是很有启示的。

（二）第二阶段——问

审问质疑也是学习过程的重要环节，是学习有无成效的关键。古今中外的学者都非常重视这个环节，如宋代朱熹说：“读书无疑者，须教有疑。有疑者却要无疑，到这里方是长进。”①国外流行的 SQ3R 读书法（即纵览 survey、提问 question、阅读 read、背诵 recite 和复习 review），也把提问作为学习过程的第二个不可缺少的环节。王夫之对此也非常重视，他的一部哲学著作就是以《思问录》作为书名的。他认为，“善问”是学习进步的标志：“善问善答，则学日进矣。”在《诗广传》中，他详细论述了不疑—疑—不疑的矛盾运动过程：“由不疑至于疑，为学日长，由疑至于不疑，为道日固，疑者，非疑道也，疑言道者之不与道相当也。不疑者，非闻道在是而坚持之也，审之微，覆之安，至于临事而勿容再疑也。”这里不仅论述了在学习中从没有疑问到发现问题直至解决疑难的过程，而且说明了发现问题与解决问题的关键是在实践中“审之微”（仔细地加以审查）和“覆之安”（扎实地加以实行）。

（三）第三阶段——思

王夫之认为，学习过程中“思”的阶段包括了两个步骤，第

① 《学规类编》。

一步是明辨，第二步是慎思。他在《读四书大全说》中写道："……博学、审问、笃行属学；慎思、明辨属思。明辨者，思其当然；慎思者，思其所以然。当然者，唯求其明；其非当然者，辨之即无不明也。所以然者，却无凭据在，故加之以慎。不然，则至谓天地不仁，四大皆妄，亦不能证其非是，如黑白之列于前也。思中有二段工夫，缺一不成。"这里明确把学习过程又分为学与思两大部分，其中"学"有三段功夫，"思"有两段功夫。思的第一功夫是"思其当然"，即通过思考知道"是什么"，辨别事物的外在联系；第二功夫是"思其所以然"，即通过思考知道"为什么"，了解事物的内在本质。前者是"明辨"的功夫，后者是"慎思"的功夫。显然，王夫之对于学习过程中"思"的阶段的论述是与前人的学习论有所不同的，前人的学习论都把明辨视为慎思的进一步发展和必然结果①，王夫之则变换两者的位置，并作了新的界说，这也算立古代学习论的一家之说了。

我国古代学者非常重视把学与思辩证地结合在一起，最典型的是孔子所说"学而不思则罔，思而不学则殆"②。王夫之也指出了两者相互依存、相互促进的关系："乃二者不可偏废，而必相资以为功。"③ 他在批评只学不思的"纯固之士"与只思不学的"敏断之士"把学思割裂开来时指出，学与思是统一的学习过程所不可缺少的两个方面，学中有思，思中有学，学习的知识面越广阔，思维就会越深远；思维遇到了障碍，则必须用勤学加以疏通："学非有碍于思，而学愈博则思愈远；思正有功于学，而

① 参见燕国材：《孔子的教学心理学思想》，《教育研究》，1985 年第 1 期。

② 《论语·为政》。

③ 《四书训义》卷六。

思之困则学必勤。”① 王夫之还指出，“学”必须在继承中有创新，“思”必须知显察微不断深化：“学成于聚，新故相资而新其故；思得于永，显微相次而显察于微。”②

（四）第四阶段——行

我国古代学者也很重视学习过程中行的问题。如宋代朱熹在《答曹元可书》中写道：“为学之实，固有履践。苟徒知而不行，诚与不学无异。然欲行而未明于理，则所践履者，又未知其果为何事也。”王夫之更反对离行言学，而主张知行“并进而有功”③。他非常注重知识的应用，认为真知只有在行上才能得到体现，必须在行为上检验是否真正掌握了知识。他说：“且夫知也者，固以行为功者也；行也者，不以知为功者也。行焉可以得知之效也，知焉未可以得行之效也。……行可兼知，而知不可兼行，下学而上达，岂达焉而始学乎？君子之学，未尝离行以为知也，必矣。”④

王夫之曾举下棋为例说明了行在学习中的意义：“格致有行者，如人学弈棋相似，但终日打谱，亦不能尽达杀活之机；必亦与人对弈，而后谱中谱外之理，皆有以悉喻其故。且方其迸著心力去打谱，已早属力行矣。”⑤ 他认为，人们在学下棋的过程中，只通过读棋谱念棋书是难以奏效的，充其量只能死记硬套，而不能把棋“杀活”。只有在读棋谱念棋书的同时，多与别人练习对弈，才能学得活，用得上，有成效。

---

① 《四书训义》卷六。
② 《周易外传》卷五。
③ 《读四书大全说》卷四。
④ 《尚书引义》卷三。
⑤ 《读四书大全说》卷一。

三、论学习的心理条件

学习的心理条件，指有效的学习所必须具备的心理因素。在“学习的过程”中我们已论及了一些学习的心理条件，如学须博，学思须结合，博约要统一，学须疑等，这些主要是从认识过程的角度讨论的，现着重介绍王夫之从意向过程角度论述的一些学习心理条件。

（一）立志为先

“志”，即学习动机和目的，按照王夫之的解释是“心之所期”① 或“人心之主”②，它反映了人的心理方向性及主动性。王夫之对“志”非常重视，认为它是人区别于动物的本质特征之一：“人之所以异于禽兽，唯志而已矣。不守其志，不充其量，则人何以异于禽哉？”③

王夫之指出，志向的远大恒久在学习中有重要地位。“入学之士，尚志为先。”“志立则学思从之，故才日益而聪明盛。”④他认为，学者立志须深而大，不能浅而小，期望的目标越高，取得的成就就越大，“学之识量”也相应地大而深：“学者之识量皆因乎其志。志不大则不深，志不深则不大。盖所期者小，则可以浮游而有得，必无沉潜之识。所求者浅，则可以苟且自居，必无

① 《诗广传》卷一。
② 《张子正蒙注》卷一。
③ 《思问录·外篇》。
④ 《张子正蒙注》卷五。

高明之量。”①

王夫之还指出，立者必须专一，不可朝三暮四，随意改变：“志者，始于志学而终于从心之矩，一定而不可易者，可成者也。”② “人之所为，万变不齐，而志则必一，从无一人而两志者。志于彼又志于此，则不可名为志，而直谓之无志。”③ 如果一个人今天“立志”于学这样，明天“立志”于学那样，那就与无志差不多了。

（二）乐勉结合

在学习过程中，既需要积极愉快的情感，也需要勉力顽强的意志。古代学者虽然对两者都比较重视，但很少把它们联系起来考察。王夫之则独具创见地提出了乐勉结合的观点。

王夫之强调了“勉”在学习中的作用。他认为，学习是一项艰苦的劳动，如果没有严谨刻苦的学习态度、勉力顽强的学习精神，终将一事无成，更谈不上获得知识和技能。他说：“学者不自勉，而欲教者之俯从，终其身于不知不能而已矣。”④ 他进而指出，“勉”倘无“乐”就难以坚持：“盖《中庸》所言勉强者，学、问、思、辨、笃行之功，固不容已于勉强；而诚庄乃静存之事，勉强则居之不安而涉于人为之偏。且勉强之功，亦非和乐则终不能勉；养蒙之道，通于圣功，苟非其本心之乐为，强之而不能以终日。”⑤ “乐”为什么是勉的基础呢？王夫之认为由情感的特殊功能所决定的，“和者于物不逆”，“乐者于心不厌”，只有把

① 《四书训义》卷九。

② 《张子正蒙注》卷四。

③ 《思问录·俟解》。

④ 《四书训义》卷二十五。

⑤ 《张子正蒙注》卷三。

学习视为乐趣，才能不畏苦难，“欣然有得”。①

（三）去骄去惰

王夫之认为，谦虚勤奋、去骄去惰是学习的重要心理条件，自满自傲、苟且偷懒的性格是难以学有收获，难以接受教诲的：“不足以明行者，自恃其能，不可教诲也。”② 他还指出：“故学者以去骄去惰为本，识自此而充。如登高山，登一峰始见彼峰之矗立于上，远望则最上之峰早如在目，果在目也云乎哉”③。的确，如果学习者知道“山外青山楼外楼”的道理，永远不满足于自己的现状，就会马不停蹄，不断前进。

王夫之分析了学习过程中产生骄惰的原因。其一是“少有所得”，半瓶子醋：“少有所得，则其气骄；广大无涯，则其志逊。”④ 真正博大精深、学富五车的人比“少有所得”的半瓶子醋更加谦逊勤奋。其二是“识量小”，夜郎自大：“欲速成之病，始于识量之小。识量小，则谓天下之理，圣贤之学可以捷径疾取而计日有得。陆象山、杨慈湖以此诱天下，其说高远，其实卑陋苟简而已。识量小者恒骄，夜郎王问汉孰与我大？亦何不可骄之有!”⑤

王夫之从三个方面论述了学习对于人的心理发展的意义，一是学习有助于人性的发展与完善，二是学习有助于知识、技能的获得与巩固，三是学习有助于充分施展人的聪明才智。这就充分肯定了学习在人的发展中所起的作用，强调了学习的重要性与必要性；如果离开了学习，人们就不能掌握人类文化遗产、社会道

① 《张子正蒙注》卷三。

② 《周易内传》卷一。

③⑤ 《思问录·俟解》。

④ 《张子正蒙注》卷五。

德规范和生产活动技能，也就不能成为合格的社会人。

王夫之把学习过程分为学、问、思、行四个阶段，并论述了这四个阶段之间的辩证关系。在学的阶段，主要说明了博学必须与专精相结合；在问的阶段，主要论述了不疑—疑—不疑的矛盾运动过程；在思的阶段，主要讨论了学与思的关系，并把思分为“思其当然”（明辨）和“思其所以然”（慎思）两个步骤；在行的阶段，主要论证了行在学习过程中的意义。王夫之关于学习过程的心理分析的确也是“推故而别致其新”，具有一定的特色。

王夫之认为，有效的学习必须具备若干心理因素，它主要表现在认识过程和意向过程两个方面，他主要论述了意向过程中几个最重要的学习心理条件，即立志为先、乐勉结合、去骄去惰等。如果没有这些心理条件的参与，学习就不可能卓有成效。

王夫之对中国古代学习心理学思想的发展作出了重要贡献。他是继孔子、荀子、朱熹以后比较系统地论述学习心理的思想家，提出了许多具有唯物主义性质的精辟见解，其中不少在今天仍有其现实意义，值得我们认真地研究和借鉴。

第二十二章　毛泽东的学习理论与实践

毛泽东关于学习问题有许多论述，虽然他没有把自己的学习理论以系统化的形式出现，但作为对教育倾注了巨大热情的伟大政治家，作为一位终身学而不厌、探索不止的具有现实感的理想主义者，在其著述中已形成了颇具特点的学习理论。其学习理论主要包括以下四个方面的内容：强健的体魄是学习的物质条件；自学是学习的有效途径；理论联系实际是学习的重要原则；批判地继承是学习的科学态度。毛泽东的学习实践也成功地证明和检验了他的学习理论。

一、强健的体魄是学习的物质条件

毛泽东为了实现改造中国社会的远大抱负，在求学期间，就不仅从读书中寻求救国救民的真理，也从生活中获得解决实际问题的知识，不仅注重于道德、学问的追求，也着力于体魄的锻炼。他认为，一个人如果没有强健的体魄就会缺乏勇毅的精神和顽强的意志，就会失去学习的物质前提。早在 1917 年，毛泽东就在《新青年》杂志上发表了《体育之研究》一文，主张“欲文明其精神，先自野蛮其体魄”。认为“体强壮而后学问道德之进修勇而收效远”。他提出，人们的学习活动，人们对于客观世界的认识，都要依赖于人的整个身体官能："夫认识之事，认识世间之事物而判断其理也。于此有须于体者焉。直观则赖乎耳目。思索则赖乎脑筋。耳目脑筋之谓体，体全而知识之事以全。故可谓间接从体育以得知识。"① 他认为，锻炼身体的目的并不仅在于强筋骨，更重要的是促进身心的和谐发展。他说："体育之效，在于强筋骨，因而增知识，因而调感情，因而强意志。筋骨者，吾人之身；知识、感情、意志者，吾人之心。"② 毛泽东还以颜子、贾生、王勃、卢照邻为例，说明才华横溢的文弱书生并不可师法，"缘读书而得疾病或至夭殇"是毫不可取的。他形象地把身体比作"知识之载"、"道德之寓"，这是很有见地的。

新中国成立以后，毛泽东对于青少年的健康非常关心。1950年他就强调要"健康第一，学习第二"。1953 年 6 月，在接见中国新民主主义青年团第二次全国代表大会主席团时，毛泽东指出：新中国要为青年们着想，要关怀青年一代的身体健康，"14 岁到 25 岁的青年们，要学习，要工作，但青年时期是长身体的时期，如果对青年长身体不重视，那很危险。青年比成年人更需要学习。要学会成年人已经学会了的许多东西。但是，他们的学习和工作的负担都不能过重。尤其是 14 岁到 18 岁的青年，劳动强度不能同成年人一样。青年人就是要多玩一点，要多娱乐一点，要跳跳蹦蹦。"③ 他认为，青年正是长身体的重要时期，是一生健康的基础，为了能精力充沛地从事学习，就必须有健康的身体。1964 年的春节座谈会上，毛泽东对于当时教育忽视学生的健康提出了尖锐的批评，现在的课程多，害死人，使中学生、大学生天天处于紧张状态，近视眼成倍增加，这样不行。课程可以砍掉一半，孔子教学生的课程只有 6 门，教出了颜

①② 毛泽东：《体育之研究》，《新青年》，1917 年第 3 卷第 2 号。

③ 《毛泽东选集》第 5 卷，人民出版社 1977 年版，第 84 页。

回、曾参等有名人物。学生只是成天读书，不搞点文化娱乐、体育活动，不能跑跑跳跳、打球、游泳、看点电影，那是不行的。

毛泽东在接见政治研究院的几位同志时也深刻地指出："你们都是干教育工作的，应该把青少年的体育运动看得比什么都重要。必须记住：有志参加革命工作的人必须锻炼身体，使身体健康，精力充沛，才能担负艰巨复杂的工作。"① 他还用《红楼梦》中的两位主角加以说明：红楼梦里两位主角，一位是贾宝玉，一位是林黛玉。依我看来，这两位都不太高明。贾宝玉不能料理自己的生活，连吃饭、穿衣都要丫头服侍，这种全不劳动的公子哥儿，无论如何是不会革命的！林黛玉多愁善感，常常哭脸，她脆弱，她多病，只好住在潇湘馆，吐血，闹肺病，又怎么能够革命呢？我们不需要这样的青年！我们今天需要的青年是有活力、有热情、有干劲的革命青年！②

毛泽东对锻炼体格提出了三项原则。第一要有恒。不论春夏秋冬，晴雨风雪，都不可间断。第二要有"霸蛮"（湖南土语，强制的意思）精神。与一切人们认为可惧怕的威力作斗争，培养毅力和勇敢。第三要简单易行。运动方法要少而精，时间也不宜过久，这样才有充沛的精力进行学习。③

毛泽东不但专心于学术研究，关心时事，也非常热爱体育运动，重视体格锻炼。早在湖南第一师范读书期间，当大地还在酣睡，全校几百个同学还在梦乡，毛泽东就开始了他早晨的第一课——冷水浴。为了锻炼自己的意志，炎夏酷暑他在学校后山上

①② 转引自周世钊：《参加革命工作的人，必须锻炼身体》，《新体育》，1959年第1期。

③ 李锐著：《毛泽东的早期革命活动》，湖南人民出版社1980年版，第58页。

赤膊进行“日光浴”；寒冬腊月他在空旷处脱去棉衣进行“风浴”；暴雨倾注他却脱掉衣服让雨淋洗，进行“天雨浴”。他还融合八段锦、体操、拳击等各种运动之长，创造了一种“六段运动”，包括头部、手部、足部、躯干的活动和打击与跳跃的动作，早、晚各做一次。毛泽东特别酷爱游泳，青年时代就常和同学一起到湘江或附近的南湖港去游泳。65 岁时，他曾迎着严冬的寒风，进行冬泳锻炼。73 岁高龄时，他还畅游浩瀚的长江，游程 30 里，正因为如此，毛泽东同志才有充沛的精力学习、写作，从事革命活动。

二、自学是学习的有效途径

毛泽东自幼就养成了自学的习惯。很小的时候，尽管老师严加防范，他还是读了《精忠传》、《水浒传》、《隋唐》、《三国》和《西游记》。在小学时，他总是自己找书读的时候多。考进省立第一中学后，一位国文教员借给毛泽东一部《御批通鉴辑览》。读了这部书，毛泽东尝到了自学的甜头，于是对自学的意义认识得更深刻了。他感到，自己读书，自己思索，自己研究，比进学校更有益处。于是，他很快退学，并制定了一个自修计划，每天到湖南省立图书馆去看书。

毛泽东非常认真地执行自学计划。持之以恒。在半年左右的时间里阅读了大量 18 世纪和 19 世纪西方资产阶级学者的社会政治学说、古典经济学、哲学和自然科学的名著，如达尔文的《物种原始》、亚当·斯密的《原富》、赫胥黎的《天演论》、穆勒的《名学》、斯宾塞的《群学肄言》、约翰密尔的《伦理学》、孟德斯鸠的《法意》、卢梭的《民约论》等。还认真研读了俄、美、英、法等国的历史地理和一些诗歌、小说和古希腊故事。他曾经向人叙述过一段难忘的自学生活。

> 我没有进过大学，也没有留过洋，我读书最久的地方是湖南第一师范，它替我打好了文化的基础。但是，在我的学习生活中最有收获的时期却是在湖南图书馆自学的半年。这正是辛亥革命后的一年，我已经十九岁了。不但没有读过几本书，连世界上究竟有些什么样的书，哪些书是我们应该读的，都一点不知道。及至走进湖南图书馆，楼上楼下，满柜满架都是书，这些书都是我从来没有见过的。真不知应该从哪里读起。后来每读一本，觉得都有新的内容、新体会，于是下决心要尽最大的努力尽量多读一些。我就贪婪地读，拼命地读。正像牛闯进了人家的菜园，尝到了菜的味道，就拼命吃菜一样。①

毛泽东进入湖南省立第一师范学校后，仍坚持自己的读书计划。1921 年，毛泽东创办了中国第一所无产阶级革命大学——湖南自修大学。自修大学的学习方法是采古代讲学、现代学校二者之长，结合同志，自由研究，自己看书，自己思索，共同讨论。以自由研究、共同讨论为主，教师指导为辅。教师负责提出问题，让学生自己去看书、思考，讨论、解答，然后帮助学生修改作业。或者由教师出示书目，指出研究方法，解答疑难。自修大学培养了一批马克思主义者，在全国范围内有很大影响。蔡元培等人曾撰文加以赞赏。

毛泽东非常强调自学的意义。他说：读书求知，主要靠自

① 转引自周世钊：《毛泽东青年时期刻苦学习的故事》，《中国青年》，1961 年第 19 期。

已，教员不过是块指路碑。① 毛泽东还总结了一些自学的方法，主要有二：一曰“四多”，二曰“积累”。

“四多”即多读、多写、多想、多问。它的要旨是勤奋。毛泽东说：“人情多耽安逸而惮劳苦。懒惰为万恶之渊，人而懒惰，农则废其畴，工则废其规矩，商贾则废其所私，士则废其学也。”② 只有勤奋治学，多读、多写、多想、多问，才能学有所成。

多读有两层含义，一是博览群书，二是反复阅读。毛泽东不仅阅读各种书籍、涉猎各个学科，而且在博大的基础上求精深。他总是朗诵吟咏自己喜爱的诗文，从而体会它的意义、气势、节奏和神韵。对于理论书籍的精粹言论、关键问题，也每每低声默念，达到差不多可以背诵的程度。许多著作，如李达的《社会学大纲》等，毛泽东都读过十遍以上。

多写也有两层含义，一是抄录，二是写评论。毛泽东读书，往往桌上放着砚台和墨，边读书，边动笔。“不动笔墨不看书”，这是他听尊敬的徐特立老师告诉他的，后来成了他的读书习惯。他在第一师范时的各种读书笔记、读报摘记就有一大网篮之多。凡他读过的书，书眉上总有写着很多的批语提纲和圈、点、单杠、双杠、三角、叉等符号，鲍尔生的《伦理学原理》全书约十万字。毛泽东写的批语就有一万两千多字。

多想。毛泽东反对生吞活剥、囫囵吞枣的学习方法，主张独立思考，融会贯通。他常说：“古人的话，名流学者的话不一定

---

① 转引自萧三著：《毛泽东同志的青少年时代和初期革命活动》，中国青年出版社 1980 年版，第 93 页。

② 转引自李锐著：《毛泽东的早期革命活动》，湖南人民出版社 1980 年版，第 44 页。

都对。对的就接受，不对的就应该扬弃。”① 在他读过的《伦理学原理》一书的批语中，我们可以看到他赞成的意见，也会发现批评或怀疑的看法，有许多地方，他还对前人的学说加以评析比较，提出自己的独立见解。

多问。毛泽东经常说：“真正好学的人，必定是虚心好问的人。”②他还说，学问二字连起来成一个名词是很有意义的，我们不但要好学，而且要好问。求师交友是多问的重要途径，毛泽东在读书期间，不仅找本校教员问学，还常常拜访来长沙的各地名流学者，并设法与京、沪等地的学者通信联系。他还注意与朋友、同学研讨学问，采别人之长。

毛泽东还特别强调积累在自学中的作用。他在 1917 年为肖子昇的读书杂记所写的序言中说：研究学问，“有获有不获，则积不积之故也。今夫百丈之台，其始则一石耳，由是而二石焉，由是而三石、四石以至于万石焉。学问亦然。今日记一事，明日悟一理，积久而成学。”积累要注意条理，这样才便于应用知识，死的知识是一堆废物，活的知识才能用起来得心应手。他说：“积之之道，在有条理。吾国古学之弊，在于混杂而无章。”③ 所谓条理，即去粗存精，“挈其瑰宝，而绝其淄磷”④。

三、理论联系实际是学习的重要原则

理论联系实际是毛泽东思想的精髓，也是毛泽东学习理论的

---

①② 《毛泽东同志八十五诞辰纪念文选》，人民出版社 1979 年版，第 282 页。

③④ 转引自李锐著：《毛泽东的早期革命活动》，湖南人民出版社 1980 年版，第 45 页。

重要原则之一。毛泽东非常重视理论的学习，他一再说："要向理论方面学习，要认真读书，然后才可以使经验带上条理性、综合性，上升成为理论，然后才可以不把局部经验误认为即是普遍真理，才可不犯经验主义的错误。"① 但是，毛泽东并不仅仅满足于书本知识，更注重理论联系实际的学习。早在读书期间，他就主张不但要读有字书，而且要读无字书，"欲从天下国家万事万物而学之，则汗漫九垓，遍游四宇尚已。"五四时期，他就批评康有为等改良主义者"很少踏着人生社会的实际说话"，不去"引入实际去研究实事和真理"②。1930年，毛泽东在《反对本本主义》一文中又指出："马克思主义的'本本'是要学习的，但是必须同我国的实际情况相结合。"③

在学习中为什么要贯彻理论联系实际的原则呢？毛泽东认为：学习本身就包括了两方面的内容，读书是学习，使用也是学习，而且是更重要的学习。具体地说，第一，书本知识的正确与否只有在实践活动中才能得到检验。他指出："人类认识的历史告诉我们，许多理论的真理性是不完全的，经过实践的检验而纠正了它们的不完全性。许多理论是错误的，经过实践的检验而纠正其错误。所谓实践是真理的标准，所谓'生活、实践底观点，应该是认识论底首先的和基本的观点'，理由就在这个地方。"④ 第二，学习书本知识的目的在于应用，在于指导实践。他指出："不应当把马克思主义的理论当成死的教条。对于马克思主义的理论，要能够精通它，应用它，精通的目的全在于应用。如果你

① 《毛泽东选集》第3卷，人民出版社1991年版，第818～819页。

② 毛泽东：《健学会之成立及进行》，《湘江评论》增刊，1917年第1号。

③④ 《毛泽东选集》第1卷，人民出版社1991年版，第111～112、293页。

能应用马克思列宁主义的观点，说明一个两个实际问题，那就要受到称赞，就算有了几分成绩。被你说明的东西越多，越普遍，越深刻，你的成绩就越大。”① 他认为，教哲学的不引导学生研究中国革命的逻辑，教经济的不引导学生研究中国经济的特点，教政治学的不引导学生研究中国革命的策略，教军事学的不引导学生研究中国军事的特点，这种理论与实际分离的教学方法只能是“谬种流传，误人子弟”。

毛泽东本人就是理论联系实际的典范。早在求学时期，他就不满足于书本知识的学习，而经常游历乡土，考察农民生活，了解各处风俗习惯。以后，他通过自己的调查研究，撰写了《中国社会各阶级的分析》、《湖南农民运动考察报告》以及《论十大关系》等一系列著名论著，根据中国的具体经济、政治环境及条件，用马克思主义的原理加以概括，得出科学的结论，再来指导整个革命的前进。

在中国革命和建设的一系列重大问题上，毛泽东对于马克思主义的理论，不是生吞活剥，而是把它紧密地与中国国情结合起来。以政权问题为例，马克思主义告诉我们，革命的根本问题是政权问题，但无产阶级在夺取政权后建立何种形式的政权，则要根据各国的具体情况。恩格斯在《共产主义原理》中提出了在英、法、德等国直接或间接地建立无产阶级政治统治的思想。列宁根据俄国是一个带有浓厚的军事封建性的农民和小资产阶级人口众多的落后的资本主义国家的特点，提出了建立无产阶级同人数众多的非无产阶级的劳动阶级结成联盟的思想。中国与英、法、德、俄的国情均有所不同，是一个半殖民半封建的国家。在内部没有民主制度，而受封建制度的压迫；在外部没有民族独立，而受帝国主义的压迫。同时，无产阶级人数极少，农民占全

---

① 《毛泽东选集》第3卷，人民出版社1991年版，第815页。

国人口的80%以上，这就决定了中国革命的中心问题是农民问题，革命战争实际是无产阶级领导下的农民战争。因此，以毛泽东为代表的中国共产党人，从大革命后期起，就注意以土地问题为中心的农民运动，抵制共产国际脱离中国实际的指示，反对“城市中心论”，提出了适合中国国情的以农村包围城市，最后夺取全国胜利的道路。在《论人民民主专政》中，毛泽东更明确阐述了在我国建立以工人阶级（经过共产党）领导的、以工农联盟为基础的人民民主专政的历史必然性，从而为中国革命和建设的成功奠定了理论基础。

四、批判地继承是学习的科学态度

毛泽东一贯主张批判地继承人类历史上的优秀文化遗产，认为这是真正科学的学习态度。他在《新民主主义论》中就指出：“中国应该大量吸收外国的进步文化，作为自己文化食粮的原料，这种工作过去还做得很不够。这不但是当前的社会主义文化和新民主主义文化，还有外国的古代文化，例如各资本主义国家启蒙时代的文化，凡属我们今天用得着的东西，都应该吸收。”① 在《中国共产党在民族战争中的地位》中他又指出：“我们这个民族有数千年的历史，有它的特点，有它的许多珍贵品。对于这些，我们还是小学生。今天的中国是历史的中国的一个发展；我们是马克思主义的历史主义者，我们不应当割断历史。从孔夫子到孙中山，我们应当给以总结，承继这一份珍贵的遗产。”②

毛泽东进而指出，对于历史上的文化遗产，既不能采取生吞

①② 《毛泽东选集》第2卷，人民出版社1991年版，第706～707、533～534页。

活剥毫无批判地吸收的态度，也不能采取一概排斥、虚无主义地拒绝的态度。而应该采取马克思主义的辩证否定观，取其精华，弃其糟粕，在批判中有继承，继承中有批判。他指出，一切外国的东西，如同我们对于食物一样，必须经过自己的口腔咀嚼和胃肠运动，送进唾液胃液肠液，把它分解为精华和糟粕两部分，然后排泄其糟粕，吸收其精华，才能对我们的身体有益，决不能生吞活剥地毫无批判地吸收。所谓“全盘西化”的主张，乃是一种错误的观点。① 对于中国古代文化也是如此。毛泽东指出：“清理古代文化的发展过程，剔除其封建性的糟粕，吸收其民主性的精华，是发展民族新文化提高民族自信心的必要条件；但是决不能无批判地兼收并蓄。必须将古代封建统治阶级的一切腐朽的东西和古代优秀的人民文化即多少带有民主性和革命性的东西区别开来。”②

列宁曾经用马克思主义的产生和发展史论证了对文化遗产的辩证否定观。列宁说：为什么马克思的学说能够掌握最革命阶级的千百万人的心灵呢？这就是因为马克思对于以往科学所提供的全部知识进行了最确切、最缜密和最深刻的研究。“凡是人类社会所创造的一切，他都有批判地重新加以探讨，任何一点也没有忽略过去。凡是人类思想所建树的一切，他都放在工人运动中检验过，重新加以探讨，加以批判，从而得出了那些被资产阶级狭隘性所限制或被资产阶级偏见束缚住的人所不能得出的结论。”③ 毛泽东正是这样的一位马克思主义者。斯诺在《西行漫记》中这样写道：毛泽东是个认真研究哲学的人。我有一阵子每天晚上都去见他，向他采访共产党的党史，有一次一个客人带了几本哲学新书来给他，于是毛泽东就要求我改期再谈。他花了三四夜的功

①② 《毛泽东选集》第 2 卷，人民出版社 1991 年版，第 707、707～708 页。

③ 《列宁选集》第 4 卷，人民出版社 1995 年版，第 284～285 页。

夫专心读了这几本书，在这期间，他似乎是什么都不管了。他读书的范围不仅限于马克思主义的哲学家，而且也读过一些古希腊哲学家、斯宾诺莎、康德、歌德、黑格尔、卢梭等人的著作。①周恩来也说："毛泽东开始很喜欢读古书，现在做文章，讲话，常常运用历史经验教训，运用得最熟练。读古书使他的知识更广博，更增加了他的伟大。"② 阅读毛泽东的著作，我们常常为他博古通今、贯通中西的宏论所折服。例如在《矛盾论》这篇哲学论文中，毛泽东不仅对中国古代"天不变，道亦不变"的形而上学思想，欧洲 17 世纪、18 世纪的机械唯物论，19 世纪 20 世纪初的庸俗进化论、苏联的德波林学派作了清算，也考察了中国古代的朴素辩证法、黑格尔的辩证法和马克思、恩格斯、列宁的辩证法思想。不仅引用了马克思、恩格斯、列宁的论述，还引用了古代经典、史籍中的不少词语和故事，如孙武所说的"知彼知己，百战不殆"，魏征所说的"兼听则明，偏信则暗"，以及《山海经》中的"夸父追月"，《淮南子》中的"羿射九日"，《西游记》中的孙悟空七十二变，《聊斋志异》中的鬼狐变人，《水浒传》中的宋江三打祝家庄和外国故事中的木马记等。《矛盾论》不正是具体、生动地体现了毛泽东同志对人类文化遗产的批判地继承、辩证地否定的科学态度吗？

毛泽东的学习理论和实践至今仍是极有价值而又足资借鉴的。它启示我们：要使学习卓有成效，要使自己成为社会主义现代化建设的有用人才，就要有远大的抱负，有强健的体魄，有科学的方法，有正确的态度，不断地充实自己，从理论和实际中吸取营养。

---

① ［美］斯诺著，董乐山译：《西行漫记》，三联书店 1979 年版，第67～68 页。

② 《周恩来选集》上卷，人民出版社 1984 年版，第 333 页。

第二十三章　合作学习与团体心理学

如果说在人才学破土而出的时期，人们更多地注意的是对人才“个体”的发现、培养和使用，那么，随着各种人才的不断涌现和人才管理工作的迫切需要，人们已逐步开始注意到群体人才结构的问题。在现代科学技术高度发展的今天，没有较佳的群体人才结构，不但个人的才能难以发挥，英雄无用武之地，而且，由于人才配备不当，力量互相抵消，才能互相牵制，势必出现“龙多不管水”的窘境。德国著名的科学家海森堡(W. Heisenberg)是量子力学的创始人，西德政府为了表彰他的卓越贡献，专门为他创立了马克思·玻恩研究所。他在任所长期间，从国内外罗致了五十多位博士，国家也拨巨款投资，但由于这位“硬专家”缺乏卓越的“软功夫”，几十位专家学者配合不当，胶柱鼓瑟，使研究所几十年来没有取得重大研究成果，造成了人才的积压与浪费。可见，一个较好的、合理的人才结构，就好比用不同的原材料、不同性能的零件，恰到好处地组装起来的机器，不但能充分保证人尽其才，各尽其能，而且他们联合起来所发挥的智慧和力量必定胜过个人智慧和力量的简单相加。人才的团体心理学，正是要研究如何实现最佳的人才组合，最大限度地发挥每个个体的作用并实现团体的最佳效应。

一、人才的合作与竞争

人，从来也不是一个孤立的存在。人的社会性本质决定了人必须与形形色色的其他人打交道，才能维系自己的生存与发展。人才也是如此。在现代社会，几乎所有的人才都从属着某个或某些人才团体，几乎所有的研究成果都是人才与人才的合作或竞争的产物。据美国《化学文摘》统计，1910 年全部化学论文 80%以上只有一名作者，20%以下有两名作者；到 1963 年，一名作者单独撰写的论文已占总数的 32%，两名作者以上合作撰写的已占 68%，其中两人合作的占 43%，三人合作的占 15.5%，四人以上合作的占 9.5%。从 1901 年到 1972 年，全世界有 286 位科学家获得了科学界的最高荣誉——诺贝尔奖，其中通过合作研究获奖的就有 185 人，几乎占了三分之二，这表明，以往那种通过个人的孤军奋战而获得成果的概率已越来越小，而通过人才的互相合作取得成功的可能则呈不断上升的趋势。正如美国社会学家朱克曼（S. Zuckeman）在《科学界的精英》一书中所说，人才的合作已是研究工作的“主导力量”。

人才合作的团体创造研究方式是现代科学技术发展的必然结果。现代科技发展的一个显著特点则在高度分化基础上的高度综合，产生了大量的互相渗透交叉的边缘学科和横断学科、综合性学科，如环境科学、生态科学、能源科学、海洋科学、心理科学等，其领域之宽广，是任何一门传统科学所无法包容的。由于科学知识的不断积累和日趋丰富，任何一门学科都足以耗尽人的短暂一生。庄子所说的“有涯”与“无涯”的矛盾已突现在每个人的面前，所以，今后或许永远也不会出现恩格斯在《自然辩证法》中颂扬的那些“说四五种语言”、“在几个专业上放射出光芒”的巨人了。正如维纳（N. Wiener）所说：“从莱布尼茨以后，似乎再没有一个人能够充分地掌握当代的全部知识活动了。从那时起，科学日益成为专家们在愈来愈窄狭领域内进行着的事业。在上一个世纪，也许没有莱布尼茨这样的人，但还有一个高斯，一个法拉第，一个达尔文。今天，没有几个学者能够不加任何限制地自称为数学家，或者物理学家，或者生物学家。”① 所以，日本教育家涩谷宪一先生作了一个颇为中肯的结论：在今后的社会里，与其众星拱月般地突出一个神童，不如需要更多地注意到无名之辈通过智囊团的协作从事创造性的活动。

超导微观理论的创立，是人才合作的团体创造研究方式成功的典范。早在1911年，诺贝尔奖获得者、荷兰物理学家欧奈斯（H. K. Onnes）就发现了金属在极低温度下几乎完全失去电阻的超导现象。其后，至少有五位诺贝尔奖获得者和若干科学家试图解开其中之谜，但均未成功。但是，这个堡垒却被巴丁（J. Bardeen）、库珀（L. N. Cooper）和施里弗（J. R. Schrieffer）这三个研究方向相去甚远的“团体人才”攻克了。巴丁是半导体专家，老马识途，善于审时度势；库珀是量子力学博士，年富力强，数理方法尤为擅长，施里弗刚刚毕业，年轻有为，是他冲破陈习首先写出了超导体能量最低状态的波函数。他们的研究成果“巴库施理论”终于获得了诺贝尔物理学奖。我国的一些重大科研成果，如原子弹、氢弹的试制成功，世界上首次人工合成牛胰岛素、籼型杂交水稻的培养和大面积推广、基本粒子的层子模型的提出等，也无一不是人才合作的结果。有组织的大兵团的人才合作，是我们社会主义制度的一个重要特色和优势。

如果说人才合作是人才相互作用的基本形式，那么，人才竞

---

① 转引自冯向东等著：《科技人才成长之路》，华中工学院出版社1985年版，第202页。

争则是人才相互作用的重要内容。事实上，人才竞争也是人才团体创造研究方式的一种，有的时候人才的合作能够快出成果，有的时候人才的竞争反而能够提高效率。

下面两个典型的心理学实验分别说明了人才合作与人才竞争的各有所长。实验之一是由心理学家明兹在 1951 年所进行的。他在一个大玻璃瓶内装了数个纸做的圆锥体，每个锥体的尖端用细线作为引线，每个被试手中抓一根引线，可牵线将圆锥体拉出瓶外，但由于瓶颈较狭窄，每次只能通过一个锥体，瓶子底部接一根水管，可导水入瓶。实验开始时，要求数名被试在最短的时间内把自己的圆锥体拉出瓶外，并告知如果时间过长，瓶底逐渐上升的水会浸湿纸做的锥体，则算失败。在这种情况下，若彼此各不相让，则谁也达不到目的，在水面上升浸湿锥体后大家同归于尽，只有合作才能顺利地完成任务。实验者设计了两种情境，一种情境是告诉被试，如果在锥体未湿前拉出瓶外，每人可得到奖金，但若失败则罚钱，这显然是一种竞争情境；另一种情境是告诉被试，实验的主要目的是看他们的合作能力，即看他们如何合作以尽快的方式将瓶内所有锥体拉出瓶外。实验结果表明，合作者的成绩远远超过竞争者的成绩。

实验之二是由心理学家卓普曼（S. Chipman）等进行的。他们曾经对小学五年级的两组儿童进行了十天的对比实验，其中一组是无竞赛组，学生只是由于兴趣和教师的规定而完成作业；另一组是竞赛组，学生在兴趣和规定的基础上，还为了获得统计表上的红星，比赛谁得的红星最多。实验结果表明，竞赛组的学生作了最大努力，成绩不断进步，而无竞赛组的学生都缺乏强大动力，随着兴趣减弱而成绩逐渐退步。体育运动也是如此，心理学家特普雷特（N. Triplett）曾经观察到，自行车比赛时骑车者的速度远比他以码表计时训练时的最高速度快得多。比赛越是紧张，竞争越是激烈，相互间的差距越是接近，运动员就越是能出成绩、破纪录。

在科技人才团体中，人才的竞争导致出成果、出人才的例子也屡见不鲜。如科学家吉尔曼（R. Gelman）和沙利，曾分别领导两个研究脑激素的小组，经过了长达二十多年的竞争，结果，不仅使他们各自都获得了重大成果，使他们成为脑激素研究的第一流学者，而且带动了一批出色的生理学家和生物化学家。他们俩人也因此分享了 1977 年的诺贝尔生理学奖。马克思曾经这样说明竞争与效率的关系："单是社会接触就会引起竞争心和特有的精力振奋，从而提高每个人的个人工作效率。"①

那么，在人才团体内部，究竟如何处理合作与竞争的关系呢？心理学家提出的以下几点意见是有参考价值的：第一，如果工作比较简单，而且团体中每一成员都能独立完成工作所需的全部程序时，在个人竞争下的工作成绩要比团体合作为优；第二，如果工作比较困难，而且有部分成员不能各自独立完成全部工作时，团体合作的工作成绩比个人竞争为优；第三，如果团体中每个成员的态度与感情都属于团体定向（group-oriented），而且又有明确的团体目标时，团体合作的工作成绩比个人竞争为优；第四，如果团体中每个成员的态度与感情都属于自我定向（self-oriented），而且工作本身又缺乏内在兴趣时，个人竞争的工作成绩要比团体合作为优。总之，在人才团体内部，彼此间的竞争只有在彼此间合作的基础上进行，才能取得最佳效果。

二、人才团体的结构

自汉王朝以来，史学家一直认为，刘邦之所以能够在军事力

① 《马克思恩格斯全集》第 44 卷，人民出版社 2001 年版，第 379 页。

量弱小的情况下打败强大的项羽，称雄天下，关键是由于他拥有强大而结构合理、分工适当的人才集团。对此，刘邦自己也毫不讳言：论带兵打仗，我不如韩信；论管理钱粮，我不如肖何；论运筹于帷幄之中，决胜于千里之外，我不如张良。然“三者皆人杰，吾能用之，此吾所以取天下者也。”武帅、丞相、谋臣，前后方紧密配合，在戎马倥偬的战争环境中，显英雄之本色，逞豪杰之才艺，正是由于有一个最佳组合的人才团体结构。

人才团体有许多种类，如政治人才团体、科技人才团体、文艺人才团体、军事人才团体、企业人才团体等，每一种人才团体都有其结构组合的问题，但一般都必须考虑以下几种因素。

（一）专业结构

专业结构指社会中的各种智力要素按专业与职能之不同，形成一个合理的比例构成。春秋战国时期，齐国孟尝君三千门客中，既有文人墨客，又有游侠勇士；既有志士仁人，又有无赖之徒。凭借这样一个比较合理的专业人才结构，乃是他称雄一时的重要原因。专业可以有不同角度的分工，如产业部门的分工不同，科学研究中不同专业及学科中的不同分工等。专业结构不是“麻雀虽小，五脏俱全”的专业分工化，而是专业分工的合理比例构成。就好比一个交响乐团，对各种乐器的需求有严格的比例，打击乐多了，就不成其交响乐团，而是锣鼓队了。

（二）年龄结构

年龄结构是人才结构中的一个重要组成因素。大至一个社会、一个单位，小至一个家庭，都是由老年、中年、青年等不同年龄的人所组成的。发展心理学的研究表明，处于不同年龄阶段的人，其心理发展水平、个性特征、智能状况均有差异，有的任务由老年人承担则应付裕如，有的工作由中年或青年人完成则胜任愉快。一般而言，一个完整的年龄结构是以中青年为主干，老、中、青三结合的团体。以政治团体为例，必须既有“老马识途”的老年（他们有丰富的阅历和政治经验，有崇高的威望，在关键的时刻能够出谋划策、稳定局面，是政治团体的宝贵财富），又有“中流砥柱”的中年（他们在政治上比较成熟，处事应变的能力比较强，往往是政治团体的主心骨和中坚力量），也有“奋发有为”的青年（他们精力旺盛，勇于进取，富有创造精神）。只有这样的年龄结构，才能发挥各自的最优效能，又弥补各自的某些缺陷。科技人才团体也是如此。美国著名的“曼哈顿工程”汇集了爱因斯坦、康普顿、费米、奥本海默等一批卓越的老、中、青科学家。整体工程以老、中年物理学家为理论研究、方案设计的中坚力量，而组织工作却都是由具备组织才能和感召力，朝气蓬勃的奥本海默来担任，当时他仅 38 岁。科学家通力合作，在短时期内迅速研制了第一枚原子弹。

（三）智能结构

智能是智力与能力的总称。智力一般指观察力、注意力、记忆力、思维能力、想像力等，能力一般指言语表达能力、实际操作能力、组织协调能力、人际交往能力等。人才团体的智能结构合理化，能使团体顺利地驾驭各种复杂局面，发挥最优的智能效应。

由于人才团体要担负多方面的功能，应付多方面的变化，其智能结构就必须是多样化而非单一的。据美国通用电气公司、杜邦财团、新哈汶铁道公司以及碳化物联合公司的调查，以董事长为首的领导集团主要是以下四种人构成的：善于思想的人——从事深谋远虑；善于活动的人——从事各种难题的调解；善于出头露面的人——做打头阵的工作；善于分析的人——从事综合分析的工作。三国时期，刘备三顾茅庐请诸葛亮出山，并拜诸葛亮为军师。张飞和关羽对此大为不满，认为：文弱书生岂能带兵打仗？无一战功何以指挥千军万马？然而，在新野对曹将夏侯惇一战中，诸葛亮大显身手，面对十万曹兵曹将，不仅靠武功，更用自己的智慧和才能，为两员虎将运筹帷幄之中，决胜于千里之外。关、张二人全胜而归，对诸葛亮的偏见全消，觉得与诸葛亮合作是如虎添翼，心甘情愿地服从诸葛亮的指挥。后来他们悉心配合，为刘备立足西南立下了汗马功劳。可见智能结构之于人才团体是多么重要。

（四）知识结构

知识结构是具有不同知识水平的人才的合理比例构成，由于人们的知识总是有多与少、深与浅等方面的差异，在数量和质量上有所不同，具有不同知识水平的人才团体，在共同活动中就有一个最佳组合的问题，否则就只能构成知识水平的平面结构，而难以形成知识的立体结构。

一般来说，在人才结构中，各类人才的水平不应一刀切，而应高、中、低三级并存。一个社会、一个科研团体、一个单位，一般不可能也不必要使其每个成员都具有同等的知识水平。试想，一个没有工人，只有总工程师、工程师的工厂，将如何为社会提供产品，为社会创造物质财富呢？一个合理的人才团体知识结构，必须由初级、中级、高级知识水平的人，按一定比例构成一个完整的结构，并随着经济和科学的发展而不断予以调节。只有这样，才能使具有不同知识水平的人才各尽其能，各显其才，相得益彰；否则就不能适应人才发展的需要，不利于充分发挥人才的作用。有鉴于此，上海航天局在 20 世纪 80 年代初曾提出“用一个工程师换两名青年技术员”，旨在为了改变本单位知识与年龄同步老化的现状，进行科技人才团体内的“更新换代”，以老带新，以新促老，从而形成科技队伍的合理结构。

（五）个性结构

人的性格、气质、兴趣等对人的活动有很大的影响，使人的行为带有鲜明的个性色彩，所以，合理的人才结构不能不考虑其个性特征。在一个合理而完整的人才团体中，个性应当是多种多样的。就其性格类型来说，既要有热情大方、活泼好动的人，又要有沉默寡言、稳重内向的人；既要有“火烈马”那样能拼能干的人，又要有“温吞水”那样善动脑筋的人。就其智能类型来说，既要有探索型、开创型的人才，又要有实干型、活动型的人才。只有这样才能满足各方面工作的需要。保证人才结构旺盛的生命力和创造力。

综上所述，人才结构在整个社会发展过程中，是一个动态的有机平衡体。它的组织形式和内容，随着生产力水平的提高，以及社会对各级各类人才的不同需要而发展变化，以至更加合理、完整，具有科学性。值得强调的是，人才结构无固定的、绝对的模式，一切必须从实际出发。简单的机械搭配，不仅不能发挥人才的作用，反而会压抑人才的创造力。有一些政治、企业人才团体硬性地规定领导结构的年龄、学历等比例，反而削弱了团体的战斗力和凝聚力，就是很有说服力的例证。

三、人才团体的正负心理效应

在中国，既有“三个臭皮匠，合成一个诸葛亮”的名言，又有“三个和尚没水吃”的俗语；既有“众人拾柴火焰高”的提法，又有“龙多不管水”的说法。这些彼此矛盾的命题，实际上是从不同角度揭示了人才团体的正负心理效应。

（一）人才团体的正心理效应

所谓人才团体的正心理效应，是指人才团体的结构合理、心理相容、配合默契，最大程度地提高团体的活动效率。人才团体的正心理效应主要表现在三个方面：互补、互励和互助。

先看互补。系统论的创始人贝塔朗菲（L. von Bertalanffy）曾经提出过“整体大于各孤立部分的总和”这一著名定律，即在一个整体或系统中，由于其中各个组成部分的相互联系和相互作用，它所具有的功能和属性超过了各个部分孤立时机械相加的水平。也就是说，当众多要素 a_1、a_2、a_3……组成系统 A 后，$A > \sum a_i$。这个公式在人才心理学上的运用，就是所谓人才互补效应。贝弗里奇（Beveridge）在《科学研究的艺术》中曾形象地阐述过这样一种效应：“多数科学家在孤独一人时停滞而无生气，而在群集时就相互发生一种类似的共生作用。”日本学者占部都美在《怎样当企业经理》一书中也阐述了人才互补效应对于企业的重要意义：“气质相似的人聚在一起，并没有什么好处。能够把秉性各异、富有个性的人们团结在一起工作，是一个公司力量强大的原因之所在。”事实上，前面所述人才团体结构中的专业、年龄、智能、知识和个性结构的最佳组合，都必须遵循这样一个互补原则。

再看互励。如果说互补的效应更多地体现在人才团体建构（即人才的组合或搭配）方面，那么，互励的效应则更多地体现在人才团体建构后的具体活动之中。事实上，在任何团体中，人才团体的正效应不仅仅表现为人才之间年龄、知识、智能、性格的互相补充、相得益彰，也表现为人才之间的互相激励、互相影响。

在群体中的共同活动中，由于成员间的互励效应，往往可能比一个人的单独活动更有效率。打个很简单的比喻，如果让一个人割一亩地麦子，可能速度既慢又索然无味，所以很容易产生疲劳感，而十个人割十亩地麦子，则可能干劲十足，欢声笑语，很快地完成任务，正是在这个意义上，马克思在《资本论》中也描绘过这种“共做效应”。他写道：“12 个人在 144 小时的共同工作日中提供的总产品，比 12 个单干的劳动者每人劳动 12 小时或者一个劳动者连续劳动 12 天所提供的总产品要多得多。”①

人才团体的互励效应不仅表现为团体成员在一起活动时互相影响的“共做效应”，也表现为彼此间的互相劝勉、激励。古人说：“听君一席话，胜读十年书。”在遇到挫折的时候，团体成员可以互相开导；在情绪低落的时候，团体成员可以互相鼓气；在春风得意的时候，团体成员可以互相提醒；在空虚寂寞的时候，团体成员可以互相拜访。无怪乎著名的物理学家爱因斯坦认为，世间最美好的东西，莫过于有几个头脑和心地都很正直的严正的朋友。德国文学史上有这样一段佳话：歌德在《少年维特之烦恼》出版后，成了德国的文坛巨人，并当上了国务大臣。从此，他便安于现状，不思进取了。这时，他遇上了贫病交加而努力创作的剧作家席勒。歌德被他的精神所鼓舞，于是一气呵成地完成了几篇力作。他对席勒说，你给了我第二次青春，使我作为诗人而复活了——我早已不是诗人了。这样人才互励的佳话在中外历史上并不少见，列宁不是曾经称赞马克思和恩格斯的友谊“胜过历史上一切动人的传说”吗？鲁迅不是赠词瞿秋白“人生得一知己足矣。斯世当以同怀视之”吗？

又看互助。如果说人才的互励是人才团体成员间的精神交往过程，那么，可以把互助视为人才团体成员间的直接的、具体的物质交往过程（我们把心理上的互相支持、帮助都归为精神交往过程）。在团体内部，当有人体力不支、精力不济时，当有人经济拮据、生活艰辛时，当有人在学习和工作中碰到困难时，总有

① 《马克思恩格斯全集》第 44 卷，人民出版社 2001 年版，第 379 页。

人伸出温暖的援助之手，为之排忧解难，使之摆脱困境。我们知道，克服困难，对于当事人来说往往是此时此刻最迫切希望满足的需要，而个体需要的满足又是增强凝聚力的重要途径，还有什么比满足需要更能激励人心呢？所以，互助是人才团体正心理效应的重要内容。

（二）人才团体的负心理效应

所谓人才团体的负心理效应，是指人才团体的结构不合理，彼此推诿责任，互相猜疑、嫉妒甚至敌对，士气涣散，团体效率低下。人才团体的负心理效应主要表现为推诿、嫉妒和敌对。

先看推诿。俗话说："一个和尚挑水吃，两个和尚担水吃，三个和尚没水吃。"为什么会出现这种现象？心理学家通过这样一项实验发现，当一些人单独拉绳时，平均各有 618 牛顿的力，若两人一块拉只有 1 157 牛顿的力（少了 79 牛顿），三人一起拉只有 1 569 牛顿的力（少了 285 牛顿），而八人一起拉的力量共计只有 2 511 牛顿了，比八个人单独拉的平均力量之和 4 944 牛顿少了 2 433 牛顿，也就意味着每人只出了一半的力。心理学家解释说，这是因为当一个人单独从事某项活动时，他往往要独自承担责任，而当他与许多人一起从事某项活动时，他就会期望别人和他一起分担责任。

在人才团体中，这种推诿现象往往表现为对集体项目、集体工程不感兴趣，不出力或不出全力，而只顾经营自己的"自留地"。结果是，集体项目或集体工程停滞不前、一片荒凉，而"自留地"却满园春色，果实累累。推诿现象产生的原因主要是责任不明确，任务笼统化。如一个科研团体虽然有若干集体攻关的科研项目，但没有若干相应的分项目、子项目加以层层保证，每个人并没有具体的责任，大家都盼望别人去干，结果是谁也不干，虽然单个地看每个人都是人才，但人才"济济"在一起反而显露不了才、发挥不了才。因此，适度考虑人才团体的规模、明确团体内每个成员的具体责任，是消除推诿现象的有效方法。

再看嫉妒。嫉妒多半是因为社会尊重的需要得不到满足的情况下一种不良情绪的发泄，是一种企图缩小和消除差距、实现原有关系平衡的消极手段。嫉妒一般有三个层次：嫉羡、嫉忧、嫉恨。如果在人才团体内部，有人取得了一些成绩，跑到了别人的前面，其他人往往会产生一种羡慕的感情，但如果有人胸襟不够开阔，便会在羡慕中夹杂一点嫉妒的因素，其表现往往不如以前那么热情，相互之间似乎增加了一层看不见的屏幕。在这种情况下，有时自己也并不意识到。当对方的成绩有了新的发展，受到更多的社会赞誉时，嫉羡便会发展成嫉忧，即担心对方的成绩和荣誉会造成对自己的威胁，或者出于一种不愿有人超出自己的感情，心理上就产生了恐惧，行动上就会表现出对对方的冷漠，甚至诋毁对方的成绩，有意无意地传说他的弱点。如果这种感情进一步发展，不是以自己的努力和友善的态度控制和克服这种感情，嫉忧便可能发展为嫉恨。当一个人被嫉恨的情感所笼罩时，往往会失去理智，偏听偏信；抓住一端不及其余，甚至幸灾乐祸，以此来维护自己的自尊心和虚荣心。

在人才团体内，“济济”的人才总难以绝对平衡，社会的诸种奖赏和荣誉也难以每人平分秋色，这时也很容易播下嫉妒的种子。嫉妒的种子一旦破土而出，就会给人才团体造成不安定因素，留下内耗的隐患。

又看敌对。敌对是人才团体负心理效应的最显著的特征，它表现为互相拆台、互相诋毁、互相攻击，在争论中对人不对事，可谓不共戴天，你死我活，势不两立。无疑，当一个人才团体内部出现敌对情绪时，不仅其战斗力大大削弱，其能否生存下去也会受到严重威胁。

一般来说，敌对情绪并非一朝一夕所形成，“冰冻三尺非一日之寒”，敌对情绪往往是在猜疑、嫉妒、干涉等消极心理的基础上产生的，因此，消除敌对情绪的根本办法是防患于未然，在这些消极心理出现苗头的时候就使其扼杀于襁褓之中。

第二十四章　大学课程的心理学基础

一、大学生的心理特点

大学课程活动的主体之一的大学生的心理特点，是探讨大学课程建设的心理学基础。所谓大学生心理发展的特点，是指个体心理发展全过程中大学生这一年龄阶段表现出来的一般的、本质的和典型的心理发展特征。大学生所处的这一心理发展阶段的主要特征。就是“转折”。大学生的心理正处于由青年早期和中期向青年晚期或成年期转折，迈向心理成熟阶段。这是人生的一个重大转折时期。处于这一过渡年龄期的大学生的心理发展水平，与中小学生的心理发展具有质的差异，这种差异是探讨大学课程的心理学基础。

综观课程论发展的历史，我们可以发现，几乎所有的课程理论都不能不涉及到课程的心理学问题。如近几百年先后出现的人文主义的课程论、泛智主义的课程论、感觉主义的课程论、自然主义的课程论、认知主义的课程论、功利主义的课程论、实用主义的课程论、要素主义的课程论、结构主义的课程论、发展主义的课程论等，都程度不同地论述课程设置与改革的心理学意义。①

---

①　参见陈侠：《国外课程论的各种流派》（上、中、下），《课程·教材·教法》，1986 年第 7、10、11 期。

同时，几乎所有的心理学流派都力图在教育（包括课程）问题上阐明自己的意见，打上学派的烙印。大学课程亦不例外，倘若大学课程缺少心理学依据，没有建筑在大学生心理特点之上，必然成为“无的放矢”。

大学生心理发展的特点，在认知方面集中表现为他们的认识水平由“再生性认识过程向创造性认识过程的过渡”，是他们的思维能力迅速的深刻的发展阶段，是一个质的飞跃时期。中小学生学习的心理过程，总体上是一种接受知识的过程，而大学生学习的心理过程，逐步地、日益增多地融入了科学发现的因素，标志着大学生的心理发展进入一种崭新的阶段。①

（一）大学生的心理处于智力发展的高峰

个体的智力发展遵循一定的阶段、一定的系列和一定的速度。国外一些心理学家根据大量的实验研究成果，描绘成“智力发展曲线”，形象地说明，二十岁左右的青年属于智力发展曲线的顶峰。早在 1933 年，美国心理学家琼斯和康拉德（H. E. Jones & H. S. Conrad）对 10～60 岁的研究对象的智力发展进行了横断研究，结果表明，个体智力发展的水平的顶点大致在 19 岁左右；继后，韦克斯勒（Wechler）立足于努力使智力测验标准化，再次对 7～68 岁的研究对象进行横断研究，得出了 23 岁是智力发展顶点的论点；50 年代初期，贝雷（N. Bayley）结合前人的研究结论和他本人的研究成果，提出了个体出生至 60 岁的智力发展理论曲线，强化证明了前人的研究成果的科学性。他的曲线理论再次断定，个体智力发展的高峰年龄为 20 岁。诸多学者的研究结果告诉人们：二十岁左右是个体智力发展的黄金时

① 参见陈列等著：《大学教学概论》，浙江大学出版社 1987 年版，第 37～38 页。

代。大学生正处于二十岁左右年龄阶段，是个体智力发展的最佳时期。

大学生之所以处于智力发展的高峰，主要因为：(1) 大学生生理机能的发育成熟导致大学生智力的心理构成要素的成熟；(2) 大学生的知识经验已经相当丰富，专业知识的掌握和社会阅历已经相当广阔和深厚，从而刺激和促进构成智力的心理要素的成熟。① 简言之，大学生智力发展高峰的实现，是他身心自然发育和教育教学双方交互作用的结果。个体的智力是观察力、记忆力、注意力、想像力和思维能力诸种因素的有机合成，这些因素在大学生年龄阶段上的表现显而易见地异于个体处于青年早期和少年时期的表现，更不同于小学阶段学生的表现。这既是常识，也是心理科学家论证研究的结论。以记忆力为例，心理科学研究业已证明，青年期是记忆力的高峰，此后，就逐渐下降。处于大学生这一年龄阶段的个体，无论是记忆内容，还是记忆的方法，都具有比之其他任何年龄阶段的水平更高。心理学家曾以数字系列为材料，对7～19岁的人进行听觉和视觉记忆的实验研究。结果表明，视听记忆能力的发展一般随着年龄增长而增强，十八九岁接近成熟水平。就记忆方法而言，一般说来，幼儿和童年期的孩子以机械记忆为主，14岁以后，记忆方法便从机械记忆向理解记忆推移，20～25岁的个体理解记忆达到最高水平，随后便逐渐趋于下降。② 而且，由于高校学生学习科目众多、信息量大，在信息的输入、贮存、编码和提取过程中，大学生自觉记忆力得到提高。大学生记忆发展水平为他们迅速而有效地获取新知

---

① 参见陈列等著：《大学教学概论》浙江大学出版社1987年版，第39页。

② 参见［日］关忠文编，王永丽、周浙平译：《青年心理学》，黑龙江人民出版社1982年版，第5页。

识、解决新问题、发现新结果创造了条件。再以注意力为例，一般认为，成人要同一时间注意 4～6 个不同物体，绝对稳定性可以保持 15～20 分钟，一秒钟内注意可能转换 3～4 次。心理学研究证明，大学生的注意范围，稳定程度和转移水平也达到了这种程度。大学生对专业的兴趣，受意识控制强烈，注意的灵活性大大提高了，有意注意达到了高级水平，研究表明，17 岁的青年有意注意可保持 160 分钟以上。① 因而，大学生可连续 3 小时学习一门课程或进行长时间的实践操作，可灵活地、随意地调节、分配、转移注意，还能达到有意后的注意这种高级水平。②

（二）大学生的辩证思维趋向成熟

智力的核心是思维能力。思维能力的发展在不同的年龄阶段会表现出不同的水平，或者说思维会表现不同的性质、不同广度和不同的深度。性质最为优秀、广度最为恢弘、深度最为精远的思维就是辩证思维。“这是一种……最高思维阶段。”③

大学生思维发展相对于中小学生的思维的最大特点，就是大学生的辩证思维达到了较高的水平，而且趋向成熟和完善。

第一，个体思维发展与个体生理和心理的发展的序列是一致的。思维形式的发展的阶段性与连续性，是以生活和心理发展的阶段性与连续性为基础，个体辩证思维的发展，是个体生活和心理较高发展水平的结果。个体的思维发展过程必须历经形象思维阶段、形式逻辑思维发展阶段和辩证逻辑发展阶段。国内外许多学者研究表明，个体的辩证逻辑思维能力萌芽于青年初期，即高

①② 参见潘懋元主编：《高等教育学》（上），人民教育出版社 1984 年版，第 84 页。

③ 参见陈列等著：《大学教学概论》，浙江大学出版社 1987 年版，第 40 页。

中阶段，而辩证逻辑思维的较高水平则要到大学阶段才能达到。国外有人对皮亚杰思维发展阶段学说提出补充认为，皮亚杰论定的截至 15 岁为止的形式运算思维阶段之后，需要假定一个“辩证运算思维阶段”，用以说明“形式运算阶段”之后的青年的思维发展水平。① 我们同心理科学工作者曾对在校青少年的思维发展进行过全国性的大规模实验研究，结论是：小学阶段已基本完成具体形象思维的发展，开始向逻辑思维过渡；初中一年级逻辑思维开始占优势；高中阶段逻辑思维趋于基本成熟；“中学阶段只是辩证思维出现、形成和迅速发展并逐渐趋于优势的阶段，而不是成熟阶段”②；辩证逻辑思维能力的完善的发展要到大学阶段才能出现。③

第二，个体辩证逻辑思维的发展，一方面不能脱离个体的生理和心理发展的制约，另一方面，还必须依靠学校教育的促进。辩证逻辑思维的发展不是自发的，没有系统的、自觉的、科学的辩证逻辑思维原理与方法的教育，就不可能科学地发展辩证逻辑思维和运用辩证逻辑思维。在普通中学里，学生在学习中开始接触到辩证逻辑思维的形式和方法，引发辩证逻辑思维能力的初步发展，然而普通中学的课程尚不足以充分发展和完善学生的辩证逻辑思维。在大学阶段，学生的思维翱翔于宏观和微观世界。他们从浩瀚的知识的海洋里获得了认识世界和改造世界的世界观和方法论，他们面对的知识海洋充满辩证思维的规律和方法。正是在这种充满辩证思维内涵的知识体系的学习中，大学生的辩证思

① 参见华中师院教育系资料选编集：《皮亚杰心理学评介》(内部发行)。

② 全国青少年心理研究协作组：《国内 23 省、市在校青少年思维发展的研究》，《心理学报》，1985 年第 3 期。

③ 邓京华等：《中学生辩证逻辑思维发展的实验研究》，《湖南师范学院学报》(社会科学版)，1984 年第 5 期。

维能力发展和完善起来，而这一点是中学课程内容无法比拟的。因为中学的课程内容更多的“是对事物本质或普遍联系的抽象同一的、相对静止的反映”①。例如，中学里的数学只是“常数的数学”，而高等学校里的数学则是“变数的数学”。前者总的说来是形式逻辑在数学上的应用，后者本质上是辩证逻辑在数学上的应用。恩格斯在讲到辩证法作为探索新结果之方法远比形式逻辑高超时说：“初等数学，即常数的数学，是在形式逻辑的范围内运作的，至少总的说来是这样；而变数数学——其中最重要的部分是微积分——本质上不外是辩证法在数学方面的运用。”② 他还说：“高等数学把初等数学的永恒真理看作已经被克服的观点，常常作出相反的判断，提出一些在初等数学家看来完全是胡说八道的命题。固定的范畴在这里消失了。”③ 高等数学中如此流变的范畴，不易为形式思维所把握。于是，进入大学后，学生在中学里发展起来的形式思维必须向新的高度发展，他们在课程中接触了辩证思维主张，在学习中发展了辩证思维能力。再如历史，中学里所学的历史课程，多半是揭示历史发展进程中被抽象了的、简化了的最一般的线索；而大学生所学的历史学要求他们在纷繁复杂的具体的历史现象和事实中，把握历史发展的规律，把握各个时代、各个国家和各个民族之间，错综复杂的和必然的联系，更重要的是，还要掌握历史研究的方法、观点。这样的历史课程内容不但发展了学生分析与综合、抽象与概括的能力，而且同时发展了他们的辩证思维能力。

“辩证思维的发展成熟，与大学生对社会问题和人生问题的

① 陈列等著：《大学教学概论》，浙江大学出版社 1987 年版，第 42 页。

② 《马克思恩格斯选集》第 3 卷，人民出版社 1995 年版，第 477 页。

③ 《马克思恩格斯全集》第 20 卷，人民出版社 1971 年版，第 545 页。

经历、分析、思考密切相关。”① 大学阶段比中学阶段与社会的联系更密切、更直接，因而，大学生对社会与人生的看法和感受更为深刻。错综复杂的社会关系、曲折变幻的人生征途，需要大学生全面地、独立地、批判地、科学地加以思考和处理。这种思考、这种处理，同样有效地促进了大学生辩证思维能力的发展。

（三）大学时代是独立个性形成和心理品质走向成熟的时期

生理机能的发展成熟、认识能力的提高和自我意识的强化，使大学生在接受教育的过程中逐步形成了个性，完善了各种心理品质。在个性的情绪方面，大学生与中小学生相比，情感的稳定性、自我调节、控制能力和转移能力都具有更好的水平。他们通常能够避免青年早期和少年期常有的情绪激烈、易于冲动和两极多变的现象，控制自己的情感体验，使之处于较为恰当的状态。在个性的意志方面，大部分大学生能顽强地实现学习目的，勇于克服困难，不为复杂的情景所影响，自由地调节、控制自己的意志行动，学习的持久性和耐力都达到较高水平。在个性的气质方面，大学生的一个最大特点就是自觉地发挥自己气质类型的优势，努力控制和克服自身气质类型的缺点。在个性的性格方面，大学生的理解特征、态度特征和行为特征大多是积极面占主导地位。

综上所述，大学生的心理水平已发展到了中小学生所不具备的成熟阶段。他们在认知、思维和个性品质的诸方面都具有不同于中小学生的显著特点。这些心理因素的变化，促进了大学生由继承性学习向创造性学习转换；同时，对大学课程建设的诸方面提出了不同于中小学课程建设诸方面的要求。

① 陈列等著：《大学教学概论》，浙江大学出版社 1987 年版，第 43 页。

二、大学课程建设的心理学依据

前面，我们探讨了大学生认知、思维和个性诸方面的特点，这里将根据大学生的心理特点，对大学课程建设的一些具体环节进行分析。

（一）课程目标的心理学

课程目标是课程建设的始点，是课程评价的标准，又是课程实施的归宿，在课程建设中具有十分重要的意义。泰勒（Tyler）早在1949年发表的《课程与教学的基本原理》中就强调指出，在发展课程和教学计划时，必须回答四个基本问题，即要求学生达到何种教育目标；准备何种教育经验去达到这些目标；这些教育性经验如何加以有效地组织；如何评定这些目标达成与否。以后，美国心理学家布卢姆（B. S. Bloom）提出的教育目标分类学，使课程目标问题成为现代课程论的热门话题。

1950年，布卢姆提出了认知领域的教学目标分类法，他根据目标的层次，区分了不同的认知行为，将目标分为知识、理解、应用、分析、综合和评价六类。1964年，克拉思沃尔和布卢姆又提出了情感领域的教学目标分类法，将情感目标分为接受、反应、价值判断、价值之组织和价值体系之形成五类。后来绥勒又提出了动作技能方面的教学目标分类法，将动作技能的目标分为知觉、心向、模仿、机械化、复杂反应和创造六类。这些不同类别、不同层次的目标大多是从心理学的角度进行划分的，具有明确化、具体化、特点化以及可操作性等特点，因此有着较强的实际应用价值。

从心理学的角度来分析，我们的大学课程目标还是不够明晰的。长期以来，我们基本没有一个明确的大学教育目标，目标既没有涵盖怎样促进大学生智力，尤其是辩证逻辑思维能力和完善大学生个性的内容，更没有标明大学生智力、辩证逻辑思维能力和个性发展的标准。提法过于笼统，没有反映大学课程目标或大学培养方向；而只是以一般教育方针取而代之。如五届人大四次会议上通过的教育方针就是，“受教育者在德育、智育、体育几方面都得到发展，成为有社会主义觉悟的有文化的劳动者和又红又专的人才，坚持脑力劳动与体力劳动相结合、知识分子与工人农民相结合。”这些提法本身是正确的，但正是由于过于笼统，课程的实施者就难以具体执行。对于如何发展大学生智力、辩证逻辑思维能力及个性方面的品质，观念模糊，即使一些高校提出的“独立思考精神”和“独立生活精神”，或“具有创造性的智能型人才”等①，也未免抽象，没有突出大学课程目标的特征。因此，今后大学课程目标的设立和拟订应符合大学生的心理特点，综合考虑大学生心理各方面的因素，明确大学课程应在何种程度上促进大学生认识、辩证逻辑思维以及个性诸方面品质的发展方向和程度，便于操作或把握。

（二）课程设置与设计的心理学

在课程设置与设计的过程中，认知心理学、发展心理学、学习心理学以及个性心理学的研究均有重要贡献。

动机与兴趣问题。兴趣需要准则（the criterion of interests and needs）曾经为许多课程设置与设计者所重视，但大多数是就中小学的课程而言的。其实，大学课程的设置与设计也应考虑这个准则，如内容的选择应符合学习者的兴趣与需要，应使大学

① 参见“教学理论与教材建设学术讨论会”汇编：《高等学校课程、教材、教法研究文集》（一、二），高等教育出版社 1988 年版。

生主动参与课程的设置与设计活动，以激发学习动机。须知，大学生的主动参与以及大学生的兴趣和动机，对于大学课程的设置与设计具有重要意义。这些因素给课程设置和设计注入活力，这种活力源于大学生自身，因而能够将大学生的思维引向积极，促进学生思维及整个智力和个性品质的发展，特别是由于大学生主动摄取充满辩证思想的知识和方法；能够充分发挥课程提高学生辩证思维能力水平的作用，使大学课程区别于中小学课程，显出中小学课程所不具有的价值。

分化与综合问题。发展心理学的研究表明，人的心理发展是分化性（differentiation）和统合性（integration）的统一。这与科学技术所经历的综合、分化、再综合的发展史是吻合的。人类的学习历程也不外乎是分化—综合—再分化—再综合……的历程（见图 10-1）。分化与统合也是大学生学习必须的基本能力，大学课程的设置和设计就应该要考虑形成和培养学生的这两种能力。分化与综合作为大学生智力活动的具体形式和基本能力，其锻炼和运用必然能促进大学生智力及一般能力的进步，而且两者的有机联系和灵活转换，实质上就是大学生辩证逻辑思维能力的形成和发展。因而，课程设置与设计重视知识内容的分化—统合，强调大学生分化—统合能力的培养，本质上就是强调大学生辩证逻辑思维能力的培养，引导学生的思维趋向创新，从而造就当代大学生应具有的智力素质。从世界范围来看，目前的趋势是愈益重视综合能力的培养。正如课程专家所说：“如果我们组织的课程，旨在达到业已明确规定了的目标或者是要赋予各个学习领域中所使用的独特概念与方法的经验的话，那么，学校中的彼此独立的学科设置，就是一个问题了。使知识渐次走向更广泛的综合化，才是合乎理想的。"① 在我国，这个问题尤显突出。由于我国大学课程设置为单科性，专业分得过细，文理工井水不犯河水，使大学生的知识面非常狭窄。某大学曾对100名尖子学生调查，发现理科生缺乏文史哲知识的占46%，尖子生如此，一般大学生就更可想而知了。因此，在大学尤其是大学低年级设置综合基础课，已受到高等教育界有识之士的普遍关注。

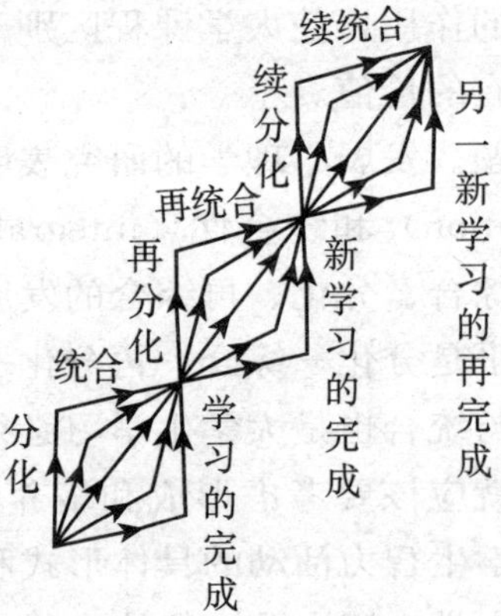

图10-1 分化、统合与学习历程

循序与反复问题。人的心理发展具有顺序和阶段性的特点，大学生虽然表现出有别于中小学生的心理特点，进入心理发展的一个新阶段，但这并不意味着这种新阶段与前一阶段没有任何联系，摆脱了前一阶段的一切痕迹。相反，由于心理发展连续性、渐进性的特点，在大学生这一年龄阶段中，一定会存留大量的前一阶段的心理特征，这些特征还有待进一步完善，使之趋向成熟。正如皮亚杰所言：大学生的年龄阶段，"与前一阶段根本不同，可又一定不能把它看成是一个绝对的开始，而只能看成是经

① 转引自钟启泉：《课程编制的逻辑与原则》，《外国教育资料》，1989年第2期。

过或多或少连续不断的转换所产生的结果。绝对的开始在发展过程中是永远看不到的，新的东西如我们已能证明的那样，是逐步的分化或渐进协调的结果，或者是两者同时作用的结果。”① 因此，课程设置既要考虑学科的内在逻辑体系，也要考虑学生的认识活动的顺序，做到由简到繁，循序渐进。这个问题在大学课程的设置和设计中也存在不少弊端，在课程间的纵向关系和横向关系问题上有若干缺陷。如我国部分高校的课程主观随意性较大，因人设课的情况较为普遍，某一门课有教师就开，没有教师就不开；基础课本应在低年级开，教师忙不过来就放在高年级开。对于各门课程的内在关系也很少有研究，这就难免使学生学一门丢一门，无法取得相得益彰、彼此促进之效。反复的问题也是如此。布鲁纳曾从认知心理学的角度阐述过“螺旋型课程”的意义，主张构成课程的主要知识元素必须反复出现，使学生反复学习，这样能加深记忆、加深理解。布鲁纳的主张虽然是对中小学而言的，但我国的大学课程设置与设计也较少虑及这个沟通。如大学的历史课程，古代、近代、现代史的分工可谓壁垒森严，这无疑使因果联系很强、螺旋发展显著的历史科学成了名副其实的“断代史”了，这种做法显然违背了大学生心理发展的规律和特点，亦不利于大学生既有心理品质的完善和成熟。

知识与智能问题。心理学的原理表明，知识与智能具有彼此依赖、相互促进的关系，以传授知识为基础，以发展智能为目的，让学生主动摄取知识、驾驭知识已成为现代课程论的共识。这个问题从认识上应该说已基本解决，但在大学课程的实施中却还存在不少问题。如我国大学四年一般为 2 300～2 700 总学时，不少专业的上课学时还远远超过，使得教师讲授的知识量过大，

① ［瑞士］皮亚杰著，吴福元译：《发生认识论原理》，商务印书馆 1981 年版，第 38 页。

学生没有消化的时间和习惯，这实际上抑制了学生智能的发展。事实上，国外大学教育一般较强调发展智能，主张让学生自己来探索、获得知识。如英国剑桥、牛津大学每学年 26 周，每周 15 学时，剑桥物理学科每学年的总学时，只相当于我国物理专业每学年总学时的 1/3。在国外的某些大学，讲课、讨论、自学时间的比例分别达到 20%、25%、55%左右，把大量的时间给学生自己支配。因此，如何放手让学生自己探索知识，充分认识学生阶段（18～22 岁左右）创造力加速形成、自我意识日益活跃的心理特点，真正改变我国大学教育中“上课记笔记、下课看笔记、考试背笔记、考后全忘记”的弊端，已成为大学课程改革的当务之急。

此外，如何针对大学生心理的个别差异性进行因材施教，如何贯彻课程的心理准备性原则，以及如何分析大学基础学力的心理构成等，都是大学课程设置与设计必须考虑的问题。

（三）课程评价的心理学

课程评价是课程建设中的一个不可缺少的环节。大学课程目标的确定，诊断一门学科目标的实现程度，判断一门课程的价值等，都要以客观、科学的课程评价为依据。正如泰勒的学生，澳大利亚著名课程学者惠勒（Wheeler）在《课程过程》一书中所说：“课程评价是一个收集、交流信息和资料以及判断和描述课程价值的过程；是组织和重新组织课程过程中的一个阶段，其目的是要看课程是否具有目标，或者是否实现了这些目标——以至如果有必要，就可以对课程进行改进。”①

从课程论的发展来看，课程评价的真正纷起是伴随着教育心理学的研究有相当进展而来的，20 世纪初教育心理测量运动在

① 转引自李省发：《课程评价理论评价》，《外国教育资料》，1989 年第 3 期。

美国的开展使课程评价得以迈上科学化、客观化的道路。尽管现在对采用心理实验、教育测量的方法进行课程评价还有歧见，但心理学毕竟起过而且还继续在课程评介中起作用。

以国外的理论研究情况来看，大学课程评介基本有两种模式，一是大学课程产品评介模式，即对教学大纲、教材、教科书这些课程建设的产品，作出评价判断。它有两种类型，一类是依据外部特定的标准（目标）对课程产品进行评价，另一类是根据现场资料对课程产品进行评价，即依据课程对学生产生的实际效果判断课程产品的适合性，这实际上是对学生学习效果的测验和检查。两种类型之间实际上有着相互促进、彼此调节的关系。学生学习实际效果的评价，制约着外界特定标准评价，反之，外界特定标准影响学生学习的价值取向，导致评价结果的差异。有机地统一两种类型的评价，归结到底是学生发展程度。大学生的能力、智力，特别是大学应追求的大学生适应时代要求的辩证逻辑思维能力和个性发展状况，这是世界上所有大学追求的共性目标，两类评价都要以此为取向，这既是大学课程应有的价值，更是大学生心理对大学课程取向要求。二是大学课程计划评价模式，即在全面考虑相关的变量的基础上作出关于课程价值的判断。这种评价模式的宗旨仍然在于满足大学生的智能发展。

从国内外对于课程评价的具体实施来看，大致有三种主要情况①：一是着眼于学生成就的评价，主要看实施课程的结果在学生身上出现的变化情况，即通过对学生“输出”的测定来评价课程；二是全方位的综合评价，即从学生、教师、教材、学校环境等多因素相互作用的“功能性集成”来评价课程；三是着眼于教学的评价。第三种评价主要有三个层次：（1）同教学直接相关的

---

① 参见钟启泉：《现代课程编制的若干问题》，《教育研究》，1989 年第 5 期。

因素，如大学课程的目标、教学方法、教学计划、课外活动等；(2) 同教学间接相关的因素，如大学教师的科学研究教学的仪器设备等；(3) 构成教学之基础的因素，如教师集体的风气、师生间的人际关系、学校领导的管理方式、社区的文化传统等。可以看出，无论是哪种情况，对大学课程的评价总的趋势是具体化、客观化、全方位、多维度，评价的方法除采用心理实验、教育测量外，还逐步采用人类学、社会学、历史学以及注释学等方法。即使是采用人类学、社会学、历史学、注释学方法，本质上仍然只不过是从不同角度、立足于不同层次解释评价大学课程对学生生理和心理发展的价值。解释和评价大学生发展对社会进步的促进价值。因此，任何形式、角度、层次、类型的大学课程评价，都必须首先立足于大学生的心理发展，然后才能剖析大学课程与社会、人类多侧面多层次的关系及其对社会、人类的促进作用。从这一点来看，大学课程评价始终不能脱离大学生的心理特点，不能脱离评价的心理学基础。相对而言，我国大学课程评价的方法还比较落后，没有完全将评价的最终落脚点置于大学生心理发展，并借以判定大学课程的多方面价值。

三、大学潜课程的心理学意义

潜课程（hidden curriculum）又称潜在课程、隐蔽课程或隐形课程，是指那些非计划的学习活动，一般由学生在校生活中各种人际交往所形成的思维方式、价值观和行为方式，学校班级中长期形成的制度与非制度的文化，学校物理环境构成的物质文化等因素组成。①

---

① 参见吴也显：《潜在课程初探》，《教育研究》，1987 年第 11 期。

潜课程存在于学校教育的各个阶段，但在大学阶段更为重要。因为大学阶段正式课程（formal or overt curriculum）相对减少，学生自由活动的时间相对增多，且对于陶冶学生的个性具有重要作用，它已日益成为当代课程理论的重要研究课题。

第一，建立学校中师生之间、同学之间和谐的人际关系是潜课程的重要内容。在大学阶段，学生们一般都离开了哺育他们多年的父母，开始了真正意义上的独立生活。他们带着各自的价值观、生活方式、思维方式和行为方式来到了大学校园，在这个新环境中相互交融、彼此撞击，又不断地改变或矫正着旧有的价值观、生活方式、思维方式和行为方式。由于学生们朝夕相处、交往的时空非常接近，他们从人际关系这个潜课程中学到的东西其内涵有时甚至超过了正式课程。难怪乎我们在对大学生开展的心理咨询和心理测量中，交往问题始终是大学生们最关心的问题。

师生关系也是大学生人际关系中非常重要的一个方面。在大学阶段，师生之间的接触远远少于中小学阶段，许多教师只是在课堂上与学生打个照面，课后与学生交往甚少。尽管如此，大学生们也还是关心着教师的方方面面，他们留心着教师出版的著作和论文，注意着教师的生活琐事，主动一些的学生甚至登门拜访，加强与教师的沟通联系。教师在课后与学生的交往，无论在做学问还是在做人问题上，都有潜移默化的影响，有些“绝招”甚至是课堂上根本学不到的。因此，如何更有效地发挥师生交往在大学教育中的作用，应该成为课程论研究的重要使命之一。

第二，大学班级中长期形成的制度与非制度的文化，即学校、班级中的传统、舆论、仪式与规章制度等潜课程形式对大学生心理的影响也是不可忽视的。首先，它具有一种同化力，使生活在其中的大学生自觉不自觉地接受这种熏陶，克制或改变不适应新环境的行为方式；其次，它具有一种促进力，如果一所大学具有有条不紊的教学秩序、紧张活泼的生活作风、刻苦求知的学习气氛、奋发向上的集体舆论，就能使生活于其中的大学生积极进取、身心愉快。校风、班风体现在大学生个体身上，就是校风、班风的人格化，对于塑造学生的心灵具有远大的作用。

第三，“山光悦鸟性，潭影空人心”，环境对人们心理的影响已被愈来愈多的人们所认识。学校的物理环境涉及学校建筑是否典雅优美，校舍的空间安排是否合理舒适，校园是否清洁整齐，学校的设施是否完备无缺等，这些物理环境是构成学校教育环境的有机成分，因而也是潜课程的一种形式。试想，如果一所大学校园绿树成阴、空气清新、窗明几净、幽雅安静、秩序井然，个别学生即使想扔纸屑、随地吐痰、狂奔乱吼，恐怕也不得不有所收敛，约束自己的不和谐行为了。因此，学校的物质环境这种特殊的潜课程，不仅能给师生以赏心悦目的精神享受，也能使学生从审美情趣的熏陶中产生一种聚合力量，激发集体的荣誉感和自豪感。

综上所述，我们可以看出潜课程具有如下几个特征①：一是非预期性，即教师、教育管理者、教育部门的行政领导等往往难以事先预料到潜课程的具体内容及其影响的性质，许多猜测、推断具有一定的主观色彩；二是影响的潜在性，即对于大学生来说，潜课程一般不打上明确的“教育”标记，它是在丰富多彩的活动中从心理、制度、物质等各个层面，对学生进行潜移默化的渗透与影响，大学生往往也是“不知不觉地”接受了隐含于其中的教育；三是形式的多样性，即由于大学生活的丰富多样性，学生受到的潜在影响也各不相同，所以学生在大学里学到的潜课程也是多种多样的。也正是由于潜课程具有以上特征，它往往为教

① 参见郑金州：《隐蔽课程：一些理论上的思考》，《外国教育动态》，1989年第1期。

育工作者所忽视。如何在重视正式课程的基础上同时重视潜课程的建设，让大学生接受整体性教育，使他们的个性得到全面和谐的发展，是现代大学课程论亟待解决的问题。

为了不能忘却的友谊

（代后记）

这本《校园守望者——教育心理学论稿》是我多年从事教育心理学研究的主要成果汇集，其中有许多是我比较珍爱的文字。在编自己的教育文集时，我对这些文字有非常特殊的情感。

第一辑“学校心理咨询”是1988年写就、1990年由江苏教育出版社出版的同名小册子。我在该书的“后记”中曾经写过这样一段文字：

> 1985年，应知识出版社之约，我与中国大百科全书出版社副编审张人骏和上海华东师范大学讲师袁振国合著了我国第一本《咨询心理学》。说来惭愧，在撰写开始时，我们都未有过专门从事心理咨询的经历，甚至在这方面的知识储备也较贫乏。但我们一方面借鉴国内已有的心理咨询实践，一方面参考国外的心理咨询著作，总算勉力完成了这本书的写作。始料未及的是，拙著出版后受到了学术界的好评，尤其是受到了一些心理咨询专家的首肯，对我们鼓舞甚大，也激励着我进一步研究这个问题。
>
> 无独有偶，两年后我校成立心理测量与咨询中心，承蒙领导与同事厚爱，推我为该中心主任。这个中心不仅为本校师生排忧解难，也为社会做了不少工作，尤其是在苏州、盐城等地进行的大规模心理测量和咨询，受到了中小学教师和家长的欢迎。这样，终于使我初步具有了从理论到实践的历程。

> 这本小册子最初打算与挚友袁振国先生合作完成，两人曾多次讨论过写作构想并在《中小学教育管理》杂志上连载过几篇文章，后因他有更重要的事要做而无暇顾及，所以最后的全部任务就只能由我一个人承担了。尽管如此，我仍把本书视为我们合作的结晶。

这段文字把我带到了激情燃烧的岁月，我也把这次修订的“学校心理咨询”作为我与振国兄的友谊的见证。有意思的是，我的第一位博士生陶新华同志，现在已经把苏州大学心理咨询中心的接力棒握在手中，他是现任的中心主任。第一辑用了不少现在的苏州大学心理咨询中心的规章与案例，在某种程度上反映了苏州大学心理咨询事业发展的状况。陶新华博士在本科生阶段就热爱心理学，在中学从教数年后考取了我的研究生，一直师从我进行学术研究。这次他与苏州田家炳中学的吴文君老师和我的硕士研究生李瑾同志，在整理这个部分时付出了许多辛勤的劳动，也谱就了师生共圆心理咨询梦的佳话。

第二辑“学生心理通讯”的主体是1986年由上海人民出版社出版的《增进你的心理健康》一书中由我执笔的部分。这本书也是我与振国兄合著的。我们曾经在这本书的“后记”中写了这样一段文字：

> 最初，受《南京日报》心理健康专栏之约，我们就青年朋友们常见的一些心理障碍，撰写了十多篇短文，分析了这些心理障碍的形成原因和危害，提出了相应的克服方法。出乎意料，这些文章颇受青年朋友的喜爱，他们辗转传抄，甚至剪贴在自己心爱的日记本扉页上，引为借鉴和自勉。这使我们深为感动，也深感这项工作的社会意义重大。于是，在《南京日报》编辑吕国荣同

志的鼓励和支持下，我们在此基础上进行了重新构思和系统扩充，并力图使内容更富有知识性、生动性、趣味性和实用性，形成了这本略成系统的册子。

《增进你的心理健康》作为上海人民出版社的《青年之友丛书》的一种，曾经被评为上海市市民“最喜欢的十本书”之一。在这本书出版的同时，我与振国兄还在《中国青年报》开设了“心理天地”的专栏，与青年朋友们讨论各种心理问题，同样受到了青年朋友的热烈欢迎。现在的“学生心理通讯”虽然选用了由我执笔的文字，但我与振国兄的许多思想、观点乃至文字早已融为一体，难分彼此，所以，我同样把它作为见证我们合作与友谊的物件。

这次整理，蒙苏州大学心理卫生协会的许多学生搜集剪报、复印整理，他们作为我和陶新华博士的助手，同样为本书作出了重要的贡献。

第三辑“学习心理研究”是我多年从事学习心理研究的论文集，其中有我发表的第一篇论文《张载的学习心理思想》，也有我关于合作学习、潜课程等相对前沿问题的思考。有意思的是，这一辑也有三章的内容与振国兄有关。其中第一章“当代学习心理”，是我为他主编的全国统编教材《当代教育学》撰写的一章，蒙他开恩允许收入我的文集。而关于“兴趣”和“意志”的两章，则是我与燕国材老师和袁振国三人合著的《非智力因素与学习》中的内容。这次整理，我的硕士研究生秦燕帮助核对了全部引文。

振国兄在《交往的艺术》一书的引言中曾经写过一段赞颂伟人交往的文字：

春秋时期，于伯牙、钟子期，高山流水，心心相印，引为知音；唐代诗仙李白“身不用封万户侯，但愿一识韩荆州”，思贤若渴，他的名句“桃花潭水深千尺，不及汪伦送我情”，多么深沉；“人生得一知己足矣，斯世当以同怀视之”，这是文豪鲁迅给瞿秋白的赠词，多么挚诚！马克思和恩格斯休戚与共、并肩作战，列宁称赞他们的友谊“胜过历史上一切动人的传说”。交往的纽带，就是这样串起了一颗颗熠熠闪光的友谊珍珠。

不知什么原因，每每翻阅这段文字，我总会想起我与振国兄合作共事时的情形，总会沉浸在甜蜜、幸福的回忆之中。现在这本《校园守望者——教育心理学论稿》的小书，不仅是守望教育、守望校园，也守望着我们的友谊。

为了不能忘却的友谊，我把这本小书献给振国兄和我所有的朋友们。

朱永新

2003年7月

于姑苏滴石斋